Tratado de la reforma del entendimiento
Principios de filosofía de Descartes
Pensamientos metafísicos

Spinoza

Tratado de la reforma del entendimiento
Principios de filosofía de Descartes
Pensamientos metafísicos

Traducción, introducción, índice analítico y notas de Atilano Domínguez

Edición actualizada

Alianza editorial
El libro de bolsillo

Título original: *Tractatus de Intellectus Emendiatione - Renati Descartes Principia Philosophiae - Cogitata metaphysica*

Primera edición: 1988
Tercera edición: 2014
Sexta reimpresión: octubre 2025

Diseño de colección: Estrada Design
Diseño de cubierta: Manuel Estrada
Ilustración de cubierta: Maestro del Juicio de Salomón: *Los filósofos* (detalle, Musée de l'Hotel Sandelin, Saint-Omer, Francia)
© Index / Bridgeman Art Library
Selección de imagen: Carlos Caranci Sáez

Reservados todos los derechos. El contenido de esta obra está protegido por la Ley, que establece penas de prisión y/o multas, además de las correspondientes indemnizaciones por daños y perjuicios, para quienes reprodujeren, plagiaren, distribuyeren o comunicaren públicamente, en todo o en parte, una obra literaria, artística o científica, o su transformación, interpretación o ejecución artística fijada en cualquier tipo de soporte o comunicada a través de cualquier medio, sin la preceptiva autorización.

© de la traducción, introducción, índice analítico y notas: Atilano Domínguez
© Alianza Editorial, S. A., Madrid, 1988, 2025
 Calle Valentín Beato, 21
 28037 Madrid
 www.alianzaeditorial.es

PAPEL DE FIBRA CERTIFICADA

ISBN: 978-84-206-8356-0
Depósito legal: M. 33.786-2013
Printed in Spain

Índice

11 Introducción general, por Atilano Domínguez
12 I. «Tratado de la reforma del entendimiento»
13   1.º El texto y su historia
14   1. «Obras póstumas»: escrito juvenil e inacabado
16   2. Cartas 59 y 37: tratado de las ideas y del método
19   3. Carta 6: opúsculo sobre la reforma del entendimiento
23   2.º Contenido del tratado: plan y realización
23   1. Estructura o plan del tratado
23   *a)* Ensayos recientes
25   *b)* El § 49 y las «Opera posthuma»
28   2. Desarrollo del tratado
29   *a)* Introducción general y «primera parte»: la felicidad y la idea verdadera como norma
32   *b)* La «segunda parte»: funciones de la definición y de la experiencia
36   3.º Valor del tratado y su puesto entre las obras de Spinoza
37   1. Valor del texto y razones de su incompletitud
40   2. La polémica sobre el lugar del tratado entre las obras de Spinoza
44   4.º Significado histórico del tratado
47 II. «Principios de filosofía de Descartes» y «Pensamientos metafísicos»
50   1.º Composición y publicación del libro
50   1. Descartes y el cartesianismo holandés

7

52	2. Spinoza y el ambiente cartesiano
53	3. La «historia» redaccional del libro
56	4. Edición y publicación del libro
60	2.º Contenido y significado del libro
61	1. Las dos secciones del libro
63	*a)* El comentario a Descartes
65	*b)* Los «Pensamientos metafísicos» y sus fuentes
67	2. Significado spinoziano del libro
68	*a)* Metafísica
70	*b)* Física cartesiana y spinoziana
73	III. Traducción y nueva edición
74	*a)* Los textos
76	*b)* La presente edición
79	Selección bibliográfica
88	Siglas y formas de citar
93	Tratado de la reforma del entendimiento
97	I. Fundamento del método: la idea verdadera
97	1. Felicidad y reforma del entendimiento
98	*a)* La alternativa: felicidad y bienes aparentes
99	*b)* La solución: filosofía y verdadero bien
103	*c)* Los medios: reforma del entendimiento
105	2. Modos de percepción e idea verdadera
110	3. La idea verdadera como fundamento del método
114	4. El método más perfecto parte de la idea del ser perfectísimo
116	5. Respuesta a ciertas objeciones
120	II. Diferencia entre la idea verdadera y las demás percepciones
121	1. Idea ficticia e idea clara y distinta
130	2. Idea falsa y forma de la verdad

137	3. Idea dudosa y certeza
139	4. Imaginación e intelección: memoria y palabras
144	III. Entendimiento e idea verdadera
145	1. La definición y sus clases
148	2. El problema de las cosas singulares
151	3. Propiedades del entendimiento

157	Principios de filosofía de Descartes
159	A modo de prefacio, por L. Meyer
171	Parte I
171	Introducción (de Spinoza)
220	Parte II
275	Parte III

283	Apéndice. Pensamientos metafísicos
283	Parte I. *Metafísica general*
284	Cap. I. Del ser real, ficticio y de razón
289	Cap. II. Qué es el ser de la esencia, el ser de la existencia, el ser de la idea y el ser de la potencia
293	Cap. III. De lo que es necesario, imposible, posible y contingente
299	Cap. IV. De la duración y del tiempo
300	Cap. V. De la oposición, el orden, etc.
301	Cap. VI. De la unidad, la verdad y la bondad
306	Parte II. *Metafísica especial*
307	Cap. I. De la eternidad de Dios
311	Cap. II. De la unidad de Dios
312	Cap. III. De la inmensidad de Dios
315	Cap. IV. De la inmutabilidad de Dios
318	Cap. V. De la simplicidad de Dios
320	Cap. VI. De la vida de Dios

322 Cap. VII. Del entendimiento de Dios
327 Cap. VIII. De la voluntad de Dios
330 Cap. IX. Del poder de Dios
333 Cap. X. De la creación
340 Cap. XI. Del concurso de Dios
343 Cap. XII. Del alma *(mens)* humana

353 Notas
353 Notas a la Introducción general
365 Notas al «Tratado de la reforma del entendimiento»
384 Notas a «Principios de filosofía de Descartes. Parte I»
392 Notas a «Principios de filosofía de Descartes. Parte II»
397 Notas a «Principios de filosofía de Descartes. Parte III»
398 Notas a «Pensamientos metafísicos»

415 Índice analítico

Introducción general[*]

En este volumen presentamos al lector español tres de los primeros escritos de Spinoza (1632-1677): *Tratado de la reforma del entendimiento*, *Principios de filosofía de Descartes* y *Pensamientos metafísicos*. Su edición conjunta responde a criterios prácticos y no a una toma de posi-

---

[*] Las siglas utilizadas para las obras de Spinoza son las usuales: CM = *Cogitata metaphysica;* E = *Ethica;* Ep = *Epistolae;* TIE = *T. de Intellectus Emendatione;* KV = *Korte Verhandeling (Tratado breve);* PPC = *Principia philosophiae cartesianae*. Igualmente, para las dos versiones de sus obras póstumas: OP = *Opera posthuma* (núm. 11); NS = *Nagelate schriften* (núm. 12). Por otra parte, el signo (/) remite a la página y la línea de la edición crítica de obras completas de Gebhardt que van aquí impresas al margen de los textos de Spinoza, incluso para el KV, aunque utilizamos la edición más depurada de F. Mignini: Spinoza, *Korte geschriften,* Wereldbibliotheek, Amsterdam, 1982. Finalmente, con el signo (núm.) remitimos, por brevedad, a nuestra *Bibliografía;* y con ( ), a nuestras notas del texto de Spinoza, cuyas traducciones están publicadas en esta misma casa: TTP (1984/2003), TP (1986/2004), TIE, PPC, CM (1988), Ep (1988), KV (1990), a excepción de la *Ética* (Trotta, 2000/2005).

ción respecto a sus fechas de composición o a su significado histórico[1]. Justamente por eso, aunque la *Bibliografía* y el *Índice analítico* serán comunes a los tres tratados, en esta *Introducción* dedicaremos un apartado al primero, que tiene por objeto el método, y otro al segundo y al tercero, que tienen por objeto principal la metafísica y fueron publicados por Spinoza como una sola obra.

I. «Tratado de la reforma del entendimiento»

> *Perfectissima ea erit methodus, quae ad datae ideae Entis perfectissimi norman ostendit quomodo mens sit dirigenda* (TIE, § 49, p. 16/8-10).

Spinoza ha pasado a la historia como el pensador racionalista por excelencia, porque no sólo tomó, como hiciera Descartes, la geometría como modelo[2], sino que demostró su propio sistema siguiendo el método geométrico: *Ética demostrada según el orden geométrico*. Ahora bien, la doctrina de Spinoza sobre el método sólo es directamente abordada en este tratado. En efecto, la *Ética* y el *Tratado político* se limitan a señalar que también el mundo de las pasiones humanas forma parte del orden universal y que, por lo mismo, puede ser estudiado con el rigor del método matemático[3]. En cuanto al *Tratado teológico-político*, recuerda sus principios a fin de aplicarlos al estudio crítico de la Escritura, que él concibe como un fenómeno puramente natural[4].

Este tratado, en cambio, constituye una especie de *Discurso del método* de Spinoza o, como otros prefieren, la *Lógica de Spinoza*[5]. De ahí que, pese a su brevedad y a su carácter de escrito juvenil e inconcluso, esta obra ha sido reiteradamente traducida a las diversas lenguas europeas y sigue siendo objeto de los más finos análisis y de los más vivos debates. Unos intentan interpretar, en clave psicoanalítica, los primeros párrafos de carácter ético y biográfico. Otros han dedicado y dedican minuciosos comentarios a los párrafos consagrados a la doctrina del método, a fin de decidir si se halla ahí la clave del sistema. Otros, finalmente, lo someten a una especie de duda metódica, más atenta a descubrir sus fallos o incoherencias que su lógica interna[6]. Pero todos ellos contribuyen a la plena actualidad de este opúsculo. A la altura de nuestros días, quien quiera abordar su lectura con seriedad y sosiego, como el tema merece, deberá informarse antes acerca de su problemática textual y doctrinal. Con este doble objetivo han sido redactadas las páginas que siguen acerca de la historia del texto, de su estructura y contenido, de su lugar entre las demás obras del autor y de su significado histórico.

1.º El texto y su historia

El texto del presente tratado fue publicado, por primera vez, por los amigos de Spinoza en la doble versión de sus obras póstumas, que vieron la luz pocos meses después de su muerte, en latín *(Opera posthuma)* y en holandés *(Nagelate schriften),* ambas a finales de 1677. Su título completo es el siguiente: *Tractatus de intellectus emendatione et de via qua optime in veram rerum cognitionem di-*

rigitur. Intentemos reconstruir su historia a partir de sus primeros documentos: las noticias de los editores y la correspondencia del autor.

1. «Obras póstumas»: escrito juvenil e inacabado

La lectura del manuscrito debió de ofrecer ciertas dificultades a los editores, puesto que juzgaron necesario anteponerle una «Advertencia al lector» (para el *Tratado político,* también incompleto, eligieron una carta de Spinoza, que adelantaba su contenido), en la que justificaban su decisión de publicarlo. Aunque está «inconcluso» y contiene «muchas cosas oscuras, e incluso toscas y sin pulir», también encierra, dicen, «muchas cosas excelentes y útiles, que, estamos seguros, serán de no poco interés para quien busca sinceramente la verdad». A fin de justificar esas deficiencias, que no parecen reducirse a simples incorrecciones de estilo, sino también a argumentaciones oscuras, añaden los editores una brevísima historia del texto. «El tratado [...] hace muchos años ya que fue escrito por su autor. Siempre tuvo intención de terminarlo; pero, impedido por otros asuntos y, finalmente, arrebatado por la muerte, no pudo llevarlo al término deseado.»[7]

El «Prefacio», que preside la citada edición de *Obras póstumas* y que parece haber sido redactado por Jarig Jelles para la versión holandesa y traducido por Lodowijk Meyer para la latina, completa, en tres puntos, esa noticia u opinión de la «Advertencia», a la que alude expresamente. Primero, que el tratado «es una de las primeras obras de nuestro filósofo, como lo atestiguan el estilo y los conceptos». Segundo, que contiene «ciertas lagunas aquí y allá», como lo revelan «las notas, que él mismo añadió», ya que en ellas promete exponer, en otro lugar, con más rigor y amplitud, las ideas en ellas aludidas. Tercero, que Spinoza no concluyó el tratado, pese al gran interés que en ello tenía, debido a «las profundas meditaciones y los amplios conocimientos que se requerían para su conclusión»[8].

De la lectura y cotejo de estos dos documentos se han querido deducir dos objeciones contra el valor de este tratado. Por un lado, se arguye que, puesto que los editores fundan su juicio en el análisis del texto (estilo, notas, lagunas, oscuridades...), es que Spinoza no había estimado que el escrito tuviera la calidad suficiente para entregarlo a sus amigos antes de su muerte, como hiciera con otras obras. Por otro, se llama la atención sobre la discordancia entre ambos documentos: mientras que la «Advertencia» atribuye la incompletitud del opúsculo a la falta de tiempo («otros asuntos»), el «Prefacio» la atribuye más bien a la dificultad o inviabilidad del tema («profundas meditaciones»), y se cree descubrir en esto último una confirmación de su carácter problemático[9].

Por nuestra parte, nos preguntamos si no valdrá aquí, como alguien ha observado, aquello de que «qui nimis probat, nihil probat»[10]. Pues lo cierto es que esos dos documentos no sólo son estrictamente paralelos (el primero un resumen del segundo o éste un desarrollo de aquél), sino que fueron cotejados por sus autores (el segundo remite al primero), como es obvio en una misma obra, editada por un grupo de amigos. Por lo demás, no existe contradicción alguna entre las razones externas e internas aducidas por uno y otro, sino complementariedad: Spinoza no terminó el escrito, porque no contó con el *tiempo* suficiente que la *dificultad* del tratado requería. Finalmente, el testimonio sobre la antigüedad del escrito puede estar fundado no sólo en el análisis de su contenido, del que hace una breve síntesis, sino también en noticias recibidas de su autor, y que, como tantas otras de la *Correspondencia,* prefirieron silenciar. Actuaron como editores más que como amigos.

2. Cartas 59 y 37: tratado de las ideas y del método

En octubre de 1674, el joven alemán E. W. Tschirnhaus había visitado a Spinoza en La Haya. No satisfecho con todo lo allí hablado, le escribió poco después insistiendo en algunos temas de aquella conversación: la libertad, la definición y el método[11]. Al fin, en carta del 5 de enero de 1675 le pregunta abiertamente: «¿Cuándo conseguiremos su método de dirigir rectamente la razón...? Sé que hace tiempo que usted ha realizado grandes progresos en esto». Y, aludiendo a su visita, añade:

> Usted me ha indicado personalmente el método de que se sirve para investigar las verdades no conocidas todavía [...] Y yo puedo afirmar que, con sólo observarlo, he realizado grandes progresos en la matemática. Por eso desearía que me diera la verdadera definición de la idea adecuada, verdadera, falsa, ficticia y dudosa[12].

Está claro que, más de dos años antes de la muerte de Spinoza, Tschirnhaus no sólo conoce la existencia del tratado, sino una parte central de su contenido, ya que sabe que trata del «Método» (¿posible título?) y menciona cinco clases de ideas que no aparecen directamente asociadas en ninguna otra obra suya. Si a ello añadimos que él mismo reconocerá, en abril de 1678, que tiene en su poder un manuscrito de este tratado, que le envió Schuller[13]; que ya en 1675 poseía un manuscrito de la *Ética* y, en 1676, otro de la *Carta 12,* sobre el infinito, dirigida a L. Meyer[14], y que, cuando, en noviembre de 1675, Schuller y Tschirnhaus ruegan a Spinoza que permita a este último entregar a Leibniz, que reside con él en París, «sus escritos», hablan de éstos en plural[15], cabe colegir que Schuller ya había entregado por entonces al compatriota y amigo una copia del *De emendatione intellectus.* Después de la muerte de Spinoza no habría valido la pena copiarlo, puesto que apareció inmediatamente impreso, y él mismo afirma que no posee todas «sus demás obras»[16].

Contra esta interpretación no cabe aducir el hecho de que el mismo Spinoza reconozca, por dos veces, en respuesta a Tschirnhaus, que todavía no ha «redactado ordenadamente» sus ideas sobre el método[17], ya que ello llevaría a afirmar que la obra no estaba redactada en junio de 1676. Esa respuesta hay que leerla en su verdadero contexto, en el que el joven matemático acosa al filósofo con preguntas sobre temas metafísicos (relación entre los atributos, libertad como libre necesidad, definición del movimiento, derivación de las cosas singulares) y metodológicos (idea verdadera y adecuada, definición y deducción, experiencia e hipótesis). La respuesta de Spinoza se refiere a ambos tipos de problemas, pues van estrechamente unidos, en concreto el del método y el de la deducción de las cosas singulares. En nuestra opinión, ella es, al mismo tiempo, una evasión ante un corresponsal impertinente[18] y un reconocimiento de que el tema planteado al final del tratado no está resuelto de forma satisfactoria, no sólo en esta obra, sino en ninguna otra[19].

Nueve años antes, hallamos otro hito para la historia que intentamos reconstruir. El 10 de junio de 1666, contesta Spinoza a una carta (perdida) de su íntimo amigo J. Bouwmeester, en la que le preguntaba si existe un método seguro para avanzar en el conocimiento de las cosas o si más bien nuestras almas están sometidas al azar, lo mismo que nuestros cuerpos. La respuesta del filósofo contiene tres afirmaciones de sumo interés. El método, le dice, consiste en deducir unas ideas claras y distintas de otras, es decir, de nuestro poder de entender. Ahora bien, para alcanzar ese método y ese poder, hay que distinguir las ideas verdaderas de las ficticias, falsas y dudosas o, en otros términos, el entendimiento de la imaginación. Tarea nada fácil, termina diciendo, puesto que exige una meditación continua y un plan de vida que oriente nuestros esfuerzos a un objetivo fijo[20].

Cualquier lector atento del texto actual del tratado comprueba al momento que esta carta no sólo contiene un resumen excelente de sus tres temas centrales, sino que utiliza su vocabulario y alude a varios puntos más concretos: percepción, poder del entendimiento, clases de ideas, imaginación y memoria, norma práctica de vida, meditación, etc. La alusión final a la función de la experiencia, a saber, que «basta con elaborar una breve descripción de la mente o de las percepciones, tal como enseña el Verulamio», parece indicar que ya estaban redactados los últimos párrafos del opúsculo, relativos a la definición del entendimiento por sus propiedades[21].

3. Carta 6: opúsculo sobre la reforma del entendimiento

Llegamos así al documento más antiguo, pero también el más debatido, sobre la génesis del *Tr. de la reforma del entendimiento*. En una carta del 11/21 de noviembre de 1661, H. Oldenburg comunicaba a Spinoza el envío del libro de R. Boyle sobre el nitro; al final, le pedía que le informara, «con toda claridad y precisión, sobre el verdadero y primer origen de las cosas»[22]. Meses después, le contestaba Spinoza (Ep. 6, sin datar) con un extenso análisis crítico del libro de Boyle. Y, al final, añadía:

> Por lo que se refiere a su nueva pregunta, de cómo empezaron a existir las cosas y con qué nexo dependen de la causa primera, he compuesto sobre este asunto y, además, sobre la reforma del entendimiento un opúsculo completo, en cuya redacción *(descriptio)* y corrección me ocupo ahora. Pero a veces desisto de este trabajo, porque todavía no tengo ninguna decisión firme sobre su publicación. Pues temo que los teólogos de nuestra época se ofendan y me ataquen con el odio y vehemencia que les es habitual, a mí que siento verdadero horror hacia las disputas. Esperaré su consejo acerca de

este asunto. Y para que usted sepa qué contiene esta obra mía, que pueda disgustar a los predicadores, le diré que muchos atributos que ellos, y todos cuantos yo conozco, atribuyen a Dios, yo los considero como criaturas; y al revés, otras cosas que, por sus prejuicios, ellos consideran como criaturas, yo defiendo que son atributos de Dios y que ellos los han entendido mal. Y, además, yo no separo a Dios de la Naturaleza tanto como hicieron todos aquellos de que tengo noticia[23].

El texto que acabamos de citar en su integridad ha atraído la atención de los estudiosos, porque parece confirmar que Spinoza ya habría dado al *De intellectus emendatione* el título con el que hoy lo conocemos y que estaría más o menos terminado en fecha muy temprana. Ahora bien, si esos dos datos son poco precisos, ya que ni Ep. 6 lleva fecha ni el título del escrito es completo (falta *Tractatus),* los demás los hacen problemáticos. Pues no parece que este escrito tenga por objeto los atributos de Dios ni tampoco la unión entre Dios y la Naturaleza, o sea, la conexión de las cosas con la causa primera. O al menos no parece que lo diga de forma que pudiera suscitar en su autor el temor a los predicadores y teólogos, como le sucederá más tarde con el *Tratado teológico-político* y con la *Ética*[24]. ¿O es que, tal como parece insinuar con la expresión «de hac re *et etiam* de emendatione intellectus»: «acerca de este asunto *y también* acerca de la reforma del entendimiento», Spinoza se está refiriendo también a otras obras, que ya tendría entre manos? Si esto es así, ¿cuáles son esas obras y qué relación tenía con ellas nuestro tratado?

Comencemos por averiguar la fecha aproximada de la carta de Spinoza (Ep. 6). Contamos con dos puntos de referencia: la del 11/21 de noviembre de 1661 (Ep. 5) y la del 15 de julio de 1662, fecha en que la Royal Society recibió sus «Letters of Patent» o reconocimiento oficial (aludida en Ep. 7, también sin datar). La localización más precisa de Ep. 6, dentro de ese período de más de ocho meses, depende de la amplitud que se atribuya a la expresión «ante septimanas sat multas», «hace bastantes semanas», que empleará Oldenburg para indicar su tardanza en contestarla[25]. Si se piensa que, si se quiere situar Ep. 6 (de Spinoza) en diciembre de 1661, la fórmula «bastantes semanas» de Oldenburg en Ep. 7 (después de julio de 1662) debería abarcar no menos de siete meses; y que, por otra parte, la carta de Spinoza ya incluía una extensa y meticulosa recensión crítica del libro de Boyle, cuyo envío le anunciara su amigo en noviembre de 1661, y que además iba avalada con varios experimentos laboriosos que había realizado al tiempo que redactaba su «opúsculo»[26], parece más razonable concluir que esa carta (Ep. 6) no debe ser situada antes de marzo-abril de 1662[27].

Las dudas de los expertos acerca de la fecha de Ep. 6 van parejas con las posibles referencias del 'opusculum'. Cabría resumirlas así. Algunos clásicos del spinozismo, como Meinsma, Freudenthal y Delbos, la referían sencillamente al actual *De emendatione*[28]. Un cambio decisivo imprimió al asunto C. Gebhardt, al intentar reconstruir la cronología y génesis de las *Opera* de Spinoza atribuyendo para ello un papel importante a su versión holandesa (*Nagelate Schriften*). En su opinión, la carta insinuaría que el *Tratado de la reforma* sería en un principio la introducción o primera parte de una obra sistemática, la «Philosophia» a que remiten algunas de sus notas, mientras que el *Tratado breve* sería la segunda parte[29]. Partiendo de esta idea y de las noticias que nos dan las primeras cartas de la *Correspondencia,* Semerari sugirió que la ontología podría corresponder a la primera parte de la *Ética,* y la reforma, a la segunda[30]. Finalmente, F. Mignini, editor y comentarista ya clásico del *Tratado breve,* al que ha logrado revalidar frente a toda una tradición adversa al mismo, ha sometido a minuciosos y sucesivos análisis ciertos conceptos de esos dos tratados juveniles –como los géneros de conocimiento y la imaginación, su carácter activo o pasivo, las ideas de género y de atributo–, llegando a sostener que el *Tratado de la reforma* es anterior y menos spinoziano que el *Tratado breve* y que Ep. 6 se referiría más bien a las dos partes de éste[31].

Se trata sin duda de una cuestión difícil de resolver, puesto que carecemos de testimonios externos que comparen ambos escritos, y el análisis interno queda muy desvirtuado por referirse a textos que permanecieron en manos del autor hasta su muerte y estuvieron sometidos, además, a continuas revisiones, como acreditan sus notas. Por nuestra parte, ya hemos expresado nuestra opinión en la introducción y en las notas a las distintas obras aludidas. En consecuencia, en este momento, nos limitaremos a exponer de forma más sintética lo que habíamos dicho, hace tres lustros, en la primera edición de este *Tratado*[32]. Describiremos primero el texto y su contenido, a fin de abordar después el problema planteado.

2.º Contenido del tratado: plan y realización

El texto actual del *Tr. de la reforma del entendimiento* consta tan sólo de treinta y seis páginas con unas treinta y cinco notas del propio autor. Su lectura, sin embargo, resulta la más difícil, quizá, de todas las obras de Spinoza. No tanto, según después veremos, a causa de las numerosas variantes entre la versión latina *(Opera posthuma)* y la holandesa *(Nagelate schriften)*[33] cuanto porque su estructura no parece clara, al carecer de todo tipo de división interna: capítulos, párrafos, etc. A lo cual se añade que el plan, propuesto por el mismo autor a mitad de la obra (§ 49), supera al texto; que éste contiene frecuentes repeticiones del tema central, y que, en fin, en muchas ocasiones remite a «otro lugar» temas importantes[34].

1. Estructura o plan del tratado

A fin de obviar, de algún modo, esta dificultad, propia de un texto no preparado por su autor para ser inmediatamente editado, C. G. Bruder (1843) introdujo en el mismo 110 §§ y agrupó éstos en capítulos de unas dos páginas[35]. Aunque algunos traductores mantuvieron la primera numeración, los dos editores clásicos de Spinoza la omitieron[36], y la segunda cayó totalmente en el olvido.

a) Ensayos recientes

Recientemente, sin embargo, se ha reconstruido, de algún modo, la estructura interna del tratado, e incluso se ha seguido el criterio de Bruder de introducirla en el mismo texto, tomando como pautas la síntesis del tratado que dieran el prologuista de las *Opera posthuma* y Spinoza en el párrafo ya citado[37]. Nos referimos a las iniciales indicaciones de Ch. Appuhn, a las cinco secciones numeradas y tituladas por Mignini, al esquema paralelo que introduce W. Klever en el mismo texto y al minucioso escaneado, si bien excesivamente complejo y poco intuitivo, trazado por B. Rousset. Apoyándonos en las sugerencias de los tres primeros, también nosotros introdujimos en el texto de la primera edición la estructura que nos parecía haber sido sugerida por el propio autor en el § 49 y que mantenemos ahora. A fin de que el lector pueda contemplar las cuatro de un vistazo, hemos recogido lo esencial de cada una en un cuadro impreso al final de esta *Introducción*[38].

En efecto, si se comparan los diversos esquemas propuestos, se advierte que todos coinciden en la división cuantitativa del tratado, es decir, en agrupar bajo diversos epígrafes el mismo número de párrafos (§§) de Bruder (§§ 1-17, 18-29, etc.), si bien a veces se les añaden a algunos ciertas subdivisiones más o menos explícitas. Pero eso no basta para hacer ver su estructura real. En cambio, los epígrafes elegidos por cada editor para los distintos apartados (secciones, capítulos, etc.) ni son los mismos ni reflejan el verdadero objetivo que da unidad a las partes y al conjunto. De ahí quizá que a la primera sección (fundamental) del tratado (§§ 1-49) se la deje sin un epígrafe general y a la segunda no se la mencione como tal ni se destaquen las subdivisiones que su texto contiene[39].

En nuestra opinión, estos defectos se deben no tanto a que no se haya captado el sentido de textos concretos cuanto a que no se ha prestado suficiente atención a los conceptos destacados en la síntesis de las *Opera posthuma* ni se ha entendido correctamente el esquema ofrecido por el mismo Spinoza; y en este caso, según creemos, por no haber traducido bien alguna expresión de § 49 o por no haber cotejado este esquema con otros paralelos. Por estas razones, reproduciremos primero el plan o estructura del tratado, tal como se desprende del cotejo de dichos pasajes, y recogeremos a continuación el texto del prefacio de las *Opera posthuma*.

b) *El § 49 y las «Opera posthuma»*

Justamente a mitad del tratado actual, Spinoza resume, en una mirada retrospectiva, el camino recorrido. Comprende, dice, cuatro etapas: primera, el fin al que tendemos; segunda, la mejor percepción que nos conduce a él; tercera, el primer camino que debemos tomar, es decir, el de la idea verdadera; cuarta, este camino será más perfecto si esa idea es la del ser perfectísimo. Dentro de la tercera etapa, y como explicación, por tanto, de lo que debe proporcionar el método que toma como guía la idea verdadera, enumera sus tres «partes», condiciones o elementos esenciales[40]. Si conjugamos sus datos con los de otros pasajes paralelos (§ 37 y §§ 39-40), son las siguientes. *La primera* consiste en distinguir bien la idea (percepción) verdadera de todas las demás[41]. *La segunda* deriva de ella y consiste en que el método (en realidad, la

misma mente o idea verdadera) ofrezca ciertas reglas que
ayuden a seguir el orden debido en la investigación[42]. *La
tercera* consiste en que, si la mente sigue dicho orden,
evitará esfuerzos inútiles y progresará rápidamente[43].

Como se ve, entre las tres partes del método aquí enumeradas no está incluida la de llegar cuanto antes a la idea de Dios o ser perfectísimo. Si algunos así lo han creído, es porque tradujeron o interpretaron mal el § 49. Y así, mientras Spinoza dice que ya *ha tratado* cuatro puntos, el último de ellos el relativo al papel de la idea de Dios en el método genético o deductivo, y señala las tres condiciones, partes o elementos que éste *debe ofrecer* (y que, se supone, están todavía sin explicar), ellos le hacen decir que ha tratado tres puntos y que le quedan cuatro por exponer. Con lo cual se tergiversa el plan de la obra, se malinterpreta la función metodológica de la idea de Dios y se supone que el opúsculo está mucho más incompleto de lo que está en realidad[44].

Es cierto que la síntesis dada en el «Prefacio» de las *Opera posthuma* no aclara ese punto, sino que lo pasa en silencio. Pero, lejos de tergiversar el texto del tratado, reproduce mejor que ningún otro su estructura. Lo reproducimos, pues, introduciendo en él la numeración oportuna a fin de que resulte más claro lo que decimos.

[1] «En él [TIE] trata, en primer lugar, del bien aparente, que es el que normalmente desean los hombres, a saber, de las riquezas, el placer y el honor, y del verdadero bien y la forma de alcanzarlo. [2] Prescribe, en segundo lugar, ciertas reglas de vida, y de ahí pasa a la reforma del entendimiento. Pero, a fin de que esta reforma se realice mejor, enumera cuatro modos distintos de percep-

ción, los explica después un poco más ampliamente y elige (uno) de aquellos que mejor sirven a (su) objetivo. [3] Aún más, para que supiéramos cómo usarlos, trata de los instrumentos del entendimiento, es decir, de las ideas verdaderas, y, al mismo tiempo, del camino recto por el que guiar al entendimiento, y del método y sus partes.

»[I] La primera parte enseña cómo se distinguen las ideas verdaderas de las demás y cómo procurar que las ideas falsas, ficticias y dudosas no se confundan con las verdaderas; y con este motivo trata extensamente de las ideas [1] verdaderas, [2] falsas, [3] ficticias y [4] dudosas; añadiendo a todo ello algunas consideraciones sobre [5] la memoria y el olvido.

»[II] La segunda parte da las reglas con las que deducir y entender correctamente lo desconocido a partir de cosas conocidas. [1] Para que esto se lleve a cabo correctamente, afirma que la percepción se realiza de dos modos: o por la sola esencia o por la causa próxima. Ahora bien, como uno y otro sólo se derivan necesariamente de la definición verdadera de la cosa, expone las leyes de la definición, tanto de las cosas creadas como de las increadas. [2] Además, a fin de que nuestros conceptos se concatenen unos con otros, establece por qué medios se conocen las cosas particulares eternas. [3] Y para que todo esto se lleve mejor a feliz término, trata de las fuerzas del entendimiento y enumera sus propiedades. Y aquí termina el tratado *de la Reforma del entendimiento*.»[45]

Si comparamos el anterior esquema de las *Opera posthuma* con los antes mencionados, nos parece aventajar a todos –excepto, claro está, al de Rousset por su amplitud– en varios aspectos. Su división es la más completa, de suerte que sólo se echa de menos la mención de la idea de Dios en la sección primera y la alusión a la imaginación y al lenguaje en la «primera parte». Sus epígrafes o conceptos seleccionados son más sugerentes: bien aparente-bien verdadero en el proemio, contraposición entre ideas verdaderas y no verdaderas en la «primera parte», mención de las cosas singulares eternas en la segunda.

2. Desarrollo del tratado

Antes de pasar a su análisis, conviene partir de una observación de capital importancia. Nuestro opúsculo no es un tratado de metafísica, sino un tratado del método; o, si se prefiere, no es la práctica del método, sino una teoría del método. Spinoza lo advirtió expresamente, pese a que no se lo suele tener en cuenta. «El método no es el mismo razonar para entender las causas de las cosas y, mucho menos, el entender esas causas. Es más bien entender qué sea la idea verdadera: distinguiéndola de las demás percepciones e investigando su naturaleza para que conozcamos, a partir de ahí, nuestro poder de entender y dominemos nuestra mente, de forma que entienda todas las cosas, que hay que entender, conforme a dicha norma.»[46] Este segundo tipo de método, a saber, el análisis de la idea verdadera, el «conocimiento reflexivo», es el que practica él en este tratado[47]. Eso significa que el objetivo del opúsculo es el que indica su título: «de la reforma del entendimiento».

*a) Introducción general y «primera parte»:
la felicidad y la idea verdadera como norma*

La experiencia de la vida muestra que los hombres, y un mismo hombre en diversos momentos, perciben las cosas de formas muy distintas. Por lo general, están atentos a lo inmediato, a aquello que impacta sus sentidos y su imaginación: los placeres que les subyugan, las riquezas que les incitan a los mayores sacrificios, los honores que les parecen el fin supremo[48]. Algunos, sin embargo, todos, quizá, en ocasiones excepcionales (¿piensa Spinoza en su abandono del comercio familiar?), se preguntan si no sería posible una nueva actitud, «otra nueva tarea». Es el momento de la reflexión, de la meditación filosófica, de preguntarse si no existirá un bien auténtico y supremo que, conociéndolo y poseyéndolo, nos proporcione «una alegría totalmente pura y libre de tristeza»[49]. Ese bien, si existe, será para Spinoza la Naturaleza, ese poder infinito y originante del que todo procede con inviolable necesidad. Y la felicidad humana consistirá en conocer esa Naturaleza o ser perfectísimo, Dios, si se quiere, de la forma más perfecta posible, y en hacer a los demás partícipes de ese conocimiento[50]. He ahí cómo el impulso ético, individual y colectivo, lleva a Spinoza a la meditación filosófica y, en este tratado, al análisis del conocimiento y del método.

En efecto, si existen varios modos o grados de conocimiento y el más perfecto es también el más difícil de alcanzar («todo lo excelso es tan difícil como raro»)[51], tenemos ante nosotros tres tareas, que se subordinan unas a otras. El objetivo supremo, acabamos de verlo, es llegar cuanto antes al conocimiento del ser perfectísimo y reproducir, a partir de él, como causa primera y origen de todas las cosas, «la formalidad de la Naturaleza, en su totalidad o en sus partes»[52]. Ahora bien, para conseguir ese ideal o, si se prefiere, hacer efectiva la naturaleza humana perfecta, hay que conocer primero la naturaleza y las fuerzas de nuestro entendimiento, ya que sólo así sabremos usarlo y seguir el camino más adecuado[53]. Pero, como la mente humana posee muy diversos tipos de ideas, unas verdaderas y otras no, se impone como tarea previa distinguir, en cada momento, la idea verdadera de las ficticias, falsas y dudosas, pues sólo así podremos seguir la norma de la idea verdadera[54].

He ahí por qué la llamada «primera parte» del método es tan extensa: porque su objetivo no es describir con variados e intuitivos ejemplos las ideas ficticias, falsas y dudosas, sino establecer los criterios para discernir entre ellas y la idea verdadera[55]. Lo que se propone Spinoza con tan minuciosos análisis, en nada inferiores a los de la segunda parte de la *Ética,* es ratificar y dejar libre de toda objeción el fundamento del método: la existencia de la idea verdadera[56]. El estudio de la ficción conduce a ponerle un coto, a desechar de plano el escepticismo; el de la falsedad, a descubrir la forma o esencia de la idea verdadera en ella misma, en el poder del entendimiento; el de la duda, a rechazar la hipótesis cartesiana del Dios engañador[57]. Y eso no es otra cosa, finalmente, que curar, purificar, «reformar el entendimiento y hacerlo apto para entender las cosas tal como es necesario para conseguir nuestra meta»[58].

Aparte de ese objetivo primordial, el análisis de los diversos tipos de ideas consigue otro logro sustancial: la distinción entre imaginación y entendimiento, que, junto con la necesidad universal, constituyen, en nuestra opinión, la clave del sistema spinoziano. En efecto, Spinoza constata sucesivamente que la causa real de las ideas ficticias, falsas y dudosas reside en que sus objetos son algo «abstracto», es decir, vago e impreciso (*experientia vaga*), por lo cual confundimos fácilmente unos con otros, en virtud de una falsa asociación, como cuando decimos que «el árbol habla» o que «el alma es material»[59]. En ese juego de sombras ejercen, según él, un papel importante las palabras, simples signos materiales, arbitrarios y vulgares, que se sustituyen, sin embargo, fácilmente a las cosas, así como la memoria, archivo general donde todos esos signos se conservan. Puesto que tanto la memoria como las palabras son de naturaleza imaginativa, y sus mecanismos son casi automáticos, corremos el riesgo de confundir lo imaginado con la realidad[60]. Digámoslo con palabras de Spinoza. «Hemos mostrado que las ideas ficticias, falsas, etcétera, tienen su origen en la imaginación, es decir, en ciertas sensaciones fortuitas.»[61] El peligro que de ahí deriva puede ser fatal. «En efecto, cuando no distinguimos entre imaginación e intelección, pensamos que aquello que imaginamos más fácilmente es más claro para nosotros, por lo que creemos entender lo que imaginamos. De ahí que anteponemos lo que hay que posponer, y se trastrueca así el verdadero orden de avanzar en el conocimiento y no se llega a ninguna conclusión correcta.»[62]

*b) La «segunda parte»: funciones de la definición
y de la experiencia*

El último párrafo de la «primera parte» nos ha introducido así en la «segunda», la cual, según el plan antes propuesto (§ 49), debería tratar de las reglas del método. ¿Lo hace así de hecho? ¿No residirán ahí las dificultades insalvables que obligaron a Spinoza a dejar que su tratado se quedara en simple opúsculo? Recojamos, aunque sólo sea por una vez, las luminosas palabras de Appuhn, uno de los lectores más atentos y perspicaces de Spinoza. En la «noticia» que antepone a su traducción, apunta este juicio certero: «las últimas páginas de *La Reforma del entendimiento* dejan traslucir cierto embarazo; el pensamiento, hasta entonces seguro de sí mismo, fácil de seguir en su caminar, parece buscarse todavía, vacilar quizá, como si se hubieran presentado dificultades no previstas y hubiera que acudir a un rodeo»[63]. Y, tras indicar el plan de § 49, al que también él atribuye cuatro tareas, justifica su afirmación diciendo que el único punto desarrollado aquí es el primero, ya que el cuarto será objeto de la *Ética;* y, «en cuanto al segundo punto, sólo es tratado (aquí) de forma incompleta y el tercero no es abordado, al menos explícitamente»[64]. Al fin, Spinoza no habría logrado deducir «los modos cambiantes» a partir de las cosas eternas ni definir, por consiguiente, el entendimiento humano a partir de «los modos eternos»[65].

Dejando a un lado la imprecisión de hablar de un cuarto punto (Dios) y, además, de modos (Spinoza no utiliza en el TIE ese término), hay que alabar la sutileza del ilustre traductor, en la forma de expresar su juicio sobre el segundo y tercer puntos y en señalar las dos cuestiones, cuya dificultad reconoce el mismo Spinoza[66]. Creemos ver ahí apuntadas dos ideas que, a fin de no alargar más estas páginas, formularemos en términos directos.

La primera observación es que la llamada alguna vez por Spinoza «tercera parte» del método, que debería tratar del orden a seguir, se reduce a la segunda, que debe dar las reglas para ello[67]. Si se leen atentamente todos los pasajes en que Spinoza menciona los términos «reglas» o «normas» y «orden» o «leyes», se comprobará sin dificultad que la regla por antonomasia a observar y el orden a seguir son lo mismo: los que marca la idea verdadera, es decir, la regla del orden natural u orden genético[68]. No se trata, pues, de dos partes o de dos etapas del método teórico, sino de dos aspectos, que se superponen en la realidad. Por eso Spinoza, en aquellos párrafos que, en principio, estarían dedicados a hablar del orden (§§ 99-103), sigue hablando de «segunda parte» y no de tercera[69]. Aún más, la idea del orden está expuesta a lo largo de todo el tratado y se traduce en las siguientes reglas: tomar la idea verdadera dada como único fundamento del método; llegar cuanto antes a la idea de Dios como origen de la Naturaleza, a fin de que ese método alcance su grado más perfecto; proceder de la causa al efecto y de la naturaleza a las propiedades, y no al revés; no confundir lo real con lo abstracto ni el entendimiento con la imaginación; derivar las cosas cambiantes de las fijas y eternas, pero acudir a la experiencia para determinar el objeto a investigar[70].

La segunda observación es que, efectivamente, Spinoza no deduce en este tratado ni las cosas singulares ni tampoco la naturaleza del entendimiento humano (la mente) a partir de su causa, sea ésta un modo infinito (cosas eternas), sea el correspondiente atributo divino. Pero, como ese tema es metafísico y no epistemológico, y pertenece a lo que antes hemos llamado método práctico y no al método teórico, esa omisión no delata inviabilidad ni defecto alguno en este tratado, tal como lo planificó su autor[71]. Lo que a él incumbe, como análisis teórico del método, es ofrecer una descripción suficiente de sus propiedades esenciales e indicar, por otra parte, cómo esas propiedades podrán ser deducidas, no sólo de su causa próxima, sino, si fuera posible, de la causa primera[72].

Y es que Spinoza es consciente de la distancia que existe entre el «método perfectísimo», que debería reproducir exactamente la estructura del universo y el puesto del hombre –y de su inteligencia– en el mismo, y el «buen método» que parte de una idea verdadera cualquiera y sigue la cadena de causas hasta donde se lo permita el poder del entendimiento[73]. Dicho en otras palabras, Spinoza sabe que «ese poder suyo no se extiende al infinito»[74]. De ahí que ni es capaz de captar toda la infinita variedad de las cosas singulares[75] ni tampoco de reproducir el orden de sus esencias a partir de las cosas eternas, «porque en éstas todo ello es simultáneo por naturaleza», y «concebirlas todas a la vez es algo que está muy por encima del entendimiento humano»[76].

En plena consonancia con esta concepción del método, como vía hacia la verdad, que parte de una verdad ya dada, como su verdadero y único fundamento real, y se eleva cuanto antes a su nivel supremo, a saber, al conocimiento intuitivo del ser perfectísimo, origen de todas las cosas naturales, para descubrir a partir de ahí todas sus estructuras esenciales, «en cuanto su capacidad permite»[77], Spinoza asignará, también en este tratado, una función bien precisa a la experiencia.

En primer lugar, en el conocimiento de las cosas singulares. Pues, si bien es cierto que la verdadera ciencia debe deducir su naturaleza y sus leyes a priori, a partir de hipótesis arbitrariamente elegidas, también lo es que la experiencia debe guiar a la razón en esa deducción, ya que sólo ella puede «determinar el objeto que investigamos»[78].

En segundo lugar, respecto a la definición del entendimiento, que es el objetivo último del tratado, Spinoza sabe muy bien que lo perfecto sería definirlo por su causa próxima, puesto que (se supone) es una cosa creada, y deducir después de su naturaleza, así definida, sus propiedades esenciales. Ahora bien, aparte de la dificultad que ello pudiera entrañar y que nos invitaría a evitarla, hay un hecho importante. El entendimiento no es una cosa cualquiera, pues es por naturaleza principio de verdad, el «instrumento innato» del conocimiento, la idea verdadera dada: *verum sive intellectus*[79]. Por tanto, aunque su naturaleza no sea «absolutamente clara por sí misma», como «entendemos claramente» sus propiedades (la verdad es clara por sí misma y, por tanto, «para la certeza de la verdad no se requiere ningún otro signo, fuera de la posesión de la idea verdadera»)[80], nos será suficiente hacer una descripción de aquellas que han sido descubiertas a lo largo del tratado, a saber, que sus ideas son ciertas y eternas, positivas y activas, unas absolutas y otras relativas, mas todas ellas expresivas de la perfección de su objeto[81].

No obstante, tampoco aquí será la experiencia la última palabra para Spinoza. Al contrario, el opúsculo se cierra apuntando a una nueva tarea: la urgencia de «establecer algo común de donde se sigan necesariamente dichas propiedades»[82]. Sin duda que con esta expresión y otras similares el autor del tratado del método reconoce la necesidad de deducir el entendimiento humano a partir del pensamiento, atributo divino, tarea que será objeto de la segunda parte de la *Ética*[83].

3.º Valor del tratado y su puesto entre las obras de Spinoza

El texto que aquí presentamos sigue provocando en sus lectores la misma inquietud que despertara en sus primeros editores. Así parece confirmarlo el hecho de que los estudios a él dedicados ascienden a varios centenares[84]. La profunda confianza en el poder del entendimiento humano, que él defiende, y la orientación ética que lo dirige desde el principio nos atraen y fascinan. La ausencia, sin embargo, de una conclusión, y el carácter provisional que al texto redactado le imprimen sus frecuentes remisiones a otro más amplio, nos desconciertan e inhiben. Por eso, después de haber recordado los documentos históricos sobre su génesis y haber descrito el desarrollo inmanente de su doctrina, debemos aclarar, en la medida de lo posible, este problema.

Organizaremos nuestras ideas en torno a dos epígrafes. Primero, valor del texto y significado de su incompletitud. Segundo, el lugar del tratado entre las obras de Spinoza. A partir de ahí y a modo de conclusión, aludiremos al significado histórico de su doctrina del método.

1. Valor del texto y razones de su incompletitud

Que el texto impreso de la *Reforma* está incompleto lo han denunciado o más bien lamentado todos los testimonios citados al inicio de esta Introducción, a excepción quizá de Ep. 6, que, por su ambigüedad, remitimos al punto siguiente. Unos dos años antes de la muerte de Spinoza, su amigo Tschirnhaus le pedía con insistencia «su método»[85]. Mas él le confesó con toda franqueza: «respecto al movimiento y al método, lo dejo para otra ocasión, puesto que aún no lo he redactado ordenadamente»[86].

Y en efecto, cuando los editores de sus *Opera posthuma* analicen el manuscrito, del que Tschirnhaus llegó a obtener por entonces, a través del común amigo y también editor, H. Schuller, una copia[87], comprobarán que así es en realidad. Tanto en la «Admonitio» que precede al texto como en el prólogo o *Praefatio* general, ambos de mano de J. Jelles, fiel amigo y mecenas del filósofo, se advierte al lector que, aunque el texto está incompleto, es de gran valor. Y se apuntan, además, otras circunstancias de gran interés. Primera, que se trata de uno de los primeros escritos de Spinoza, redactado «hace muchos años»; segunda, que siempre tuvo intención de terminarlo, pero que no lo hizo porque ello le habría exigido «profundas meditaciones» y porque, además, se lo impidieron «otros asuntos», y tercera, que por eso tiene ciertos defectos de estilo, o sea, «cosas toscas y sin pulir», e incluso de composición, en concreto, «ciertas lagunas aquí y allá»[88].

En la línea apuntada con estos dos últimos defectos de los manuscritos han ido algunos de sus más conspicuos intérpretes. Y así su editor y traductor C. Gebhardt, aparte de señalar casi una centena de variantes entre la versión latina y la holandesa, consideró que algunas eran tan extrañas que denotarían que el texto fue reelaborado a lo largo de unos quince años, pero sin haber recibido la última mano, por lo que la traducción holandesa, hecha en vida del autor a partir del manuscrito inicial, sería más correcta que la latina por él mismo retocada[89]. Haciéndose eco, quizá sin quererlo, de esta afirmación, A. Koyré no dudó en afirmar que nuestro texto «es un fragmento. Menos todavía quizá: un esbozo, una colección de notas elaboradas en vistas a la preparación de una obra de conjunto que expondría todo el sistema: su *Filosofía*»[90]. Y uno de sus pocos comentaristas, H. H. Joachim, aludiendo a las dificultades de edición e interpretación, añade: «estas dificultades son fatales para cualquier intento de organizar el *Tratado de la reforma* sin una radical reconstrucción, en una completa y coherente teoría del método»[91].

Sin género alguno de dudas, estas últimas tomas de posición son desmesuradas. Las desautorizan el análisis de las variantes textuales y los ensayos sobre la estructuración del texto del *Tratado*. Del primero resulta que, aunque Gebhardt había señalado casi una centena de variantes entre OP y NS y Mignini algunas más, sólo una veintena merecen especial atención desde el punto de vista de la crítica textual, y apenas unas cinco desde el punto de vista doctrinal[92]. Este resultado se ve reforzado, según creemos, por los recientes estudios sobre la estructura del texto, acerca de la cual existe una básica coincidencia, desde el mismo *Prefacio* de Jelles a las *Opera posthuma* hasta el más reciente estudio de B. Rousset. Y ello por una razón capital: que tiene su fundamento en el examen retrospectivo y prospectivo que hace el propio autor en § 49, justo a la mitad del *Tratado*[93].

Si nuestra interpretación es correcta, cabe afirmar dos cosas. Primera, que el texto de la *editio princeps* es correcto, siendo el latino de OP el original, aunque ciertas expresiones son más claras en la versión holandesa de NS. Segunda, que ese texto responde al plan o proyecto del autor y que éste está prácticamente terminado. B. Rousset las formula en estos términos. «En resumen, pienso que no ha habido más que un manuscrito escrito por Spinoza, sin duda que con ciertas adiciones detectables y quizá algunas correcciones, aunque difíciles de detectar, del mismo Spinoza.»[94] «Así podemos y debemos comprender la *Reforma:* en la sucesión de sus enseñanzas y en el progreso de sus mejoras; así percibimos mejor también lo que debía ser su término: su incompletitud aparece entonces muy relativa.»[95]

Cuando se lo lee desde esta nueva perspectiva, el texto de la *Reforma* se nos presenta como una obra arquitectónica, típicamente spinoziana: un discurso recio y vigoroso, que arranca de una vibrante inquietud ética, que pone la perfección humana en su unión con la Naturaleza total, busca su apoyatura en la idea verdadera y su vía más perfecta en deducir las cosas a partir de su origen real o Naturaleza naturante, analiza desde ella las ideas ficticias, falsas y dudosas, establece la distinción entre imaginación y entendimiento, extrae de ahí algunas pautas concretas sobre el camino a seguir en el estudio de la Naturaleza y se cierra con una especie de colofón, en el que se muestra que la reforma es siempre posible, porque el entendimiento es el poder de ver las cosas tal como son, desde una perspectiva de eternidad. En una palabra, la vía hacia la metafísica y la ética queda abierta, porque ya está iniciada. Por lo demás, los dos temas que el «opúsculo» deja, de algún modo, pendientes, a saber, la deducción de las cosas singulares y en concreto del entendimiento, están ya perfectamente enfocados dentro del marco general del sistema, que consiste en reproducir el orden genético del universo. En todo caso, no creemos que las obras posteriores hayan aportado mucha más luz sobre ellos[96].

2. La polémica sobre el lugar del tratado entre las obras de Spinoza

La cuestión a la que aquí debemos responder tiene su origen en el célebre texto de Ep. 6 y en las varias interpretaciones a que ha dado lugar y que antes hemos mencionado. Recojamos literalmente las palabras de Spinoza, en su carta a Oldenburg de la primavera de 1662, a fin de tenerlas a la vista. «*Quod autem ad novam tuam quaestionem attinet, quomodo scilicet res coeperint esse et etiam de emendatione intellectus, integrum opusculum composui, in cujus descriptione et emendatione occupatus sum.*»[97] ¿Cuál es el sentido exacto de este texto? ¿Cómo es posible que su autor diga «he compuesto», como si estuviera ya terminado, aquello mismo que quince años más tarde confesará que no ha puesto todavía en orden y que, de hecho, nos ha llegado sin recibir su última mano? Intentemos valorar las respuestas antes citadas.

En principio, se trataría de una sola obra, ya completa, pero breve *(integrum opusculum)*, que el autor estaría corrigiendo para su publicación *(in cujus descriptione et emendatione occupatus sum)*. Esa obra, sin embargo, trataría de dos temas *(et etiam):* uno metafísico, el origen de las cosas a partir de Dios y sus atributos, afrontado de una forma tan novedosa que podría suscitar las críticas de los teólogos; y otro, epistemológico, la reforma del entendimiento, sin más aclaraciones.

La interpretación más obvia es que se refiriera a nuestro tratado, puesto que se da casi literalmente su título: *opusculum... de intellectus emendatione*. En cuyo caso, cabría añadir que en este escrito están formuladas de forma suficiente las dos ideas clave del sistema spinoziano. Por un lado, la epistemología centrada en la distinción y contraposición entre entendimiento e imaginación[98]. Por otro, la metafísica u ontología, habitualmente conocida como doctrina de la inmanencia, que cabría atisbar aquí en tres ideas: la unión del hombre con la Naturaleza[99] y la deducción de las cosas a partir de ella como su causa y origen[100]; la extensión como cantidad infinita, positiva y absoluta, en oposición al movimiento, finito y relativo a ella[101]; un pensamiento, autónomo respecto a sus objetos, y nosotros como «parte de un ser pensante, cuyos pensamientos constituyen nuestra mente, unos en su totalidad y otros tan sólo en parte»[102]. ¿Es esto ir demasiado lejos? En todo caso, no se puede negar que en esta obra se apuntan esas dos ideas básicas del sistema spinoziano, que presidirán incluso el *Tratado teológico-político*.

Mas, como esta última doctrina no está aquí expuesta de forma tan clara que pudiera despertar la crítica de los teólogos, se tiende a pensar que el *opusculum* debe ser referido también o sólo a otra obra. Ahora bien, justamente porque las dos ideas citadas en Ep. 6, tal como acabamos de exponerlas, son la clave del sistema, cabe también pensar que el *opusculum* se refiera a cualquiera de las obras que Spinoza tenía entre manos.

La primera de ellas, como habíamos sugerido en nota a Ep. 6, podrían ser los *Pensamientos metafísicos,* que pronto serían publicados (1663). Abordan, en un lenguaje voluntariamente ambiguo, el tema de los 'atributos' divinos (entendimiento y voluntad, no opuestos ni separados) y la relación de Dios con el mundo de forma distinta a la habitual (inmensidad, creación y concurso). E incluso hacen preceder esa doctrina de una crítica a las ideas y las distinciones ficticias, simples entes de razón, típicas de la escolástica, y no sin ciertas analogías con la *Reforma* y con el *Tratado breve*. No obstante, está claro que estas últimas ideas no justifican el título de «reforma del entendimiento» y que las primeras no fueron formuladas con toda claridad hasta la versión holandesa de los *Pensamientos* por P. Balling (1664). Aunque tampoco debería olvidarse que, de hecho, la reacción de los teólogos ante esa traducción fue inmediata, como lo demuestran las cartas que le dirigió entonces W. van Blijenbergh[103].

Por supuesto que también cabría pensar en la primera parte de la *Ética* para las ideas metafísicas del opúsculo y en la segunda para las relativas a la *reforma*. Pero los datos que de su posible génesis nos ofrece la *Correspondencia*, en relación primero con un anexo de conceptos metafísicos enviado por Spinoza a Oldenburg[104] y después con los debates en su «círculo» de amigos de Amsterdam acerca de esos mismos conceptos[105], son insuficientes para opinar acerca de su estado de redacción. Por un lado, esos conceptos se refieren a las nociones básicas de su metafísica, similares a las del primer apéndice del *Tratado breve,* y a la doctrina de la definición y de las verdades eternas, ambas en un sentido distinto del de nuestra *Reforma*. Por otro, aunque Spinoza aparenta dar la *Ética* por terminada en 1665, diciendo que está «todavía inédita»[106], la alusión ahí hecha a su contenido, a saber, la unión de conocimiento y virtud en los piadosos o justos[107], es tan general e imprecisa que no es fácil localizarla en el texto definitivo, por lo cual cabe dudar de cuál era entonces su estado redaccional.

Nada extraño, pues, que se haya pensado en el *Tratado breve:* o tan sólo para los temas metafísicos (Gebhardt) o también para los relativos a la reforma del entendimiento (Mignini), hipótesis tan difícil quizá de demostrar como de rechazar[108]. Por lo demás, creemos que la idea de imaginación, así como la del método geométrico como método genético, están más bien ausentes de esa obra. Frente al ideal deductivo, el *autómata espiritual* de la *Re-*

forma, el *T. breve* nos presenta la idea de regeneración como liberación del cuerpo y unión con Dios, expresada en un vocabulario de clara inspiración religiosa[109]. Y, en todo caso, hay un hecho decisivo: ambos escritos han estado en manos del autor hasta su muerte y ambos han sido objeto de sucesivos retoques.

Lo que aquí interesa dejar claro, al margen de todo justo debate acerca de la cronología, es que, si la *Reforma del entendimiento* quedó incompleta, no ha sido porque hubiera tropezado con dificultades insuperables que debieran hallar solución en otra obra[110]. Si el *Tratado breve* y la *Ética* lo superan, no es porque sus ideas centrales sean distintas, sino porque son más completas, pues no son un tratado específico, sino tratados sistemáticos[111]. Esto es particularmente válido para la distinción entre sustancia, atributo y modo, y, de forma menos clara, para el diseño de las nociones comunes y la diferencia entre ideas adecuadas e inadecuadas[112]. En cambio, la función de la experiencia y de la hipótesis está mejor formulada en la *Reforma*[113]. Y la derivación de las cosas singulares es un problema con el que Spinoza se debatirá a lo largo de su vida y de su obra[114].

4.º Significado histórico del tratado

Cerremos estas páginas proyectando el tratado del método de Spinoza sobre su marco histórico. Nos limitaremos a una brevísima alusión a tres personajes cuyas resonancias están presentes en su mismo texto: Bacon, Hobbes y Descartes. Se trata de un tema clásico, al que el siglo XVII prestó una atención primordial. Baste recordar aquí sus nombres más ilustres: B. Keckerman *(Systema logicae,* 1600); F. Bacon *(Novum organum,* 1620); Galileo *(Il saggiatore,* 1623); Descartes *(Discurso del método,* 1637); J. Clauberg *(Logica vetus et nova,* 1654); T. Hobbes *(De corpore,* 1655); P. Gassendi *(Syntagma philosophicum,* 1658); Arnauld/Nicole *(Logique ou art de penser,* 1662 = «Lógica de Port-Royal»). De todas esas obras nos consta que figuraban en la biblioteca de Spinoza las de Keckerman, Descartes, Clauberg, Arnauld/Nicole. Y del análisis de nuestro tratado se desprende con suficiente seguridad que manejó las de Bacon y Hobbes, y cabe pensar que en la *Ética* hay resonancias de la de Galileo[115].

La lectura de Bacon, ya conocida por la *Carta 2* (1661), está patente en ciertos términos como *emendatio, experientia vaga, vis nativa, abstracto* (axiomas). Pero, después del monumental repertorio histórico del spinozismo confeccionado por Wolfson, es bien sabido cuán falaz suele ser la herencia terminológica. Pues lo cierto es que Spinoza se aparta radicalmente del método empírico de Bacon, como lo hiciere por esas fechas también del de R. Boyle, precisamente porque aquél desconfía de que los rayos del entendimiento coincidan con los de la realidad, mientras que Spinoza sienta esa coincidencia como fundamento de su método, no inductivo, sino deductivo: la idea verdadera y su correspondencia al objeto[116].

En cuanto a Hobbes, las alusiones son muy escasas, y la actitud de Spinoza difiere en cada caso. Si, por un lado, parece imitar en el título de su opúsculo el de otro del inglés *(emendatio),* critica, por otro, el nominalismo y el materialismo que sirven de base al sistema filosófico de éste: método hipotético-deductivo y naturaleza puramente mecánica. Hay, no obstante, un concepto central en el que Spinoza está de acuerdo con Hobbes y que debe haber tomado de su lectura directa: el concepto de método deductivo genético, de índole matemática, por el que el entendimiento inventa una causa que genere una figura (la esfera, el círculo, la hipérbola) y, a partir de ahí, deduce todas sus propiedades[117].

Descartes, en cambio, está casi omnipresente a lo largo del tratado, tanto en la terminología como en las ideas. Limitémonos a señalar algunos de los puntos más ilustrativos. El recurso a la biografía personal como introducción al método; la importancia de ciencias como la medicina, la mecánica y la moral; las reglas prácticas del método; la objeción del Dios engañador y la solución de la idea clara y distinta; Dios como ser sumamente perfecto y la extensión y el pensamiento como conceptos distintos y supremos; la idea del método, en cuanto incluye ciertas reglas y practica el análisis y la síntesis (orden, concatenación); la oposición entre los sentidos (imaginación) y la razón; la visión del universo como una máquina cuyas piezas están perfectamente ensambladas..., he ahí temas que revelan, según creemos, un conocimiento profundo no sólo del *Discurso del método* y de los *Principios*, que comentó por los años en que redactó este tratado, sino también de las *Meditaciones* e incluso de las *Reglas*, todavía no publicadas, pero que circulaban en copias[118].

Conocimiento, sin embargo, no significa aceptación ni servilismo. Spinoza rompe con Descartes en temas decisivos desde el punto de vista del método. La duda no aparece por ningún lado y la objeción (más que tentación) escéptica le resulta radicalmente absurda. El fundamento y el *saxum firmissimum* de Spinoza no es el *ego* o la intuición del yo, sino la idea verdadera; cualquier idea, con tal que sea verdadera, pero que todos pueden poseer, puesto que es el producto natural de la *vis nativa* del entendimiento. Otro dato solamente. En este tratado no aparecen por parte alguna ni la voluntad humana, para dudar o para prestar atención y no precipitarse en el error, ni siquiera para fingir; ni tampoco la voluntad divina, ni como tentación ni como garantía suprema. El universo spinoziano es de cosas y de ideas, no de dudas ni de buenas o malas intenciones[119].

En una palabra, el método de Spinoza es una vía costosa (la imaginación hace ardua la meditación), pero segura: la idea verdadera dada es un instrumento poderoso por el que se puede llegar a la idea del ser originario, en el que el método alcanza su perspectiva más segura: *perfectissima ea erit methodus...* Es el camino regio que seguirá la *Ética:* de la idea de sustancia a la existencia de Dios; de aquí a los modos infinitos; de éstos (cosas fijas y eternas) a los modos finitos y, no sin ayuda de la experiencia, a la definición de uno muy concreto, el hombre como *idea corporis*[120].

II. «Principios de filosofía de Descartes» y «Pensamientos metafísicos»

> *Spinozae at quantum debet Cartesius uni, Spinoza ut tantum debeat ipse sibi (Al libro: infra,* p. 134, fin).

«*Renati Des Cartes Principiorum philosophiae Pars I et II, more geometrico demonstratae, per Benedictum de Spino-*

za *Amstelodamensem. Accesserunt eiusdem Cogitata Metaphysica, in quibus... explicantur.* Amstelodami, Apud Johannem Rieuwerts, in vico vulgo dicto "de Dirk van Assensteeg", sub signo Martyrologii, 1663.»[121]

Éste es el título que preside estos dos tratados, presentados como un comentario a los *Principios* de Descartes, seguido de un *Apéndice* sobre temas metafísicos. Salta a la vista la diferencia con el *Tratado teológico-político,* publicado siete años después por el mismo autor y editor, en el que sólo aparecerán sin disimulo el título y el año. Aquí, en cambio, se nos dan con nombres y apellidos el autor, el editor y amigo y la célebre librería-editorial. Spinoza se presentaba, sin ambages ni disfraces, al público holandés como compatriota y experto en un tema de candente actualidad: la filosofía cartesiana. ¿Se presentaba también sin doblez su opinión sobre temas vidriosos, como la libertad divina y humana y, en general, las relaciones de Dios con el mundo, que tantos problemas habían causado al mismo Descartes y a sus adictos en ese mismo país?

En todo caso, la obra no debió de ser mal acogida, puesto que al año siguiente (1664) vio la luz en la misma editorial de Rieuwertz la traducción holandesa, hecha por su amigo Pieter Balling, y a la que quizá el mismo Spinoza añadió ciertas acotaciones, que tienden a rechazar todo antropomorfismo y a subrayar la necesidad de la acción divina[122]. A finales de ese mismo año, un personaje desconocido, comerciante en granos y aficionado a la filosofía, Willen van Blijenbergh, se dirigió por carta a Spinoza para rogarle que le aclarara algunas cosas que su estómago no lograba digerir. Se trataba, en principio, del problema de la libertad y del mal; pero el debate adquirió muy pronto su verdadera dimensión: cuál era la posición de Spinoza respecto a Descartes y a la Biblia. La polémica adquirió tonos agrios y, al final, Spinoza la cortó por haberse convencido de que su corresponsal no era un auténtico filósofo, sino un sumiso teólogo[123]. Una cosa es cierta: ni en ese momento ni después negó aquél la paternidad de esa obra, sino que acudió a ella en más de una ocasión para apoyar sus propias ideas[124].

Que la actitud de Spinoza sobre Descartes no está demasiado clara en esta obra lo confirma su historia inmediata. Uno de sus primeros biógrafos, J. M. Lucas (1678/1719), nos cuenta que los cartesianos acusaron durante toda su vida de ateo al comentarista de Descartes a fin de preservarse a sí mismos y a su maestro de la misma acusación[125]. Hay indicios para pensar que su corresponsal más asiduo y amigo personal, H. Oldenburg, interrumpió por ese motivo su intercambio epistolar con el filósofo[126] Leibniz; en cambio, le colocaba por entonces entre «cartesianos» tan poco peligrosos como Clauberg, Raey, Clerselier, Heereboord, T. Andreas y Regius[127]. Esa ambigüedad, cartesiana o escolástica, está patente en el mismo título de la obra, que se presenta como un comentario o resumen de Descartes y, al mismo tiempo, como una exposición de la metafísica escolástica. Más todavía, el prólogo de Meyer, escrito según las directrices de Spinoza, nos invita a adoptar cierta actitud de sospecha ante el comentario de un filósofo que, por un lado, no quiere apartarse ni una uña del texto original y, por otro, reconoce abrigar personalmente opiniones muy distintas en puntos importantes[128]. Estos datos nos parecen revelar con qué cautela se debe leer el texto que presentamos, así como su «historia», narrada por su mismo autor.

1.º Composición y publicación del libro

De ninguna otra obra de Spinoza tenemos noticias tan directas y seguras, tanto sobre su composición como sobre su edición, como de este librito. En el prefacio L. Meyer reconstruye su historia, proyectándola en el marco cartesiano holandés y en el círculo spinoziano de Amsterdam. Sus primeros lectores no poseían otra fuente de información. Las *Opera posthuma* ofrecieron, sin embargo, la versión de esa historia que el mismo Spinoza había hecho, unos meses antes de que el libro fuera editado, en carta a Oldenburg (Ep. 13). Hoy contamos, además, con la carta en que Spinoza expresa a Meyer su opinión acerca del prólogo ya redactado y le hace las últimas sugerencias (Ep. 15), y con otra, de sólo ocho días antes (26-7-1663), en que le hacía ciertas observaciones de detalle sobre el texto ya preparado para la imprenta (Ep. 12-A). Contrastando todos esos datos, podemos reconstruir la génesis de nuestro texto con suficientes garantías de objetividad.

1. Descartes y el cartesianismo holandés

Este libro surgió, como nos recordará Meyer, en el ambiente cartesiano que dominaba en Holanda en vida de

Spinoza, y que no era precisamente un lago de paz[129]. Recordemos algunos hechos más sobresalientes. Descartes vivió en ese país nada menos que veinte años, que coinciden con la juventud de Spinoza (1629-1649), y en lugares que éste conocía muy bien y donde su memoria estaba muy viva: Amsterdam, Engeldeest (cerca de Rijnsburg)... La publicación de su primera obra, el *Discurso del método* (1637), suscitó una polémica que duró más de medio siglo y dio lugar al llamado «cartesianismo holandés»[130]. Al mismo ritmo que las más célebres universidades (Utrecht, Leiden, Groningen, Franeker...) acogían con entusiasmo sus doctrinas, las autoridades académicas prohibían su enseñanza (Utrecht, 1642; Leiden, 1648). En 1656, el año de la excomunión de Spinoza, hacían suya esa prohibición los mismos Estados de Holanda.

El mejor símbolo de aquel ambiente discordante quizá sea el caso Henrikus Regius. En 1638 había obtenido una cátedra en Utrecht por su familiaridad con la física cartesiana; en 1642 fue destituido de ella ante los ataques del polémico Voetius contra sus ideas metafísicas. En efecto, al lado de escolásticos, admiradores de Descartes, como Jan Raey, Adriaan Heereboord, Johan Clauberg, Arnold Geulincx y Christoph Wittichius, están los detractores: el ya citado Gisbert Voetius, Johannes Cocceius, Jacob Revius y Pieter van Masstrich. Algunos son amigos de Spinoza, como L. Meyer; otros, enemigos, como Velthuysen; otros, en fin, como Jelles, ponen todo cuidado en no confundir su afecto a Spinoza con las doctrinas cartesianas[131].

2. Spinoza y el ambiente cartesiano

El prefacio de Meyer constituye, junto con la *Epístola* que enviara Heereboord, en febrero de 1648, a las autoridades de la Universidad de Leiden, un documento de primera mano sobre el clima intelectual en el que se gestó este librito. De forma un tanto poética y velada, describe en dos pinceladas los tres grupos en que se dividía el mundo filosófico. De un lado están los escolásticos tradicionales, que «publican un enorme fárrago de gruesos volúmenes, en los que no se encuentra nada sólido y cierto, sino que todo está lleno de disputas y discordias. Lo que uno ha confirmado de algún modo con unos argumentillos endebles otro lo refuta enseguida, demoliéndolo y triturándolo con las mismas armas»[132]. De otro, aquellos que ni son escolásticos ni cartesianos, puesto que se limitan a introducir el vino viejo de las doctrinas escolásticas en los odres nuevos del método matemático: «redactaron según este método la filosofía ya admitida y enseñada habitualmente en las escuelas»[133]. De otro, en fin, está «aquel astro, el más brillante de nuestro siglo, Renato Descartes, el cual, después de sacar, con su nuevo método, de las tinieblas a la luz cuanto había sido inaccesible a los antiguos en las matemáticas y cuanto se echa de menos en sus contemporáneos, abrió los cimientos inconmovibles de la filosofía»[134].

Pues bien, Spinoza es un buen cartesiano, ya que, aparte de ser un «experto, tanto en el método analítico como en el sintético», está «familiarizado sobre todo con los escritos de Descartes»[135]. Sólo le faltaba la ocasión para que pusiera manos a la obra. Y ésta se le presentó sin buscarla. Ya fuera por presiones oficiales, ya por propio interés, Spinoza había dejado su ciudad natal, Amsterdam, hacia 1660 y se había instalado en Rijnsburg. La elección no había sido casual, ya que, aparte de ser la sede de una secta religiosa liberal, los colegiantes, estaba cerca de Leiden, donde florecía una universidad de fama internacional y ambiente cosmopolita. Allí enseñaban por aquellos años los más célebres cartesianos holandeses: Regius (1638-1679), Heereboord (1641-1661), Raey (1654-?), Geulincx (1658-1669). La cercanía y el ambiente liberal atraían hacia Rijnsburg a los estudiantes de Leiden. Es probable que allí mismo conociera Spinoza a algunos de sus futuros amigos: Adriaan y Johan Koerbagh, Abraham Berckel, Pontiaan van Hattem, Niels Stensen, etc.[136]

3. La «historia» redaccional del libro

Uno de esos estudiantes fue Johannes Casearius (ca. 1642-1677), que aparece matriculado en la Facultad de Teología de Leiden el 21 de mayo de 1661 y después como clérigo, con aficiones botánicas, en Malabar. Quizá por casualidad, el estudiante de teología residía, en febrero de 1663, en la misma pensión que el filósofo, que alternaba la redacción de la primera parte de la *Ética* con curiosos experimentos científicos sobre el nitro[137]. ¿Es aventurado suponer que el futuro botánico participara con Spinoza en algunos de aquellos experimentos, realizados entre octubre de 1661 y abril de 1662, y que la curiosidad del joven naturalista despertara en él cierta simpatía, al tiempo que su vocación clerical le obligaba a mostrarse más bien reservado?[138]

Lo cierto es que, antes de abril de 1663, fecha en que Spinoza cambió su residencia a Voorburg, ya había dictado a ese joven la segunda parte de los *Principios de filosofía* de Descartes, así como las principales cuestiones que se debaten en la metafísica, es decir, los actuales *Pensamientos metafísicos*[139]. En cambio, la primera parte de los *Principios* la habría redactado, en sólo dos semanas y a petición de sus amigos de Amsterdam, durante una visita que les hizo a finales de abril y en la que les había dado a leer el manuscrito del «tratado» dictado a Caseario[140].

Esta «historia», redactada de cara al público, suscita ciertas dudas, incluso en el lector no prevenido. ¿Cómo es posible que Spinoza explicara la segunda parte de los *Principios* a un joven inexperto en Descartes sin haberle expuesto antes sus fundamentos, contenidos en la primera parte? ¿No es una extraña mixtura la de la física cartesiana con la metafísica escolástica? ¿Cómo imaginar que Spinoza redactara «en dos semanas» la primera parte de los *Principios* y, al parecer, fuera de su lugar habitual de trabajo, durante una visita a Amsterdam?[141]. ¿Es creíble que un libro tan complejo en su temática y tan bien conjuntado en su estructura sea fruto de dos encuentros fortuitos: con Caseario en Rijnsburg y con sus amigos en Amsterdam?

Antes de responder a estas preguntas, hay que hacer una observación metodológica: no es razonable desechar documentos de primera mano y concordantes porque contengan detalles que no logramos comprender muy bien. Y menos todavía sustituirlos por hipótesis infundadas. Y así, aunque es aceptable que Spinoza hubiera redactado los *Pensamientos metafísicos* antes del comentario a los *Principios*, no hay pruebas de que lo hiciera antes también del *Tr. de la reforma del entendimiento* e incluso del *Tr. breve* y que formara con ellos un curso completo[142]. Dicho esto, cabe pensar que el estudiante de teología prefiriera la metafísica escolástica a la cartesiana, porque la primera estaba mejor estructurada y le prestaba mejores servicios para la teología y sobre la segunda pesaba la prohibición oficial de 1656. En cambio, no contando la escolástica con una buena filosofía de la naturaleza, comparable a la cartesiana, y no estando ésta prohibida, no cabía duda en la elección. En cuanto a la posible dificultad de no entenderla sin su fundamento metafísico propio, es más aparente que real, pues bastaba que el maestro hiciera una síntesis de lo indispensable. Aparte de que, como enseguida veremos, el objetivo del libro y, por tanto, del dictado original era hacer esa extraña conjunción de Descartes con la escolástica a fin de preparar el paso a su propia filosofía, enfrentándolos mutuamente[143].

El único problema que queda sin resolver es el de saber en qué momento, por qué motivo y en cuánto tiempo redactó Spinoza la primera parte de los *Principios*. En este punto, las versiones discrepan de forma sospechosa, pese a que su fuente de información es única: el mismo Spinoza. Según su carta a Oldenburg, la redactó a petición de sus amigos, después de que éstos hubieran leído la copia del «tratado» *(sic)* dictado a Caseario, y antes de decidirse a publicar el libro. Según el prefacio de Meyer, primero decidió publicar el contenido de aquel dictado («estas cosas») y sólo después y a petición suya accedió a redactar esa primera parte para anteponerla «al resto *(sic),* a fin de que, organizado el conjunto desde el principio, pudiera ser mejor comprendido y resultar más grato»[144]. Ahora bien, Meyer no dice en este contexto en cuánto tiempo redactó esa parte su amigo. Y es que, en la primera redacción del prólogo, no aparecía tal noticia. Si en la redacción definitiva aparece, pero en otro lugar[145], es porque fue introducida a petición del mismo Spinoza, al revisar el prólogo. He aquí sus palabras: «en la página 4, donde usted informa al lector con qué ocasión he compuesto la primera parte, quisiera que allí mismo, o donde le plazca, le informara también de que la he redactado en dos semanas». Y el motivo es que así sabrán disculparle si encuentran cosas poco claras[146].

Lo que no quedó claro, como hemos dicho ya, para los primeros lectores de este extraño libro fue su significado. Para nosotros, que conocemos otros documentos sobre su génesis y, en concreto, esa consigna publicitaria sobre la composición de la primera parte de los *Principios,* lo está más, pero sólo porque se nos hace sospechosa su «historia». Los datos que poseemos sobre su publicación y el análisis de su contenido contribuirán a interpretarla.

4. Edición y publicación del libro

Spinoza accedió a que se publicara el libro, a condición de que uno de sus amigos mejorara el estilo y redactara un prefacio, en el que se advirtiera a los lectores de que su autor no hacía suyas todas las ideas en él contenidas. Pero todo ello, claro está, bajo su control directo y personal. Así pues, Meyer se encargó de redactar el prólogo, de dar al original «un estilo más elegante» y, en fin, de todo lo relativo a la impresión y edición, puesto que Spinoza no podía permanecer tanto tiempo en Amsterdam[147]. Por dos cartas del autor a su amigo sabemos cuán estrecha fue la colaboración de ambos en esa tarea, tanto en la corrección de las últimas pruebas, por así decirlo, como en el contenido del prólogo, y cuán rápida e intensa fue esa labor.

Con fecha 26 de julio de 1663 (Ep. 12-A), contesta Spinoza a una carta de Meyer, en la que éste le consultaba tres detalles (al menos), todos ellos relativos a los *Pensamientos metafísicos:* el primero sobre una referencia o 'nota marginal' (de CM, I, 2, a PPC, I); los otros dos sobre la conveniencia de omitir cierta alusión al «Hijo de Dios» (CM, II, 10) y de suavizar una frase sobre el significado que dan los teólogos al término «personalidad». Spinoza cree que es correcta la referencia introducida por su amigo y, aunque ratifica su opinión sobre los otros dos puntos vidriosos, deja que él decida como mejor crea. Le pide, sin embargo, por su cuenta, que corrija una «nota marginal» de CM, I, 1, y una referencia de éste a PPC, I.

Si se comparan estas observaciones con el texto editado en 1663, se comprueba que las correcciones de las citas sólo aparecen en los *corrigenda,* no en el texto; y que, en cambio, las dos expresiones vidriosas aparecen en el texto impreso, pero algo suavizadas[148]. Puesto que las primeras corresponden al primer capítulo de la obra y las otras al final de la obra (CM, II, 10, caps. 10 y 8), cabe pensar que ese capítulo ya estaba impreso cuando Meyer recibió la carta. En cualquier caso, de ahí se desprende que ambos amigos tenían delante una copia de todo el libro; que Meyer introdujo, al menos, algunas citas o referencias internas y «notas marginales», y que tenía la suficiente libertad como para hacer al autor sus propias sugerencias. En suma, Spinoza supervisó con toda atención el texto preparado por su amigo para la imprenta y éste introdujo en él hasta las mínimas indicaciones del autor.

El 3 de agosto del mismo año (Ep. 15), es decir, tan sólo ocho días después de la carta anterior, envía Spinoza otra carta a Meyer, que, aparte de informarnos con detalle sobre el contenido y redacción del prefacio, confirma y completa las noticias precedentes. En cuanto al prefacio, cuya copia ha recibido por medio de su común amigo, S. de Vries, y que ahora le remite, le pide que, aparte de las notas que ha puesto al margen del mismo texto y cuyo contenido ignoramos, recoja en su prólogo las tres observaciones siguientes: 1) que redactó la primera parte de los *Principios* en dos semanas; 2) que, si cambió a veces el orden seguido por Descartes, no fue para corregirlo, sino para adaptarlo al suyo propio y perfeccionarlo, y 3) que omita la alusión a cierto «hombrecillo», a fin de que todos vean que el único móvil del autor y del editor (Meyer) es difundir la verdad. El texto impreso confirma que, también en esto, el prologuista se atuvo al deseo del autor[149].

Junto con el prólogo, Meyer debió de enviar a Spinoza las pruebas de imprenta de la segunda parte de los *Principios,* ya que éste le manda imprimir de nuevo la página 75 e intercalar, en el texto ya impreso, dos adiciones suyas, correspondientes a las «reglas» 14 y 15. Mientras que estas adiciones fueron introducidas en letra más pequeña, la página reimpresa parece contener ciertas incoherencias terminológicas que confirmarían una revisión de última hora y, por tanto, parcial[150].

De las dos cartas que acabamos de comentar se desprende que la segunda parte de los *Principios* ya estaba impresa a comienzos de agosto; que, también por esas fechas, estaba en prensa el texto de los *Pensamientos metafísicos*, puesto que Meyer ya no pudo introducir correcciones en el primer capítulo. ¿Qué sucedía, entre tanto, con la primera parte de los *Principios*? ¿Ya estaba impresa, como sería lo lógico, o recibiendo los últimos retoques? Desde luego, las alusiones a ella no deciden la cuestión, puesto que no citan páginas, sino proposiciones y escolios. Ahora bien, por esos mismos días, Meyer ya había redactado el prólogo, en el que hace un análisis de ese texto, y es obvio, por lo demás, que no lo escribiera mientras no tuviere todo el libro a mano, ya que esa parte era la que daba unidad al conjunto[151]. Así pues, si hemos de dar crédito a los textos, podemos pensar que Spinoza redactó, terminó o simplemente conjuntó esa parte con las demás «en dos semanas»; pero nos inclinamos a pensar que tanto lo de la redacción como lo de las dos semanas hay que entenderlo en sentido muy amplio. En el peor de los casos, Spinoza contó para ello con más de dos meses, entre abril y julio de 1663.

Añadamos, finalmente, un detalle sobre la participación del círculo de Spinoza en la edición de este libro. Según su biógrafo Lucas, fueron «sus amigos, la mayor parte de los cuales eran cartesianos», los que decidieron «pedir a nuestro filósofo que se explicara abiertamente acerca de Descartes», a fin de poner fin a la auténtica «guerra civil» que había surgido entre ellos y los «cartesianos ortodoxos»[152]. Los hechos confirman esa afirmación. Aparte de Meyer, a quien acabamos de referirnos, participaron en la edición del libro sobre Descartes otros cinco. Bouwmeester redactó la poesía introductoria, en la que reclama la originalidad de Spinoza frente a Descartes. S. de Vries actuó, al menos, como intermediario entre Meyer y Spinoza para la corrección de pruebas. Pieter Balling hizo la traducción al holandés. J. Jelles corrió con los gastos de ambas ediciones y J. Rieuwertsz fue el editor[153].

Todo ello deja bien claro que la composición y la publicación de la obra no fueron fruto del azar, sino algo muy bien meditado y que respondía a un plan. Así lo confiesa el mismo Spinoza a su amigo de Londres, H. Oldenburg. Ha decidido publicar este libro a fin de comprobar si es bien recibido por las autoridades; pues, de ser así, publicará otras cosas que tiene escritas y que reconoce como propias[154]. ¿Hasta qué punto representa, pues, este libro las opiniones de Spinoza? ¿No contiene, al menos, su verdadera interpretación de Descartes?

2.º Contenido y significado del libro

«Esto es, pues, lo que te ofrecemos, benévolo lector, en este librito: la primera y la segunda partes, junto con un fragmento de la tercera, de los *Principios de filosofía* de Renato Descartes, a las que hemos adjuntado, a modo de apéndice, los *Pensamientos metafísicos* de nuestro autor.»[155] Así expone Meyer, en su prefacio, el contenido de este «librito», que no «tratado», como ya llamaba Spinoza al texto del dictado a Caseario. Y ello a pesar de que el librito es más completo y debe de estar mejor conjuntado que el tratado, porque incluye también la primera parte de los *Principios,* que es la clave del librito, y el comienzo de la tercera, de la cual se nos informa ahora por primera vez[156]. En cambio, «los pensamientos metafísicos de nuestro autor», como él los llama, y que siguen siendo seguramente lo que antes eran, es decir, la síntesis que Spinoza había hecho para su discípulo ocasional de «las principales y más difíciles cuestiones, que se ventilan en la metafísica y todavía no aclaradas por Descartes», han venido a constituir un simple apéndice del comentario a los *Principios* de Descartes[157].

¿Cuál es, pues, el contenido de este extraño libro, que contiene como apéndice un auténtico tratado, que antes formaba parte de aquél y que ha venido a ser relegado a tercer plano, al haber ocupado su puesto una síntesis hecha en sólo dos semanas? Toda esta «historia» resultaría molesta si no fuera que a sus lectores les parecería más bien ingenua por desconocer algunos de sus datos o por serles patente su intención y, sobre todo, porque la solidez del librito así presentado les haría desechar todo posible mal humor.

1. Las dos secciones del libro

Ocupado en reconstruir la historia del libro y en subrayar las diferencias entre Spinoza y su comentario a Descartes, Meyer apenas nos informa sobre el contenido de sus distintas secciones, y menos todavía sobre sus mutuas relaciones y sus fuentes. Más aún, sus únicos datos se refieren a la primera parte de los *Principios*. «Para que le resultara más fácil la tarea, el autor recogió aquí literalmente casi todo lo que dice Descartes al final de las *Respuestas a las segundas objeciones*.» En realidad, esta frase resulta equívoca por querer justificar lo de las «dos semanas», pues sólo vale para prop. 5-8; para el resto, Spinoza extrajo sus ideas de las *Meditaciones* y de la primera parte de los *Principios*[158]. Sobre el resto, ni una palabra. Y, sin embargo, habría sido muy útil que hubiera aclarado dos cosas: por qué quedó sólo iniciada la tercera parte de los *Principios* y cuál es la fuente de los *Pensamientos*. Y ello por no aludir al problema más grave, el de la posible duplicación de éstos con la primera parte de los *Principios*. A fin de alejar, si es posible, estas dudas, comencemos por una descripción del texto.

Como el lector puede ver en el *Índice sistemático*, en el que hemos resumido el original, el libro consta de tres fragmentos que, por lo que venimos diciendo, han surgido separados y, probablemente, en orden inverso al de su impresión, y que es el siguiente: 1.º) síntesis de la metafísica cartesiana; 2.º) síntesis de la física cartesiana, y 3.º) síntesis de cuestiones disputadas de metafísica. Las dos primeras se presentan como un comentario personal a los *Principios* de Descartes. La tercera, en palabras del mismo Spinoza, como un «resumen [...] de los principales temas que se tratan en la metafísica»[159].

a) El comentario a Descartes

Spinoza abre su exposición de Descartes con una amplia *Introducción,* en la que hace una síntesis personal del método cartesiano, que le lleva de la duda al *cogito,* de éste al criterio de la idea clara y distinta, y a evitar, con su ayuda, todos los anteriores prejuicios. Cierra esa visión panorámica con una discusión del llamado «círculo cartesiano», al que da una solución en la línea apuntada en el *Tr. de la reforma:* puesto que tenemos una idea verdadera (al menos, la de la propia existencia), ella puede conducirnos a formar una idea clara de Dios; por tanto, ya no podremos dudar de su veracidad ni de ninguna idea clara y distinta[160].

La primera parte comprende tres secciones. En la primera, que es la fundamental (prop. 1-4), Spinoza prueba, con la ayuda de tres axiomas propios y de su *Introducción,* la existencia del yo como verdad primera y la naturaleza del alma como cosa pensante. En la segunda (prop. 5-8), resume, casi literalmente, las *Rationes* que Descartes añadiera a sus *Respuestas a las segundas Objeciones* y en las que exponía, a petición del propio Mersenne, en orden geométrico, una síntesis de su doctrina. Se trata, en realidad, de las tres pruebas cartesianas de la existencia de Dios y de la distinción entre el alma y el cuerpo. Como ya apuntaba Meyer, la innovación más visible es que antepone las definiciones cartesianas a sus propias proposiciones (1-4) mientras que los axiomas cartesianos los expone a continuación de éstas en orden distinto y omitiendo el octavo, lo cual supone, como veremos, un cambio de enfoque en la tercera prueba de la existencia de Dios. En la tercera sección (prop. 9-21), se entreveran ciertas tesis típicamente cartesianas, como la veracidad de Dios y el problema del error humano (prop. 13-15), con la doctrina de los atributos divinos, comunes al cartesianismo y a la escolástica: inteligencia, perfección, unicidad, conservación (y creación), incorporeidad, simplicidad, inmutabilidad, eternidad y preordenación. Se cierra, en sentido cartesiano, con la prueba de que existe el cuerpo o sustancia extensa[161].

La segunda parte es una reformulación, en forma geométrica, de la segunda parte de los *Principios,* es decir, de la física general o, si se quiere, de la filosofía de la naturaleza de Descartes. Como puede verse en los esquemas que hemos dado en nuestras notas, Spinoza se atiene fielmente a Descartes, pese a que su física contenía graves errores[162]. Su exposición resume, con gran precisión y detalle, e incluso con más orden y rigor en las pruebas, y en casi la mitad de espacio, lo fundamental de la teoría cartesiana, en la cual se revela un auténtico experto. Lo más sorprendente es el elevadísimo número de definiciones (9) y axiomas (21) que Spinoza elabora, entresacando sus ideas, de aquí y de allá, de proposiciones cartesianas. En cuanto a la estructura, es muy sencilla y sigue, paso a paso, a Descartes: naturaleza de la materia (prop. 1-6), naturaleza del movimiento (prop. 7-13), leyes del movimiento (prop. 14-23), reglas del choque (prop. 24-31) y naturaleza de los fluidos y de los sólidos (prop. 32-37).

b) Los «Pensamientos metafísicos» y sus fuentes

Los *Pensamientos metafísicos* son, por el contrario, un compendio, hecho por mano maestra, de los principales temas debatidos, es decir, de «las cuestiones más difíciles» de la metafísica escolástica. Spinoza entra aquí, sin preámbulo alguno, *in medias res,* como quien conoce perfectamente la materia. Va certero a los problemas que, en definitiva, se reducen a uno: qué es el ser. Y, como enseguida aparece que hay dos formas de ser, el tema que domina y orienta a todos los demás es el de las relaciones entre Dios y las criaturas o, si se quiere, entre el ser necesario y los seres contingentes.

En la primera parte o metafísica general, distingue con precisión el ser real del ente de razón, la esencia de la existencia, lo necesario de lo posible y de lo contingente, la eternidad de la duración, y establece cuál es el verdadero contenido de nociones como el orden, la unidad, la verdad y la bondad (caps. 1-6). En la segunda parte o metafísica especial, describe, en otros tantos capítulos, once atributos de Dios, que vienen a coincidir, como es obvio, con los demostrados en la primera parte de los *Principios* y con los expuestos en todos los manuales escolásticos de la época: eternidad, unidad, inmensidad, inmutabilidad, simplicidad, vida, entendimiento, voluntad, poder, creación y concurso (caps. 1-11), para terminar con las pruebas de la inmortalidad y de la libertad del alma humana (cap. 12)[163].

Aunque Spinoza no nos da aquí sus fuentes, ciertas alusiones a los «peripatéticos» o similares y dos o tres a Platón, Aristóteles y Heereboord (el único escolástico citado nominal y textualmente) delatan de dónde extrae sus datos y adónde dirige sus dardos. El análisis más superficial demuestra que sigue paso a paso el esquema, los temas y los debates de los escolásticos de la época. Freudenthal había establecido, con gran abundancia de referencias textuales, el paralelismo entre muchas expresiones suyas (no sólo en los *P. metafísicos,* sino incluso en la *Ética*) y las de escolásticos como Suárez, Martini, Scheibler, Burgersdijck y Heereboord[164].

Por nuestra parte, en la primera edición habíamos realizado un cotejo muy amplio entre esta obra y las *Disputationes* de Suárez. Nuestra opinión de que en los *Pensamientos metafísicos* Spinoza adelanta ideas típicamente suyas se ha reforzado después con un estudio monográfico de sus fuentes, la primera de ellas la recopilación de sus tratados de Adriaan Heereboord (1614-1661), titulado *Meletemata*. Del análisis de un centenar de conceptos se desprende que Spinoza utiliza el criterio cartesiano de la idea clara y distinta, cual navaja de Ockam, para eliminar gran cantidad de términos que sólo se fundarían en una distinción de razón, remitiéndolos a los simples *modi cogitandi* o formas de pensar. Entre ellos, la idea de abstracción, y con ella las de relación y de diferencia específica, gran parte de los atributos de Dios y de los accidentes metafísicos, así como el carácter sustancial *(forma substantialis)* del alma humana *(anima rationalis* o *intellectiva);* por otro, la idea de analogía, y con ella las de libertad de *indiferencia* y de *ciencia media* en Dios, relativas a los actos libres futuros y condicionados.

Al fin, sólo deja la división del ser en sustancia y modos, o sea, en ser absolutamente necesario y ser posible o necesario por su causa. Cuál sea, pues, el estatuto exacto de los seres finitos dependerá de cómo se entienda la libertad o necesidad del ser infinito. Ahora bien, en este punto, Spinoza no quiso revelar aquí con claridad su interna convicción, como se ve en el análisis de la teoría cartesiana acerca del error (PPC, I, 15, esc.) y de los dos argumentos de Heereboord en contra de la creación *ab aeterno* y a favor, en cambio, de la determinación del acto libre de la voluntad por el juicio último práctico del entendimiento (CM, II, 10, pp. 271/16-17, 31-33). Pero, como hemos apuntado en nuestras notas, toda la fuerza de su discurso se orienta a su idea capital, de la libertad como libre necesidad[165].

2. Significado spinoziano del libro

El lector se preguntará, después de estas noticias sobre la génesis y sobre la temática y las fuentes del libro, qué objetivo se propuso Spinoza al componer y publicar este librito y qué interés podemos tener nosotros hoy en leerlo. En cuanto a la primera pregunta, su amigo Meyer la contesta, al menos en parte, al final de su prefacio: «queremos que los lectores no ignoren que todos estos tratados se publican con el único fin de investigar y difundir la verdad»[166]. Pero eso es demasiado vago y general. El verdadero motivo es el revelado por el mismo Spinoza a su amigo Oldenburg: publicar dos o tres escritos, en los que resumía las ideas de otros, para averiguar si las autoridades de «primer rango», es decir, políticas, «mostrarán su deseo de ver las demás cosas que he escrito y que reconozco como mías»[167]. Meyer confirma esta interpretación cuando advierte que «tanto en la primera y segunda partes y en el fragmento de la tercera de los *Principios,* como en sus *Pensamientos metafísicos,* nuestro autor se ha limitado a proponer las opiniones de Descartes y sus demostraciones», y que, por consiguiente, «no piense nadie que él enseña aquí sus dogmas o sólo los que aprueba»[168].

a) Metafísica

Pero ¿no es un extraño recurso publicar aquello que uno no admite como verdad a fin de abrirse así camino para publicar lo que cree ser verdad? Pretender que Spinoza haría méritos mostrándose tan hábil en exponer a Descartes como en ocultar sus propias convicciones sería un acto de cinismo. Más bien nos inclinamos a pensar que la idea de Meyer y de Spinoza es que en esos escritos no sólo se pone de manifiesto la excelente formación filosófica del autodidacta, acuñada, además, con su dominio de un nuevo método de exposición[169], sino que ahí afloran también «sus pensamientos» sobre cuestiones metafísicas «todavía no aclaradas por Descartes»[170]. Meyer parece invitarnos sutilmente a esta lectura cauta y suspicaz, en vez de dejarnos llevar por las apariencias («aunque parezca que está probado con gran esfuerzo y aparato»), respecto a dos problemas verdaderamente decisivos: la libertad de indiferencia y lo sobrenatural, «que él rechaza como falsos»[171].

Consciente o inconscientemente han utilizado este método de lectura para esta obra todos aquellos que han reconocido en ella ciertas ideas que rompen con Descartes. Señalemos algunas de ellas: la solución típicamente spinoziana al problema del círculo cartesiano; la supresión de los axiomas 8.º y 9.º en el segundo argumento a posteriori de la existencia de Dios, por lo que éste se acercaría al de la *Ética;* la advertencia hecha, en el escolio de la proposición 9, de que la extensión sólo se excluye de Dios en la medida en que incluya imperfección, pues –añadimos nosotros– dirá después lo mismo acerca del pensamiento[172]; la ambigüedad con que se expresa en el escolio de la proposición 15 sobre la función de la libertad humana ante el error, sobre todo –añadimos– si se observa que Spinoza ya insiste ahí en que la libertad humana no es esencialmente indiferencia, sino plena determinación, y en que también las ideas confusas o inadecuadas, es decir, erróneas, son positivas e implican cierta perfección[173]; la tesis reiterada de que la voluntad y el poder de Dios se identifican con su entendimiento y éste con su esencia, y que éste es totalmente autónomo y necesario en su conocimiento de las cosas, ya que sólo Él es, en sentido estricto, su objeto[174]; la exclusión de la finalidad y todo antropomorfismo fuera de la idea de Dios, y de la revelación y la teología fuera de la filosofía, y la atribución de los milagros y lo sobrenatural a nuestra ignorancia[175]; la división, en fin, del ser, no en sustancia y accidente o modo, sino en necesario y posible o contingente, y –adviértase la novedad– la afirmación de que éstos, entendidos en su sentido tradicional, no indican algo real, sino defectos de nuestro conocimiento de lo real[176].

Las observaciones precedentes dan sin duda la razón a aquellos que piensan que este librito «hay que examinarlo como textos con un doble fondo, de los que sin duda también se pueden destilar las propias convicciones de Spinoza»[177], y que, por lo mismo, urge estudiarlo sistemáticamente[178]. Se la quitan, por el contrario, a quienes creen que «es poco lo que puede decirnos hoy todavía»[179]; y más, claro está, a quienes no dudan en afirmar que Spinoza rechazará después casi todo lo que había dicho ahí y, muy concretamente, en los *Pensamientos metafísicos*[180].

b) Física cartesiana y spinoziana

No hemos mencionado todavía la segunda parte de los *Principios,* que sintetiza y demuestra en orden geométrico la física cartesiana. Alguien podría pensar que, aparte de no contener ninguna innovación doctrinal, constituye una materia específica, como un capítulo aparte en el libro e incluso en la filosofía de Spinoza. Y podría avalar esta idea señalando que, mientras que los *P. metafísicos* y la primera parte de los *Principios* apoyan muchas veces sus ideas mediante citas mutuas, esta segunda parte ni cita a otras ni es citada por ellas, sino que remite permanente y exclusivamente a los pasajes paralelos de Descartes[181]. Lo cierto es que, en los escasísimos estudios que se han hecho de la filosofía de la naturaleza de Spinoza, se relega a simples notas o apéndices toda alusión a este excelente comentario[182].

Ello es, sin embargo, un grave error. Lo primero, porque Spinoza sostiene que la perfección del alma humana es directamente proporcional a la del cuerpo; y en la misma *Ética* se limitará a recoger los resultados de esta síntesis de la física cartesiana para aplicarlos al cuerpo humano. De ahí que este texto constituya la única base teórica e histórica para entender temas principales del sistema, relativos a la imaginación y la memoria, las pasiones y la política, que es, en cierta medida, una física de intereses[183]. Lo segundo, porque Spinoza no sólo no ha rechazado después las ideas aquí expuestas, sino que siguió manifestando sus simpatías por las ideas clave de la física cartesiana.

Si se comparan las ideas expuestas en 1662 (Ep. 6), en 1665 (Ep. 32) y en 1675 (E, II, 13, esc.) con las de este comentario, se comprobará que las estrictamente físicas o relativas a los fenómenos corpóreos siguen siendo las mismas: que el universo es una inmensa máquina, cuya materia y cantidad de movimiento se mantienen inmutables; que cada individuo o cada cuerpo viene definido como una parte de ese todo en cuanto que posee cierto movimiento de traslación propio, es decir, que, mientras los movimientos de sus partes siguen siendo los mismos, los del todo o conjunto varían respecto a los cuerpos circundantes; que todos los fenómenos corpóreos se reducen a modos o afecciones de la extensión, es decir, a movimiento y reposo; que estos conceptos son, como los de duro y blando, grande o pequeño, puramente relativos a nuestros sentidos y por tanto a los otros cuerpos; que el vacío es algo absurdo y que sólo se evita mediante la negación de los átomos y la aceptación de la divisibilidad indefinida de la materia; que son exactas la ley de la inercia, la teoría de los torbellinos (círculo de cuerpos en movimiento), las leyes del choque, etc.[184].

Contra esta afirmación se presentan dos objeciones: que Spinoza negó posteriormente la sexta regla cartesiana y que la extensión o cantidad sea inactiva o inerte como en Descartes. Respecto a lo primero, se ha intentado probar que ya en su exposición de 1663 vio la dificultad; pero ello parece fundarse en un error de traducción[185]. Se ha insistido en que, al menos, la rechazó en algunas cartas de 1665; pero aun eso necesita dos matizaciones importantes. Primera, que Spinoza aún entonces no cree convincentes los argumentos dados por Chr. Huygens contra todas las reglas cartesianas del movimiento y que incluso llega a afirmar que «tanto él como Descartes están completamente equivocados respecto a la regla del movimiento, que en Descartes es la sexta»[186]; pero, cuando Oldenburg le pide, no sin gran ironía, que, puesto que en 1663 él había «seguido al pie de la letra *(kata póda)* a Descartes», dé ahora las razones de su cambio de opinión, él no da razón alguna[187]. Segunda, que en 1676 el mismo Leibniz comprobará que Spinoza no había captado todavía la falsedad de tales reglas[188].

Respecto a lo segundo, si la extensión es pasiva o activa, es cierto que, también en 1676, ante las objeciones de Tschirnhaus contra la posibilidad de deducir a priori las cosas singulares, Spinoza afirma: «a partir de la extensión, tal como la concibe Descartes, a saber, como una masa en reposo, no sólo es difícil, como dice usted, sino totalmente imposible demostrar la existencia de los cuerpos»[189]. Pero, cuando su amigo le recuerda que Descartes explica la variedad de los cuerpos a partir del movimiento (¡no del reposo!), porque consideraba imposible deducirla directamente de la idea de Dios[190], Spinoza parece contestar con una evasiva, puesto que se limita a afirmar que «la materia es mal definida por Descartes por medio de la extensión» y a añadir que «debe ser necesariamente explicada por medio de un atributo que exprese la esencia eterna e infinita». En efecto, Spinoza reconoce ahí mismo que no ha tenido tiempo de ordenar sus ideas sobre el «movimiento y el método». Con ello no está negando, pues, la física cartesiana que describe los fenómenos corpóreos. Está más bien haciendo una especie de profesión final de fe sobre la dificultad teórica de explicar cómo de una extensión infinita, inmutable y simple se pueden deducir los movimientos de las cosas finitas y cambiantes, a la que nos hemos referido también al analizar sus dudas en el *Tr. de la reforma del entendimiento*[191]. Dejemos constancia, además, de que en este libro Spinoza identifica fuerza a movimiento, apetito o conato a inercia y vida a mecanismos corporales[192].

III. Traducción y nueva edición

Es éste el tercer volumen de obras de Spinoza, que, tras el *Tratado teológico-político* (2003) y el *Tratado político* (2004-2013), presentamos en una nueva edición. En la Introducción al primero hemos aludido al cambio que han experimentado los estudios spinozianos en nuestro país desde la fecha (1986) en que apareciera el primero de los cinco volúmenes de Spinoza publicados en esta casa. Ese solo hecho aconseja ciertos cambios al reeditarlos. Y lo aconseja en particular el progreso de los estudios de las obras aquí incluidas, especialmente del

Tratado de la reforma del entendimiento, cuyo texto y significado doctrinal han sido objeto de estudio y discusión estos últimos tiempos, sobre todo en relación al *Tratado breve* y en el marco del proyecto de una nueva edición crítica de las obras de Spinoza.

En consecuencia, esta edición mantiene lo sustancial de la primera, tanto en el método como en el contenido; pero la modifica y mejora de forma muy notable, tanto en el texto como en la introducción y en las respectivas notas. No se trata, pues, de una reedición, sino de una nueva edición. Señalemos algunos de sus aspectos más relevantes.

a) Los textos

Para los textos de Spinoza hemos seguido, como en las otras obras (excepto el *Tratado breve),* la edición crítica de Gebhardt, cuyas páginas y líneas van impresas al margen de la nuestra. Pero la situación es radicalmente distinta para los *Principios* y *Pensamientos* y para la *Reforma*. En efecto, los primeros fueron publicados por el mismo autor y, como hemos explicado más arriba, corregidos por el editor Meyer y por Spinoza. De hecho, los errores o erratas que, sobre la *editio princeps* (1663), han señalado Akkerman/Hubbeling[193], no pasan de la veintena. Los más importantes son dos referencias indicadas en las notas 203 y 293, y dos matices importantes señalados en las notas 215 y 309. A ellos hay que añadir otras dos referencias ya reseñadas por Vloten/Land y también aquí en las notas 213 y 218. En cuanto a las adiciones a los *Pensamientos metafísicos,* introducidas en su traducción holandesa de 1664 y recogidas por Gebhardt al margen del texto original, hemos preferido imprimirlas a pie de página como notas del autor.

Frente a esos textos totalmente seguros, el del *Tratado de la reforma* ha suscitado serias dudas a causa de las divergencias que existen entre el texto latino de OP y la versión holandesa de NS. Puesto que más arriba nos hemos referido a ellas con amplitud, baste recordar aquí cuál es nuestra opinión general y cuál ha sido nuestra opción en esta obra.

La tesis de Gebhardt, según la cual NS sería con frecuencia más fiable que OP, porque recogería una versión hecha, en vida de Spinoza, sobre un texto original latino, ha sido rebatida en relación a otras obras por Akkerman y en relación a este tratado por Mignini[194]. Por nuestra parte, hemos mantenido ese mismo criterio en la edición del *Tratado político,* la *Correspondencia* y la *Ética*[195]. Y la razón es que las variantes de NS se pueden explicar, si no por simples erratas, por la libertad y necesidad que implica la propia labor de traducción, y, en puntos muy especiales, por las preferencias subjetivas, conscientes o inconscientes, del traductor.

En principio hemos adoptado la misma actitud ante el *Tratado de la reforma*. Tras efectuar un cotejo de las variantes de Gebhardt con la crítica que de ellas ha hecho F. Mignini, hemos optado por la versión que en cada caso nos ha parecido más correcta. Ahora bien, al realizar el recuento de las veinticinco recogidas en el cuadro comparativo, hemos constatado con cierta sorpresa que habíamos optado por OP siete veces, por NS diez, por ambas cinco y por otra distinta tres veces. Se confirma, pues, la opinión que habíamos expresado en la primera edición: que el traductor de esta obra no era nada torpe, puesto que en los casos difíciles suele hacer su opción con coherencia. Pero, se nos dirá, ¿es éste el criterio que debe adoptar una edición? Conscientes de esta objeción, hemos expresado en cada caso nuestra opción y cada lector deberá hacer la suya.

Por lo demás, en la traducción y notas hemos seguido el criterio de objetividad y crítica que habíamos adoptado desde el principio de esta tarea. Al repasar ahora la lista de retoques, más que correcciones, que de los textos de Spinoza hemos hecho en esta nueva edición, hallamos más de un centenar, correspondiendo dos quintas partes a la *Reforma*. No es difícil de colegir que son sus notas las que han sufrido cambios de mayor alcance, puesto que las hemos sometido todas a un nuevo análisis.

b) La presente edición

En cuanto a la presentación de los textos, hemos procurado adaptarla a las especiales circunstancias de cada uno de ellos. Y así, en el *Tratado de la reforma,* hemos puesto especial empeño en tres aspectos: 1.º) organizar o estructurar el texto, introduciendo en el mismo, además de la división de Bruder en párrafos numerados (§§), una especie de índice sistemático tomado de su propio contenido; 2.º) hacer un análisis textual, doctrinal e histórico del texto en nuestras notas, tal como nos parecía exigir su dificultad, así como su gran relevancia dentro del sistema de Spinoza y de su contexto inmediato; 3.º) en la parte correspondiente de esta *Introducción,* hemos procurado dar una visión coherente de este librito que respondiera a los principales problemas hoy planteados por la crítica; 4.º) y, en fin, en esta nueva edición hemos redactado de forma más sintética todo lo relativo a la génesis del *Tratado* y a sus posibles relaciones con otras obras, evitando así la duplicación, al menos aparente, de lo relativo a Ep. 6 y a los datos procedentes de otras fuentes. En síntesis, pensamos que en esta edición quedan mejor valorados el texto y su doctrina.

Muy distinta ha sido nuestra actitud respecto a las otras dos obras: *Principios de filosofía de Descartes* y *Pensamientos metafísicos,* cuya dificultad principal procede de su heterogeneidad temática y de su referencia histórica. Lo primero, porque el libro presenta una vertiente metafísica duplicada (PPC, I, y CM), al lado de una vertiente física, aparentemente independiente (PPC, II). Lo segundo, porque los *Principios* (PPC) se presentan como un comentario a Descartes y los *Pensamientos* (CM) son de hecho una síntesis de la escolástica.

De ahí nuestro doble cometido. En nuestras notas, hemos dado las referencias de la primera obra a Descartes y de la segunda a Suárez, como maestro indiscutible en aquella época y más cercano a nosotros. También en ellas, pero especialmente en esta *Introducción,* hemos intentado rehacer la génesis de tan extraña aleación y explicar las relaciones entre el comentario a Descartes y el *Apéndice,* señalando sus ideas más relevantes desde la perspectiva del sistema.

En la revisión del *Índice analítico,* hemos puesto especial interés en completar el relativo al *Tratado de la refor-*

ma, dada su importancia para la genealogía de conceptos del sistema, pues contábamos ahora con su *Index locorum* elaborado por E. Canone y P. Totaro. También hemos actualizado la *Bibliografía,* pero reduciendo, a la vez, su volumen, puesto que hoy los lectores españoles cuentan ya con instrumentos que permiten a cada uno elaborar la suya propia.

En suma, ofrecemos al lector una nueva edición de tres obras de Spinoza, con una traducción revisada y una introducción reelaborada en puntos importantes, con notas y bibliografía puestas al día, índice analítico más amplio y, en general, una especial atención al *Tratado de la reforma del entendimiento.*

Selección bibliográfica

1.º Bibliografías y revistas

1. *Chronicon Spinozanum,* Nijhoff, La Haya, 5 vols., 1921-1923, 1926-1927.
2. PRÉPOSIET, J.: *Bibliographie spinoziste,* París, Belles Lettres, 1973.
3. *Bulletin de Bibliographie Spinoziste,* 23 cuadernos desde 1979 en «Archives de Philosophie».
4. WERF, T. van der, SIEBRAND, H., y WESTERVEEN, C.: *A spinozistic Bibliography 1971-1983,* Leiden, Brill, 1984.
5. *Studia Spinozana,* Walther et Walther Verlag, vols. 1-3, 1985-1987; Königshausen et Neumann, Würzburg, vols. 4-14, 1988-1998.
6. *Cuadernos del Seminario Spinoza,* n.os 1-17, Ciudad Real, 1991-2004.
7. *Boletín de Bibliografía Spinozista,* coord. por E. Fernández, «Anales del Seminario de Historia de la Filosofía», Madrid, n.os 1-6, 1996-2003.

2.º Léxicos

8. GIANCOTTI BOSCHERINI, E.: *Lexicon Spinozanum,* 2 vols., La Haya, Nijhoff, 1970.
9. GUERET, M., ROBINET, A., y TOMBEUR, P.: *Spinoza. Ethica. Concordances, index, liste de fréquences, tables comparatives,* Cetedoc, Louvain-la Neuve, 1977.
10. CANONE, E., y TOTARO, G. (ed.): «Il "Tractatus de intellectus emendatione" di Spinoza. Index locorum», *Lexicon Philosophicum. Quaderni di terminologia Filos. e Storia delle idee,* Ed. dell'Ateneo, [Roma] 5, 1991, 21-127.

3.º Ediciones originales

11. B. D. S. [SPINOZA]: *Opera posthuma,* s/e [J. Rieuwertz], s/l [Amsterdam], 1677 [TIE, pp. 355-392].
12. B. d. S. [SPINOZA]: *De Nagelate Schriften,* s/e [J. Rieuwertz], s/l [Amsterdam], 1677 [TIE, pp. 403-446].
13. *Benedicti de Spinoza opera quotquot reperta sunt,* ed. por J. van Vloten y J. P. N. Land, La Haya, M. Nijhoff, 4 t. en 2 vols., 1914 (1.ª ed., 1882-3; 2.ª ed., 1895). (Texto del TIE: I, pp. 1-34; PPC/CM: IV, pp. 101-231.)
14. *Spinoza Opera,* ed. Carl Gebhardt, Heidelberg, C. Winter, 4 vols., 1972 (1.ª ed., 1925). (Texto del TIE: II, pp. 1-40; PPC/CM: I, pp. 1-281.)

4.º Traducciones españolas

15. SPINOZA: *Tratado de la reforma del entendimiento,* trad. de Óscar Cohan, B. Aires, Edic. Bajel, 1944; en *Obras completas de Spinoza,* B. Aires, Acervo Cultural, 5 vols., 1977, IV, pp. 22-62, con un antiguo prólogo de C. Gebhardt (pp. 11-18).
16. –, *La reforma del entendimiento,* trad. de A. Castaño Piñán, B. Aires, Aguilar, 1954 (reed. 1971).
17. –, *Tratado de la reforma del entendimiento,* edición bilingüe, con trad. de J. F. Soriano Gamazo, Universidad de Puerto Rico, 1967.
18. –, *Tratado de la reforma del entendimiento y otros escritos,* trad., notas y com. de Lelio Fernández y Jean-Paul Margot, Universidad Nacional de Colombia, 1984.
19. –, *Principios de filosofía de Descartes* y *Pensamientos metafísicos,* trad. De Mario Calés en *Obras completas de Spinoza* (véase núm. 15). Incluye: C. Gebhardt, *Spinoza* (ed. 1932), pp. 11-62.
20. –, *Tratado de la reforma del entendimiento, Principios de filosofía de Descartes, Pensamientos metafísicos,* trad., introd. y notas de A. Domínguez, Alianza Editorial, Madrid, 1988. En la misma editorial: TTP (1986), TP (1986), Ep (1988), KV (1990); *Ética,* Trotta, Madrid, 2000.

5.º Traducciones a otras lenguas

a) Alemanas

21. SPINOZA: *Sämtliche Werke...*, Hamburgo, Felix Meiner, 1965-1978. (PPC/CM: vol. 4 [1978] con trad. de A. Buchenau e introd. y notas de W. Bartuschat; TIE en vol. V [1977] con trad., notas e índices de C. Gebhardt e introd. de Kl. Hammacher.)

b) Francesas

22. SPINOZA: *Oeuvres,* trad. de Ch. Appuhn, 4 vols., París, Garnier-Flammarion, 1964-1966. (Texto del TIE, PPC/CM: I, pp. 179-391. La 1.ª ed. de estos textos es de 1904.)
23. –, *Oeuvres complètes,* trad. de R. Caillois, M. Francès y R. Misrahi, París, Gallimard, 1978 (1.ª ed., 1954). (La traducción de TIE, PPC/CM, es de R. Caillois: pp. 98-300.)
24. B. DE SPINOZA: *Traité de la réforme de l'entendement,* edición bilingüe, con trad. y notas de A. Koyré, París, Vrin, 1984[7] (1.ª ed. de 1938).
25. SPINOZA: *Traité de la réforme de l'entendement,* trad. y com. de A. Scala, Pocket, París, 1990, 195 pp.
26. –, *Traité de la réforme de l'entendement,* texto bilingüe, con introd. y com. de B. Rousset, Vrin, París, 1992, 479 pp.
27. –, *Traité de l'amendement de l'intellect...,* trad. de B. Pautrat, Ed. Allia, París, 1999, 187 pp.

c) Holandesas

28. SPINOZA: *Korte geschriften,* Amsterdam, Wereldbibliotheek, 1982. (PPC/CM: trad., introd. y notas por F. Akkerman y H. G. Hubbeling; KV: trad. e introd. por F. Mignini; TIE: N. y S. van Suchtelen.)
29. –, *Verhandeling over de verbetering van het verstand,* introd., trad. y comentario por W. N. A. Klever, Baarn, Ambo, 1986.

d) Inglesas

30. *The collected Works of Spinoza,* ed. y trad. de E. Curley, Princeton, UP, vol. I, 1985. (TIE, PPC/CM.)
31. SPINOZA: *Principles of cartesian philosophy and Metaphysican thoughts,* con L. Meyer, *Inaugural dissertation on matter* (1660), trad. de S. Shirley, introd. y notas de S. Barbone y L. Rice, Hacket, Indianapolis/Cambridge, 1998.

e) Italianas

32. SPINOZA: *Emendazione dell'intelletto. Principi della filosofia cartesiana. Pensieri metafisici,* introd., trad. y notas de E. De Angelis, Turín, Boringhieri, 1962.
33. *Principi della filosofia di Cartesio. Pensieri metafisici,* ed. E. Scribano, Laterza, Roma-Bari, 1990, 51+182 pp.

f) Portuguesas

34. SPINOZA: *Tratado da reforma da inteligencia,* trad., introd. y notas de L. Teixeira, São Paulo, Ed. Nacional, 1966.
35. –, *Tratado da Reforma do Entendimento,* trad. Abilio Queirós, Ediçoes 70, Lisboa, 1987, 109 pp.

6.º Estudios

36. ALQUIÉ, F.: *Le rationalisme de Spinoza,* París, PUF, 1981.
37. AUFFRET-FERZLI, S.: «L'hypothèse d'une rédaction échelonnée du TIE de Spinoza», *Studia Spinozana,* 8, 1992, 281-294.
38. BELIN, M. H.: «Les Principes de philosophie de Descartes. Remarques sur la duplicité d'une écriture», *Arch. de Philos,* 51, 1988, 99-106.
39. BEND, J. G. v. d. = dir.: *Spinoza on knowing, being and freedom* (textos del Simposio de Leusden), Assen, Van Gorcum, 1974.

40. BERTMAN, M. A.: «Rational pursuit in Spinoza's "Tractatus de intellectus emendatione"», *New Scholast.*, 44 (1970), 236-48.
41. BOUVERESSE, R. (ed.): *Spinoza. Science et religion* (Actas congreso 1982), Vrin, París, 1988.
42. CASSIRER, E.: «Spinoza», en *El problema del conocimiento*, FCE, México, 1965, II, 9-63.
43. CHAUI, M.: *A nervura do real. Immanéncia e liberdade em Espinosa*, I. *Immanéncia*, Companhia das Letras, Sâo Paulo, 1999, 2 vols. 941+292 pp.
44. CREMASCHI, S.: *L'automa spirituale. La teoria della mente e delle passioni in Spinoza*, Vita e Pensiero, Milán, 1979.
45. CURLEY, E.: «Spinoza as an expositor of Descartes», en Hessing (ed.), *Speculum Spinozanum 1677-1977*, Routledge, Londres, 1978, 133-142.
46. DE ANGELIS, E.: «Il metodo geometrico da Cartesio a Spinoza», *Giorn. Crit. Fil. Ital.*, 43 (1964), 393-427. (También: Florencia, Le Monnier, 1964.)
47. DE DEUGD, D. C.: *The significance of Spinoza's first kind of knowledge*, Assen, Van Gorcum, 1966.
48. DE DIJN, H. de: «The significance of Spinoza's "Treatise of the improvement of the understanding"», *Alg. Nederl. Tijds. v. Wijsb.*, Assen 66 (1974), 1-16.
49. –, «Spinoza's logic or art of perfect thinking», *Studia Spinozana*, 2 (1986), 15-25.
50. DELBOS, V.: *Le spinozisme*, París, Vrin, 1968 (1.ª ed., 1916).
51. DILIBERTO, M. A.: *Sul «De intellectus emendatione» di B. Spinoza*, Turín, Ed. di Filosofia, 1968.
52. DI VONA, P.: *Studi sull'ontologia di Spinoza*, Florencia, La Nuova It. Editrice, I (1960), II (1969).
53. –, *Spinoza e i trascendentali*, Morano, Nápoles, 1977.
54. DOMÍNGUEZ, A.: «Reflexiones en torno al método de Spinoza», *La Ciudad de Dios*, 188, 1975, 18-45.
55. –, «Modos infinitos y entendimiento divino en la metafísica de Spinoza», *Sefarad*, 38, 1978, 107-141.
56. –, *Spinoza*, Madrid, Edic. del Orto, 1995, 94 pp.; reed. 2000.
57. – (comp.), *Biografías de Spinoza*, Madrid, Alianza Editorial, 1995, 297 pp.

58. –, «Las fuentes de los "Cogitata metaphysica". Analogías léxicas con Suárez y Heereboord», en G. Totaro (ed.), *Spinozana. Ricerche di terminologia filosofica e critica testuale,* Olschki, Florencia, 1997, 63-89.
59. DONEY, W.: *Spinoza on philosophical skepticism,* Monist 55 (1971), 617-35.
60. DROETTO, A.: «Logica e metafisica nel metodo di Spinoza», *Riv. Fil. Ital.,* 41 (1950), 260-80.
61. DUFOUR-KOWALSKA, G.: «Un itinéraire fictif. Le "Traité de la réforme de l'entendement" et la meilleure voie a suivre pour parvenir a la vraie connaissance des choses», *Studia Philos,* 35 (1975), 58-80.
62. EISENBERG, P. D.: «How to understand "De intellectus emendatione"», *Journ. Hist. Phil.,* 9 (1971), 171-91.
63. ELBOGEN, I.: *Der «Tractatus de intellectus emendatione» und seine Stellung in der Philosophie Spinozas,* Londres, 1980 (1.ª ed., 1898).
64. FLÓREZ, C.: «La teoría spinoziana del entendimiento y el autómata espiritual», *Cuadernos del Seminario Spinoza,* n.º 17, Ciudad Real, 2004, 23 pp.
65. FREUDENTHAL, J.: *Die Lebensgeschichte Spinozas,* Leipzig, Veit, 1899 (Londres, 1980).
66. –, *Das Leben Spinozas,* Fromann, Stuttgart, 1904.
67. GEBHARDT, C.: *Spinoza's Abhandlung über die Verbesserung des Verstandes. Eine entwicklungsgeschichtliche Untersuchung,* Heidelberg, Winter, 1905.
68. GILSON, E.: «Spinoza interprète de Descartes», *Chron. Spin. 3,* 1923, 68-87.
69. –, *Index scolastico-cartésien,* París, Alcan, 1928.
70. GIORGIANTONIO, M.: «L'enigma del "Tr. de intellectus emendatione" di Spinoza», *Sophia,* 20 (1952), 165-172.
71. GIULIETTI, G.: «*Cogitatio*» e «*intellectus*» nella filosofia di B. Spinoza, Atti d. Acad. Agric., Verona 23 (1973), 567-611.
72. GRENE, M. (dir.): *Spinoza. A collection of critical essays,* Nueva York, 1979 (1.ª ed., 1973).
73. –, y NAILS, D. (eds.): *Spinoza and the Sciences,* Boston PC – Reidel PC, Netherlands, 1986, 336 pp.
74. GUEROULT, M.: *Spinoza,* París, Hildesheim, 2 vols., 1968 y 1974.

75. –, «Le "cogito" et l'ordre des axiomes métaphysiques dans les "Principia philosophiae cartesianae" de Spinoza», en Id., *Études sur Descartes, Spinoza, Malebranche et Leibniz,* Olms, Zúrich, 1997, pp. 55-84.
76. HASEROT, F. S.: «Spinoza and the status of universals», *The Phil. Rev.* 62 (1953).
77. HOEVEN, P. van der: *The significance of cartesian physics for Spinoza's theory of knowledge,* en Bend, núm. 39, pp. 114-125.
78. HUBBELING, H. G.: *Spinoza's methology,* Assen, Van Gorcum, 1967 (ed., 1964).
79. –, «Spinoza comme précurseur du réconstructionisme logique dans son livre sur Descartes», *Studia Leibnitiana* 12 (1980), 88-95.
80. JOACHIM (H. H.): *Spinoza's «Tractatus de intellectus emendatione». A commentary...,* Nueva York, 1964 (ed., 1940).
81. KLEVER, W.: «Quasi aliquod automa spirituale», en E. Giancotti (ed.), *Spinoza nel 350° anniversario della nascita,* Bibliopolis, Nápoles, 1985, 249-258.
82. LACHIÉZE-REY, P.: *Les origines cartésiennes du Dieu de Spinoza,* París, Vrin, 1950 (ed., 1932).
83. LANDUCCI, S.: «Sulle "verità eterne" in Spinoza», en D. Bostrenghi (ed.), *Hobbes e Spinoza. Scienza politica,* Bibliopolis, Nápoles, 1992, 23-25.
84. LÉCRIVAIN, A.: «Spinoza et la physique cartésienne», *Cah. Spinoza,* 1 (1977), 235-265; 2 (1978), 93-206.
85. LÉON, A.: *Les éléments cartésiens de la doctrine spinoziste sur les rapports de la pensée et son objet,* París, Alcan, 1907.
86. LÉRTORA MENDOZA, C. A.: «Acerca de las fuentes escolásticas de Spinoza», *Humanitas,* 19 (1978), 139-162.
87. LEWKOWITZ, A.: «Spinoza's "Cogitata metaphysica" und ihrer Verhältnis zu Descartes und zur Scholastik», Breslau, 1902.
88. LLOYD, G. (ed.): *Spinoza. Critical assessments,* Routledge, Londres-N. York, 2001, 4 vols. (recopilación de artículos; v. 1: fuentes y primeros escritos).
89. MARK, T. C.: *Spinoza's theory of truth,* N. York, Columbia U.P., 1972.
90. MATHERON, A.: «Pourquoi le TIE est-il inachevé?», *Rev. Sc. Philos. et Théol,* 71, 1987, 45-63.

91. –, «Physique et ontologie chez Spinoza. L'énigmatique réponse à Tschirnhaus», *Cahiers Spinoza,* 6, 1991, 83-110.
92. MEINSMA, K. O.: *Spinoza et son cercle,* trad. frc. Vrin, París, 1983 (ed. 1896).
93. MIGNINI, F.: «Per la datazione e l'interpretazione del "Tr. de intellectus emendatione" di Spinoza», *La Cultura,* 17 (1979), 87-160.
94. –, «Nuovi contributi per la datazione e l'interpretazione del Tr. de intellectus emendatione», en E. Giancotti (ed.), *Spinoza nel 350º anniversario della nascita,* Bibliopolis, Nápoles, 1985, 515-526.
95. –, «Per una nuova edizione del TIE», *Studia Spinozana,* 4, 1988, 15-35.
96. MOREAU, P.-Fr.: *Les premiers écrits de Spinoza,* n.º especial de «Achives de Philosophie», Beauchesne, París, n.º 51, 1988, 136 pp.
97. PARKINSON, G. H. R.: *Spinoza's theory of knowledge,* Oxford, Clarendon Press, 1964 (1954).
98. PEURSEN, C. A. van: «Le critère de la vérité chez Spinoza», *Rev. Mét. Mor.,* 83 (1978), 518-525.
99. POUSSEUR, J. M.: «La première métaphysique spinoziste de la connaisance», *Cahiers Spinoza,* 2 (1978), 287-314.
100. PROIETTI, O.: «"Lettres à Lucilius", une source du "De intellectus emendatione"», en *Lire et traduire Spinoza,* PU París-Sorbonne, 1989, pp. 40 ss.
101. –, «Le "Philedonius" de Franciscus van den Enden et la formation rhétorico-littéraire de Spinoza (1656-1658)», *Cahiers Spinoza,* Éditions Réplique, París, 1991, 9-82.
102. ROUSSET, B.: *Spinoza lecteur des objections faites aux Méditations de Descartes et de ses Réponses,* Kimé, París, 1996, 140 pp. = TIE y Descartes.
103. SCALA, André: *Spinoza,* Les Belles Lettres, París, 1998, 126 pp.
104. SCHNEIDER, U. J.: «Definitionslehre und Methodenideal in der Philosophie Spinozas», *Stud. Leibnitiana,* 13 (1981), 212-241.
105. SCHNEPF, R.: «Freiheit und Notwendigkeit in den "Cogitata metaphysica"», en Balibar-Seidel-Walther (eds.), *Freiheit und Notwendigkeit...,* Königshausen et Neumann, Würzburg, 1994, 227-236.

106. SCRIBANO, Ma. E.: *Da Descartes a Spinoza, precorsi della teologia razionale nel Seicento,* Franco Angeli, Milán, 1988, 298 pp.
107. SIGWART, H.: *Über den Zusammenhang des Spinozismus mit der cartesianischen Philosophie,* Scientia Verlag, Darmstadt, 1974 (ed. 1816).
108. SPECHT, R.: «Spinozas Umgestaltung der Grundtheses Descartes», en M. Schewe y A. Engstler (eds.), *Spinoza,* Peter Lang, Frankfurt, 1990, 31-54.
109. SUCHTELEN, G. van: «Mercator sapiens amstelodamensis», en E. Giancotti (cit. núm. 94), 527-537.
110. TEIXEIRA, L.: *A doctrina dos modos de percepçao e o conceito de abstrasao na filosofia de Espinoza,* Sao Paulo, Fac. de Filosofía, 1954.
111. TÉRRASSE, L.: «La doctrine spinoziste de la vérité d'après le "Tr. de la réforme de l'entendement"», *Chron. Spin.,* 3 (1923), 204-31.
112. VANNI ROVIGHI, S.: «L'ontologia spinoziana nei "Cogitata metaphysica"», *Riv. Fil. Neosc.,* 152 (1960), 399-412.
113. VIOLETTE, R.: «Méthode inventive et méthode inventée dans l'introduction au "De intellectus emendatione" de Spinoza», *Rev. Phil. Fr. et Étr.,* 102 (1977), 303-322.
114. WENZEL, A.: «Zur Textkritik von Spinozas "Tr. de intellectus emendatione"», *Zeitschr. Phil. u. phil. Kritik,* 134 (1909), 211 ss.
115. –, *Die Weltanschauung Spinoza's,* I, Scientia Verlag, Darmstadt, 1983 (ed. 1907).
116. WIELENGA, B.: *Spinozas «Cogitata metaphysica» als Anhang zu seiner Darstellung der cartesianischen Pr.,* Heidelberg, 1899.
117. WOLFSON, H. A.: *The philosophy of Spinoza,* Cambridge Mass-Harvard University Press, 1983 (ed. 1934).
118. ZWEERMAN, Theo: *Introduction à la philosophie selon Spinoza,* PU Louvain/Van Gorcum, 1993, 23+383 pp. (trad. de la tesis de 1983 sobre el TIE).

Siglas y formas de citar

1. Siglas de las obras de Spinoza

CM, *Cogitata metaphysica* (Pensamientos metafísicos).
E, *Ethica* (Ética).
Ep, *Epistolae* (Correspondencia).
KV, *Korte Verhandeling* (Tratado breve).
NS, *Nagelate Schriften,* s/ed., Amsterdam, 1677 [1.ª trad. holandesa de E, TIE, TTP].
OP, *Opera posthuma,* s/ed., Amsterdam, 1677 [es la 1.ª ed. de: E, TIE, TP, Ep].
PPC, *Principia philosophiae cartesianae* (Principios de filosofía de Descartes).
TIE, *Tractatus de intellectus emendatione* (Tratado de la reforma del entendimiento).
TP, *Tractatus politicus* (Tratado político).
TTP, *Tractatus theologico-politicus* (Tratado teológico-político).

2. Formas de citar

a) Para las obras de Spinoza, se remite a la página y línea (/) de la edición de Carl Gebhardt *(Opera,* núm. 14), que consta al margen de nuestras traducciones (núm. 20). Gebhardt indica también la página de OP.

b) Para los autores incluidos en la *Bibliografía* sólo daremos su nombre y la página de la obra. Pero, cuando un mismo autor aparece con varias obras y en otras ocasiones, añadimos el número de orden (núm.) de la obra aludida.

c) Para el Índice analítico: véase su nota inicial (*).

Siglas y formas de citar

Cuadro comparativo de las variantes textuales más importantes

Pp./Línea	Gebhardt	Mignini	Edición
9/16	finem <et scopum> NS	finem OP	finem
10/29	praeter NS	propter OP [no citado]	praeter
11/27	effectûs [Auerbach] effectum NS	effectus [nominativo] OP	effectûs [genitivo]
13/19/21	non opus est OP	opus est NS	non opus est
16/28	etiam si daretur [om NS]	etiam si datur OP	etiam si daretur
17/4	patet iterum NS	patet iterum ex eo OP	patet iterum
18/1	cur ipse OP/NS	[no citado]	cur non ipse
18/4	ea ... falsa OP	eas [veritates] falsas NS	ea falsa [omnia / paradoxa]
19/31	<in existendo>	[suprimir] OP	[suprimir]
20/8	nihil prorsus nos OP	nihil prorsus eum NS [no citado]	nihil prorsus eum
20/13	existere implicat OP / NS	[dudoso]	existere implicat
23/21	ut etiam <alia> cogitentur	ut <dit> cogitetur NS ut etiam cogitentur OP	ut alia cogitentur
26/27	ex data-norma OP/NS	ex datae-ideae norma	ex data-norma
29/12	confundantur NS	confundamur OP	confundantur
30/6-8	[líneas en el texto] NS	[líneas en nota] OP	[líneas en nota]
30/13	distinctam Dei ideam NS	distinctam ideam OP [no citado]	distinctam <Dei> ideam
30/18	[zo blijft de twiffeling]	[suprimir]	[suprimir]

Pp./línea	Gebhardt	Mignini	Edición
30/31	negationem OP	negationem <rei> NS	negationem <rei>
31/22	[nota d]	[nota c]	[nota c]
32/7	atque (ut sic loquar) NS	fortuitis (ut sic loquar) OP	atque (ut sic loquar)
33/22-24	[en el texto] OP	[en nota d] NS	[en nota d]
34/34	[weitelijk, of behorelijk] NS	legitimè [om OP]	[suprimir]
38/1	alio [om OP]	alio NS	alio
39/5-6	eam per quantitatem determinat NS	quantitatem determinat OP	quantitatem determinat

Según Gebhardt (núm. 14, II, pp. 319-321), hay 96 variantes entre NS y OP, siendo NS «el texto original», que permitiría corregir el de OP en una docena de pasajes. Por su parte, Mignini, que los ha cotejado de nuevo en orden a una nueva edición crítica, ha señalado 104 variantes. Ahora bien, la gran mayoría de ellas, aunque dignas de mención desde el punto de vista de la crítica textual, apenas inciden en el contenido o sentido de los respectivos pasajes. Es de advertir, sin embargo, que entre las 25 variantes aquí citadas, hay cuatro debatidas por Gebhardt que Mignini pasa en silencio (10/29, 18/1, 20/8, 30/13) y, además, dos textos comunes a OP y NS acerca de los cuales expresa más bien sus dudas (10/10, 20/13). En nuestra opinión, los pasajes más problemáticos son los siguientes: 13/19-21, 18/1, 30/13, 39/5-6.

Cuadro de propuestas de estructura para el texto del TIE

PÁRR. §	MIGNINI 1983	KLEVER 1986	DOMÍNGUEZ 1988	ROUSSET 1992
1-17	Proemio	El fin	I. *Fundam. del método.* Felicidad y reforma	I. *1.ª mitad. El propósito* 1.ª parte: el fin
18-29	Prelimin. d. mét.	El medio: la mejor percepción	Modos de percepción e idea verdadera	2.ª parte: el medio
30-49	Probl. del mét.	1.ª vía: norma de la idea verd. dada	29-38. Idea verd. c. fundam. del método	3.ª parte: la vía Objeciones, consec. fil. y respuestas
			39-49. Método más perf. y objeciones	
50-90	1.ª parte del mét.: ideas inad.	Ficción, idea falsa, duda, etc.	II. *1.ª parte del método. Difer. entre idea verd. y otras perc.*	II. *2.ª mitad. El método* 1.ª parte: idea verdad.
			50-65. Idea ficticia	52-65. Idea ficticia
			66-76. Idea falsa	66.76. Idea falsa
			77-80. Idea dudosa	77-80. Idea dudosa
			81-90. Imaginación e intelección	81-90. Anexos
91-110	2.ª parte del mét. formac. y conex. d. ideas cl. y dist	Reglas, defininión, orden, prop. del entendimiento	III. *2.ª parte del método. Entendim. e idea verd.*	2.ª parte: definir
			92-98. Definición.	91-98. Reglas
			99-103. Probl. cosas singulares	99-105. El orden
			104-110. Propiedades del entendimiento	106-110. Fuerzas del entendimiento

Tratado de la reforma del entendimiento[1]

Tratado de la reforma
del entendimiento

*y del camino por el que mejor se dirige al verdadero conocimiento de las cosas*²

Advertencia al lector³ [4]

El tratado que, sobre la *Reforma del entendimiento,* aquí te ofrecemos inconcluso, benévolo lector, hace muchos años ya que fue escrito por su autor. Siempre tuvo intención de terminarlo; pero, impedido por otros asuntos y, finalmente, arrebatado por la muerte, no pudo llevarlo al término deseado. Mas, como contiene muchas cosas excelentes y útiles que, estamos seguros, serán de no poco interés para quien busca sinceramente la verdad, no hemos querido privarte de ellas. Por otra parte, para que sepas disculpar muchas cosas oscuras, incluso toscas y sin pulir, que surgen de vez en cuando en este tratado, hemos querido escribir esta advertencia a fin de que no las ignoraras.

Tratado de la reforma del entendimiento

y del camino por el que mejor se dirige al verdadero conocimiento de las cosas

[I. Fundamento del método: la idea verdadera][4]

[1. FELICIDAD Y REFORMA DEL ENTENDIMIENTO]

[1] Después que la experiencia me había enseñado que todas las cosas que suceden con frecuencia en la vida ordinaria son vanas y fútiles, como veía que todas aquellas que eran para mí causa y objeto de temor no contenían en sí mismas ni bien ni mal alguno a no ser en cuanto que mi ánimo era afectado por ellas, me decidí, finalmente, a investigar si existía algo que fuera un bien verdadero y capaz de comunicarse, y de tal naturaleza que, por sí solo, rechazados todos los demás, afectara al ánimo; más aún, si existiría algo que, hallado y poseído, me hiciera gozar eternamente de una alegría continua y suprema[5].

[a) *La alternativa: felicidad y bienes aparentes*]

[2] Digo *me decidí finalmente,* porque, a primera vista, parecía imprudente querer dejar una cosa cierta por otra todavía incierta. En efecto, yo veía las ventajas que se derivan del honor y de las riquezas y que me veía forzado a dejar de buscarlos, si quería dedicarme seriamente a una nueva tarea. De ahí que, si la *felicidad suprema* residía en ellos, yo carecía necesariamente de ella; y si, por el contrario, no residía en ellos y yo me entregaba exclusivamente a su búsqueda, carecería igualmente de la felicidad suprema.

[3] Así que me preguntaba una y otra vez si acaso no sería posible alcanzar esa nueva meta o, al menos, su certeza, aunque no cambiara mi forma y estilo habituales de vida. Pero muchas veces lo intenté en vano. Porque lo que es más frecuente en la vida y, por lo que puede colegirse de sus obras, lo que los hombres consideran como el sumo bien, se reduce a estas tres cosas: *las riquezas, el honor y el placer*[6]. Tanto distraen estas tres cosas la mente humana, que le resulta totalmente imposible pensar en ningún otro bien.

[4] Por lo que respecta al placer, el ánimo queda tan absorto como si descansara en el goce de un bien, lo cual le impide totalmente pensar en otra cosa. Pero tras ese goce viene una gran tristeza que, aunque no impide pensar, perturba, sin embargo, y embota la mente. La búsqueda de los honores y de las riquezas distrae también, y no poco, la mente, sobre todo cuando se los busca por sí

mismos[a], ya que entonces se los considera como el sumo bien.

[5] Y es, precisamente, el honor el que más distrae la mente, ya que siempre se da por supuesto que es bueno por sí mismo y el fin último al que todo se dirige. Además, en los honores y en la riqueza no existe, como en el placer, el arrepentimiento[8], sino que cuanto más se posee de cada uno de ellos, más aumenta la alegría y más, por tanto, somos incitados a aumentarlos; y si nuestra esperanza se ve alguna vez frustrada, nos invade una inmensa tristeza. Finalmente, el honor es un gran estorbo, ya que, para alcanzarlo, tenemos que orientar nuestra vida conforme al criterio de los hombres, evitando lo que suelen evitar y buscando lo que suelen buscar[9].

[10]

20

[b] *La solución: filosofía y verdadero bien*]

[6] Como veía, pues, que estas cosas constituían un gran obstáculo para dedicarme a cualquier otra nueva tarea, y que incluso eran tan opuestas que necesariamente había de prescindir de una o de otra, me veía obligado a indagar qué me sería más útil; ya que, como dije, me parecía querer dejar un bien cierto por otro incierto. Pero, después de haber meditado un poco sobre esta

---

a. Pudiera haber explicado esto más amplia y detalladamente, distinguiendo las riquezas que se buscan o por sí mismas o por el honor o por el placer o por la salud y por el progreso de las ciencias y las artes. *Pero se deja para su lugar,* ya que no es el momento de abordarlo con tanto detalle[7].

cuestión, descubrí, en primer lugar, que si dejando esas cosas me entregaba a la nueva tarea, abandonaría un bien incierto por su propia naturaleza (como fácilmente podemos colegir de lo ya dicho) por otro bien incierto, pero no por su naturaleza (pues yo buscaba un bien estable), sino tan sólo en cuanto a su consecución.

[7] Con mi asidua meditación llegué a comprender que, si lograra entregarme plenamente a la *reflexión,* dejaría males ciertos por un bien cierto[10]. Yo veía, en efecto, que me encontraba ante el máximo peligro, por lo que me sentía forzado a buscar con todas mis fuerzas un remedio, aunque fuera inseguro: lo mismo que el enfermo, que padece una enfermedad mortal, cuando prevé la muerte segura, si no se emplea un remedio, se ve forzado a buscarlo con todas sus fuerzas, aunque sea inseguro, precisamente porque en él reside toda su esperanza. Ahora bien, todas aquellas cosas que persigue el vulgo no sólo no nos proporcionan ningún remedio para conservar nuestro ser, sino que incluso lo impiden y con frecuencia causan la muerte de quienes las poseen[b] y siempre causan la de aquellos que son poseídos por ellas.

[8] Efectivamente, son muchísimos los ejemplos de aquellos que fueron perseguidos a muerte por sus riquezas y también de aquellos que, para hacerse ricos, se expusieron a tantos peligros que, al fin, pagaron con su vida la pena de su estupidez. Ni son tan escasos los ejemplos de quienes, para alcanzar o defender el honor, padecie-

---

b. Estas cosas hay que demostrarlas con más rigor[11].

ron míseramente. Y, finalmente, son incontables aquellos que, por abusar del placer, aceleraron su propia muerte[12].

[9] Me parecía a mí que todos estos males tenían su origen en haber puesto toda la dicha o desdicha en la calidad del *objeto* al que nos adherimos por el amor. Pues aquello que no se ama no provoca nunca luchas, ni tristeza, ni pereza, ni envidia, si otro lo posee, ni temor ni odio ni, en una palabra, ninguna conmoción interior; pero todo eso tiene lugar cuando se aman cosas que pueden perecer, como son todas esas de que acabamos de hablar[13].

[10] Por el contrario, el amor hacia una cosa eterna e infinita apacienta el ánimo con una alegría totalmente pura y libre de tristeza, lo cual es muy de desear y digno de ser buscado con todas nuestras fuerzas[14].

Pero no en vano utilicé antes la expresión: «si lograra entregarme seriamente a la reflexión»[15]. Pues, aunque captara estas cosas con toda claridad, no por eso podía deponer toda avaricia, todo deseo de placer y toda gloria.

[11] Sólo veía una cosa: que, mientras mi mente se entregaba a esos pensamientos, se mantenía alejada de aquellos otros y pensaba seriamente en la nueva tarea. Esto me proporcionó un gran consuelo, puesto que comprobaba que esos males no eran de tal índole que resistieran a todo remedio[16]. Y aun cuando, al comienzo, esos [8] intervalos eran raros y de muy escasa duración, a medida que fui descubriendo el verdadero bien, se hicieron más

frecuentes y más largos. Sobre todo, cuando comprendí que el conseguir dinero, placer y gloria estorba, en la medida en que se los busca por sí mismos y no como medios para otras cosas. Pues, si se buscan como medios, ya tienen una medida y no estorban en absoluto, sino que, por el contrario, ayudarán mucho al fin por el que se buscan, como mostraremos en su lugar.

[12] En este momento sólo diré brevemente qué entiendo por *verdadero bien* y, a la vez, qué es el sumo bien. Para que se lo entienda correctamente, hay que señalar que el bien y el mal sólo se dicen en sentido relativo, de forma que una y la misma cosa se puede decir buena y mala en sentidos distintos, lo mismo que lo perfecto y lo imperfecto. Nada, en efecto, considerado en su sola naturaleza, se dirá perfecto o imperfecto; sobre todo, una vez que comprendamos que todo cuanto sucede se hace según el orden eterno y según las leyes fijas de la Naturaleza.

[13] Como, por otra parte, la debilidad humana no abarca con su pensamiento ese orden y, no obstante, el hombre concibe una naturaleza humana mucho más firme que la suya y ve, además, que nada impide que él la adquiera, se siente incitado a buscar los medios que le conduzcan a esa perfección[17]. Todo aquello que puede ser medio para llegar a ella se llama verdadero bien y el sumo bien es alcanzarla, de suerte que el hombre goce, con otros individuos, si es posible, de esa naturaleza[18]. Cuál sea aquella naturaleza humana lo mostraremos en

su lugar, a saber, el conocimiento de la unión que la mente tiene con toda la Naturaleza[c].

[c) *Los medios: reforma del entendimiento*]

[14] Éste es, pues, el fin al que tiendo: adquirir tal naturaleza y procurar que muchos la adquieran conmigo; es decir, que a mi felicidad pertenece contribuir a que otros muchos entiendan lo mismo que yo, a fin de que su entendimiento y su deseo concuerden totalmente con mi entendimiento y con mi deseo. Para que esto sea efectivamente así, es necesario[d] entender la Naturaleza, en tanto en cuanto sea suficiente para conseguir aquella naturaleza [humana][20]. Es necesario, además, formar una sociedad, tal como cabría desear, a fin de que el mayor número posible de individuos alcance dicha naturaleza con la máxima facilidad y seguridad.

[15] Hay que consagrarse además a la filosofía moral, así como a la doctrina de la educación de los niños. Como, por otra parte, la salud es un medio no poco importante para alcanzar ese fin, habrá que elaborar una medicina completa. Y, como muchas cosas difíciles se hacen fáciles mediante el arte, y podemos con su ayuda ahorrar mucho tiempo y esfuerzo en la vida, tampoco hay que despreciar de ningún modo la mecánica[21].

---

c. Esto se explica más ampliamente *en su lugar* [19].
d. Adviértase que sólo enumero aquí las ciencias necesarias para nuestro objetivo, sin atender a su orden.

[16] Pero, ante todo, hay que excogitar el modo de *curar el entendimiento* y, en cuanto sea posible al comienzo, purificarlo para que consiga entender las cosas sin error y lo mejor posible. Por tanto, cualquiera puede ver ya que yo quiero dirigir todas las ciencias a un solo fin[e], a saber, a conseguir la suprema perfección humana que antes hemos dicho. De ahí que aquello que, en las ciencias, no nos hace avanzar hacia nuestro fin habrá que rechazarlo como inútil; en una palabra, todas nuestras obras y pensamientos deben ser dirigidos a este fin.

[17] Mas como mientras procuramos alcanzarlo y nos dedicamos a conducir nuestro entendimiento al camino recto, es necesario vivir, nos vemos obligados, antes de nada, a dar por válidas ciertas *normas de vida*. Concretamente éstas:

1.º) Hablar según la capacidad del vulgo y hacer todo aquello que no constituye impedimento alguno para alcanzar nuestra meta. No son pocas las ventajas que podemos sacar de ahí, si nos adaptamos, cuanto nos sea posible, a su capacidad. Añádase a ello que, de ese modo, se dispondrán benévolamente a escuchar la verdad.

2.º) Disfrutar de los placeres en la justa medida en que sea suficiente para proteger la salud.

3.º) Finalmente, buscar el dinero o cualquier otra cosa tan sólo en cuanto es suficiente para conservar la vida y la salud y para imitar las costumbres ciudadanas que no se oponen a nuestro objetivo[22].

e. En las ciencias hay un fin único al que todas ellas deben ser dirigidas.

[2. MODOS DE PERCEPCIÓN E IDEA VERDADERA]

[18] Dicho esto, me ceñiré a lo primero que hay que hacer, antes que todo lo demás, es decir, a reformar el entendimiento y a hacerlo apto para entender las cosas tal como es necesario para conseguir nuestra meta. El mismo orden, que por naturaleza seguimos, exige para ello que recoja aquí todos los *modos de percibir* que he empleado hasta ahora para afirmar o negar algo con certeza, a fin de elegir el mejor de todos, y que comience a la vez a conocer mis fuerzas y la naturaleza que deseo perfeccionar[23].

[19] Si los examino con esmero, pueden reducirse todos ellos a cuatro principales:

I. Hay la percepción que tenemos de oídas o mediante algún signo de los llamados arbitrarios[24].

II. Hay la percepción que tenemos por experiencia vaga, es decir, por una experiencia que no es determinada por el entendimiento, sino que se llama así porque surge casualmente; y, como no tenemos ningún otro experimento que la contradiga, se nos ofrece como algo inconmovible[25].

III. Hay la percepción, en que la esencia de una cosa es deducida de otra cosa, pero no adecuadamente; lo cual sucede cuando[f] por un efecto colegimos la causa o

---

f. Cuando procedemos así, no entendemos de la causa nada más que *(praeter)* lo que consideramos en el efecto, como claramente se desprende de que entonces la causa sólo es explicada con los términos más generales, tales como: *luego se da algo, luego se da algún poder,* etcétera; o también, de que se la expresa negativamente: *luego no es esto o aquello,* etc. En el segundo caso, se atribuye a la causa, en virtud del efecto, algo que se concibe claramente, como mostraremos en el ejemplo; pero nada más que propiedades, y no la esencia particular de la cosa.

cuando concluimos (algo) de un universal, al que siempre le acompaña determinada propiedad.

IV. Hay, finalmente, la percepción en que una cosa es percibida por su sola esencia o por el conocimiento de su causa próxima.

[20] Ilustraré todo esto con ejemplos. Sólo de oídas, sé la fecha de mi nacimiento, quiénes han sido mis padres y cosas por el estilo, de las que nunca he dudado. Por experiencia vaga, sé que he de morir, puesto que esto lo afirmo simplemente porque he visto que otros como yo han muerto, aunque no todos han vivido el mismo período de tiempo ni han muerto de la misma enfermedad. Por experiencia vaga sé, además, que el aceite es apropiado para producir llamas y el agua para extinguirlas, y sé también que el perro es un animal que ladra y que el hombre es un animal racional; así he aprendido casi todas las cosas que son útiles para la vida.

[21] Para sacar una conclusión a partir de otra cosa, procedemos así: una vez que hemos percibido claramente que nosotros sentimos tal cuerpo y no otro cualquiera, de ahí, repito, concluimos claramente que el alma (*anima*) está unida al cuerpo[g], ya que esta unión es causa de dicha sensación; pero cómo sea esa sensación y esa unión no podemos entenderlo, en absoluto, de esa forma[h].

g. Por este ejemplo se ve claramente lo que acabo de señalar, ya que por aquella unión no entendemos nada más que la sensación misma, es decir, el efecto a partir del cual concluíamos la causa de la que nada entendemos.

h. Dicha conclusión, aunque sea cierta, no es, sin embargo, bastante segura, a no ser para quienes toman las máximas precauciones. Quie-

O también, una vez conocida la naturaleza de la vista y   10
sabiendo que ésta tiene la propiedad de que una y la misma cosa nos parece menor vista a gran distancia que si la contemplamos de cerca, concluimos de ahí que el Sol es mayor de lo que parece y otras cosas por el estilo[26].

[22] Finalmente, una cosa es percibida por su sola esencia, cuando, por el hecho de que he conocido algo, sé qué es conocer algo, o por el hecho de haber conocido la esencia del alma *(anima)*, sé que está unida al cuerpo. Por el mismo tipo de conocimiento hemos llegado a saber que dos y tres son cinco y que, si se dan dos líneas paralelas a una tercera, también son paralelas entre sí, etc. No obstante, son pocas en extremo las cosas que he podido entender de esta forma[27].

[23] Pero para que todo esto se entienda mejor me serviré de un solo ejemplo, a saber: dados tres números, se pregunta por un cuarto número que sea al tercero como el segundo al primero. A este respecto, los comerciantes suelen decir que ellos saben qué hay que hacer para hallar el cuarto, puesto que aún no han olvidado la operación que aprendieron de memoria, y sin demostración alguna, de sus maestros. Otros, en cambio, convierten la   [12]

20

nes no las tomen caerán inmediatamente en errores, ya que, cuando conciben las cosas de forma tan abstracta, y no por su verdadera esencia, al instante son confundidos por la imaginación. Los hombres, en efecto, imaginan que es múltiple lo que en sí es uno; y a aquellas cosas que conciben de forma abstracta, aislada y confusa les atribuyen nombres que suelen usar para designar otras que les son más familiares: de ahí que las imaginan del mismo modo que suelen imaginar aquellas cosas a las que dieron, por primera vez, esos nombres[28].

experiencia de casos sencillos en un axioma universal; es decir, cuando el cuarto número es evidente por sí mismo, como en estos números: 2, 4, 3, 6, al comprobar que, multiplicando el segundo por el tercero y dividiendo el producto por el primero se obtiene el cociente 6, y al ver que así se obtiene el mismo número que sabían, sin tal operación, que era el proporcional, concluyen de todo ello que esa operación es válida para hallar siempre el cuarto número proporcional.

[24] En cambio, los matemáticos saben qué números son proporcionales entre sí en virtud de la demostración de la prop. 19 del libro VII de Euclides, es decir, por la naturaleza de la proporción y de su propiedad, según la cual el número que resulta de multiplicar el primero y el cuarto es igual al que resulta de multiplicar el segundo por el tercero. No obstante, tampoco ellos ven la adecuada proporcionalidad de los números dados y, si la ven, no lo hacen en virtud de dicha proposición, sino intuitivamente, sin realizar operación alguna[29].

[25] Para que elijamos el mejor de los modos de percepción descritos, debemos enumerar brevemente cuáles son los *medios* necesarios para alcanzar nuestro fin, a saber:

1.º) Conocer exactamente nuestra naturaleza, que deseamos perfeccionar, y conocer también, cuanto sea necesario, la naturaleza de las cosas.

2.º) Inferir correctamente, a partir de dicho conocimiento, las diferencias, concordancias y oposiciones entre las cosas.

3.°) Entender exactamente qué pueden soportar y qué no.

4.°) Comparar esto con la naturaleza y con el poder del hombre, ya que así se verá fácilmente cuál es la suma perfección a que el hombre puede llegar[30].

[26] Hechas estas reflexiones previas, veamos ya cuál es el modo de percepción que debemos elegir. En cuanto al primer modo, es evidente que la percepción de oídas, aparte de que es sumamente insegura, no capta la esencia de ninguna cosa, como se ve en nuestro ejemplo. Y como, según después se verá, la existencia singular de una cosa no es conocida sin que se conozca también su esencia[31], concluimos claramente de ahí que toda certeza obtenida de oídas debe ser excluida de las ciencias. Ya que lo simplemente oído, si no se lo ha entendido previamente, no podrá nunca afectarnos[32].

[27] En cuanto al segundo[i] modo de percepción, tampoco cabe decir que proporcione a nadie la idea de la proporción buscada. Ya que, aparte de que es una cosa sumamente insegura e interminable, nadie percibirá jamás de esta forma, en las cosas naturales, nada más que accidentes[34], los cuales no se entienden claramente sin que las esencias sean previamente conocidas. También hay que excluir, pues, este segundo modo.

[28] En cuanto al tercero, hay que decir, de algún modo, que nos proporciona la idea de la cosa y que además nos

30

[13]

---

i. *Aquí trataré* con un poco más de amplitud acerca de la experiencia y examinaré el método que utilizan los empiristas y filósofos recientes[33].

permite sacar una conclusión sin peligro de error; no obstante, no constituye por sí mismo un medio para adquirir nuestra perfección.

[29] Sólo, pues, el cuarto modo de percepción comprende la esencia adecuada[35] de la cosa y sin peligro alguno de error, por lo que es también el que más debe ser empleado.

[3. LA IDEA VERDADERA COMO FUNDAMENTO DEL MÉTODO]

Intentaremos explicar a continuación cómo se debe emplear ese cuarto modo de percepción para que entendamos de esa forma las cosas desconocidas y lo consigamos con la mayor eficacia posible: una vez averiguado qué conocimiento nos es necesario, hay que mostrar el *camino* y el *método* por el que logremos conocer mediante esa forma de conocimiento las cosas que hay que conocer[36].

[30] A cuyo fin, lo primero que hay que advertir es que no se producirá una *búsqueda al infinito,* es decir, que para hallar el mejor método de investigar la verdad no se requiere otro método para investigar el método de investigar; y para investigar el segundo método no se requiere un tercero, y así al infinito, puesto que de ese modo no se llegaría nunca al conocimiento de la verdad o, mejor dicho, a ningún conocimiento[37]. Sucede en esto exactamente lo mismo que con los instrumentos materiales, sobre los que se podría argumentar del mismo modo. Y así, para forjar el hierro, se necesita un martillo; para po-

seer un martillo hay que hacerlo, y para ello se necesita otro martillo y otros instrumentos, y para obtener éstos se requieren otros instrumentos y así al infinito[38]. En vano se esforzaría nadie en probar, de este modo, que los hombres no tienen poder alguno de forjar el hierro.

[31] Por el contrario, así como los hombres, usando al comienzo instrumentos innatos, consiguieron fabricar, aunque con gran esfuerzo y escaso éxito, algunos objetos sumamente fáciles y, una vez fabricados éstos, confeccionaron otros más difíciles con menos esfuerzo y más perfección, y así, avanzando gradualmente de las obras más simples a los instrumentos y de los instrumentos a otras obras e instrumentos, consiguieron efectuar con poco trabajo tantas cosas y tan difíciles; así también el entendimiento, con su fuerza natural *(nativa)*[k], se forja instrumentos intelectuales, con los que adquiere nuevas fuerzas para realizar otras obras intelectuales[l] y con éstas consigue nuevos instrumentos, es decir, el poder de llevar más lejos la investigación, y sigue así progresivamente, hasta conseguir la cumbre de la sabiduría[39].

[32] Que es así como se comporta el entendimiento, es fácil de verlo, con tal que se entienda qué es el método de investigar la verdad y cuáles son los únicos instrumentos innatos que él necesita para confeccionar otros a partir de ella y seguir avanzando. Para mostrarlo, procedo como sigue.

---

k. Por fuerza natural entiendo aquello que no es causado en nosotros, por causas externas, *y que explicaré después en mi Filosofía.*
l. Aquí las llamo obras; *en mi Filosofía se explicará* qué son.

[33] *La idea verdadera* (pues tenemos una idea verdadera)^m es algo distinto de su objeto *(ideato):* pues una cosa es el círculo, y otra, la idea del círculo. La idea del círculo, en efecto, no es algo que posee centro y periferia, como el círculo, ni la idea del cuerpo es el cuerpo mismo. Ahora bien, al ser algo distinto de su objeto ideado, también será algo inteligible por sí mismo; es decir, la idea en cuanto a su esencia formal puede ser objeto de otra esencia objetiva y, a su vez, esta segunda esencia objetiva también será, en sí misma considerada, algo real e inteligible, y así indefinidamente[40].

[34] Pedro, por ejemplo, es algo real; a su vez, la idea verdadera de Pedro es la esencia objetiva de Pedro y, en sí misma, algo real y totalmente distinto del mismo Pedro. Dado, pues, que la idea de Pedro es algo real que posee su esencia peculiar, también será algo inteligible, es decir, objeto de otra idea, la cual idea tendrá en sí misma, objetivamente, todo lo que la idea de Pedro tiene formalmente; y, a su vez, la idea de la idea de Pedro también tiene su esencia, que puede ser, por su parte, objeto de otra idea y así indefinidamente. Esto cualquiera puede comprobarlo al ver que él sabe qué es Pedro y que además sabe que lo sabe y que, por otra parte, sabe que sabe lo que sabe, etc.

De ahí resulta claramente que, para que se entienda la esencia de Pedro, no es necesario entender la idea misma de Pedro y mucho menos la idea de la idea de Pedro. Es

m. Adviértase que *aquí no sólo intentaremos mostrar* lo que acabo de decir, sino también que hemos procedido correctamente hasta ahora, y otras cosas que es muy necesario saber.

lo mismo que, si yo dijera que, para que yo sepa algo, no me es necesario saber que lo sé y, mucho menos, saber que sé que lo sé; por el mismo motivo que, para entender la esencia del triángulo, no es necesario entender la esencia del círculo[n]. En estas ideas sucede más bien lo contrario. En efecto, para que yo sepa que sé, debo saber primero.

[35] Es, pues, evidente que *la certeza* no es nada más que la misma esencia objetiva, es decir, que el modo como sentimos la esencia formal es la certeza misma. De donde resulta, además, que para la certeza de la verdad no se requiere ningún otro signo, fuera de la posesión de la idea verdadera. Ya que, como hemos explicado, para que yo sepa, no es necesario que sepa que sé. Y de aquí se sigue, a su vez, que nadie puede saber qué es la máxima certeza, sino aquel que posee la idea adecuada o esencia objetiva de alguna cosa; justamente, porque certeza y esencia objetiva son lo mismo[42].

[36] Dado, pues, que la verdad no necesita de ningún signo, sino que basta con tener las esencias objetivas de las cosas o, lo que es lo mismo, las ideas, para que desaparezca toda duda, se sigue que el verdadero método no consiste en buscar el signo de la verdad después de haber adquirido las ideas, sino en el camino por el que se buscan, en el debido orden, la verdad misma o las esen-

n. Adviértase que *aquí* no investigamos cómo la primera esencia objetiva nos sea innata, *ya que esto incumbe a la investigación de la Naturaleza,* donde todo esto se explica con más amplitud, a la vez que se muestra que, aparte de la idea, no existe ninguna afirmación ni negación ni voluntad alguna[41].

cias objetivas de las cosas o las ideas (pues todo esto viene a ser lo mismo)º.

[37] Por otra parte, el método debe hablar necesariamente del *raciocinio* o de la intelección. Es decir, el método no es el mismo razonar para entender las causas de las cosas y, mucho menos, el entender esas causas. Es más bien entender qué sea la idea verdadera: distinguiéndola de las demás percepciones e investigando su naturaleza para que conozcamos, a partir de ahí, nuestro poder de entender y dominemos nuestra mente, de forma que entienda todas las cosas, que hay que entender, conforme a dicha norma; ofreciendo como ayuda ciertas reglas y logrando, además, que la mente no se fatigue con cosas inútiles[43].

[38] De ahí se desprende que el método no es más que el conocimiento reflexivo o la idea de la idea. Y como no hay idea de idea, si no se da primero la idea, no se dará tampoco método sin que se dé primero la idea. Por consiguiente, buen método será aquel que muestra cómo hay que dirigir la mente conforme a la norma de la idea verdadera dada[44].

[16]

[4. EL MÉTODO MÁS PERFECTO PARTE DE LA IDEA DEL SER PERFECTÍSIMO]

Como, además, la relación que existe entre dos ideas es la misma que se da entre las esencias formales de las mismas, se sigue que el conocimiento reflexivo que versa sobre la idea del ser perfectísimo es más valioso que el co-

o. Qué es buscar en el alma *(anima) se explica en mi Filosofía*.

nocimiento reflexivo de las demás ideas. En una palabra, el método más perfecto será aquel que muestra, conforme a la norma de la idea dada del ser más perfecto, cómo hay que dirigir la mente[45].

[39] Por lo dicho se comprende fácilmente cómo, a medida que la mente entiende más cosas, adquiere con ello otros instrumentos, gracias a los cuales le es más fácil seguir entendiendo. Ya que, como se puede colegir de lo anterior, es indispensable, ante todo, que exista en nosotros una idea verdadera, a modo de instrumento innato, para que, una vez entendida ella, se entienda a la vez la diferencia que existe entre esa percepción y todas las demás. En esto consiste una parte del método. Y como es evidente por sí mismo que la mente se entiende tanto mejor cuantas más cosas entienda sobre la Naturaleza, resulta que esta parte del método será tanto más perfecta cuantas más cosas entienda la mente, y que alcanzará su máximo grado de perfección cuando fije su atención en el ser perfectísimo o reflexione sobre él.

[40] Por otra parte, cuantas más cosas ha llegado a conocer la mente, mejor comprende también sus propias fuerzas y el orden de la Naturaleza; y cuanto mejor entiende sus fuerzas, tanto mejor puede también dirigirse a sí misma y darse reglas; y cuanto mejor entiende el orden de la Naturaleza, más fácilmente puede librarse de esfuerzos inútiles. En esto consiste, como hemos dicho, todo el método[46].

[41] Señalemos, además, que la idea, en cuanto objetiva, se comporta exactamente igual que su objeto (*idea-*

tum), en cuanto real. De ahí que, si existiera en la Naturaleza algo que no tuviera comunicación alguna con otras cosas, su esencia objetiva (aun cuando se diera) como debería convenir exactamente con la esencia formal tampoco tendría comunicación[p] alguna con otras ideas, es decir, que no podríamos sacar ninguna conclusión de ella. Por el contrario, aquellas cosas que tienen conexión con otras, como sucede con todas las que existen en la Naturaleza[47], serán entendidas, y sus esencias objetivas tendrán esa misma conexión unas con otras; es decir, que de ellas serán deducidas otras ideas que tendrán, a su vez, conexión con otras, con lo que aumentarán progresivamente los instrumentos para adelantar en el conocimiento, que es lo que me proponía demostrar.

[42] Además, de lo último que acabamos de decir, a saber, que la idea debe convenir exactamente con su esencia formal, resulta, una vez más, evidente que, para que nuestra mente reproduzca exactamente el modelo de la Naturaleza, debe hacer surgir todas sus ideas a partir de aquella que expresa el origen y la fuente de toda la Naturaleza, a fin de que también ella sea la fuente de las demás ideas[48].

[5. RESPUESTA A CIERTAS OBJECIONES]

[43] En este momento, quizá alguien se sorprenda de que, después de haber dicho que el buen método es aquel que muestra cómo la mente debe ser dirigida se-

---

p. Tener comunicación con otras cosas es ser producido por ellas o producirlas.

gún la norma de la idea verdadera dada, lo probemos 10
mediante un razonamiento, ya que esto parece poner de
manifiesto que no se trata de algo evidente y que, por lo
mismo, cabe preguntarse si razonamos correctamente.
En efecto, si razonamos bien, debemos comenzar por la
idea dada; y, como el comenzar por la idea dada exige
una demostración, deberíamos probar, a su vez, este razonamiento y después este otro y así al infinito.

[44] A esta objeción contesto diciendo que si alguien,
en virtud de una fatal necesidad, hubiera procedido así en
la investigación de la Naturaleza, a saber, adquiriendo
otras ideas según la norma de la idea verdadera dada y
siguiendo el orden debido, nunca habría dudado de su
verdad[q], puesto que, como ya hemos mostrado, la verdad se manifiesta a sí misma, por lo que todas las cosas
se le habrían presentado espontáneamente.

Pero como esto no sucede nunca o muy rara vez, me vi 20
forzado a presentar las cosas de forma que lo que no podemos conseguir necesariamente lo adquiramos siguiendo un plan premeditado. Lo hemos hecho también para
que se vea al mismo tiempo que, para probar la verdad y
el buen razonamiento, no necesitamos ningún instrumento aparte de la misma verdad y del buen razonamiento, pues el buen razonamiento lo he comprobado y
sigo intentando probarlo razonando bien.

[45] Y, además, de esta forma los hombres se habitúan
a sus meditaciones interiores.

q. Y así, tampoco aquí dudamos de nuestra verdad.

La razón por la que es tan raro que la investigación de la Naturaleza se efectúe en el orden debido son los prejuicios, cuyas causas *explicaremos posteriormente en nuestra filosofía*. Además, porque se requiere una distinción constante y rigurosa, como mostraremos después, lo cual exige gran esfuerzo. Finalmente, a causa de la condición de las cosas humanas que, como ya he explicado, es totalmente variable. Existen todavía otras razones, que no investigamos aquí[49].

[46] Si acaso alguien me preguntara por qué, una vez que la verdad se manifiesta a sí misma, he expuesto, de entrada y antes de nada, las verdades de la Naturaleza en el orden que lo hemos hecho, le respondo y, al mismo tiempo, le advierto que no pretenda rechazar (lo dicho) como si fuera falso, a causa de las paradojas que puedan surgir aquí o allá, sino que se digne examinar antes el orden en que las estoy probando, y entonces se convencerá de que he alcanzado la verdad. Éste fue el motivo por el que he adelantado cuanto precede[50].

[47] Si, después de todo esto, todavía algún *escéptico* siguiera dudando de la misma verdad primera y de todas las que deduciremos tomándola como norma, o es que él habla contra su propia conciencia o habremos de confesar que existen hombres cuyo ánimo está completamente obcecado, bien sea de nacimiento o bien a causa de los prejuicios, es decir, por algún azar externo. Esos tales, en efecto, ni siquiera se sienten a sí mismos; si algo afirman o de algo dudan, ignoran que afirman o que dudan. Dicen que no saben nada; e incluso dicen ignorar eso, que

no saben nada. Y ni esto lo dicen en sentido absoluto, ya que temen confesar que existen, mientras nada saben. Por eso deben permanecer definitivamente mudos, no sea que supongan algo que tenga visos de verdad.

[48] Con ellos, pues, no se debe hablar de ciencias. Claro que, en lo concerniente a la forma de vida y a las prácticas sociales, la necesidad los ha forzado a suponer que existen y a buscar su propia utilidad e incluso a afirmar y negar muchas cosas bajo juramento. Porque, si se les demuestra algo, no saben si la argumentación es probativa o defectuosa. Si algo niegan, conceden u objetan, no saben si niegan, conceden u objetan. Deben ser, pues, considerados como autómatas que carecen en absoluto de mente[51].

[49] Resumamos ya nuestro plan. Hasta este momento, hemos expuesto, *en primer lugar,* el fin al que procuramos dirigir todos nuestros pensamientos. Hemos averiguado, *en segundo lugar,* cuál es la mejor percepción por cuyo medio podemos llegar a nuestra perfección. Hemos constatado, *en tercer lugar,* cuál es el primer camino que debe seguir la mente para comenzar correctamente, el cual consiste en efectuar la investigación conforme a leyes fijas y siguiendo la norma de cualquier idea verdadera dada.

Para que esto se realice correctamente, *el método debe ofrecer lo siguiente:* 1.º) distinguir la idea verdadera de todas las demás percepciones y mantener apartada de ellas a la mente; 2.º) proporcionar las reglas para que las cosas desconocidas sean percibidas según dicha

[19] norma, y 3.º) fijar un orden para no fatigarnos con cosas inútiles.

Una vez conocido este método, hemos visto, *en cuarto lugar,* que este método será el más perfecto posible cuando estemos en posesión de la idea del ser perfectísimo. Por consiguiente, lo primero que habremos de procurar es llegar lo más rápidamente posible al conocimiento de ese ser[52].

[II. Diferencia entre la idea verdadera y las demás percepciones]

[50] Comencemos, pues, por la primera parte del método, la cual consiste, como hemos dicho, en *distinguir* y separar la idea verdadera de las demás percepciones e impedir que la mente confunda las ideas falsas, ficticias y dudosas con las verdaderas[53].

Me propongo explicar aquí esto con la máxima amplitud a fin de retener a los lectores en la meditación de asunto tan necesario y porque, además, son muchos los que dudan incluso de lo verdadero por no haber atendido a la distinción que existe entre la percepción verdadera y todas las demás. Esos tales son como aquellos hombres que, cuando estaban despiertos, no dudaban de que estaban en estado de vigilia; pero, una vez que pensaron en sueños (como sucede con frecuencia) que estaban ciertamente despiertos, al descubrir después que eso era falso, dudaron incluso de su estado de vigilia. Pues esto se debe a que nunca han distinguido entre el sueño y la vigilia[54].

[51] No obstante, advierto que yo no voy a explicar aquí la esencia de cada percepción por su causa próxima, *ya que esto pertenece a mi Filosofía,* sino que tan sólo expondré lo que exige el método, es decir, cuál es el objeto de la percepción ficticia, de la falsa y de la dudosa y cómo nos libraremos de cada una de ellas[55].

[1. IDEA FICTICIA E IDEA CLARA Y DISTINTA]

[52] Comencemos, pues, por la investigación de la idea ficticia[56]. Dado que toda percepción tiene por objeto la cosa en cuanto existente o su sola esencia, y como las ficciones más frecuentes se refieren a cosas consideradas como existentes, hablaré primero de éstas, a saber, del caso en que sólo se finge la *existencia,* mientras que la cosa en tal acto fingida es entendida o se supone que se la entiende. Yo finjo, por ejemplo, que Pedro, a quien ya conozco, va a su casa, viene a visitarme o cosas similares[r]. En este momento me pregunto a qué objetos se refiere tal idea. Veo que sólo se refiere a cosas posibles, mas no a cosas necesarias o imposibles.

[53] Llamo imposible aquella cosa cuya naturaleza implica contradicción que exista; necesaria, aquella cuya naturaleza implica contradicción que no exista; posible, aquella cuya existencia no implica, por su naturaleza, contradicción que exista o que no exista, pero cuya ne-

r. Véase lo que indicaremos más adelante sobre las hipótesis que entendemos claramente; la ficción reside justamente en que digamos que existen como tales en los cuerpos celestes[57].

cesidad o imposibilidad de existir depende de causas que nos son desconocidas mientras fingimos su existencia, pues, si la necesidad o imposibilidad de existir que depende de causas externas nos fuera conocida, no podríamos fingir nada acerca de ella[58].

[54] De ahí se sigue que, si existe algún Dios o algo omnisciente, no puede fingir absolutamente nada[59]. Pues, por lo que respecta a nosotros, una vez que he conocido que existo[s], no puedo fingir que existo o que no existo; como tampoco puedo fingir que un elefante pasa por el ojo de una aguja; ni después de haber conocido la naturaleza de Dios[t], puedo fingir que existe o que no existe. Y lo mismo hay que decir de la quimera, cuya naturaleza repugna que exista[61]. De lo anterior resulta claro lo que he dicho, a saber, que la ficción de que hablamos aquí no tiene lugar respecto a las verdades eternas[u]. En seguida mostraré, además, que respecto a las verdades eternas no existe ficción alguna[62].

---

s. Como la cosa, con tal que se la entienda, es clara por sí misma, basta que citemos el ejemplo, sin demostración alguna. Lo mismo sucederá con su contradictoria: para que aparezca que es falsa, bastará mencionarla, como se verá en seguida, cuando hablemos de la ficción acerca de la esencia[60].
t. Señalemos que, aunque muchos dicen dudar si Dios existe, en realidad, no poseen de Dios más que el nombre o fingen algo que llaman Dios, pero eso no concuerda con la naturaleza de Dios, *como mostraremos después en su lugar.*
u. Por verdad eterna entiendo aquella que, si es afirmativa, nunca podrá ser negativa. Y así la primera y eterna verdad es que *Dios existe;* en cambio, no es verdad eterna que *Adán piensa.* También es verdad eterna que *la quimera no existe;* pero no lo es que *Adán no piensa.*

[55] Pero, antes de seguir adelante, señalaré, como de paso, que la diferencia que existe entre la esencia de una cosa y la de otra es la misma que la que se da entre la actualidad o existencia de esa misma cosa y la actualidad o existencia de la otra. De suerte que, si queremos concebir, por ejemplo, la existencia de Adán mediante la sola idea de existencia en general, será lo mismo que, si, para concebir su esencia, sólo atendiéramos a la naturaleza del ser, de forma que lo definiéramos diciendo que es un ser. De ahí que cuanto más generalmente se concibe la existencia, más confusamente se la concibe también y más fácilmente se la puede atribuir a una cosa cualquiera; y, a la inversa, cuanto más concretamente se la concibe, más claramente también se la entiende y más difícil resulta atribuirla a algo distinto de la cosa misma, aun cuando no hayamos atendido al orden de la Naturaleza. Valía la pena señalarlo[63].

[56] Me referiré ahora a aquellas cosas que *el vul*go suele decir que se fingen, aunque entendamos claramente que no son realmente tal como las fingimos. Por ejemplo, aunque sé que la Tierra es redonda, nada me impide, no obstante, decir a alguien que la Tierra es un hemisferio o como media naranja en un plato o que el Sol gira en torno a la Tierra y cosas por el estilo. Si prestamos atención, nada hallaremos en todo esto que no esté en consonancia con lo ya dicho, con tal que nos demos cuenta de que hemos podido equivocarnos alguna vez, pero que ahora ya somos conscientes de nuestros errores, y de que, además, podemos fingir o, al menos, pensar que otros hombres se hallan o pueden caer en el

mismo error que nosotros antes. Eso, repito, podemos fingirlo, mientras no veamos ninguna imposibilidad o necesidad. Así pues, cuando yo digo a alguien que la Tierra no es redonda, etc., no hago otra cosa que traer a la memoria el error que quizá he cometido o en el que he podido caer, y fingir después o pensar que aquel a quien digo esto todavía se halla en dicho error o puede caer en él. Esto, como he dicho, lo finjo, mientras no veo ninguna imposibilidad o necesidad, ya que, de haberla descubierto, no habría podido fingir absolutamente nada, sino que debería limitarme a decir que he efectuado una acción[64].

[57] Sólo nos queda por aludir a aquellas cosas que se dan por supuestas en las *discusiones* y que se refieren con frecuencia incluso a cosas imposibles[65]. Cuando decimos, por ejemplo: supongamos que esta vela que arde ya no arde, o supongamos que arde en un espacio imaginario o en donde no existe ningún cuerpo. Cosas de este tipo se dan por supuestas con frecuencia, aunque se vea claramente que esto último es imposible; pero, cuando se procede así, no se finge realmente nada. En efecto, en el primer caso, no he hecho nada más que traer a la memoria[x] otra vela, que no arde (o he concebido la misma

[x]. Más adelante, cuando hablemos de la ficción que se refiere a las esencias, aparecerá claramente que la ficción no produce o presenta a la mente nada nuevo, sino que tan sólo se traen a la memoria cosas que están en el cerebro o en la imaginación, y la mente atiende a todas ellas a la vez y de forma confusa. Supongamos, por ejemplo, que vienen a la memoria el habla y el árbol; tan pronto la mente les presta una atención confusa y sin distinción, piensa que el árbol habla. Lo mismo hay que decir de la existencia, sobre todo cuando, como hemos dicho,

sin llama), y pensar de la primera lo que constato en la [22]
segunda mientras no presto atención a la llama. En el segundo caso, no se hace más que abstraer los pensamientos de los cuerpos circundantes para que la mente se vuelva a la sola contemplación de la vela, considerada en sí misma, a fin de concluir después que la vela no tiene razón alguna para destruirse. De modo que, si no hubiera cuerpos circundantes, esa vela y también esa llama permanecerían invariables, o cosas por el estilo. En este caso, no existe, pues, ficción alguna, sino puras y simples 10
afirmaciones[y].

[58] Pasemos ya a las ficciones que versan sobre *las esencias* en sí solas o acompañadas de cierta actualidad o existencia. A este respecto hay que señalar, sobre todo, lo siguiente: cuanto menos entiende la mente y más cosas perciba, mayor poder tiene de fingir, y cuanto más entiende, más disminuye ese poder[67]. Del mismo modo, por ejemplo, que antes hemos visto que, mientras pensamos, no podemos fingir que pensamos y que no pensamos, así también, una vez que hemos conocido la naturaleza del cuerpo, no podemos fingir una mosca infinita; e igualmente, después que hemos conocido la naturaleza

---

se concibe tan generalmente como el ser, ya que entonces se aplica fácilmente a todas las cosas que se presentan simultáneamente a la memoria. He ahí algo digno de ser señalado.
y. Lo mismo hay que entender acerca de las hipótesis que se hacen para explicar ciertos movimientos, que concuerdan con los fenómenos celestes, salvo que de esas hipótesis, si se aplican a los movimientos celestes, se logra inferir la naturaleza de los cielos; aunque ésta puede, sin embargo, ser distinta, sobre todo porque, para explicar tales movimientos, se requieren otras muchas causas[66].

del alma *(anima)*ᶻ, no podemos fingir que es cuadrada, aunque podamos expresar todas esas cosas con palabras. Por el contrario, como ya hemos dicho, cuanto menos han llegado los hombres a conocer la Naturaleza, más fácilmente pueden fingir muchas cosas: como que los árboles hablan, que los hombres se transforman al instante en piedras o en fuentes, que aparecen espectros en los espejos, que la nada se convierte en algo e incluso que los dioses se cambian en bestias y en hombres, y otras infinitas cosas de este género[69].

[59] Quizá alguien piense que la ficción tiene por *límite* la ficción y no la intelección, es decir, una vez que he fingido algo y, haciendo alarde de cierta libertad, he afirmado que existe así en la realidad, eso hace que no pueda después pensarlo de otra forma. Por ejemplo, una vez que he fingido (por hablar como ellos) que la naturaleza del cuerpo es tal y he logrado persuadirme, usando de mi libertad, que es realmente así, ya no puedo fingir, por ejemplo, una mosca infinita; y, después que he fingido la esencia del alma *(anima)*, no puedo hacerla cuadrada, etc.[70]

[60] Pero todo esto hay que someterlo a examen. En primer lugar, esos tales o niegan o conceden que nosotros podemos entender algo. Si lo conceden, será necesa-

z. Sucede con frecuencia que el hombre trae a su memoria esta voz *anima* y que forma a la vez alguna imagen corpórea. Y como estas dos cosas son representadas simultáneamente, piensa fácilmente que imagina o finge un alma corpórea, ya que no distingue el nombre de la cosa misma. Pido a los lectores que no se apresuren, en este momento, a refutar esto y espero que, efectivamente, no lo hagan, con tal que presten la máxima atención a los ejemplos, así como a los que vienen a continuación[68].

rio decir de la intelección lo mismo que ellos dicen de la ficción. Si, en cambio, lo niegan, veamos nosotros (que sabemos que algo sabemos) qué es lo que dicen. Dicen concretamente esto: que el alma *(anima)* puede sentir y percibir de muchas formas, no a sí misma ni las cosas que existen, sino tan sólo aquellos objetos que no existen ni en sí mismos ni en lugar alguno; es decir, que el alma *(anima)* puede crear, por su sola fuerza, sensaciones o ideas que no son de cosas; de tal forma que, en parte, la consideran como un Dios. Dicen, además, que nosotros o nuestra alma *(anima)* posee tal libertad que nos fuerza a nosotros o a ella e incluso a la misma libertad; ya que, después que fingió algo y le dio su asentimiento, no lo puede pensar o fingir de otro modo, sino que además se ve forzada por esa ficción a pensar <las otras cosas> de suerte que no sea contradicha la primera ficción. Por eso mismo, esos tales se ven forzados por su ficción a admitir los absurdos que aquí estoy enumerando y para cuya refutación no me molestaré en buscar argumentos[71].

[61] Procuraremos, no obstante, dejándolos con sus delirios, extraer de las palabras que les hemos dirigido alguna verdad para nuestro asunto. Hela aquí[a]. Cuando la

---

a. Como quizá parezca que derivo esto de la experiencia y alguno diga que esta prueba no vale nada, porque falta la demostración, se la daré, si la desea. Dado que no puede existir nada en la Naturaleza que contradiga sus leyes, sino que todo sucede conforme a sus leyes fijas, de forma que, en virtud de una concatenación inquebrantable, las cosas producen efectos determinados según leyes también determinadas, se sigue que, cuando el alma *(anima)* concibe exactamente una cosa, proseguirá descubriendo objetivamente sus efectos. Véase más abajo, donde hablo de la idea falsa[72].

mente aplica su atención a una cosa ficticia o falsa por su naturaleza, a fin de examinarla y comprenderla y deducir correctamente de ella lo que se debe deducir, descubrirá fácilmente su falsedad. Y, si la cosa fingida es, por su naturaleza, verdadera, cuando la mente la examina para comprenderla y comienza a deducir correctamente de ella las cosas que de ella se derivan, proseguirá felizmente sin interrupción alguna; del mismo modo que el entendimiento ha sido capaz de descubrir en la falsa ficción, que acabamos de citar, su contradicción interna y otras que de ella se derivan[73].

[62] No habrá que temer, pues, en modo alguno, que finjamos algo, a condición de que percibamos clara y distintamente la cosa. Pues, si acaso decimos que los hombres se transforman instantáneamente en bestias, eso tiene un sentido muy general, hasta el punto que no existe en nuestra mente ningún concepto o idea o coherencia entre sujeto y predicado; ya que, si existiera, la mente vería, a la vez, por qué medio o por qué causas se ha efectuado eso. Además, tampoco se presta atención a la naturaleza del sujeto y del predicado[74].

[63] Por otra parte, con tal que la primera idea no sea ficticia y las demás se deduzcan de ella, se desvanecerá poco a poco la precipitación en fingir. Además, dado que la idea ficticia no puede ser clara y distinta, sino tan sólo confusa; y como toda confusión procede de que la mente sólo conoce parcialmente una cosa que es un todo o que está compuesta de muchas y no distingue lo conocido de lo desconocido, y de que, por otra parte, atiende

simultáneamente y sin distinción a los múltiples elementos que existen en cada cosa, se sigue:

1.º que, si es la idea de una cosa simplicísima, no puede ser sino clara y distinta, ya que esa cosa no aparecerá parcialmente, sino que deberá manifestarse íntegramente o nada;

[64] 2.º que si una cosa que consta de muchas es dividida mentalmente en todas sus partes simplicísimas, y se atiende a cada una por separado, desaparecerá toda confusión;

3.º que la ficción no puede ser simple, sino que surge de la composición de diversas ideas confusas, que se refieren a distintas cosas o acciones existentes en la Naturaleza, o, mejor todavía, del hecho de atender, pero sin asentir[b], a esas distintas ideas.

Si fuera simple, en efecto, sería clara y distinta y, por consiguiente, verdadera; y si constara de ideas distintas, su composición sería igualmente clara y distinta y, por tanto, verdadera también. Así, por ejemplo, una vez que hemos entendido la naturaleza del círculo y también la naturaleza del cuadrado, ya no podemos conjuntarlas a ambas y hacer al círculo cuadrado o al alma cuadrada, y cosas análogas[76].

b. Advertimos que la ficción, considerada en sí misma, no difiere mucho del sueño, excepto que en sueños no se presentan las causas que se presentan, a través de los sentidos, a los que están despiertos, en virtud de las cuales éstos coligen que dichas representaciones no son producidas, en ese momento, por las cosas exteriores. El error, en cambio, como en seguida se verá, es soñar despiertos y, si es muy evidente, se llama delirio[75].

[65] Concluyamos, de nuevo, brevemente y veamos cómo no hay, en modo alguno, que temer que la ficción sea confundida con las ideas verdaderas.

En cuanto a la primera, de la que hemos hablado en primer lugar, en la que se concibe claramente la cosa, hemos visto, en efecto, que, si la cosa, que es claramente concebida, y también su existencia es, por sí misma, una verdad eterna, no podremos fingir nada respecto a ella. En cambio, si la existencia de la cosa concebida no es una verdad eterna, únicamente hay que procurar confrontar la existencia de la cosa con su esencia y prestar, al mismo tiempo, atención al orden de la Naturaleza.

Respecto al segundo tipo de ficción, hemos dicho que consiste en atender a la vez, sin asentir, a diversas ideas confusas, que corresponden a distintas cosas y acciones existentes en la Naturaleza; y hemos visto, además, que una cosa simplicísima no puede ser fingida, sino entendida, ni tampoco una cosa compuesta, con tal que prestemos atención a las partes simplicísimas de que consta; aún más, hemos visto que no podemos fingir, a partir de ellas, ninguna acción que no sea verdadera, puesto que tendríamos que ver, a la vez, cómo y por qué sucede eso.

[2. IDEA FALSA Y FORMA DE LA VERDAD]

[66] Una vez entendido esto, pasamos ya a investigar la idea falsa, para ver cuál es su objeto y cómo podemos evitar caer en percepciones falsas. Ninguna de las dos cosas nos resultará difícil, una vez estudiada la idea ficticia. Entre ambas, en efecto, no existe otra diferencia, sino

que la idea falsa implica el asentimiento; es decir (como ya hemos indicado), que, al presentarse a la mente las representaciones, no se le presentan las causas por las que ella puede colegir, como cuando finge, que no provienen de las cosas externas y que (esa idea) no es otra cosa que soñar con los ojos abiertos o estando despiertos[77]. La idea falsa versa, pues, o (mejor dicho) se refiere, lo mismo que la idea ficticia, a la existencia de una cosa cuya esencia se conoce o a su esencia.

[67] La que se refiere *a la existencia* se corrige del mismo modo que la ficción; ya que, si la naturaleza de la cosa conocida supone la existencia necesaria, es imposible que nos equivoquemos acerca de la existencia de tal cosa; en cambio, si la existencia de la cosa no es una verdad eterna, como lo es su esencia, sino que su necesidad o imposibilidad de existir depende de causas externas, entonces dese aquí por entendido cuanto dijimos al tratar de la ficción, puesto que se corrige de la misma forma[78].

[68] En cuanto a la otra forma de idea falsa, la que se refiere a *las esencias* o también a las acciones, esas percepciones son siempre necesariamente confusas, compuestas de diversas percepciones confusas de cosas que existen en la Naturaleza. Tal es el caso, en que se convence a los hombres de que existen divinidades en los bosques, en las imágenes, en los brutos y en otras cosas; que existen cuerpos, de cuya simple composición surge el entendimiento; que los cadáveres razonan, caminan y hablan; que Dios se engaña, y cosas similares. Por el contrario, las ideas que son claras y distintas nunca pueden ser fal-

sas; ya que las ideas de las cosas que se conciben clara y distintamente o bien son simplicísimas o bien compuestas de ideas simplicísimas, es decir, deducidas de ideas simplicísimas. Ahora bien, que la idea simplicísima no puede ser falsa lo podrá ver cualquiera, con tal que sepa qué es la verdad o el entendimiento y, al mismo tiempo, qué es la falsedad[79].

[69] En efecto, por lo que respecta a aquello que constituye la *forma de la verdad,* es cierto que el pensamiento verdadero se distingue del falso, no sólo por una denominación extrínseca, sino, sobre todo, por una denominación intrínseca[80]. Pues, si un artífice concibe correctamente una obra, su pensamiento es verdadero, aunque esa obra no haya existido nunca ni siquiera haya de existir: el pensamiento es el mismo, exista o no exista tal obra. En cambio, si alguien dice que Pedro, por ejemplo, existe, pero no sabe que Pedro existe, ese pensamiento, respecto a ese tal, es falso o, si se prefiere, no es verdadero, aunque Pedro exista realmente. El enunciado «Pedro existe» tan sólo es verdadero respecto a aquel que sabe con certeza que Pedro existe[81].

[70] De lo anterior se sigue que existe en las ideas algo real por lo que las verdaderas se distinguen de las falsas. Debemos investigarlo inmediatamente, a fin de disponer de la mejor norma de la verdad (pues hemos dicho que debemos determinar nuestros pensamientos a partir de la norma de la idea verdadera dada y que el método es el conocimiento reflexivo) y de conocer las propiedades del entendimiento[82].

No cabe decir que dicha diferencia surja de que el pensamiento verdadero consiste en conocer las cosas por sus primeras causas, aunque, en ese sentido, se distinguiría mucho, sin duda, del pensamiento falso, tal como lo he explicado más arriba. Y la razón es que también se llama pensamiento verdadero aquel que implica objetivamente la esencia de algún principio que no tiene causa y que es conocido en sí y por sí[83].

[71] De ahí que la forma del pensamiento verdadero debe residir en ese mismo pensamiento, sin relación a otros, y no admite como causa suya al objeto, sino que debe depender del mismo poder y naturaleza del entendimiento. Pues, si suponemos que el entendimiento ha percibido algún nuevo ser, que nunca ha existido, tal como conciben algunos el entendimiento de Dios antes de haber creado las cosas (sin duda que esa percepción no pudo surgir de objeto alguno), y que de esa percepción deduce legítimamente otras, todos esos pensamientos serían verdaderos y no estarían determinados por ningún objeto externo, sino que dependerían únicamente del poder y de la naturaleza del entendimiento. La forma del pensamiento verdadero hay que buscarla, pues, en el pensamiento mismo y hay que deducirla de la naturaleza del entendimiento[84].

[72] Para investigar esto, pongamos, pues, ante nuestros ojos alguna idea verdadera, cuyo objeto sabemos con toda seguridad que depende de nuestro poder de pensar y que no tiene ningún objeto en la Naturaleza; en tal idea, en efecto, podremos investigar más fácilmente,

como ya consta por lo dicho, lo que nos proponemos. Por ejemplo, para formar el *concepto de esfera,* finjo arbitrariamente su causa, a saber, que un semicírculo gira en torno a su centro y que de esa rotación surge, por así decirlo, la esfera.

Esta idea es sin duda verdadera; y, aunque sepamos que nunca ha surgido así una esfera en la Naturaleza, ésta es una percepción verdadera y el modo más fácil de formar el concepto de esfera. Ahora bien, hay que advertir que esta percepción afirma que el semicírculo gira, afirmación que sería, sin embargo, falsa, si no fuera asociada al concepto de la esfera o de la causa que determina tal movimiento o, simplemente, si esa afirmación estuviera aislada. En este caso, en efecto, la mente sólo tendería a afirmar el movimiento del semicírculo, el cual ni está contenido en el concepto del semicírculo ni se deriva del concepto de la causa que determina el movimiento[85].

Por consiguiente, la falsedad sólo consiste en que se afirma de una cosa algo, que no está contenido en el concepto que de ella hemos formado, como cuando se afirma del semicírculo el movimiento o el reposo. De donde se sigue que los pensamientos simples no pueden menos de ser verdaderos, como la idea simple de semicírculo, de movimiento, de cantidad, etc. Lo que éstas contienen de afirmación coincide con su concepto, sin exceder en nada de él. Podemos, pues, formar ideas simples como nos plazca, sin el menor escrúpulo de error.

[73] De ahí que sólo nos resta averiguar con qué poder logra nuestra mente formar esas ideas y hasta dónde se extiende dicho poder; ya que, una vez averiguado, vere-

mos fácilmente el máximo conocimiento a que podemos llegar. Es cierto, en efecto, que ese poder suyo no se extiende al infinito, puesto que, cuando afirmamos de una cosa algo que no está contenido en el concepto que de ella formemos, eso revela un defecto de nuestra percepción o que tenemos pensamientos o ideas, por así decirlo, mutiladas y truncadas. Y así, hemos visto que el movimiento del semicírculo es falso cuando está aislado en la mente y que, en cambio, ese mismo movimiento es verdadero si va unido al concepto de la esfera o de una causa que determine tal movimiento. Y si, como parece a primera vista, pertenece a la naturaleza del ser pensante formar pensamientos verdaderos o adecuados, es cierto que las ideas inadecuadas sólo pueden surgir en nosotros de que somos parte de un ser pensante, cuyos pensamientos constituyen nuestra mente, unos en su totalidad y otros tan sólo en parte[86].

[28]

[74] Pero aún nos queda por señalar algo, que no valía la pena indicarlo respecto a la ficción, y en lo que se produce el más grave engaño, a saber, que sucede a veces que algunas cosas, que aparecen en la *imaginación,* están también en el entendimiento, es decir, que son concebidas clara y distintamente; en cuyo caso, en tanto no se distingue lo distinto de lo confuso, se mezcla la certeza, es decir, la idea verdadera con las no distintas. Algunos estoicos, por ejemplo, oyeron por azar la palabra *anima* y, además, que es inmortal, pero sólo confusamente imaginaban ambas cosas. Por otra parte, imaginaban y, al mismo tiempo, entendían que los cuerpos sutilísimos penetran los demás y no son penetrados por ninguno. Como

imaginaban todas estas cosas a la vez, manteniendo simultáneamente la certeza del axioma anterior, se convencían de inmediato de que el alma *(mens)* era aquellos cuerpos sutilísimos, de que estos cuerpos no son divisibles, etc.[87].

[75] No obstante, también nos libramos de este error, con tal que nos esforcemos en examinar todas nuestras percepciones según la norma de la idea verdadera dada, procurando evitar, según dijimos al comienzo, las que adquirimos de oídas o por experiencia vaga. Añádase a ello que ese engaño surge de que conciben las cosas de forma demasiado abstracta, puesto que es por sí mismo evidente que lo que yo percibo en su verdadero objeto no puedo aplicarlo a otro. Ese error surge, finalmente, también de que no comprenden los primeros elementos de toda la Naturaleza; de ahí que, como proceden sin orden y, pese a que los axiomas son verdaderos, confunden la Naturaleza con las cosas abstractas, se confunden a sí mismos y trastocan el orden de la Naturaleza. Nosotros, en cambio, si procedemos del modo menos abstracto posible y comenzamos lo antes posible por los primeros elementos, es decir, por la fuente y origen de la Naturaleza, no habremos de temer en absoluto tal engaño[88].

[76] Por lo que toca al conocimiento del origen de la Naturaleza, no hay que temer, en modo alguno, que lo confundamos con las cosas abstractas. Pues, cuando se concibe algo abstractamente, como son todos los universales, es comprendido por el entendimiento con una extensión mayor de la que sus particulares pueden real-

mente tener en la Naturaleza real. Y como, además, en la Naturaleza existen muchas cosas, cuya diferencia es tan exigua que casi escapa al entendimiento, puede fácilmente suceder (si son concebidas abstractamente) que se las confunda[89]. En cambio, como el origen de la Naturaleza, como después veremos, ni puede ser concebido abstracta o universalmente, ni puede tener más extensión en el entendimiento de la que posee realmente, y como tampoco tiene semejanza alguna con las cosas mudables, no es de temer confusión alguna acerca de su idea, con tal que poseamos la norma de la verdad, que antes hemos expuesto. Ese origen, en efecto, es el ser único e infinito[z], es decir, todo el ser, fuera del cual no hay ser alguno[a].

[3. IDEA DUDOSA Y CERTEZA]

[77] Hasta aquí hemos tratado de la idea falsa. Nos resta investigar la idea dudosa, es decir, qué cosas nos pueden arrastrar a la duda y, a la vez, cómo se elimina la duda. Me refiero a la verdadera duda mental y no a aquella que a menudo constatamos y que consiste en que alguien dice, de palabra, que duda, aunque su ánimo no dude. Corregir esto, en efecto, no corresponde al método, sino al estudio y corrección de la pertinacia[92].

---

z. Éstos no son los atributos de Dios, los cuales manifiestan su esencia, *como mostraré en mi Filosofía*[90].
a. Esto ya lo demostré más arriba. En efecto, si tal ser no existiera, nunca podría ser producido, y por tanto la mente podría entender más de lo que la Naturaleza podría ofrecer, lo cual ya antes se verificó que es falso[91].

[78] En el alma *(anima)* no existe, pues, ninguna duda que se deba a la cosa misma de que se duda; es decir, si sólo existe una idea en el alma *(anima)*, sea verdadera o sea falsa, no existirá duda ni certeza alguna, sino simplemente tal sensación, puesto que, en sí misma, no es más que dicha *sensación*.

La duda se deberá, pues, a otra idea, que no es tan clara y distinta[93] como para que podamos concluir de ella algo cierto acerca de la cosa de la que dudamos; en otros términos, la idea que nos induce a la duda no es clara y distinta. Por ejemplo, si alguien no ha pensado nunca en la falacia de los sentidos, ni por experiencia ni de modo alguno, jamás dudará si el Sol es mayor o menor de lo que parece. Y por eso, los campesinos suelen sorprenderse al oír que el Sol es mucho mayor que el globo terráqueo. Si se piensa, en cambio, en la falacia de los sentidos, surge la duda[b]. Y, si alguien, después de la duda, ha alcanzado el verdadero conocimiento de los sentidos y cómo, gracias a sus instrumentos, se representan las cosas a distancia, la duda desaparece de nuevo[94].

[79] De lo anterior se sigue que no podemos poner en duda las ideas verdaderas, porque quizá exista algún Dios engañador, que nos engañe incluso en las cosas más ciertas, a menos que no tengamos una idea clara y distinta <de Dios>: es decir, si examinamos el conocimiento que tenemos del origen de todas las cosas y no hallamos nada que nos enseñe que Dios no es engañador, con el mismo tipo de conocimiento con que comprobamos, al examinar

---

b. Es decir, el sentido sabe que se ha engañado alguna vez; pero sólo lo sabe confusamente, ya que no sabe cómo se engañan los sentidos.

la naturaleza del triángulo, que sus tres ángulos son iguales a dos rectos, [...]; en cambio, si tenemos de Dios el mismo conocimiento que tenemos del triángulo, entonces desaparece toda duda. Y del mismo modo que podemos llegar a ese conocimiento del triángulo, aunque no sepamos con seguridad si algún supremo engañador nos engaña, así también podemos llegar a ese conocimiento de Dios, aunque no sepamos con certeza si existe algún sumo engañador; y, con tal que tengamos ese conocimiento, bastará para eliminar, como he dicho, toda duda que podamos albergar sobre las ideas claras y distintas[95].

[80] Aún más, si uno procede ordenadamente, investigando primero las cosas que deben ser investigadas en primer lugar, sin interrumpir nunca la concatenación de las cosas, y si sabe cómo hay que definir con precisión las cuestiones, antes de entregarnos a su conocimiento, nunca tendrá más que ideas certísimas, es decir, claras y distintas. La duda, en efecto, no es más que la suspensión del ánimo ante una afirmación o una negación <de una cosa>, que afirmaría o negaría, si no surgiera algo cuyo desconocimiento hace que el conocimiento de esa cosa debe ser imperfecto. De donde se desprende que la duda siempre surge de que se investigan las cosas sin orden.

[4. IMAGINACIÓN E INTELECCIÓN: MEMORIA Y PALABRAS]

[81] Éstas son las cosas que prometí exponer en esta primera parte del método. Mas, a fin de no omitir nada

de cuanto puede contribuir al conocimiento del entendimiento y de sus fuerzas, indicaré también algunas cosas acerca de *la memoria* y del olvido. En este sentido, hay que señalar, sobre todo, que la memoria se robustece con la ayuda del entendimiento, pero también sin dicha ayuda. Lo primero, porque cuanto más inteligible es una cosa, más fácilmente se retiene; y, al revés, cuando menos inteligible es, más fácilmente la olvidamos. Por ejemplo, si entrego a uno una copia de palabras sueltas, las retendrá mucho más difícilmente que si le entrego las mismas palabras en forma de relato[96].

[82] La memoria se fortalece también sin el auxilio del entendimiento, a saber, con la fuerza en virtud de la cual una cosa singular y corpórea afecta a la imaginación o al llamado sentido común. Digo *singular*, porque la imaginación sólo es afectada por las cosas singulares; y así, si alguien sólo ha leído, por ejemplo, una novela rosa, la retendrá perfectamente, mientras no lea otras del mismo género, ya que entre tanto domina ella sola en la imaginación. Pero, si hay varias novelas del mismo tipo, las imaginamos todas a la vez y fácilmente se confunden. Digo también *corpórea*, porque sólo los cuerpos afectan a la imaginación.

Dado, pues, que la memoria es fortalecida por el entendimiento y también sin él, se sigue de ahí que es algo distinto del entendimiento y que, respecto al entendimiento, en sí considerado, no existe memoria ni olvido.

[83] ¿Qué es, por tanto, la memoria? Nada más que la sensación de las impresiones del cerebro, junto con el

pensamiento dirigido a la duración determinada de la sensación︎ᶜ. Esto lo muestra también la reminiscencia, puesto que en ella el alma *(anima)* piensa sobre dicha sensación, pero no en cuanto sometida a una duración continua; de ahí que la idea de esta sensación no es, por sí misma, la duración de la sensación, es decir, la memoria como tal[97].

En cuanto a si las ideas sufren alguna corrupción, lo *veremos en la Filosofía*. Y si esto le parece a alguno absurdo, bastará, para nuestro propósito, que piense que, cuanto más singular es una cosa, más fácilmente se retiene, como se ve por el ejemplo de la novela que acabamos de citar. Además, cuanto más inteligible es una cosa, más [32] fácilmente también se la retiene. De ahí que, si se trata de una cosa sumamente singular y puramente inteligible, no podremos menos de retenerla[98].

[84] Así, hemos distinguido, pues, entre la idea verdadera y las demás percepciones y hemos mostrado que las ideas ficticias, falsas, etc., tienen su origen en *la imaginación,* es decir, en ciertas sensaciones fortuitas y (por así decirlo) aisladas, que no surgen del mismo poder de la mente, sino de causas externas, según los diversos movi-

c. Pero, si la duración es indeterminada, la memoria de esa cosa es imperfecta, cosa que todo el mundo parece haber aprendido de la Naturaleza; solemos, en efecto, para mejor creer a alguien lo que dice, preguntarle cuándo y en dónde ha sucedido lo que dice. Además, aunque las mismas ideas poseen su propia duración en la mente, como estamos acostumbrados a determinar la duración con ayuda de alguna medida del movimiento, lo cual se realiza también por medio de la imaginación, no observamos todavía ninguna memoria que pertenezca a la pura mente.

mientos que, en sueños o despiertos, recibe el cuerpo. O, si se prefiere, por imaginación entiéndase aquí lo que se quiera, con tal que sea algo distinto del entendimiento y en virtud de lo cual reviste el alma *(anima)* un carácter pasivo. Ya que poco importa cómo se la entienda, una vez que hemos verificado que es algo vago y por lo cual el alma *(anima)* es pasiva y que, al mismo tiempo, hemos aprendido cómo nos libramos de ella con la ayuda del entendimiento. Por eso, que tampoco se extrañe nadie de que, aunque yo no haya probado todavía que existen cuerpos y otras cosas necesarias, hable de la imaginación, del cuerpo y de su constitución. Pues, como he dicho, no importa cómo la entienda, una vez que ya sé que es algo vago, etcétera[99].

[85] Por el contrario, hemos mostrado que la idea verdadera es simple o compuesta de ideas simples y manifiesta cómo y por qué algo se hace o fue hecho, y que sus efectos objetivos en el alma *(anima)* proceden conforme a la razón de la formalidad del mismo objeto[100]. Lo cual coincide con lo que dijeron los antiguos; a saber, que la verdadera ciencia procede de la causa a los efectos, excepto en que ellos nunca concibieron, que yo sepa, como hacemos nosotros aquí, que el alma *(anima)* actúa según leyes ciertas y cual un autómata espiritual[101].

[86] De ahí que, en la medida en que fue posible al comienzo, hemos adquirido cierto conocimiento de nuestro entendimiento y una norma tal de la idea verdadera que ya no tememos confundir lo verdadero con lo falso o con lo ficticio. Por eso tampoco nos sorprenderá que

entendamos ciertas cosas que no caen, en modo alguno, bajo la imaginación, y que haya en la imaginación otras que contradicen totalmente al entendimiento, y otras, finalmente, que concuerdan con éste. Hemos constatado, en efecto, que aquellas operaciones de las que surgen las imaginaciones se realizan según unas leyes totalmente diferentes de las leyes del entendimiento y que el alma *(anima)*, respecto a la imaginación, sólo reviste un carácter pasivo[102].

[87] De donde resulta también cuán fácilmente pueden caer en grandes errores quienes no han distinguido con esmero entre imaginación e intelección. Citemos, entre otros, que la extensión debe estar en un lugar, que debe ser finita y que sus partes se distinguen realmente entre sí, que ella es el primer y único fundamento de todas las cosas y que en un momento ocupa mayor espacio que en otro, y otras muchas cosas por el estilo, todas las cuales contradicen totalmente a la verdad, *como mostraremos en su lugar*[103].

[88] Además, dado que *las palabras* forman parte de la imaginación, es decir, que, como formamos muchos conceptos conforme al orden vago con que las palabras se asocian en la memoria a partir de cierta disposición del cuerpo, no cabe la menor duda de que también las palabras, lo mismo que la imaginación, pueden ser causa de muchos y grandes errores, si no los evitamos con esmero.

[89] Añádase a ello que las palabras están formadas según el capricho y la comprensión del vulgo, y que, por tanto, no son más que signos de las cosas, tal como están

en la imaginación y no en el entendimiento. Lo cual se ve en que a todas aquellas cosas que sólo se hallan en el entendimiento y no en la imaginación les impusieron con frecuencia nombres negativos, tales como incorpóreo, infinito, etc.; y, además, muchas cosas que son afirmativas las expresan negativamente, y al revés, por ejemplo, increado, independiente infinito, inmortal, etc. Es que sus contrarios los imaginamos mucho más fácilmente; por eso fueron los primeros que se presentaron a los hombres, y éstos les impusieron nombres positivos[d].

[90] Evitamos, además, otra gran causa de confusión, que hace que el entendimiento no reflexione sobre sí mismo. En efecto, cuando no distinguimos entre imaginación e intelección, pensamos que aquello que imaginamos más fácilmente es más claro para nosotros, por lo que creemos entender lo que imaginamos. De ahí que anteponemos lo que hay que posponer, y se trastrueca así el verdadero orden de avanzar en el conocimiento y no se llega a ninguna conclusión correcta[105].

[III. Entendimiento e idea verdadera]

[91] Para llegar, por fin, a la segunda parte de este método[e], propondré primero nuestro objetivo en dicho mé-

---

d. Afirmamos, pues, y negamos muchas cosas, porque la naturaleza de las palabras, no la naturaleza de las cosas, permite afirmarlo y negarlo; de ahí que, si ignoramos ésta, será fácil que tomemos algo falso por verdadero[104].

e. La principal regla de esta parte consiste, tal como se sigue de la primera parte, en enumerar todas las ideas que hallamos en nosotros todo y después los medios para alcanzarlo. El objetivo consiste en poseer ideas claras y distintas, es decir, tales que estén formadas por la pura mente y no a partir de movimientos fortuitos del cuerpo. Y a fin de que todas las ideas se reduzcan a una, procuraremos después concatenarlas y ordenarlas de suerte que nuestra mente reproduzca objetivamente, en cuanto le sea posible, la formalidad de la Naturaleza, en su totalidad o en sus partes[106].

[1. LA DEFINICIÓN Y SUS CLASES]

[92] En cuanto a lo primero, para nuestro último fin se requiere, según ya hemos dicho, que la cosa sea concebida o bien por su sola esencia o por su causa próxima. Es decir, si la cosa existe en sí o, como vulgarmente se dice, es causa de sí, deberá ser entendida por su sola esencia; en cambio, si la cosa no existe en sí, sino que requiere una causa para existir, entonces deberá ser entendida por su causa próxima. Ya que en realidad[f] el conocimiento del efecto no es nada más que adquirir un conocimiento más perfecto de la causa[107].

derivadas del puro entendimiento, a fin de distinguirlas de las que imaginamos. Y eso habrá que inferirlo de las propiedades de cada uno de éstos, a saber, de la imaginación y de la intelección.
f. Adviértase que de ahí se desprende claramente que no podemos entender nada sobre la Naturaleza, si no ampliamos, a la vez, el conocimiento de la primera causa o Dios.

Spinoza

[93] Por tanto, nunca nos estará permitido, si intentamos investigar las cosas reales, deducir algo a partir de nociones abstractas, y nos guardaremos mucho de mezclar las que sólo están en el entendimiento con las que están en la realidad. Al contrario, la mejor conclusión habrá que extraerla de alguna esencia particular afirmativa, es decir, de una definición verdadera y legítima. De simples axiomas universales, en efecto, no puede el entendimiento descender a las cosas singulares, ya que los axiomas se extienden al infinito y no determinan el entendimiento a contemplar un objeto más bien que otro[108].

[94] La vía correcta de la investigación consiste, pues, en formar los pensamientos a partir de una *definición dada;* y resultará tanto más fácil y eficaz cuanto mejor hayamos definido una cosa. De ahí que el punto fundamental de toda esta segunda parte del método radique exclusivamente en conocer las condiciones de la buena definición y, después, en el modo de hallarlas[109].

[95] Para que la definición sea perfecta, deberá explicar la esencia íntima de la cosa y evitar que la sustituyamos indebidamente por ciertas propiedades. Para explicarlo (y dejando a un lado otros ejemplos, para no dar la impresión de querer denunciar errores de otros), sólo aduciré un ejemplo de una cosa abstracta, que no importa cómo se la defina: *el círculo.* Si se define como una figura cuyas líneas, trazadas desde el centro a la circunferencia, son iguales, nadie podrá menos de ver que tal definición no explica, en absoluto, la esencia del círculo, sino tan sólo una propiedad suya. Y aunque, como he dicho, esto

no importa mucho respecto a las figuras y demás entes
de razón, es de suma importancia respecto a los seres físicos y reales, ya que, mientras se desconocen las esencias de las cosas, no se comprenden sus propiedades; y,
si pasamos por alto las esencias, trastocaremos necesariamente la concatenación del entendimiento, la cual debe
reproducir la concatenación de la Naturaleza, y nos ale 10
jaremos totalmente de nuestra meta.

[96] Para librarnos, pues, de ese vicio, habrá que observar las siguientes reglas en la definición. Si se trata de
una *cosa creada:*

I. La definición deberá, como hemos dicho, comprender su causa próxima. El círculo, por ejemplo, conforme
a esta regla, debería ser definido diciendo que es la figura que es descrita por una línea cualquiera, uno de cuyos
extremos es fijo y el otro móvil, pues esta definición incluye claramente la causa próxima.

II. El concepto o definición de la cosa debe ser tal
que, considerada en sí sola y no unida a otras, se puedan
concluir de ella todas sus propiedades, como se puede
ver en esta definición del círculo. De ella, en efecto, se 20
concluye claramente que todas las líneas, trazadas desde
el centro a la circunferencia, son iguales. Que esto sea un
requisito necesario de la definición resulta tan evidente a
todo el que atienda que no parece que valga la pena detenerse a demostrarlo, como tampoco vale la pena mostrar, a partir de él, que toda definición debe ser afirmativa. Me refiero a la afirmación intelectual, haciendo caso
omiso de la verbal, ya que ésta, por la escasez de pala-

bras, quizá pueda alguna vez ser una expresión negativa, aunque se entienda afirmativamente[110].

[97] Los requisitos, en cambio, de la definición de una *cosa increada* son éstos:

I. Que excluya toda causa, es decir, que el objeto no necesite de ningún otro ser, aparte del suyo, para su explicación.

II. Que, una vez dada la definición de esa cosa, no quepa siquiera preguntarse si existe.

III. Que, respecto a la mente, no posea sustantivos que puedan ser adjetivados, es decir, que no sea explicada por nada abstracto.

[36] IV. Y por último (aunque no es muy necesario indicarlo), se requiere que de su definición se concluyan todas sus propiedades. Todo lo cual resulta además evidente, para quien presta la debida atención[111].

[98] También he dicho que la mejor conclusión hay que extraerla de una esencia particular afirmativa porque, cuanto más especial es la idea, más distinta y, por tanto, más clara es. De ahí que debemos buscar, ante todo, el conocimiento de las cosas particulares[112].

[2. EL PROBLEMA DE LAS COSAS SINGULARES]

[99] Ahora bien, en cuanto al *orden,* y para que todas nuestras percepciones se ordenen y conjunten, se requiere que investiguemos, tan pronto como podamos y la ra-

zón lo exija, si existe un ser y, al mismo tiempo, cuál es, que sea la causa de todas las cosas, de suerte que su esencia objetiva sea también la causa de todas nuestras ideas. Entonces, como hemos dicho, nuestra mente reproducirá al máximo la Naturaleza, ya que poseerá objetivamente su esencia y su *orden* y unión[113].

Por donde podemos ver que nos es, ante todo, necesario deducir siempre todas nuestras ideas a partir de cosas físicas o de seres reales, avanzando, en lo posible, siguiendo la serie de las causas, de un ser real a otro ser real, y de forma que no pasemos a lo abstracto y universal, ni para deducir de éstos algo real, ni para deducir de lo real algo abstracto. Ambas cosas, en efecto, interrumpen el verdadero progreso del entendimiento[114].

[100] Debo señalar, sin embargo, que por *serie* de causas y seres reales no entiendo aquí la serie de las cosas singulares y mudables, sino únicamente la serie de las cosas fijas y eternas. Pues a la debilidad humana le sería imposible abarcar la serie de las cosas singulares y cambiantes, tanto por su multitud, que supera todo número, como por las infinitas circunstancias que concurren en una y la misma cosa, cada una de las cuales podría ser causa de la existencia o inexistencia de la misma. Pues su existencia no tiene conexión alguna con su esencia o (como hemos dicho ya) no es una verdad eterna[115].

[101] Aunque, a decir verdad, tampoco es necesario que entendamos su *serie,* ya que las esencias de las cosas singulares y cambiantes no hay que derivarlas de la serie u orden en que existen, puesto que éste no nos propor-

ciona más que denominaciones extrínsecas, relaciones o, a lo sumo, circunstancias, todo lo cual dista mucho de la esencia íntima de las cosas. Ésta sólo puede ser reclamada a las cosas fijas y eternas, así como a las *leyes* que están inscritas, como en sus verdaderos códices, en esas cosas y según las cuales se producen y ordenan todas las cosas singulares. Aún más, estas cosas singulares y mudables dependen tan íntima y esencialmente (por así decirlo) de aquellas que son fijas, que sin éstas no pueden ni existir ni ser concebidas. De ahí que estas cosas fijas y eternas, aunque son singulares, debido a su presencia universal y a su vastísimo poder, serán para nosotros como universales o géneros de las definiciones de las cosas singulares y cambiantes, y causas próximas de todas las cosas[116].

[102] Pero, aunque eso sea verdad, no parece ser pequeña la dificultad que subsiste para que podamos llegar al conocimiento de estas cosas singulares. En efecto, concebirlas todas a la vez es algo que está muy por encima de las fuerzas del entendimiento humano. Y el *orden* para que una cosa sea entendida antes que otra no hay que derivarlo, como hemos dicho, ni de la serie en que existen ni tampoco de las cosas eternas, porque en éstas todo ello es simultáneo por naturaleza.

Hay que buscar, pues, *otros auxilios,* además de aquellos de que nos servimos para comprender las cosas eternas y sus leyes. Sin embargo, no es éste el momento de exponerlos ni es necesario hacerlo hasta que hayamos adquirido un conocimiento suficiente de las cosas eternas y de sus leyes infalibles y nos sea conocida la naturaleza de nuestros sentidos.

[103] Antes de entregarnos al conocimiento de las cosas singulares, habrá tiempo de exponer los susodichos auxilios, todos los cuales tienden a que sepamos usar nuestros sentidos y realizar los experimentos conforme a leyes seguras y con *orden*. Éstos bastarán para determinar el objeto que investigamos, hasta llegar, finalmente, a deducir según qué *leyes* de las cosas eternas ese objeto fue hecho y a conocer su naturaleza íntima, *como mostraré en su lugar*[117].

[3. PROPIEDADES DEL ENTENDIMIENTO]

Pero, volviendo a mi tema, aquí sólo me esforzaré en exponer los medios que parecen necesarios para que podamos llegar al conocimiento de las cosas eternas y formemos sus definiciones de acuerdo con las condiciones antes enumeradas[118].

[104] Para conseguirlo, hay que recordar lo que antes hemos dicho, a saber, que, cuando la mente atiende a un pensamiento, a fin de examinarlo y deducir correctamente del mismo cuanto legítimamente se puede deducir, si ese pensamiento fuera falso, descubrirá su falsedad; si, en cambio, es verdadero, proseguirá felizmente deduciendo, sin interrupción alguna, cosas verdaderas. Esto, repito, es indispensable para nuestro objetivo, ya que por ningún (otro) fundamento se pueden determinar nuestros pensamientos[119].

[105] Si deseamos, pues, investigar la cosa primera de todas, es necesario que exista un fundamento que dirija

ahí nuestros pensamientos. Por lo demás, como el método consiste en el mismo conocimiento reflexivo, ese fundamento que debe dirigir nuestros pensamientos no puede ser otro que el conocimiento de aquello que constituye la forma de la verdad y el conocimiento del *entendimiento y de sus propiedades* y sus fuerzas. Pues, una vez adquirido este conocimiento, contaremos con el fundamento, del que deduciremos nuestros pensamientos, y con el método por el que el entendimiento podrá llegar, en cuanto su capacidad permite, es decir, habida cuenta de sus fuerzas, al conocimiento de las cosas eternas.

[106] Así pues, si, como se mostró en la primera parte, pertenece a la naturaleza del entendimiento formar ideas verdaderas, ya ha llegado el momento de investigar qué entendemos por fuerzas y poder del entendimiento. Ahora bien, como la parte principal de nuestro método consiste en comprender perfectamente las fuerzas del entendimiento y su naturaleza, nos vemos necesariamente forzados (por lo que he dicho en esta segunda parte del método) a deducir éstas de la definición misma del pensamiento y del entendimiento.

[107] Hasta ahora, sin embargo, no poseíamos ninguna regla para hallar las definiciones y como, por otra parte, no las podemos dar sin conocer antes la naturaleza o definición del entendimiento y su poder, se sigue que o bien la definición del entendimiento debe ser clara por sí misma o bien no podemos entender nada. Absolutamente clara por sí misma sin duda que no es. No obstante, como sus propiedades, así como todo cuanto recibimos

del entendimiento, no pueden ser percibidas clara y distintamente, sin que nos sea conocida su naturaleza, la definición del entendimiento nos resultará clara por sí misma, con tal que atendamos a sus propiedades, que entendemos clara y distintamente[120]. Enumeremos, pues, aquí las propiedades del entendimiento y examinémoslas y comencemos a tratar de nuestros instrumentos innatos[g].

[108] Por consiguiente, las propiedades del entendimiento que más he subrayado y que entiendo claramente son éstas:

I. Que implica la certeza, esto es, que sabe que las cosas son formalmente tal como están objetivamente contenidas en él[121].

II. Que percibe algunas cosas o forma ciertas ideas absolutamente, y algunas a partir de otras. Así, la idea de cantidad la forma absolutamente, sin atender a otros pensamientos; en cambio, las ideas del movimiento no las forma sino atendiendo a la idea de cantidad[122].

III. Las ideas que forma absolutamente expresan la infinitud; en cambio, las determinadas las forma a partir de otras. Y así, la idea de cantidad, si la percibe por su causa, determina la cantidad[123], como cuando percibe que del movimiento de un plano surge un cuerpo, del movimiento de la línea surge el plano y, en fin, del movimiento del punto surge la línea; sin duda que estas percepciones no sirven para entender la cantidad, sino tan sólo

g. Véase más arriba, pp. 19-20 y ss.

para determinarla. Lo cual resulta claro del hecho de que concebimos que esas ideas surgen del movimiento, siendo así que el movimiento no es percibido sin que sea percibida la cantidad, y de que incluso el movimiento realizado para trazar la línea podemos prolongarlo al infinito, lo cual no podríamos hacer en absoluto si no tuviéramos la idea de una cantidad infinita.

IV. Que forma las ideas positivas antes que las negativas[124].

V. Que percibe las cosas no tanto bajo la (idea de) duración cuanto bajo cierta especie de eternidad y en número infinito. Mejor dicho, para percibir las cosas, no atiende ni al número ni a la duración. En cambio, cuando imagina las cosas, las percibe en un número fijo y con determinada duración y cantidad[125].

VI. Que las ideas que formamos clara y distintamente de tal modo parecen derivarse de la sola necesidad de nuestra naturaleza, que parecen depender exclusivamente de nuestro poder; y al revés las confusas, ya que muchas veces se forman contra nuestra voluntad[126].

VII. Que las ideas, que forma el entendimiento a partir de otras, las puede determinar la mente de muchas formas. Y así, para determinar el plano de la elipse, finge que un lápiz, sujeto a una cuerda, gira en torno a dos centros o concibe infinitos puntos que mantienen siempre una misma relación fija respecto a una línea recta dada o concibe un cono cortado por un plano oblicuo, de tal modo que el ángulo de inclinación sea mayor que el ángulo del vértice del cono, o de infinitas otras formas[127].

VIII. Que las ideas son tanto más perfectas cuanta más perfección expresan de un objeto. Puesto que no admiramos tanto al arquitecto que ideó un templo cualquiera como a aquel que ideó un templo magnífico[128].

[109] Las otras cosas, que tienen relación con el pensamiento, como el amor, la alegría, etc., no me detengo a exponerlas, ya que ni tienen nada que ver con nuestro objetivo actual ni pueden ser concebidas sin conocer antes el entendimiento. Suprimida, en efecto, toda percepción, desaparecen en absoluto todas ellas[129]. [40]

[110] La ideas falsas y ficticias no tienen nada positivo (como ampliamente hemos mostrado), por lo que se digan falsas o ficticias, sino que se consideran tales por el simple defecto de conocimiento. Por tanto, las ideas falsas y ficticias, en cuanto tales, no nos pueden enseñar nada sobre la esencia del pensamiento. Este conocimiento hay que extraerlo de las propiedades positivas, que acabamos de enumerar. Ya es hora, pues, de establecer algo común de donde se sigan necesariamente dichas propiedades, es decir, algo que, si se da, se den necesariamente ellas y, si se suprime, se suprimen también todas ellas[130].

[El resto falta]

PRINCIPIOS DE FILOSOFÍA
DE
DESCARTES

demostrados según el método geométrico
por
Benedictus de Spinoza,
de Amsterdam.

Se les ha añadido, del mismo autor,

PENSAMIENTOS METAFÍSICOS,

en los cuales se explican brevemente las cuestiones más difíciles que surgen tanto en la metafísica general como en la especial[131]

A modo de prefacio

*Saludo de Lodowijk MEYER
al benévolo lector*[132].

Es opinión unánime de todos aquellos que quieren alcanzar un saber superior al del vulgo que el método empleado por los matemáticos en la investigación y transmisión de las ciencias, es decir, aquel en que las conclusiones se demuestran a partir de definiciones, postulados y axiomas, es el mejor y más seguro para indagar y enseñar la verdad. Y con toda razón. Pues, como todo conocimiento cierto y seguro de una cosa desconocida sólo se puede extraer y derivar de cosas previamente conocidas con certeza, es necesario asentar antes éstas de raíz para levantar después sobre ellas, cual sólido fundamento, todo el edificio del conocimiento humano, sin que se desmorone por sí solo o se desplome ante el menor embate. Ahora bien, nadie que haya saludado, aunque sólo sea desde la puerta, esa noble disciplina, que son las matemáticas, podrá dudar que las nociones aquí designadas con el nombre de definiciones, postulados y axiomas merecen ese título de fundamentales. En efecto, las definiciones no son otra cosa que explicaciones muy claras de los términos y nombres con que se designan los objetos que se van a tratar. Por otra parte, los postulados y axiomas, o nociones comunes de la mente, son enunciados tan claros y perspicuos, que ni siquiera quienes sólo han entendido rectamente sus palabras podrán negarles su asentamiento[133].

Pese a ello, no hallará usted casi ninguna disciplina, a excepción de las matemáticas, que esté redactada según ese método, sino según otro casi totalmente distinto, en el que todo se resuelve mediante definiciones y divisiones, continuamente encadenadas unas con otras y mezcladas por doquier con preguntas y explicaciones. Pues, entre aquellos que se han consagrado a elaborar y a describir las ciencias, casi todos han juzgado (y aún hoy muchos lo juzgan) que dicho método es peculiar de las matemáticas y que las demás disciplinas lo rechazan y desprecian. De donde resulta que nada de lo que proponen lo demuestran con razones apodícticas, sino que tan sólo se esfuerzan en avalarlo con verosimilitudes y argumentos probables. De esa forma, publican un enorme fárrago de gruesos volúmenes, en los que no se encuentra nada sólido y cierto, sino que todo está lleno de disputas y discordias. Lo que uno ha confirmado de algún modo con unos argumentillos endebles otro lo refuta en seguida, demoliéndolo y triturándolo con las mismas armas. Y así, la mente ávida de una verdad inconmovible, cuando pensaba haber hallado un lago tranquilo a sus afanes, que pudiera cruzar con seguridad y éxito, y, una vez cruzado, disfrutar por fin del ansiado puerto del conocimiento, se ve flotando en el impetuoso mar de las opiniones, rodeada por doquier por las tempestades de las disputas, zarandeada y sumergida sin cesar en las olas de la incertidumbre, sin esperanza alguna de escapar jamás de ellas.

No han faltado, sin embargo, algunos que han pensado de forma distinta y, compadecidos de esta desdichada suerte de la filosofía, se apartaron de este método habitual, seguido por todos, de expresar las ciencias, y han emprendido otro nuevo, sin duda muy arduo y sembrado de dificultades, a fin de transmitir a la posteridad las otras partes de la filosofía, además de las matemáticas, demostradas con método y certeza matemáticos. Algunos de éstos redactaron según este método la filosofía ya admitida y enseñada habitualmente en las escuelas, y la presentaron al mundo culto; los otros redactaron así y presentaron una filosofía nueva, inventada por su propio ingenio. Y, aunque esta tarea fue emprendida por muchos y durante largo tiempo sin éxito, surgió finalmente aquel astro, el más brillante de nuestro siglo, Renato Descartes, el cual, después de sacar, con su nuevo método, de las tinieblas a la luz cuanto había sido inaccesible a los antiguos en las matemáticas y cuanto se echa de menos en sus contemporáneos, abrió los cimientos inconmovibles de la filosofía: sobre ellos se pueden asentar, con orden y certeza matemáticos, la mayor parte de las verdades, como él mismo demostró y como aparece con luz más que meridiana a todos aquellos que han aplicado su mente al estudio asiduo de sus escritos, nunca bastante elogiados[134].

Y, aunque los escritos filosóficos de este nobilísimo e incomparable varón contienen el método y el orden demostrativos de las matemáticas, no están, sin embargo, elaborados según su forma habitual, utilizada en los *Elementos* de Euclides y en los demás geómetras, en la cual las proposiciones y sus demostraciones se subordinan a las definiciones, postulados y axiomas previamente expuestos, sino según un método muy diferente de éste, que él califica del verdadero y el mejor método de enseñar y que denomina *analítico*. En efecto, al final de las *Respuestas a las segundas objeciones,* reconoce dos formas de demostración apodíctica: una, el *análisis,* que *muestra el verdadero camino por el que la cosa ha sido descubierta metódicamente y como «a priori»;* otra, la *síntesis,* que *se sirve de una larga serie de definiciones, postulados* (petitionum), *axiomas, teoremas y problemas, de suerte que, si se niega algo de los consecuentes, en seguida muestra que se contiene en los antecedentes, y así fuerza al lector, por opuesto y pertinaz que sea, a dar su asentimiento, etc.*[135].

Y, aunque en ambas formas de demostración se dé una certeza que está puesta fuera del alcance de toda duda, no ambas son igualmente útiles y cómodas para todos. Y así muchísimos, completamente inexpertos en las ciencias matemáticas, y por lo mismo absolutamente ignorantes del método con el que han sido escritas, el sintético, e inventadas, el analítico, son incapaces de comprender ellos mismos las cosas que se tratan en esos libros mediante demostraciones apodícticas y de explicarlas a los demás. De ahí que muchos, que se han declarado cartesianos, arrastrados por un impulso ciego o llevados por la autoridad de otros, solamente han grabado en la memoria las opiniones y dogmas de Descartes; pero, cuando surgen en la conversación sólo saben charlar y parlotear largamente sobre ellos, sin demostrar nada, como solían hacer antiguamente y aún hacen hoy los adictos a la filosofía peripatética. Por eso siempre he deseado que, para ayudarles, un experto, tanto en el método analítico como en el sintético, y familiarizado sobre todo con los escritos de Descartes y profundo conocedor de su filosofía, pusiera las manos a la obra y se decidiera a redactar en orden sintético lo que aquél había escrito en orden analítico, y a demostrarlo como suelen hacerlo los geómetras. Aún más, yo mismo, aunque muy consciente de mi debilidad y aun siendo muy incapaz de empresa tan grande, abrigué muchas veces la idea de realizarla e incluso la emprendí; pero otras ocupaciones, que casi siempre me embargan, me impidieron llevarla a cabo.

Me fue, pues, sumamente grato saber por nuestro autor que él había dictado a un discípulo[136] suyo mientras le enseñaba la filosofía de Descartes, toda la segunda parte de los *Principios* y parte de la tercera, según el orden geométrico, así como las principales y más difíciles cuestiones, que se ventilan en la metafísica y todavía no aclaradas por Descartes; y que, ante los insistentes ruegos y presiones de sus amigos, había accedido a que estas cosas, una vez corregidas por él y completadas, vieran conjuntamente la luz. Por eso, también yo aprobé la idea e incluso le ofrecí gustosamente mi colaboración, si la necesitaba para la publicación; le convencí, además, y hasta le rogué que redactara según el mismo orden la primera parte de los *Principios* y la antepusiera al resto a fin de que, organizado el conjunto desde el principio, pudiera ser mejor comprendido y resultar más grato. Y, como vio que era muy razonable, no quiso oponerse a los ruegos de los amigos ni a la utilidad del lector. Y, como él vive en el campo, lejos de la ciudad, y no podía seguir de cerca la impresión, me encomendó a mí todo lo relativo a ella y a la edición.

Esto es, pues, lo que te ofrecemos, benévolo lector, en este librito: la primera y segunda partes, junto con un fragmento de la tercera, de los *Principios de filosofía* de Renato Descartes, a las que hemos adjuntado, a modo de apéndice, los *Pensamientos metafísicos* de nuestro autor. Cuando nosotros decimos *primera parte de los Principios,* tal como lo anuncia el mismo título del librito, no queremos que se lo entienda como si se recogiera aquí, demostrado en orden geométrico, cuanto en ella dijo Descartes, sino que hemos tomado el nombre de lo principal; pues las cuestiones principales, relativas a la metafísica, tratadas por Descartes en sus *Meditaciones,* las extrajo de aquí, dejando a un lado todo lo demás, que o sólo interesa a la Lógica o sólo se expone y describe bajo el punto de vista histórico. Para que le resultara más fácil la tarea, el autor recogió aquí literalmente casi todo lo que dice Descartes al final de las *Respuestas a las segundas objeciones*[137]. Puso en primer lugar las definiciones de Descartes e insertó las proposiciones de éste a las suyas; pero los axiomas[138] no los colocó inmediatamente después de las definiciones, sino que los dejó para detrás de la cuarta proposición, cambió su orden para demostrarlos mejor y omitió algunos que no necesitaba.

No se le oculta a nuestro autor, y nosotros, además, se lo hemos pedido, que estos axiomas *(como dice el mismo Descartes en el postulado 7.º)* se pueden demostrar a modo de teoremas y estarían mejor designados como proposiciones; pero asuntos más importantes que le ocupan tan sólo le dejaron dos semanas de descanso, en las que se vio forzado a terminar esta obra, y éste fue el motivo de que no pudiera cumplir su deseo y el nuestro. Por eso se limitó a añadirles una breve explicación, que puede hacer las veces de una demostración, dejando para otro tiempo la explicación más amplia y detallada, si acaso, agotada esta edición, se prepara otra nueva. En ese caso, nos esforzaremos en conseguir que la aumente, completando toda la tercera parte sobre el mundo visible de la que sólo hemos adjuntado aquí un fragmento, porque el autor puso fin aquí a su enseñanza y nosotros no quisimos privar de ella al lector, por pequeña que sea. Y para que esto se lleve a término como es sabido, hay que entreverar aquí y allá, en la segunda parte, algunas proposiciones sobre la naturaleza y propiedades de los fluidos; llegado el momento, pondré todo mi empeño para que el autor lo haga así[139].

Nuestro autor no sólo se aleja muchísimas veces de Descartes en la forma de proponer y de explicar los axiomas, sino en el modo de demostrar las mismas proposiciones y demás conclusiones, y se sirve de pruebas muy distintas a las suyas. Pero nadie entienda esto como si nuestro autor pretendiera corregir a aquel ilustrísimo señor; piense más bien que lo ha hecho con el fin de conservar mejor su orden, ya aceptado, y no aumentar demasiado el número de axiomas. Por ese mismo motivo, se vio obligado a demostrar muchísimas cosas que Descartes afirmó sin demostración alguna y a añadir otras que él pasó por alto.

Por lo demás, quisiera que se advirtiera, en primer lugar, que en todo esto, a saber, tanto en la primera y segunda partes y en el fragmento de la tercera de los *Principios* como en sus *Pensamientos metafísicos,* nuestro autor se ha limitado a proponer las opiniones de Descartes y sus demostraciones, tal como se encuentran en sus escritos o como debían ser deducidas, por legítima consecuencia, de los principios por él establecidos. Pues, habiendo prometido enseñar a su discípulo la filosofía de Descartes, consideró un deber sagrado no alejarse ni un ápice de su opinión y no dictarle nada que no respondiera a sus dogmas o que fuera contrario a ellos. Por tanto, no piense nadie que él enseña aquí sus dogmas o sólo los que aprueba. Pues, aun cuando considere que algunos son verdaderos y confiese que ha añadido otros por su cuenta, existen, sin embargo, muchos que él rechaza como falsos y respecto a los cuales sostiene una opinión muy distinta.

Por no aducir más que un ejemplo, entre muchos, de este último tipo, citaré lo que se dice sobre la voluntad en el escolio de la proposición 15 de la primera parte de los *Principios* y en el capítulo 12 de la segunda parte del *Apéndice,* aunque parezca que está probado con gran esfuerzo y aparato. Porque él no considera que la voluntad sea distinta del entendimiento y, mucho menos, que esté dotada de tal libertad. Ya que, como se desprende de la cuarta parte del *Discurso del método* y de la *Segunda Meditación* y de otros lugares, Descartes sólo supone, pero no prueba, que el alma humana sea una sustancia absolutamente pensante. Por el contrario, nuestro autor admite sin duda que existe en la naturaleza una sustancia pensante, pero niega que ella constituya la esencia del alma humana. Afirma más bien que, así como la extensión no está determinada por ningún límite, tampoco lo está el pensamiento; y por lo mismo, así como el cuerpo humano no es la extensión en sentido absoluto, sino tan sólo la extensión determinada, de forma fija, por el movimiento y el reposo, según las leyes de la naturaleza extensa, así también la mente o alma humana no es el pensamiento en sentido absoluto, sino tan sólo el pensamiento determinado, de forma fija, por las ideas, según las leyes de la naturaleza pensante; de donde se concluye que el alma existe necesariamente tan pronto comienza a existir el cuerpo. A partir de esta definición, pienso que no es difícil demostrar que la voluntad no se distingue del entendimiento y, mucho menos, que ella no está dotada de la libertad que le atribuye Descartes. Aún más, aquella facultad de afirmar y de negar es completamente ficticia, ya que el afirmar y el negar no es algo distinto de las ideas. Y las demás facultades, como el entendimiento, el deseo, etc., se deben contar entre las ficciones o, al menos, entre aquellas nociones que los hombres han formado por concebir abstractamente las cosas como, por ejemplo, la humanidad, la petreidad y otras por el estilo[140].

Tampoco debo pasar aquí por alto que hay que entender en el mismo sentido, es decir, como afirmado según la opinión de Descartes, algo que se repite en varios pasajes: *esto o aquello supera la capacidad humana*. No se debe interpretar esto como si nuestro autor expresara con ello su propia opinión, ya que él estima que todas estas cosas y otras muchas más sublimes y sutiles no sólo pueden ser concebidas clara y distintamente, sino también comodísimamente explicadas por nosotros; pero a condición de que el entendimiento humano sea conducido a la búsqueda de la verdad y al conocimiento de las cosas por un camino distinto del abierto y allanado por Descartes. Pues él piensa que los fundamentos de las ciencias descubiertos por Descartes y lo que él ha edificado sobre ellos no bastan para explicar y resolver todas las dificilísimas cuestiones que surgen en la metafísica, sino que se requieren otros, si deseamos levantar nuestro entendimiento a aquella cumbre del conocimiento[141].

Finalmente, para poner fin a este prefacio, queremos que los lectores no ignoren que todos estos tratados se publican con el único fin de investigar y difundir la verdad y de impulsar a los hombres al estudio de la verdadera y sincera filosofía. Que todos, pues, antes de entregarse a su lectura, recuerden nuestro aviso de añadir en su lugar algunas cosas omitidas y de corregir cuidadosamente los errores tipográficos que se han escapado, a fin de que logren sacar el copioso fruto que de corazón a todos deseamos. Porque, entre ellos, hay algunos que podrían impedir que se percibiera correctamente la fuerza de la demostración y la mente del autor, como fácilmente lo verificará cualquiera que los examine[142].

—Al libro—[143] [134]

Ya te digamos nacido de mejor ingenio,
Ya pases por ser de la fuente de Descartes renacido,
Sólo tú, pequeño libro, de cuanta luz difundes,
                                        eres digno:
Ninguna gloria te viene del ejemplo.

Ya considere tu ingenio, ya tu doctrina,
Tengo que a los astros elevar a tu autor.
Él careció hasta ahora del ejemplo que dio:
Que a ti, pequeño libro, el ejemplo te siga.

Cuanto tan sólo a Spinoza debe Descartes,
Tan sólo a sí mismo lo deba Spinoza.

                                        J. B. M. D.

PRINCIPIOS DE FILOSOFÍA

demostrados según el método geométrico

PARTE I

Introducción[144]

Antes de abordar las proposiciones en sí mismas y sus demostraciones, me pareció oportuno hacer ver brevemente por qué Descartes dudó de todo, por qué vía abrió los cimientos firmes de las ciencias y por qué medios, en fin, se libró de todas las dudas. Todo esto lo hubiéramos redactado en el orden matemático, de no haber estimado que la prolijidad, en ese caso inevitable, impediría que se entendieran debidamente todas estas cosas, que deben ser contempladas de un vistazo, como en una pintura.

Descartes, en efecto, a fin de proceder con toda cautela en la investigación de las cosas, se esforzó en:

1.º Desechar todo prejuicio.
2.º Hallar los fundamentos sobre los que se habría de edificar todo el resto.

3.º Descubrir la causa del error.
4.º Entender clara y distintamente todas las cosas.

Ahora bien, para poder conseguir lo primero, lo segundo y lo tercero, comienza a ponerlo todo en duda; pero no como un escéptico, que no se fija otro fin que dudar, sino con el propósito de liberar su espíritu de todos los prejuicios y hallar así, finalmente, los cimientos firmes e inconmovibles de las ciencias, de suerte que éstas, si alguna existe, no pudieran caer fuera de su alcance. Pues los verdaderos principios de las ciencias deben ser tan claros y ciertos que [142] no necesiten prueba alguna, que no estén al alcance de ninguna duda y que sin ellos no se pueda demostrar nada. Tras una larga duda, halló esos principios, por lo que, una vez hallados, no le resultó difícil discernir lo verdadero de lo falso y descubrir la causa del error, ni tampoco guardarse de tomar algo falso o dudoso por verdadero y cierto.

Para alcanzar el cuarto y último objetivo, es decir, para entender clara y distintamente todas las cosas, su regla principal consistió en enumerar todas las ideas simples, de las que se componen todas las demás, y examinarlas una por una. Ya que tan pronto lograra percibir clara y distintamente las ideas simples, entendería también, sin duda alguna, todas las demás, por ellas formadas.

Hechas estas observaciones previas, explicaremos brevemente cómo lo puso todo en duda, cómo encontró los verdaderos principios de las ciencias y cómo se desembarazó de las dificultades de las dudas.

Duda de todo[145]. En primer lugar, trae ante sus ojos todas las cosas que había recibido de los sentidos, a saber, el cielo, la tierra y cosas análogas, y también su propio cuerpo: todo lo cual había creído él, hasta entonces, que existía en la realidad. Duda de la certeza de todas ellas, porque había constatado que los sentidos le habían engañado a veces y porque muchas veces había creído, en sueños, que existían realmente fuera de él muchas cosas, cuyo engaño había descubierto después, y porque, finalmente, había oído que otros, estando despiertos, sentían dolor en miembros hace tiempo perdidos. De ahí que, no sin razón, llegó a dudar hasta de su propio cuerpo. Todo esto le permitió llegar, lógicamente, a la conclusión de que los sentidos no son el fundamento firmísimo sobre el que hay que construir toda ciencia, puesto que se puede dudar de ellos, sino que la certeza depende de otros principios que nos resultan más seguros.

Para seguir investigando tales principios, trae, en segundo lugar, ante su mirada todos los universales, como son la naturaleza corpórea en general y su extensión, la figura, la cantidad, etc., así como también todas las verdades matemáticas. Y, aunque éstos le parecen más ciertos que todas las cosas que había recibido de los sentidos, halló, no obstante, una razón para dudar de ellos, a saber, que también otros se habían equivocado sobre dichos universales y, sobre todo, porque estaba en su mente la vieja opinión de que existe Dios, el cual todo lo puede y por el cual fue creado tal como existe: quizá había hecho que se engañara incluso acerca de aquellas cosas que le parecían clarísimas. He ahí de qué forma lo puso todo en duda.

Descubre el fundamento de toda ciencia. A fin de descubrir los verdaderos principios de las ciencias, indagó después si había dudado efectivamente de todo cuanto podía abarcar su pensamiento, para verificar si acaso había quedado algo de lo que no hubiera dudado. Pues si, mediante esa duda, encontrara algo de lo que no pudiera dudar, ni por las razones precedentes ni por otra alguna, pensó, y con razón, que debía ponerlo como fundamento sobre el que edificaría todo su conocimiento. Y, aunque ya había dudado de todo, como le parecía (había dudado tanto de lo que había recibido de los sentidos como de lo que solamente había percibido con el entendimiento), quedó algo, sin embargo, que había que explorar, a saber, aquel mismo que así dudaba: no en cuanto que constaba de cabeza, manos y demás miembros del cuerpo, pues de éstos ya había dudado, sino tan sólo en cuanto dudaba, pensaba, etc. Y, tras examinar esto con todo esmero, comprobó que no podía dudar de él por ninguna de las razones antedichas. Pues, aunque piense soñando o despierto, piensa realmente y existe. Y, aunque otros o incluso él mismo se hayan equivocado en otras cosas, sin embargo, puesto que se equivocaban, existían. Ni podía fingir un autor de su naturaleza tan astuto, que le engañara en este punto; pues hay que admitir que, mientras se le supone engañado, existe. Finalmente, cualquier otra causa de duda que se imagine no podrá conseguir que él no esté, al mismo tiempo, segurísimo de su existencia. Más aún, cuantas más razones de dudar se aducen, más argumentos se presentan ipso facto que le convencen de su existencia. De suerte que, a donde quiera que se vuelva para dudar, tiene que prorrumpir exclamando: *dudo, pienso, luego existo.*

Una vez descubierta esta verdad, encontró también el fundamento de todas las ciencias, y además la medida y la regla de todas las demás verdades, a saber: *todo lo que es percibido tan clara y distintamente como esto, es verdadero.*

Que no puede haber otro fundamento de las ciencias, fuera de éste, se desprende más que de sobra de lo anterior, ya que todo lo demás nos es sumamente fácil ponerlo en duda, y esto en modo alguno. Respecto a este fundamento, hay que advertir, sin embargo, en primer término, que esta oración, *dudo, pienso, luego existo,* no es un silogismo, cuya premisa mayor se omitió. Porque, si fuera un silogismo, las premisas deberían ser más claras y mejor conocidas que la misma conclusión, *luego existo;* y, por tanto, *yo soy* no sería el primer fundamento de todo conocimiento. Aparte de que no sería tampoco una conclusión cierta, ya que su verdad dependería de premisas universales, que el autor había puesto anteriormente en duda. Por consiguiente, *luego existo* es una proposición única, que equivale a ésta: *yo soy pensante.*

A fin de evitar cualquier confusión en lo que sigue (pues la cosa debe ser percibida clara y distintamente), hay que saber, además, qué somos. Ya que, una vez entendido esto clara y distintamente, no confundiremos nuestra esencia con otras. Así pues, para deducir esto de lo que antecede, nuestro autor prosigue de este modo.

Trae a la mente todos los pensamientos que antes tuvo de sí mismo, como que su alma es algo exiguo, a modo de viento, de fuego o de éter; difuso entre las partes más densas de su cuerpo, y que el cuerpo le es mejor conocido que el alma y que es percibido más clara y distintamente. Y comprende que todo esto está en pugna con lo que hasta ese momento había entendido. En efecto, de su cuerpo podía dudar, pero no de su esencia, en cuanto pensaba. Añádase a ello que estas cosas no las percibía ni clara ni distintamente y que, por lo mismo, por exigencias de su método, debía rechazarlas como falsas. No pudiendo, pues, entender que esas cosas le pertenecieran a él, tal como hasta ahora se conoció, prosigue indagando qué es lo que pertenece estrictamente a su esencia: aquello de que no había podido dudar y en virtud de lo cual se veía obligado a afirmar su existencia. De este tipo son: *que quiso evitar equivocarse; que deseó entender muchas cosas; que dudó de todo lo que no podía entender; que hasta el presente sólo afirmó una cosa; que todo el resto lo negó y rechazó como falso; que también imaginó muchas cosas sin quererlo, y que descubrió que muchas cosas procedían de los sentidos.* Y como de cada una de estas cosas podía derivar con la misma evidencia su existencia y no podía contar a ninguna entre aquellas de que había dudado; y como, finalmente, todas ellas se pueden concebir bajo un mismo atributo, se sigue que todas estas cosas son verdaderas y pertenecen a su esencia. Por consiguiente, cuando había dicho *pienso,* en ello iban incluidos todos estos modos de pensar, a saber: *dudar, entender, afirmar, negar, querer, no querer, imaginar y sentir.*

Aquí hay que señalar, en primer lugar, algo que será de gran utilidad en lo que sigue, al tratar de la distinción entre el alma y el cuerpo, a saber: 1.º) que estos modos de pensar se entienden clara y distintamente sin los demás, de los que todavía se duda; 2.º) que el concepto claro y distinto, que de ellos tenemos, se hace oscuro y confuso, si quisiéramos añadirles algo de lo que aún dudamos.

Se libera de toda duda. Finalmente, para eliminar toda duda sobre aquellas cosas de que había dudado y estar seguro de ellas, continúa investigando sobre la naturaleza del ser perfectísimo y sobre su existencia. Pues tan pronto verifique que existe el ser perfectísimo, por cuya fuerza todo es producido y conservado, y a cuya naturaleza repugna ser un engañador, desaparece aquel motivo de duda, que antes tuvo por ignorar su propia causa. Ya que sabrá que la facultad de distinguir lo verdadero de lo falso no le habría sido dada por Dios, sumamente bueno y veraz, para engañarse. Y por lo mismo, las verdades matemáticas, es decir, aquello que le parece lo más evidente, no le podrán resultar sospechosas. Para eliminar las demás causas de la duda, prosigue después investigando a qué se debe que a veces dudemos. Y tan pronto descubrió que esto proviene de que nos servimos de nuestra voluntad, libre para asentir también a aquellas cosas que sólo hemos percibido confusamente, pudo concluir, sin más, que en lo sucesivo podrá evitar el error, a condición de no asentir más que a lo clara y distintamente percibido. Y esto todo el mundo se lo puede exigir fácilmente a sí mismo, puesto que tiene el poder de reprimir su voluntad y de conseguir así que se mantenga dentro de los límites del entendimiento.

Mas, como en nuestra primera edad adquirimos muchos prejuicios, de los que no nos liberamos fácilmente, a fin de liberarnos de ellos y de no aceptar nada más que lo que percibimos clara y distintamente, sigue adelante y enumera todas nuestras nociones e ideas simples, de las que están formados todos nuestros pensamientos, y las examina una por una para poder discernir qué es, en cada una de ellas, claro y qué oscuro. Ya que, de esta forma, podrá fácilmente distinguir lo claro de lo oscuro y formar pensamientos claros y distintos; así podrá también hallar sin dificultad la distinción real entre el alma y el cuerpo, qué es claro y qué oscuro en las cosas que hemos tomado de los sentidos y, finalmente, en qué se diferencia el sueño de la vigilia. Una vez hecho esto, ya no podrá ni dudar de su vigilia ni ser engañado por los sentidos, y de este modo se librará de todas las dudas antes enumeradas.

Pero, antes de poner fin a esta introducción, me parece oportuno responder adecuadamente a aquellos que arguyen así: como a nosotros no nos es por sí mismo evidente que Dios existe, parece que nunca podremos estar ciertos de nada; por tanto, nunca nos resultará claro que Dios existe. En efecto, de premisas inciertas (y hemos dicho que todo nos es incierto mientras ignoramos nuestro origen) no se puede concluir nada cierto[146].

Para eliminar esta dificultad, Descartes responde así. Porque no sepamos todavía si acaso el autor de nuestro origen nos ha creado de forma que nos equivoquemos, incluso en aquellas cosas que nos parecen evidentísimas, no por eso podemos dudar de aquello que entendemos clara y distintamente, o por sí mismo o mediante un razonamiento al que estamos atentos. Sino que tan sólo podemos dudar de aquellas cosas que *antes* hemos demostrado que son verdaderas y cuyo recuerdo puede volver a nuestra mente, cuando dejamos de prestar atención a las razones de las que las dedujimos y que, por tanto, hemos olvidado. Así pues, aun cuando la existencia de Dios no pueda sernos conocida por sí misma, sino solamente por otra cosa, podremos llegar, no obstante, al conocimiento cierto de la existencia de Dios, con tal que atendamos con el máximo interés a todas las premisas de las que la hemos deducido. Véase *Principios de filosofía,* I, art. 13; *Respuestas a las Segundas Objeciones,* núm. 3, y *Meditación V,* al final.

Pero como esta respuesta no satisface a algunos, daré otra. Hemos visto anteriormente, cuando nos referíamos a la certeza y evidencia de nuestra existencia, que la hemos deducido del hecho de que, a donde quiera que dirigíamos nuestra mente, no hallábamos razón alguna de duda, que no nos convenciera, ipso facto, de nuestra existencia: tanto cuando examinábamos nuestra propia naturaleza como cuando fingíamos que el autor de nuestra naturaleza era un sagaz engañador o cuando, finalmente, invocábamos algún otro motivo de duda, fuera de nosotros mismos. Ahora bien, hemos comprobado que eso no sucedía hasta ahora respecto a ninguna otra cosa. Pues, aunque si prestamos atención a la naturaleza del triángulo, por ejemplo, tenemos que concluir que sus tres ángulos son iguales a dos rectos, esto no lo podemos concluir del hecho de que *(ex eo quod)* quizá somos engañados por el autor de nuestra naturaleza; y, sin embargo, de ese mismo hecho *(ex hoc ipso)* derivábamos con toda certeza nuestra existencia[147]. Por consiguiente, no de cualquier idea, a la que dirijamos nuestra mente, tenemos que concluir que los tres ángulos de un triángulo son iguales a dos rectos; por el contrario, hallamos ahí motivos de duda, por no tener de Dios una idea tal que nos afecte hasta el punto de que nos sea imposible pensar que Dios es engañador. Pues a aquel que no tiene una idea verdadera de Dios, como suponemos que no la tenemos nosotros, le es igualmente fácil pensar que su autor es engañador como que no lo es; lo mismo que a aquel que no tiene ninguna idea del triángulo le es igualmente fácil pensar que sus tres ángulos son iguales a dos rectos o que no lo son. Por eso hemos concedido que, excepto de nuestra existencia, de ninguna cosa podemos estar absolutamente ciertos, aunque prestemos suficiente atención a su demostración, mientras no tengamos de Dios un concepto claro y distinto, que nos haga afirmar que Dios es sumamente veraz, como la idea que tenemos del triángulo nos fuerza a concluir que sus tres ángulos son iguales a dos rectos. Pero negamos que, por ese motivo, no podamos llegar al conocimiento de ninguna cosa.

En efecto, de cuanto acabamos de decir resulta claramente que el punto central sobre el que gira toda la cuestión consiste exclusivamente en si podemos formar de Dios un concepto tal que nos afecte de suerte que no nos sea igualmente fácil pensar que es engañador y que no lo es, sino que nos fuerce a afirmar que él es sumamente veraz. Ya que, tan pronto hayamos formado esa idea, desaparecerá aquel motivo de dudar de las verdades matemáticas; pues adonde quiera que dirijamos nuestra mente para dudar de alguna de esas verdades, no hallaremos nada de lo que no debamos, ipso facto, concluir (como sucedía en el caso de nuestra existencia) que esa verdad es certísima. Por ejemplo, si una vez descubierta la idea de Dios, nos fijamos en la naturaleza del triángulo, su idea nos forzará a afirmar que sus tres ángulos son iguales a dos rectos. Y si nos fijamos en la idea de Dios, también ésta nos obligará a afirmar que él es sumamente veraz y autor y conservador de nuestra naturaleza y que, por lo mismo, no nos engaña acerca de esta verdad. Y no nos será menos imposible, cuando prestamos atención a la idea de Dios (que suponemos haber hallado ya), pensar que él es engañador que, cuando atendemos a la idea del triángulo, pensar que sus tres ángulos no son iguales a dos rectos. Y, así como podemos formar esa idea del triángulo, aunque ignoremos si el autor de nuestra naturaleza nos engaña, también podemos hacer clara nuestra idea de Dios y ponerla ante nuestros ojos, aunque también ignoremos si el autor de nuestra naturaleza nos engaña en todo. Y, con tal que la tengamos, de cualquier modo que la hayamos adquirido, bastará, como ya se ha probado, para eliminar toda duda.

Hechas estas consideraciones, respondo a la dificultad propuesta, diciendo que nosotros no podemos estar ciertos de ninguna cosa, no mientras desconozcamos la existencia de Dios (pues de este tema no he hablado), sino mientras no tengamos su idea clara y distinta[148]. De ahí que, si alguien quisiera argumentar contra mí, su argumento debería proceder así. No podemos estar ciertos de ninguna cosa, antes de que tengamos una idea clara y distinta de Dios. Ahora bien, no podemos tener una idea clara y distinta de Dios, mientras ignoremos si el autor de nuestra naturaleza nos engaña. Luego, no podemos estar ciertos de ninguna cosa, mientras ignoremos si el autor de nuestra naturaleza nos engaña, etc. Y yo respondo a esto concediendo la mayor y negando la menor, pues tenemos una idea clara y distinta del triángulo, aunque ignoremos si el autor de nuestra naturaleza nos engaña. Ahora bien, con tal que tengamos de Dios una idea tal, como lo hemos largamente mostrado, no podremos dudar ni de su existencia ni de ninguna verdad matemática.

Dicho esto, abordamos ya la cuestión.

DEFINICIONES[149]

1. *Bajo el término* pensamiento *incluyo todo aquello que está en nosotros y de lo cual somos inmediatamente conscientes.*

Y así, todos los actos de la voluntad, del entendimiento, de la imaginación y de los sentidos son pensamientos. Pero he añadido *inmediatamente* para excluir todos aquellos que se siguen de éstos como, por ejemplo, el movimiento de la voluntad: tiene como principio el pensamiento, pero él mismo no es pensamiento.

2. *Por el término* idea *entiendo aquella forma de cualquier pensamiento, por cuya percepción inmediata soy consciente de ese mismo pensamiento.*

De suerte que no puedo expresar nada con palabras, si entiendo lo que digo, sin que sea ipso facto cierto que en mí está la idea de aquello que aquellas palabras significan. Así pues, yo no llamo ideas únicamente a las imágenes grabadas en la imaginación; aún más, yo no las llamo aquí de ningún modo ideas, en cuanto están en la fantasía corporal, es decir, grabadas en alguna parte del cerebro, sino tan sólo en cuanto informan la misma mente, mientras mira a aquella parte del cerebro[150].

3. *Por* realidad objetiva de la idea *entiendo la entidad de la cosa representada por la idea, en cuanto está en la idea.*
Se puede llamar igualmente perfección objetiva o artificio objetivo, etc. Porque todo cuanto percibimos como algo que está en los objetos de las ideas está objetivamente en las mismas ideas.

4. *Eso mismo se dice que está* formalmente *en los objetos de las ideas, cuando es en éstos tal como lo percibimos;* y eminentemente, *cuando no es tal, pero sí tan grande que puede hacer sus veces.*
Adviértase que cuando digo que la causa contiene *eminentemente* las perfecciones de su efecto, quiero indicar que la causa contiene las perfecciones del efecto de forma más excelente que el mismo efecto[151].

5. *Se llama* sustancia *toda cosa en la que está inmediatamente, como en un sujeto, o por la que existe algo que percibimos, es decir, una propiedad o cualidad o atributo, cuya idea real está en nosotros.*
En efecto, de la sustancia, considerada en sí misma, no tenemos otra idea, sino que es una cosa en la que existe formal o eminentemente aquello que percibimos o que está objetivamente en alguna de nuestras ideas.

6. *La sustancia en la que está inmediatamente el pensamiento se llama* alma *(mens).*

Y hablo aquí de *mens* más bien que de *anima,* porque el término *anima* es equívoco y se toma con frecuencia por una cosa corporal[152].

7. *La sustancia que es el sujeto inmediato de la extensión y de los accidentes que presuponen la extensión, como la figura, la situación, el movimiento local, etc., se llama* cuerpo.

Habrá que investigar más adelante si es una y la misma sustancia; que se llama alma y cuerpo, o si son dos distintas.

8. *La sustancia que sabemos que es, por sí misma, sumamente perfecta y en la que no concebimos nada que incluya algún defecto o limitación de perfección se llama* Dios.

9. *Cuando decimos que algo está contenido en la naturaleza o concepto de alguna cosa, es como si dijéramos que eso pertenece realmente a esa cosa o que se puede afirmar de ella con verdad*[153].

10. *Se dice que dos sustancias se distinguen realmente, cuando cada una de ellas puede existir sin la otra.*

Hemos omitido aquí los postulados de Descartes, porque no deducimos nada de ellos en lo que sigue; pero rogamos encarecidamente a los lectores que los relean y que los consideren con toda atención[154].

AXIOMAS[155]

1. *No llegamos al conocimiento y a la certeza de una cosa desconocida, sino a través del conocimiento y la certeza de otra, que es anterior a ella en certeza y conocimiento.*

2. *Existen razones que nos hacen dudar de la existencia de nuestro cuerpo.*

En realidad esto ya ha sido expresado en la *Introducción*, y por eso sólo se pone aquí como un axioma.

3. *Si tenemos algo, además del alma y del cuerpo, nos es menos conocido que el alma y el cuerpo.*

Hay que señalar que estos axiomas no afirman nada sobre las cosas exteriores, sino tan sólo aquello que hallamos en nosotros, en cuanto somos cosas pensantes.

PROPOSICIÓN 1. *No podemos estar absolutamente ciertos de ninguna cosa, mientras no sepamos que nosotros existimos.*

Prueba. Esta proposición es evidente por sí misma, ya que quien ignora en absoluto que existe ignora también que él está afirmando o negando, es decir, que ciertamente afirma o niega[156].

Hay que advertir aquí que, aunque afirmemos y neguemos muchas cosas con gran certeza, sin prestar atención a que existimos, sin embargo, si no se presupone esto como indudable, se podría dudar de todo.

PROPOSICIÓN 2. Yo existo *debe ser conocido por sí mismo.* [152]

Prueba. Si lo niegas, no se conocerá sino por otra cosa, cuyo conocimiento y certeza *(por el ax. 1)* será, en nosotros, anterior a este enunciado: *yo existo*. Ahora bien, esto es absurdo *(por la prop. precedente)*. Luego debe ser conocido por sí.

PROPOSICIÓN 3. *En cuanto que el yo es una cosa que consta de cuerpo, yo existo ni es lo primero conocido ni algo conocido por sí mismo.*

Prueba. Hay algunas cosas que nos hacen dudar de la existencia de nuestro cuerpo *(por el ax. 2)*. Por tanto *(por el ax. 1)*, no llegaremos a su certeza más que por el conocimiento y la certeza de otra cosa, que es anterior a aquélla en el conocimiento y en la certeza. Por consiguiente, este enunciado, *yo existo*, en cuanto que el yo es una cosa que consta de cuerpo, no es ni el primero ni conocido por sí mismo.

PROPOSICIÓN 4. Yo existo *no puede ser lo primero conocido, a no ser en cuanto que pensamos.*

Prueba. Este enunciado, *yo soy una cosa corporal o que consta de cuerpo*, no es lo primero conocido *(por la prop. precedente)*. Además, yo no estoy cierto de mi existencia, en cuanto consto de otra cosa, además del alma y del cuerpo, ya que, si constamos de alguna cosa distinta del alma y del cuerpo, nos es menos conocida que el cuerpo *(por el ax. 3)*. Luego, *yo existo* no puede ser lo primero conocido, a no ser en cuanto que pensamos.

Corolario. De ahí resulta claramente que el alma o cosa pensante es más conocida que el cuerpo.

No obstante, para una explicación más detallada, leer *Principios,* parte I, arts. 11 y 12.

Escolio. Todo el mundo percibe clarísimamente que afirma, niega, duda, entiende, imagina, etc., es decir, que existe dudando, entendiendo, afirmando, etc.; en una palabra, *pensando,* y no puede poner nada de esto en duda. De ahí que este enunciado, *pienso o soy pensante,* es *(por la prop. 1)* el único y certísimo fundamento de toda la filosofía. Y, como en las ciencias no se puede buscar ni desear, para estar totalmente seguros de las cosas, nada más que deducirlo todo de principios firmísimos y hacerlo todo tan claro y distinto como los principios de los que se lo deduce, resulta evidente que debemos dar por absolutamente verdadero todo aquello que nos es tan evidente y que percibimos tan clara y distintamente como el principio que antes hemos hallado, e igualmente todo aquello que está tan acorde con nuestro principio y depende de él de tal modo que, si quisiéramos dudar de ello, tendríamos que dudar también de este principio. Sin embargo, a fin de proceder con la máxima cautela en su examen, al comienzo sólo admitiré como tan evidentes y tan clara y distintamente percibidas por nosotros aquellas cosas que cada uno observa en sí mismo como ser pensante: por ejemplo, que él quiere esto y aquello, que él tiene tales ideas ciertas, que una idea contiene en sí más realidad y perfección que otra, es decir, que aquella que contiene objetivamente el ser y la perfección de la sustancia es mucho más perfecta que la que sólo contiene la perfección objetiva de algún accidente, y que la más perfecta de todas es la idea del ser sumamente perfecto. Estas ideas, repito, no sólo las percibimos con la misma evidencia y claridad, sino también, quizá, con mayor distinción que nuestro principio. Ya que no sólo afirman que pensamos, sino también cómo pensamos.

Aún más, diremos que también están acordes con este principio aquellas ideas que no se pueden poner en duda, a menos que dudemos a la vez de este fundamento inconmovible. Así, por ejemplo, si alguien quiere dudar si se hace algo de la nada, podrá dudar a la vez si nosotros existimos, mientras pensamos. Porque, si puedo afirmar algo de la nada, a saber, que puede ser causa de alguna cosa, podré también y con el mismo derecho afirmar el pensamiento de la nada y decir que yo no soy nada mientras pienso. Y, como esto último me es imposible, también me será imposible pensar que se haga algo de la nada[157].

Hechas estas consideraciones, he decidido ordenar aquí, de forma visual, aquellas ideas que ahora me parecen necesarias para seguir adelante, y añadirlas al número de axiomas, puesto que también Descartes, al final de las *Respuestas a las Segundas Objeciones,* las propone como axiomas, y no pretendo yo ser más riguroso que él. No obstante, a fin de no apartarme del orden ya iniciado, me esforzaré en explicarlos lo mejor posible y en mostrar cómo dependen unos de otros y todos ellos de este principio, *yo soy pensante,* o cómo concuerdan con él por la evidencia o la razón.

AXIOMAS
(tomados de Descartes)[158]

4. *Existen diversos grados de realidad o de entidad, ya que la sustancia posee más realidad que el accidente o modo, y la sustancia infinita más que la finita; y, por tanto,*

hay más realidad objetiva en la idea de sustancia que en la de accidente, y en la idea de sustancia infinita que en la finita.

Este axioma se conoce por la simple contemplación de nuestras ideas, de cuya existencia estamos ciertos, porque son modos de pensar; pues sabemos cuánta realidad o perfección afirma la idea de sustancia acerca de la sustancia y la idea de modo acerca del modo. Por eso mismo, comprendemos necesariamente también que la idea de sustancia contiene más realidad objetiva que la idea de un accidente, etc. *Véase el escolio de la proposición 4.*

5. *La cosa pensante, si ha conocido algunas perfecciones, de las que ella carece, las adquirirá en seguida, si están en su potestad.*

Esto lo observa cada cual en sí mismo, en cuanto cosa pensante, y por tanto *(por el escolio de la prop. 4),* estamos segurísimos de ello. Y por el mismo motivo, no estamos menos seguros de lo que sigue:

6. *En la idea o concepto de cualquier cosa se contiene la existencia, posible o necesaria* (véase el axioma 10 de Descartes): *necesaria, en el concepto de Dios o ser sumamente perfecto, ya que, de lo contrario, se lo concebiría imperfecto, en contra de lo que se supone; contingente, en cambio, o posible, en el concepto de una cosa limitada.*

7. *Ninguna cosa ni ninguna perfección actualmente existente de una cosa puede tener la nada o una cosa no existente por causa de su existencia.*

Este axioma es tan claro para nosotros como lo es *yo soy pensante,* según he demostrado en el *escolio de la prop. 4.*

8. *Cuanto hay de realidad o perfección en una cosa existe formal o eminentemente en su causa primera y adecuada.*

Por *eminentemente* entiendo que la causa contiene toda la realidad del efecto más perfectamente que éste; por *formalmente,* en cambio, que la contiene exactamente igual que él.

Este axioma depende del anterior, ya que, si supusiéramos que en la causa no hay nada del efecto o hay menos que en él, entonces lo que es nada en la causa sería causa del efecto. Ahora bien, esto es absurdo *(por el ax. precedente).* De ahí que no cualquier cosa puede ser causa de un cierto efecto, sino precisamente aquella en la que existe eminentemente o, al menos, formalmente toda la perfección que hay en el efecto.

9. *La realidad objetiva de nuestras ideas requiere una causa, en la que exista la misma realidad, no sólo objetivamente, sino formal o eminentemente.*

Este axioma es admitido por todos, aunque muchos hayan abusado de él. Pues tan pronto alguien ha concebido algo nuevo, no hay ninguno que no busque la causa de ese concepto o idea. Pero, tan pronto pueden asignarle una en la que se contiene formal o eminentemente tanta realidad como existe objetivamente en aquel concepto, se dan por satisfechos. Lo cual se explica satisfactoriamente con el ejemplo de la máquina, aducido por Descartes en *Principios, parte I, art. 17.* Y así también, si alguien pregunta de dónde saca el hombre las ideas de su pensamiento y de su cuerpo, no habrá nadie que no vea que las obtiene de sí mismo, porque contiene formalmente todo lo que contienen objetivamente las ideas. De ahí que, si el hombre tuviera una idea que contuviera más realidad objetiva que realidad formal contiene él mismo, necesariamente buscaríamos, guiados por la luz natural, fuera del mismo hombre otra causa que contuviera toda aquella perfección formal o eminentemente. Aparte de que nadie ha indicado jamás, aparte de ésta, otra causa que concibiera tan clara y distintamente.

Por lo que respecta a la verdad de este axioma, se desprende, además, de los anteriores. En efecto *(por el ax. 4)*, se dan diversos grados de realidad o entidad en las ideas; y por tanto *(por el ax. 8)*, según su grado de perfección, exigen una causa más perfecta. Ahora bien, los grados de realidad, que descubrimos en las ideas, no están en las ideas en cuanto se las considera como modos de pensar*, sino en cuanto que una representa la sustancia y otra tan sólo un modo de la sustancia; en una palabra, en cuanto se consideran como imágenes de las cosas. De donde se sigue claramente que no se puede dar ninguna causa de las ideas, fuera de aquella que, según acabamos de indicar, todos entendemos clara y distintamente por la luz natural, es decir, aquella en la que se contiene formal o eminentemente la misma realidad que ellas contienen objetivamente.

Para que esta conclusión se entienda mejor, la explicaré con algunos ejemplos. Si uno ve varios libros (digamos que uno de un insigne filósofo y otro de un charlatán) escritos por la misma mano, y no se fija en el sentido

---

* También estamos ciertos de esto, porque lo verificamos en nosotros mismos, en cuanto pensantes *(véase escolio anterior)*.

de las palabras (en cuanto que éstas son a modo de imágenes), sino únicamente en el trazado y el orden de las letras, no descubrirá entre ellos ninguna desigualdad que le fuerce a buscar causas distintas, sino que le parecerá que ambos han surgido de la misma causa y del mismo modo. En cambio, si presta atención al sentido de las palabras y oraciones, descubrirá entre ellos una gran desigualdad. Y, por tanto, deducirá que la primera causa de un libro ha sido muy distinta de la del otro y que la una ha superado realmente a la otra en perfección en la medida en que ha constatado que se diferencia el sentido de las oraciones o de las palabras, en cuanto se consideran a modo de imágenes, de uno y otro libro. Y hablo de la primera causa de los libros, que necesariamente debe darse, ya que concedo, e incluso doy por supuesto, como es obvio, que un libro se puede copiar del otro.

Esto mismo se puede explicar claramente, además, con el ejemplo de la efigie, por ejemplo, de un príncipe. Si tan sólo nos fijamos en sus materiales, no hallaremos entre esta y otras efigies ninguna diferencia que nos obligue a buscar causas diferentes. Más aún, nada impedirá que podamos pensar que ella fue copiada de otra imagen, y ésta, a su vez, de otra, y así al infinito. Puesto que nos será fácil comprender que, para su diseño, no se requiere ninguna otra causa. En cambio, si atendemos a la imagen, en cuanto tal, nos sentiremos en seguida obligados a buscar su causa primera, que contenga formal o eminentemente aquello que dicha imagen contiene en representación. No veo qué más quepa desear para confirmar y aclarar este axioma.

10. *No se requiere una causa menor para conservar una cosa que para producirla por primera vez.*

Porque en este momento pensemos, no se sigue necesariamente que pensaremos después. Ya que el concepto que tenemos de nuestro pensamiento no implica o no contiene la existencia necesaria del pensamiento; pues puedo concebir clara y distintamente el pensamiento*, aunque suponga que no existe. Y como la naturaleza de cada causa debe contener o incluir en ella la perfección de su efecto *(por el ax. 8)*, se sigue claramente que se debe dar, además, en nosotros o fuera de nosotros, algo que todavía no hemos entendido y cuyo concepto o naturaleza implica la existencia, lo cual sea la causa de por qué nuestro pensamiento comenzó a existir y por qué, además, sigue existiendo. Efectivamente, aunque nuestro pensamiento ya comenzó a existir, no por eso su naturaleza o esencia implica la existencia más que antes de existir, y por lo tanto necesita para continuar existiendo la misma fuerza que para comenzar a existir.

Y lo que decimos del pensamiento hay que decirlo también de toda cosa, cuya esencia no implica la existencia necesaria.

11. *No existe ninguna cosa de la que no se pueda preguntar cuál es la causa (o razón) por que existe.*

Dado que el existir es algo positivo, no podemos decir que tenga la nada por causa *(por el ax. 7)*. Por tanto, le debemos asignar alguna causa o razón positiva por que exista; y ésta será externa, es decir, que está fuera de la

---

* Esto lo verifica cada uno en sí mismo, en cuanto es cosa pensante.

cosa misma, o interna, es decir, que está comprendida en la naturaleza o definición de la misma cosa existente.

Las cuatro proposiciones siguientes están tomadas de Descartes[159].

PROPOSICIÓN 5. *La existencia de Dios se conoce por la simple consideración de su naturaleza.*

Prueba. Es lo mismo decir que algo se contiene en la naturaleza o concepto de una cosa que decir que eso es verdadero de esa cosa *(por la def. 9)*. Es así que la existencia necesaria está contenida en el concepto de Dios *(por el ax. 6)*. Luego es verdadero afirmar de Dios que la existencia necesaria está en él o que él existe[160].

Escolio. De esta proposición se derivan muchas conclusiones excelentes. Mejor dicho, del simple hecho de que la existencia pertenece a la naturaleza de Dios, o que el concepto de Dios implica la existencia necesaria (como el concepto del triángulo implica que sus tres ángulos son iguales a dos rectos), o que su existencia, igual que su esencia, es una verdad eterna, depende casi todo el conocimiento de los atributos de Dios, por el que somos conducidos a su amor o suprema felicidad. Por eso sería muy de desear que el género humano llegara a aceptar, de una vez, estas cosas con nosotros.

Por supuesto que reconozco que existen ciertos prejuicios que impiden que todo el mundo entienda esto con tanta facilidad*. No obstante, quien quiera examinar el asunto con intención recta y por sólo amor a la

---

* Léase *Principios, I, art. 16*.

verdad y a su verdadera utilidad, y meditar en su interior cuanto se dice en la *Meditación V* y al final de las *Respuestas a las Primeras Objeciones* y, además, lo que nosotros decimos sobre la eternidad en el *Apéndice, parte II, cap. 1,* comprenderá, sin duda, el asunto con toda claridad, y nadie podrá dudar si tiene alguna idea de Dios (lo cual es el primer fundamento de nuestra felicidad). Pues verá, al mismo tiempo, con claridad que la idea de Dios es muy distinta de las ideas de las otras cosas, tan pronto entienda que Dios, en cuanto a la esencia y a la existencia, se diferencia totalmente *(toto genere)* de las demás cosas. No es, pues, necesario entretener ahora por más tiempo al lector con estas cosas.

PROPOSICIÓN 6. *La existencia de Dios se demuestra a posteriori, por el solo hecho de que existe en nosotros su idea.*

Prueba. La realidad objetiva de cualquiera de nuestras ideas exige una causa, en la que se incluya esa misma realidad, no sólo objetivamente, sino formal o eminentemente *(por el ax. 9).* Ahora bien, nosotros tenemos la idea de Dios *(por las defs. 2 y 8),* y, sin embargo, la realidad objetiva de esta idea no se contiene en nosotros ni formal ni eminentemente *(por el ax. 4);* ni se puede contener en ninguna otra cosa, excepto en el mismo Dios *(por la def. 8).* Luego, esta idea de Dios, que existe en nosotros, exige a Dios como causa, y por tanto, Dios existe *(por el ax. 7)*[161].

Escolio. Hay algunos que niegan tener idea alguna de Dios, y que, sin embargo, según ellos mismos dicen, le rinden culto y le aman. Y, aunque se les ponga ante los ojos la definición de Dios y sus atributos, nada se avanzará; ni más ni menos que si uno se empeñara en enseñar a un ciego de nacimiento las diferencias de los colores, tal como nosotros los vemos. A decir verdad, a menos que queramos tenerlos por un nuevo género de animales, intermedio entre los hombres y los brutos, poco debemos preocuparnos de sus palabras. ¿De qué otro modo, en efecto, podemos mostrar la idea de una cosa, si no es dando su definición y explicando sus atributos? Y, como esto es lo que hacemos con la idea de Dios, no tenemos por qué perder el tiempo con las palabras de hombres que niegan la idea de Dios, simplemente porque son incapaces de formar ninguna imagen suya en su cerebro.

Hay que señalar, además, que, cuando Descartes cita el axioma 4 para mostrar que la realidad objetiva de la idea de Dios no se contiene en nosotros ni formal ni eminentemente, supone que todo el mundo sabe que él no es la sustancia infinita, es decir, sumamente inteligente y poderosa, etc. Y, realmente, puede suponerlo, porque quien sabe que piensa, sabe también que duda de muchas cosas y que no todo lo entiende clara y distintamente.

Finalmente, hay que señalar que *de la definición 8* también se sigue claramente que no pueden darse varios dioses, sino tan sólo uno, como claramente demostraremos en *la prop. 11 de esta parte* y en el *Apéndice, parte II, cap. 2*.

PROPOSICIÓN 7. *La existencia de Dios también se demuestra, porque nosotros, que tenemos su idea, existimos.*

Escolio. Para demostrar esta proposición, admite Descartes estos dos axiomas: 1.º *Aquello que puede hacer lo*

que es más o más difícil también puede hacer lo que es me- [161]
nos. 2.º Es más crear o (por el ax. 10) *conservar la sustan-*
cia que los atributos o propiedades de la sustancia[162].

Qué quiere decir con esto, no lo sé. Pues ¿a qué llama él fácil y a qué difícil? Nada es fácil o difícil en sentido absoluto*, sino sólo respecto a la causa. Y así, una y la misma cosa se puede decir, simultáneamente, fácil y difícil respecto a causas distintas. Pero, si él llama difíciles a aquellas cosas que pueden ser realizadas con gran trabajo y fáciles, en cambio, a las que son efectuadas por la misma causa con menor trabajo, como, por ejemplo, que la fuerza que puede levantar 50 libras podrá levantar con doble facilidad 25, eso no es un axioma absolutamente verdadero, ni podrá demostrar con él lo que pretende. Pues, cuando dice: *si tuviera la fuerza de conservarme a mí mismo, también tendría la fuerza de darme todas las perfecciones que me faltan* (puesto que no exigen tanto poder), yo le concedería que con las fuerzas que yo empleo en conservarme, podría realizar otras muchas cosas mucho más fácilmente si no las necesitara para conservarme. Pero, mientras las utilice para conservarme, niego que pueda emplearlas para hacer otras cosas, aunque sean más fáciles, como se puede ver claramente en nuestro ejemplo.

Ni elimina la dificultad diciendo que, como soy cosa pensante, debería saber necesariamente si empleo todas

---

* Para no buscar otros, tomemos el ejemplo de la araña, que teje fácilmente una tela que los hombres sólo tejerían con enorme dificultad; por el contrario, los hombres hacen fácilmente muchísimas cosas que quizá son imposibles a los ángeles.

mis fuerzas en conservarme y, además, si ésa es la causa de que yo no me dé las demás perfecciones. Porque (aparte de que no se discute de este tema, sino únicamente de cómo se sigue de ese axioma la necesidad de esta proposición), si lo supiera, sería mayor y quizá exigiría también mayores fuerzas de las que tengo, para conservarme en aquella perfección mayor. Por otra parte, no sé si es mayor trabajo crear (o conservar) la sustancia que los atributos, es decir, para expresarlo de forma más clara y filosófica, no sé si la sustancia no necesitará toda su virtud y esencia, con la que quizá se conserva, para conservar sus atributos.

Pero dejemos esto y examinemos con más detalle lo que pretende el nobilísimo autor, a saber, qué entiende por fácil y por difícil. No creo, ni logro convencerme de ello, que él entienda por difícil aquello que es imposible (y que, por tanto, no se puede concebir cómo se realiza), y por fácil, aquello que no implica contradicción (y que, por tanto, es fácil de concebir cómo se realiza). Aunque, a primera vista, eso parece pretender en la *Meditación III: ni debo pensar que quizá aquellas cosas que me faltan se pueden adquirir más difícilmente que las que ya están en mí. Porque, por el contrario, está claro que fue mucho más difícil que yo, es decir, una sustancia pensante, surgiera de la nada que..., etc.*[163]

Esto, en realidad, no estaría de acuerdo con las palabras del autor ni reflejaría su ingenio. En efecto, dejando a un lado lo primero, entre lo posible y lo imposible o entre lo que es inteligible y lo que no lo es, no existe proporción alguna, como tampoco entre el algo y la nada. Y por eso mismo, el poder no cuadra a lo imposible mejor que la creación o generación al no ser. Por tanto, no se deben comparar en modo alguno.

Añádase a esto que yo sólo puedo comparar unas cosas con otras y conocer la proporción entre ellas, cuando tengo de todas ellas un concepto claro y distinto. Niego, pues, que de ahí se siga que quien puede hacer lo imposible pueda hacer también lo posible. ¿Qué conclusión sería ésta? Si uno puede hacer un círculo cuadrado, también podrá hacer un círculo en el que todas las líneas que se pueden trazar del centro a la circunferencia sean iguales. O, si uno puede lograr que la nada reciba algo y utilizarla como materia de la cual hacer algo, también tendrá poder de hacer algo a partir de alguna cosa. Porque, como ya he dicho, entre estos extremos y otros por el estilo no existe acuerdo alguno, ni analogía, ni comparación ni proporción alguna. Y esto lo puede ver cualquiera, con tal que preste un poco de atención al asunto. De ahí que yo lo considere totalmente ajeno al ingenio de Descartes.

Por otra parte, si presto atención al segundo axioma de los aducidos, parece que él quiere entender por lo más o más difícil lo que es más perfecto, y por lo menos o más fácil lo que es más imperfecto. Aunque también esto parece bien oscuro. Pues surge aquí la misma dificultad de antes. Porque yo niego, como antes, que aquel que puede hacer lo más puede hacer también, al mismo tiempo y con la misma operación (como se debe suponer en la proposición), lo menos.

Además, cuando dice: *es más crear o conservar la sustancia que los atributos,* no puede entender por atributos aquello que se contiene formalmente en la sustancia y que no se distingue de ella más que por una distinción de razón. Ya que, entonces, sería lo mismo crear la sustancia que crear los atributos. Ni, por lo mismo, puede entender por atributos las propiedades que se siguen necesariamente de la esencia y definición de la sustancia[164]. Y mucho menos todavía puede entender (aunque así parece hacerlo) las propiedades y atributos de otra sustancia; como, por ejemplo, si digo que tengo poder para conservarme a mí, sustancia pensante finita, no por eso puedo decir que también tenga poder de darme las perfecciones de la sustancia infinita, cuya esencia se diferencia absolutamente de la mía. Pues la fuerza o esencia con que me conservo* en mi ser difiere totalmente de la fuerza o esencia con que se conserva la sustancia absolutamente infinita, cuyas propiedades sólo se distinguen de ella por una distinción de razón. De ahí que (aun suponiendo que me conservara yo mismo), si quisiera concebir que me puedo dar a mí mismo las perfecciones de la sustancia absolutamente infinita, supondría, ni más ni menos, que yo podría reducir a la nada toda mi esencia y crear de nuevo la sustancia infinita. Lo cual sería, sin duda, mucho más que suponer simplemente que yo pudiera conservar la sustancia finita.

Por tanto, como nada de esto se puede entender por los atributos o propiedades, sólo cabe entender por tales las cualidades, que contiene eminentemente la misma

---

* Adviértase que la fuerza con que se conserva la sustancia no es nada distinto de la esencia, pues sólo se distingue nominalmente de ella, como se mostrará en su lugar, cuando hablemos, en nuestro *Apéndice*, del poder de Dios.

sustancia (como este o aquel pensamiento en el alma, que yo percibo claramente que me faltan), pero no aquellas que contiene eminentemente otra sustancia (como este y aquel movimiento en la extensión, ya que tales perfecciones, para mí, cosa pensante, no son tales y por tanto no me faltan). Y entonces, de este axioma no se puede concluir en modo alguno lo que Descartes pretende, a saber, que, si yo me conservo, también tengo poder para darme todas las perfecciones, que comprendo fácilmente que pertenecen al ser sumamente perfecto. Ya consta por lo dicho.

No obstante, a fin de no dejar el tema sin demostrar y evitar toda confusión, me pareció oportuno demostrar previamente los lemas siguientes y fundar, después, sobre ellos *la demostración de esta proposición 7*[165].

Lema 1.º Cuanto más perfecta es una cosa por su naturaleza, mayor existencia implica y más necesaria; y, al revés, cuanto más necesaria es la existencia que implica por naturaleza una cosa, más perfecta es esa cosa.

Prueba. En la idea o concepto de toda cosa se contiene la existencia *(por el ex. 6).* Supongamos, pues, que A es una cosa que tiene diez grados de perfección. Digo que su concepto implica más existencia que si supusiéramos que sólo contiene cinco grados de perfección. Pues, como de la nada no podemos afirmar ninguna existencia *(véase el escolio de la prop. 4),* cuanta más perfección sustraemos de ella [A] por el pensamiento, y cuanto más concebimos, por tanto, que participa de la nada, tanta más posibilidad de existencia le negamos. De ahí que, si concebimos que sus grados de perfección disminuyen al infinito, hasta cero, no contendrá ninguna existencia o contendrá una existencia absolutamente imposible. Si, por el contrario, aumentamos sus grados al infinito, concebiremos que implica la existencia suma y, por tanto, sumamente necesaria. Esto era lo primero. Y, como estas dos cosas no se pueden separar en modo alguno *(como consta por el ax. 6 y por toda esta primera parte)*, se sigue claramente, además, lo que había que demostrar en segundo lugar[166].

Nota 1. Aunque se dice que muchas cosas existen necesariamente por el solo hecho de que se da una causa determinada a producirlas, no nos referimos a ellas aquí, sino tan sólo a aquella necesidad y posibilidad que, sin considerar para nada la causa, se sigue de la simple consideración de la naturaleza o esencia de la cosa[167].

Nota 2. Aquí no hablamos de la belleza ni demás perfecciones que los hombres, por superstición o ignorancia, han querido llamar perfecciones, sino que por perfección sólo entiendo la realidad o el ser. Por ejemplo, como en la sustancia veo que se contiene más realidad que en los modos o accidentes, entiendo claramente que ella contiene una existencia más necesaria y perfecta que los accidentes, *como está suficientemente claro por los axiomas 4 y 6*[168].

Corolario. De ahí se sigue que todo aquello que implica la existencia necesaria es el ser sumamente perfecto o Dios.

Lema 2.º Si alguien tiene el poder de conservarse, su naturaleza implica la existencia necesaria.

Prueba. Quien tiene la fuerza de conservarse también tiene la fuerza de crearse *(por el ax. 10)*, es decir (como todos concederán sin dificultad), no necesita de ninguna causa externa para existir, sino que su naturaleza será, por sí sola, causa suficiente de su existencia, posible o necesaria. Es así que no es causa de una existencia posible, ya que *(por lo que he demostrado acerca del axioma 10)*, si así fuera, del hecho de que ya existiera no se seguiría que existiría después (lo cual está contra la hipótesis). Luego es causa de una existencia necesaria, es decir, que su naturaleza implica la existencia necesaria[169].

Prueba de la proposición 7

Si yo tuviera fuerza para conservarme, sería de tal naturaleza que implicaría la existencia necesaria *(por el lema 2.º)*, y por tanto mi naturaleza *(por el corolario del lema 1.º)* contendría todas las perfecciones. Es así que yo descubro en mí, en cuanto cosa pensante, muchas imperfecciones, como que dudo, que deseo, etc., de las cuales *(por el escolio de la prop. 4)* estoy seguro. Luego no tengo fuerza de conservarme. Y no puedo decir que sólo carezco de esas perfecciones porque me las quiero negar, ya que esto estaría en abierta contradicción *con el lema 1.º* y con lo que claramente observo en mí.

Por otra parte, mientras existo, ya no puedo existir sin ser conservado[170] o por mí mismo, si realmente poseo esa fuerza, o por otro que la posea *(por los axs. 10 y 11)*. Es así que yo existo *(por el escolio de la proposición 4)* y, sin embargo, no tengo la fuerza de conservarme, como acabo de probar. Luego soy conservado por otro. Pero no por otro que no tiene fuerza para conservarse a sí mismo (por la misma razón por la que antes he demostrado que yo no me puedo conservar a mí). Luego por otro que tiene fuerza para conservarse, es decir *(por el lema 2.º)*, cuya naturaleza implica la existencia necesaria; es decir *(por el corolario del lema 1.º)*, que contiene todas las perfecciones que yo entiendo claramente que pertenecen al ser sumamente perfecto. Y por consiguiente, el ser sumamente perfecto, es decir *(por la def. 8)*, Dios, existe[171].

Corolario. Dios puede realizar todo aquello que percibimos claramente, tal como lo percibimos.

Prueba. Todo esto se sigue claramente de la proposición anterior. En efecto, en ella se ha probado que Dios existe, porque debe existir alguien en el que existan todas las perfecciones, de las que hay en nosotros alguna idea. Ahora bien, en nosotros hay la idea de un poder tal, que el cielo y la tierra, e incluso todas las demás cosas que son percibidas por mí como posibles, pueden ser hechas por el solo ser en que ese poder se halla. Por consiguiente, junto con la existencia de Dios, hemos probado de él todo esto.

PROPOSICIÓN 8. *El alma y el cuerpo se distinguen realmente.*

Prueba. Todo lo que percibimos claramente puede ser hecho por Dios tal como lo percibimos *(por el corolario precedente)*. Es así que percibimos claramente el alma, es decir *(por la def. 6)*, la sustancia pensante, sin el cuerpo, es decir *(por la def. 7)*, sin una sustancia extensa *(por las props. 3 y 4)*; y, viceversa, el cuerpo sin el alma (como todos conceden sin dificultad). Luego, al menos por el poder divino, el alma puede existir sin el cuerpo y el cuerpo sin el alma.

Ahora bien, las sustancias que pueden existir la una sin la otra se distinguen realmente *(por la def. 10)*, y el alma y el cuerpo son sustancias *(por las defs. 5, 6, 7)* y pueden existir la una sin la otra (como se acaba de probar). Luego, el alma y el cuerpo se distinguen realmente. *Véase la proposición 4 de Descartes,* al final de las *Respuestas a las Segundas Objeciones,* y lo que se dice en *Principios, parte I, arts. 22-29,* pues no creo que valga la pena recoger todo eso aquí.

PROPOSICIÓN 9. *Dios es sumamente inteligente*[172].

Prueba. Si usted lo niega, entonces Dios o bien no entenderá nada o (al menos) no entenderá todas las cosas, sino sólo algunas. Ahora bien, entender únicamente algunas cosas e ignorar el resto supone un entendimiento limitado e imperfecto, que es absurdo atribuirlo a Dios *(por la de f. 8)*. Por otra parte, que Dios no entienda nada, o bien manifiesta en Dios carencia de intelección (como en los hombres, cuando no entienden nada) e imperfección, la cual no puede darse en Dios *(por la misma definición),* o manifiesta que repugna a la perfección de Dios que él entienda algo. Ahora bien, entonces se le niega toda intelección y, por tanto, no podrá crear ningún entendimiento *(por el ax. 8)*. Pero, como el entendimiento es percibido clara y distintamente por nosotros, Dios podrá ser su causa *(por el corolario de la prop. 7)*. Por consiguiente, está muy lejos de ser cierto que repugne a la perfección de Dios que él entienda algo. Y, por tanto, Dios será sumamente inteligente[173].

Escolio. Aunque hay que conceder que Dios es incorpóreo, como se demuestra en la proposición 16, no hay que entender esto, sin embargo, como si hubiera que excluir de él todas las perfecciones de la extensión, sino tan sólo en la medida en que la naturaleza y las propiedades de la extensión implican alguna imperfección. Y esto mismo hay que afirmarlo de la intelección de Dios, como lo reconocen todos aquellos que quieren comprender las cosas por encima de la masa vulgar de los filósofos, como explicaremos ampliamente en nuestro *Apéndice, parte II, cap. 7*[174].

PROPOSICIÓN 10. *Cuanta perfección se halla en Dios procede de él.*

Prueba. Supongamos que hay en Dios alguna perfección, que no procede de él. Estará en Dios, o bien por él mismo o por algo distinto de Dios. Si por él, entonces tendrá la existencia necesaria y, en modo alguno, posible *(por el lema 2.º de la prop. 7)*; y por tanto *(por el corolario del lema 1.º de la misma proposición)* será algo sumamente perfecto y, por lo mismo *(por la def. 8)*, será Dios. Por consiguiente, si se dice que en Dios hay algo, que existe por sí, se dice ipso facto que eso procede de Dios, que es lo que había que demostrar. Si, en cambio, procede de algo distinto de Dios, entonces Dios no puede ser concebido como sumamente perfecto, *en contra de la definición 8*. Por consiguiente, toda cuanta perfección se halla en Dios procede de él.

PROPOSICIÓN 11. *No existen varios dioses.*

Prueba. Si se lo niega, concíbanse, si es posible, varios dioses, por ejemplo, A y B. En ese caso, necesariamente *(por la prop. 9)* tanto A como B serán sumamente inteligentes, es decir, que A lo entenderá todo, a saber, a sí mismo y a B; y a la inversa, B se entenderá a sí mismo y a A. Ahora bien, como A y B existen necesariamente *(por la proposición 5)*, la causa de la verdad y necesidad de la idea del mismo B, que existe en A, es el mismo B; y, al contrario, la causa de la verdad y la necesidad de la idea del mismo A, que existe en B, es el mismo A. De ahí que habrá alguna perfección en A que no procede de A, y alguna en B que no procede de B. Y por consiguiente *(por la prop. precedente)*, ni A ni B serán dioses, y por tanto no existen varios dioses.

Hay que señalar aquí que del solo hecho de que una cosa implica, por sí misma, la existencia necesaria, como es el caso de Dios, se sigue necesariamente que esa cosa es única, como cualquiera podrá descubrirlo en sí mismo, si lo considera atentamente; también yo hubiera podido demostrarlo aquí, pero no de forma tan intuitiva para todos como la seguida en la prueba de esta proposición[175].

PROPOSICIÓN 12. *Todo cuanto existe es conservado por la sola fuerza de Dios.*

Prueba. Si alguien lo niega, que suponga que algo se conserva a sí mismo. En ese caso *(por el lema 2.º de la prop. 7)*, su naturaleza implica la existencia necesaria. Y por tanto *(por el corolario del lema 1.º de la misma proposición)*, eso sería Dios y se darían varios dioses, lo cual *(por la proposición anterior)* es absurdo. Por consiguiente, no existe nada que no se conserve por la sola fuerza de Dios.

Corolario 1.º Dios es creador de todas las cosas.

Prueba. Dios *(por la proposición precedente)* todo lo conserva, es decir *(por el ax. 10),* creó todo cuanto existe y lo crea continuamente todavía.

Corolario 2.º Las cosas no tienen por sí mismas ninguna esencia que sea causa del conocimiento de Dios; por el contrario, Dios es causa de las cosas, incluso en cuanto a su esencia.

Prueba. Como en Dios no se halla perfección alguna, que no provenga de Dios *(por la prop. 10),* las cosas no tendrán, por sí mismas, ninguna esencia, que pueda ser causa del conocimiento de Dios. Por el contrario, Dios no produjo todas las cosas a partir de otra, sino que las creó íntegramente *(por la prop. 12 con su corolario 1.º);* y, además, la acción creadora no admite ninguna causa, aparte de la eficiente (pues así defino yo la creación), la cual es el mismo Dios. De ahí se sigue, pues, que las cosas, antes de la creación, no eran absolutamente nada, y que, por consiguiente, Dios fue también causa de su esencia.

Señalemos, además, que este corolario también resulta evidente, porque Dios es causa o creador de todas las cosas *(por el cor. 1.º)* y la causa debe incluir en sí todas las perfecciones del efecto *(por el ax. 8),* como cualquiera puede ver sin dificultad.

Corolario 3.º De lo anterior se sigue claramente que Dios ni siente ni percibe propiamente, puesto que su entendimiento no es determinado por ninguna cosa exterior a él, sino que todas las cosas fluyen de él mismo[176].

Corolario 4.º Dios es, por su causalidad, anterior a la esencia y a la existencia de las cosas, como se desprende claramente de *los corolarios 1.º y 2.º de esta proposición.*

PROPOSICIÓN 13. *Dios es sumamente veraz y en modo alguno engañador.*

Prueba. A Dios *(por la def. 8)* no le podemos atribuir nada en lo que descubramos alguna imperfección. Ahora bien, todo engaño (como es claro por sí mismo)* o voluntad de engañar tan sólo procede de la malicia o del miedo, y el miedo supone un poder disminuido, y la malicia, privación de la bondad. Por tanto ningún engaño o voluntad de engañar deberá ser atribuido a Dios, es decir, al ser sumamente poderoso y bueno, sino que, por el contrario, habrá que decir que Dios es sumamente veraz y en modo alguno engañador. Véanse las *Respuestas a las Segundas Objeciones, núm. 4.*

PROPOSICIÓN 14. *Todo lo que percibimos clara y distintamente es verdadero.*

Prueba. La facultad de discernir lo verdadero de lo falso, que (cualquiera puede comprobarlo en sí mismo y se lo puede ver por todo lo anteriormente demostrado) existe en nosotros, ha sido creada y es continuamente conservada por Dios *(por la prop. 12 con su corolario),* es decir *(por la proposición precedente),* por un ser sumamente veraz y en modo alguno engañador, el cual no nos ha dado a nosotros (como todo el mundo lo ve en sí mis-

---

* No he incluido este axioma entre los demás porque no fue necesario, ya que sólo lo necesitaba para demostrar esta proposición. Además, mientras ignoraba la existencia de Dios, no quise aceptar como verdadero más que aquello que yo podía deducir de lo primero conocido, *yo existo,* según advertí *en el escolio de la proposición 4.* Por otra parte, no incluí las definiciones del miedo y de la malicia entre las otras, porque nadie las desconoce, y sólo necesito de ellas para esta proposición.

mo) ninguna facultad de abstenernos, es decir, de no asentir a aquello que percibimos clara y distintamente. De ahí que, si nos engañáramos respecto a esto, seríamos totalmente engañados por Dios, y él sería engañador. Ahora bien, esto *(por la proposición anterior)* es absurdo. Luego, todo lo que percibimos clara y distintamente es verdadero.

Escolio. Aquellas cosas a las que necesariamente debemos asentir tan pronto las percibimos clara y distintamente son necesariamente verdaderas. Por otra parte, nosotros tenemos la facultad de no asentir a aquellas que son oscuras y dudosas o que no han sido deducidas de principios certísimos, como cualquiera comprueba en sí mismo. De donde se sigue claramente que nosotros siempre podemos prevenirnos de caer en errores y de ser nunca engañados (lo cual se comprenderá todavía mejor por lo que sigue), a condición de que tomemos la firme decisión de no afirmar nada que no percibamos clara y distintamente o que no ha sido deducido de principios claros y ciertos por sí mismos.

PROPOSICIÓN 15. *El error no es algo positivo.*

Prueba. Si el error fuera algo positivo, sólo a Dios tendría por causa, por quien debería ser continuamente creado *(por la prop. 12)*. Es así que esto es absurdo *(por la prop. 13)*. Luego el error no es algo positivo[177].

Escolio. Dado que el error no es algo positivo en el hombre, no podrá ser más que la privación del uso correcto de la libertad *(por el escolio de la prop. 14)*. Y, por tanto, no se puede decir que Dios sea causa del error, a no ser en el sentido en que decimos que la ausencia del sol es causa de las tinieblas o que Dios, por haber hecho un niño, semejante a los demás en todo, excepto en la vista, es causa de la ceguera; es decir, en cuanto que nos dio un entendimiento que sólo abarca unas pocas cosas. Y para que se entienda claramente esto y cómo, además, el error sólo depende del abuso de nuestra voluntad y cómo, finalmente, podemos guardarnos del error, recordemos los modos que tenemos de pensar, a saber: todos los modos de percibir (como el sentir, el imaginar y el entender puro) y de querer (como desear, rechazar, afirmar, negar y dudar). Pues todos pueden reducirse a estos dos.

Acerca de éstos hay que señalar lo siguiente:

1.º El alma, en cuanto entiende clara y distintamente las cosas y asiente a ellas, no puede engañarse *(por la prop. 14);* ni tampoco en cuanto sólo percibe las cosas, sin asentir a ellas. Pues, aunque ya estoy percibiendo un caballo alado, es cierto que esta percepción no contiene ninguna falsedad, mientras no afirmo que es verdad que existe el caballo alado, ni tampoco mientras dudo si se da el caballo alado. Y, como asentir no es más que determinar la voluntad, se sigue que el error tan sólo depende del uso de la voluntad. Y para que quede todavía más claro, hay que señalar:

2.º Nosotros no sólo tenemos poder para asentir a aquellas cosas que percibimos clara y distintamente, sino también a aquellas que percibimos de otro modo cualquiera. Porque nuestra voluntad no está determinada por límite alguno. Y esto lo puede ver todo el mundo claramente, con tal que advierta que, si Dios quisiera hacer infinita nuestra facultad de entender, no le sería necesario darnos una facultad de asentir mayor que la que ya tenemos, para que pudiéramos asentir a todo lo por nosotros entendido, puesto que esta misma que tenemos bastaría para asentir a infinitas cosas. Y, de hecho, ya sabemos por experiencia que asentimos a muchas que no hemos deducido de principios ciertos.

Por lo anterior se ve claramente además que, si el entendimiento tuviera la misma amplitud que la facultad de querer o si la facultad de querer no pudiera abarcar más que el entendimiento o, finalmente, si pudiéramos contener la facultad de querer dentro de los límites del entendimiento, jamás caeríamos en el error *(por la prop. 14)*[178].

Ahora bien, no tenemos poder alguno de lograr las dos primeras cosas señaladas, ya que es contradictorio que la voluntad no sea infinita y que el entendimiento creado no sea finito. Sólo cabe, pues, considerar la tercera posibilidad, es decir, si tenemos poder de contener nuestra facultad de querer dentro de los límites del entendimiento. Ahora bien, como la voluntad es libre para determinarse, se sigue que nosotros tenemos el poder de contener la facultad de asentir dentro de los límites del entendimiento y de conseguir, por tanto, que no caigamos en el error. Es, pues, absolutamente evidente que sólo del uso de la voluntad depende que no caigamos en el error.

Que nuestra voluntad sea libre se demuestra en *Principios, parte I, art. 39*, y en la *Meditación IV*, y también nosotros lo mostramos ampliamente en el último capítulo de nuestro *Apéndice*. Y aunque, cuando percibimos el objeto clara y distintamente, no podemos menos de asentir al mismo, este asentimiento necesario no depende de la debilidad de nuestra voluntad, sino únicamente de su libertad y perfección. Porque el asentir es en nosotros una perfección (como es obvio por sí mismo) y la voluntad no es nunca más perfecta ni más libre que cuando se determina totalmente. Y, como esto puede suceder cuando el alma entiende algo clara y distintamente, la voluntad se dará en seguida esa perfección *(por el ax. 5)*. Está, pues, lejos de ser cierto que, por no ser indiferentes para abrazar la verdad, comprendamos que somos menos libres. Al contrario, nosotros sostenemos como cierto que, cuanto más indiferentes somos, menos libres somos[179].

Sólo nos resta explicar aquí cómo, respecto al hombre, el error no es sino una privación, mientras que, respecto a Dios, es una negación. Lo veremos con claridad si antes advertimos que nosotros, por percibir muchas cosas, aparte de aquellas que entendemos claramente, somos más perfectos que si no las percibiéramos. Y esto resulta claramente de que, si supusiéramos que no podemos percibir nada clara y distintamente, sino sólo de forma confusa, no tendríamos nada más perfecto que percibir las cosas confusamente y no cabría desear otra cosa para nuestra naturaleza. Además, el asentir a las cosas, aunque sean confusas, en cuanto que es cierta acción, es perfección. Lo cual será evidente a cualquiera que suponga, como acabamos de hacer, que a la naturaleza humana le repugna percibir las cosas clara y distintamente; ya que entonces salta a la vista que es mucho mejor para el hombre asentir a las cosas, aunque sean confusas, y ejercitar la libertad, que permanecer siempre indiferente, es decir (como acabamos de mostrar), en el ínfimo grado de libertad. Y si, además, queremos prestar atención al uso y utilidad para la vida humana, comprobaremos que tal asentimiento es absolutamente necesario, como le enseña a cada cual la experiencia cotidiana.

Dado, pues, que todos los modos de pensar, considerados en sí solos, son perfectos, no puede existir en ellos, en ese sentido, lo que constituye la forma del error. Pero, si nos fijamos en los modos de querer, en cuanto difieren unos de otros, verificaremos que unos son más perfectos que otros, en la medida en que hacen menos indiferente, es decir, más libre, la voluntad. Y veremos, además, que, cuando asentimos a cosas confusas, hacemos que el alma sea menos apta para discernir lo verdadero de lo falso, y, por lo mismo, que carezcamos de la libertad mejor. De ahí que asentir a las cosas confusas, en cuanto que es algo positivo, no contiene ninguna imperfección ni tampoco la forma del error, sino tan sólo en cuanto que con ese asentimiento nos privamos a nosotros mismos de la mejor libertad que corresponde a nuestra naturaleza y que está en nuestro poder. Por consiguiente, toda la imperfección del error sólo consiste en la privación de la libertad mejor, privación que se denomina error. Se llama privación, porque nos privamos de una perfección que corresponde a nuestra naturaleza; y se llama error, porque carecemos de esa perfección por nuestra culpa, porque no contenemos, como podemos, la voluntad dentro de los límites del entendimiento[180].

Así pues, dado que el error no es, respecto al hombre, más que la privación del uso perfecto o recto de la libertad, se sigue que esa privación no reside en ninguna facultad, que el hombre recibe de Dios, ni tampoco en ninguna operación de las facultades, en cuanto depende de Dios. Ni cabe decir que Dios nos privó de un entendimiento mayor, que nos podía haber dado, y que por eso hizo que pudiéramos caer en errores. En efecto, no hay cosa ninguna cuya naturaleza pueda exigir algo de Dios, ni hay nada que pertenezca a una cosa, fuera de aquello que la voluntad de Dios le quiso otorgar, puesto que nada existió ni puede ser concebido antes que la voluntad de Dios (como se explica ampliamente en nuestro *Apéndice, parte II, caps. 7-8*). Por consiguiente, Dios no nos ha privado a nosotros de un entendimiento mayor o de una facultad de entender más perfecta, más de lo que ha privado al círculo de las propiedades de la esfera *(globi)* o a la circunferencia de las propiedades de la superficie esférica *(sphaerae)*.

Como ninguna de nuestras facultades, de cualquier modo que se la considera, puede manifestar en Dios imperfección alguna, se deduce claramente que aquella imperfección en la que consiste la forma del error no es privación más que respecto al hombre y que, en cambio, referida a Dios, en cuanto causa suya, no se puede llamar privación, sino tan sólo negación[181].

PROPOSICIÓN 16. *Dios es incorpóreo.*

Prueba. El cuerpo es el sujeto inmediato del movimiento local *(por la def. 7)*. Por tanto, si Dios fuera corpóreo, se dividiría en partes. Y como esto implica imperfección, es absurdo atribuirlo a Dios *(por la def. 8)*.

De otra forma. Si Dios fuera corpóreo, se podría dividir en partes *(por la def. 7)*. En cuyo caso, o bien cada una de sus partes podría subsistir por sí misma o no. Si no puede, sería similar a las demás cosas, creadas por Dios; y, por lo mismo, sería continuamente creada por Dios con la misma fuerza que todas las cosas creadas *(por la prop. 10 y el ax. 11)* y no pertenecería a la naturaleza de Dios más de lo que lo hacen las otras cosas creadas, lo cual es absurdo *(por la prop. 5)*. Si, en cambio, cada una de sus partes existe por sí misma, también debe implicar cada una la existencia necesaria *(por el lema 2.º de la prop. 7)*. Pero, como también esto es absurdo *(por la prop. 11)*, se sigue que Dios es incorpóreo[182].

PROPOSICIÓN 17. *Dios es un ser simplicísimo.*

Prueba. Si Dios constara de partes, éstas deberían ser (como todos fácilmente concederán) anteriores, al menos en naturaleza, a Dios, lo cual es absurdo *(por el cor. 4 de la prop. 12)*. Dios es, por tanto, un ser simplicísimo.

Corolario. De ahí se sigue que la inteligencia, la voluntad o decreto y el poder de Dios no se distinguen, a no ser con distinción de razón, de su esencia.

PROPOSICIÓN 18. *Dios es inmutable.*

Prueba. Si Dios fuera mudable, no podría cambiar sólo parcialmente, sino que debería hacerlo según toda su esencia *(por la prop. 17)*. Es así que la esencia de Dios existe necesariamente *(por las props. 5-7)*. Luego Dios es inmutable.

PROPOSICIÓN 19. *Dios es eterno.*

Prueba. Dios es el ser sumamente perfecto *(por la def. 8)*, y de ahí se sigue *(por la prop. 5)* que existe necesariamente. Ahora bien, si le atribuimos una existencia limitada, los límites de su existencia deben ser necesariamente entendidos, si no por nosotros, al menos por el mismo Dios *(por la prop. 9)*, ya que es un ser sumamente inteligente. Y por tanto, fuera de aquellos límites, Dios se entenderá a sí mismo, es decir *(por la def. 8)*, al ser sumamente perfecto, como no existente, lo cual es absurdo *(por la prop. 5)*. Luego, Dios no tiene una existencia limitada, sino infinita, a la que damos el nombre de eterna *(véase nuestro Apéndice, parte II, cap. 1)*. Por consiguiente, Dios es eterno[183].

PROPOSICIÓN 20. *Dios lo preordenó todo ab aeterno.*

Prueba. Como Dios es eterno *(por la prop. anterior)*, también su inteligencia será eterna, ya que pertenece a su esencia eterna *(por el corolario de la prop. 17)*. Es así que su entendimiento no se distingue realmente de su voluntad o decreto *(por el cor. de la prop. 17)*. Luego, cuando decimos que Dios entendió las cosas desde la eternidad, decimos, a la vez, que quiso o decretó así las cosas *ab aeterno*.

Corolario. De esta proposición se sigue que Dios es sumamente constante en sus obras.

PROPOSICIÓN 21. *La sustancia extensa en longitud, anchura y altura existe realmente, y nosotros estamos unidos a una sola parte de ella.*

Prueba. La cosa extensa, en cuanto es clara y distintamente percibida por nosotros, no pertenece a la naturaleza de Dios *(por la prop. 16)*, sino que puede ser creada por Dios *(por el corolario de la prop. 7 y por la prop. 8)*.

Por otra parte, nosotros percibimos clara y distintamente (como cualquiera comprueba en sí mismo, en cuanto que piensa) que la sustancia extensa es causa suficiente para producir en nosotros el cosquilleo, el dolor e ideas o sensaciones similares, que se producen de continuo en nosotros, incluso contra nuestra voluntad[184]. Ahora bien, si, aparte de la sustancia extensa, queremos imaginar otra causa de nuestras sensaciones, por ejemplo Dios o un ángel, destruimos al momento el concepto claro y distinto que de ellas tenemos. De ahí que*, mientras prestemos la debida atención a nuestras percepciones, de modo que no admitamos nada más que lo que percibimos clara y distintamente, nos sentiremos inclinados, y en modo alguno indiferentes, a afirmar que la sustancia extensa es la única causa de nuestras sensaciones, y por tanto a afirmar que existe la cosa extensa, creada por Dios. Es así que en esto no podemos equivocarnos *(por la prop. 14 con su escolio)*. Por consiguiente, es exacto afirmar que existe la sustancia extensa en longitud, anchura y altura, que es lo primero que había que demostrar[185].

Por otra parte, entre nuestras sensaciones, que (como ya hemos demostrado) deben ser producidas en nosotros por la sustancia extensa, observamos una gran diferencia: como cuando digo que yo siento o veo un árbol, o que siento sed o dolor, etc. Yo veo claramente que no puedo percibir la causa de esta diferencia a menos que comprenda previamente que yo estoy estrechamente unido a una parte de la materia y no a las otras. Ahora bien, como yo comprendo esto clara y distintamente y

---

* *Véase la prueba de la prop. 14 y el escolio de la prop. 15.*

no puedo percibirlo de ningún otro modo, es verdad *(por la prop. 14, con su escolio)* que estoy unido a una sola parte de la materia, que es lo segundo que tenía que demostrar.

Nota. Si el lector no se considera únicamente como cosa pensante y carente de cuerpo, y no desecha como prejuicios todas las razones que tuvo antes para creer que existe el cuerpo, en vano se empeñará en entender esta demostración[186].

Fin de la primera parte

[181]
PARTE II[187]

Postulado. Lo único que se postula aquí es que cada uno atienda con el máximo cuidado a sus percepciones, a fin de que pueda distinguir lo claro de lo oscuro[188].

Definiciones

1.º *La extensión es aquello que consta de tres dimensiones; pero no entendemos por extensión el acto de extender ni algo distinto de la cantidad.*

2.º *Por sustancia entendemos aquello que, para existir, sólo necesita el concurso de Dios.*

3.º *El átomo es la parte de la materia que es indivisible por su propia naturaleza.*

4.º Indefinido *es aquello cuyos límites (si los tiene) no pueden ser investigados por el entendimiento humano.*

5.º El vacío *es la extensión sin sustancia corpórea.*

6.º El espacio *no lo distinguimos de la extensión, a no ser mediante la razón, es decir, que no se distingue realmente de ella.* Léase *Principios, parte II, art. 10.*

7.º *Aquello que entendemos, mediante el pensamiento, que se divide* es divisible, *al menos en potencia.*

8.º El movimiento local *es el traslado de una parte de materia o de un cuerpo desde la vecindad de aquellos cuerpos que le tocan inmediatamente y que se consideran como en reposo a la vecindad de otros.*

Descartes utiliza esta definición para explicar el movimiento local. Pero para que se entienda correctamente, hay que hacer las siguientes consideraciones.

1. Él entiende por *parte de materia* todo aquello que se traslada simultáneamente, aunque ella pueda constar, en sí misma, de muchas otras partes.

2. A fin de evitar toda confusión, Descartes sólo habla en esta definición de aquello que existe permanentemente en el objeto móvil, a saber, de la *traslación,* para que no se confunda, como ha sucedido con frecuencia a otros, con la fuerza o la acción que traslada. Pues el vulgo cree que esta fuerza o acción sólo se requiere para el movi-

miento, pero no para el reposo, aunque se equivocan totalmente. Porque, como es obvio por sí mismo, se requiere la misma fuerza para imprimir, de una vez, ciertos grados de movimiento a un cuerpo en reposo, que para volver a quitar, de una vez, esos mismos grados de movimiento al mismo cuerpo, es decir, para que quede absolutamente en reposo. Aún más, esto se prueba por experiencia, ya que empleamos casi la misma fuerza para impulsar un navío que reposa sobre las aguas tranquilas que para detenerlo de repente cuando está en movimiento; y efectivamente, sería exactamente la misma, si para detenerlo no fuéramos ayudados por la viscosidad y por la gravedad del agua por él desalojada.

3. Él dice que la traslación se efectúa de la vecindad de los cuerpos contiguos a la vecindad de otros, y no de un lugar a otro. En efecto, el lugar *(como él explicó en el art. 13 de la parte II)* no es algo en la cosa, sino que sólo depende de nuestro pensamiento, de forma que se puede decir que el mismo cuerpo cambia y no cambia, simultáneamente, de lugar, pero no que, simultáneamente, es trasladado y no es trasladado de la vecindad de un cuerpo contiguo, ya que, en el mismo instante, sólo unos cuerpos determinados pueden ser contiguos al mismo móvil.

4. Él no dice que la traslación se efectúe de la vecindad de los cuerpos contiguos sin más, sino sólo de aquellos que se consideran *como en reposo*. Pues, para que el cuerpo A sea alejado del cuerpo B, que está en reposo, se requiere la misma fuerza y acción de un lado que del

otro, como se ve claramente en el ejemplo de una barca 30
adherida al lodo o a la arena que hay en el fondo del
agua: para hacer flotar la barca, hay que imprimir la misma fuerza al fondo del agua que a la barca. De ahí que la
fuerza con que deben ser movidos los cuerpos se gasta lo

mismo en el cuerpo en movimiento que en el cuerpo en
reposo. Por otra parte, la traslación es recíproca, ya que,
si la barca se separa de la arena, también la arena se separa de la barca.

Así pues, si (hablando en general) quisiéramos atribuir [183]
a dos cuerpos, que se alejan uno del otro en direcciones
opuestas, movimientos iguales y no quisiéramos considerar a ninguno de ellos como en reposo, y ello por la sencilla razón de que la misma acción que hay en uno está
también en el otro, entonces estaríamos obligados a
atribuir incluso a aquellos cuerpos que todos consideran
como en reposo (por ejemplo, la arena de la que se separa la barca) tanto movimiento como a los cuerpos movidos. Ya que, como hemos señalado, la misma acción se
requiere de uno y de otro lado, y el traslado es recíproco. Pero esto se alejaría demasiado de la forma común
de hablar. No obstante, aunque aquellos cuerpos, de 10
los que otros se separan, sean considerados como en
reposo y se denominen tales, recordaremos, sin embargo, que todo aquello que hay en el cuerpo movido y
por lo que se dice moverse está también en el cuerpo
en reposo.

5. Finalmente, por la definición anterior aparece claramente que cada cuerpo sólo tiene un movimiento que le es propio, ya que se entiende que sólo se separa *de ciertos cuerpos* contiguos a él y en reposo. Sin embargo, si el cuerpo movido es parte de otros cuerpos, que tienen otros movimientos, entendemos claramente que él también puede participar de otros innumerables. Pero, como no se pueden entender fácilmente tantos a la vez ni distinguirlos todos, será suficiente considerar únicamente, en cada cuerpo, aquel movimiento que le es propio. Léase *Principios, parte II, art. 31*[189].

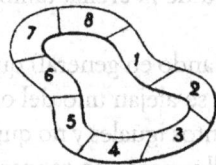

9.º Por círculo de cuerpos movidos *sólo entendemos aquel en que el último cuerpo, que se mueve por impulso de otro, toca directamente al primero de los movidos, aunque la línea, descrita por el conjunto de todos los cuerpos bajo el impulso de un único movimiento, sea muy sinuosa.*

Axiomas

1.º *La nada no tiene ninguna propiedad.*

2.º *Todo aquello que se puede quitar a una cosa, permaneciendo ella íntegra, no constituye su esencia; aquello, en cambio, que, si se quita, elimina la cosa, constituye su esencia.*

3.º *En la dureza, lo único que el sentido nos indica y lo* [184]
único que de ella entendemos clara y distintamente es que
las partes de los cuerpos duros ofrecen resistencia al movi-
miento de nuestras manos.

4.º *Si dos cuerpos se aproximan o alejan mutuamente,*
no por ello ocupan menor o mayor espacio.

5.º *Una parte de materia, ya ceda, ya resista, no por eso*
pierde la naturaleza de cuerpo.

6.º *El movimiento, el reposo, la figura y otras cosas si-*
milares no se pueden concebir sin la extensión.

7.º *Más allá de las cualidades sensibles, no queda nada*
en el cuerpo, excepto la extensión y sus afecciones, recor-
dadas en *Principios, parte I.*

8.º *Un espacio o extensión no puede ser mayor una vez*
que otra.

9.º *Toda extensión se puede dividir, al menos por el*
pensamiento.

Nadie que tenga una noción elemental de las matemáticas duda de la verdad de este axioma. Efectivamente, el espacio situado entre el círculo y la tangente puede ser dividido por otros infinitos círculos mayores. Y lo mismo resulta manifiesto en las asíntotas de la hipérbola[190].

10.º *Nadie puede concebir los límites de una exten-*
sión o espacio, a menos que conciba simultáneamente,

más allá de ellos, otros espacios que siguen inmediatamente a éste.

11.º *Si la materia es múltiple y una no toca inmediatamente a otra, cada una está necesariamente comprendida dentro de unos límites, más allá de los cuales no hay materia.*

12.º *Los cuerpos diminutos ceden fácilmente al movimiento de nuestras manos.*

13.º *Un espacio no penetra en otro y no es mayor una vez que otra.*

14.º *Si el canal A es de la misma longitud que C y C es dos veces más ancho que A, y si una materia fluida pasa por el canal A a una velocidad dos veces mayor que por C, en el mismo espacio de tiempo pasará por el canal A la misma cantidad de materia que por el canal C; y, a la inversa, si por el canal A pasa tanta materia como por el canal C, aquélla irá a doble velocidad que ésta.*

15.º *Las cosas que coinciden con una tercera, coinciden entre sí. Y las que son el doble de una tercera, son iguales entre sí*[191].

16.º *Una materia que se mueve de distintas formas tiene, al menos, tantas partes actualmente divididas como grados distintos de aceleración se observan simultáneamente en ella.*

17.º *La línea más corta entre dos puntos es la recta.*

18.º *Si el cuerpo A, que se dirige de C hacia B, es rechazado por un impulso contrario, regresará por la misma línea hacia el punto C.*

19.º *Los cuerpos que tienen modos contrarios, cuando chocan uno con otro, deben sufrir alguna variación los dos o, al menos, uno de ellos*[192]*.*

20.º *La variación en una cosa procede de la fuerza mayor.*

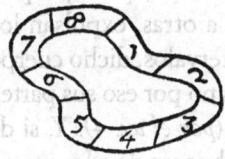

21.º *Si, cuando el cuerpo 1 se mueve hacia el cuerpo 2, impulsa a éste y el cuerpo 8, en virtud de este impulso, se mueve hacia el cuerpo 1, entonces los cuerpos 1, 2, 3, etc., no pueden estar en línea recta, sino que todos ellos, hasta el 8, forman un círculo completo. Véanse la def. 9 y la figura anterior.*

Lema 1.º Donde hay extensión o espacio allí hay también, necesariamente, sustancia.

Prueba. La extensión o espacio *(por el ax. 1)* no puede ser pura nada. Es, pues, un atributo, que debe ser necesariamente atribuido a alguna cosa. Y como esta cosa no es Dios *(por la prop. 16 de la parte I)*, tiene que ser una cosa que sólo necesita del concurso de Dios para existir *(por la prop. 12 de la parte I)*, es decir *(por la def. 2 de esta parte)*, una sustancia. Luego...[193].

Lema 2.º La condensación y la rarefacción son concebidas por nosotros clara y distintamente, aunque no concedamos que los cuerpos ocupan más espacio en la rarefacción que en la condensación.

Prueba. En efecto, ambas pueden ser clara y distintamente concebidas con sólo que las partes de un cuerpo se separen unas de otras o se aproximen. Y por tanto *(por el ax. 4)*, no ocuparán un espacio mayor ni menor. Si las partes de un cuerpo, por ejemplo, una esponja, al aproximarse unas a otras, expulsan los cuerpos de que están llenos sus intervalos, dicho cuerpo se hará ipso facto más denso; mas no por eso sus partes ocuparán menos espacio que antes *(por el ax. 4)*. Y, si después se separan unas de otras y los huecos dejados son ocupados por otros cuerpos, se producirá un enrarecimiento, mas no por eso ocuparán un espacio mayor. Y esto, que percibimos claramente por los sentidos en la esponja, podemos concebirlo de todos los cuerpos con solo el entendimiento, aunque sus intervalos escapen totalmente a los sentidos humanos. Por consiguiente, la rarefacción y la condensación son concebidas por nosotros clara y distintamente.

Pareció oportuno adelantar estos lemas para que el entendimiento se desprenda de los prejuicios sobre el espacio, la rarefacción, etc., y se disponga a entender adecuadamente lo que sigue[194].

PROPOSICIÓN 1. *Aunque se le quite a un cuerpo la dureza, el peso y demás cualidades sensibles, permanecerá, sin embargo, íntegra la naturaleza del cuerpo.*

Prueba. En la dureza (por ejemplo, de esta piedra), lo único que los sentidos nos indican y lo único que entendemos clara y distintamente es que las partes de los cuerpos duros resisten al movimiento de nuestras manos *(por el ax. 3).* De ahí que *(por la prop. 14 de la parte I)* la dureza no será nada más que eso. Y si este cuerpo es reducido a partículas sumamente diminutas, sus partes se separarán fácilmente *(por el ax. 12),* pero él no perderá la naturaleza de cuerpo *(por el ax. 5).*

En el peso y demás cualidades sensibles, la prueba procede de la misma manera.

PROPOSICIÓN 2. *La naturaleza del cuerpo o materia consiste sólo en la extensión.*

Prueba. La naturaleza del cuerpo no desaparece con la eliminación de las cualidades sensibles *(por la prop. anterior).* Luego éstas no constituyen su esencia *(por el ax. 2).* No queda, pues, nada más que la extensión y sus afecciones *(por el ax. 7)* (las cuales no se pueden entender sin la extensión) *(ax. 6).* De ahí que, si se quita la extensión, no quedará nada que pertenezca a la naturaleza del cuerpo, sino que éste desaparecerá totalmente. Por consiguiente *(por el ax. 2),* la naturaleza del cuerpo consiste únicamente en la extensión.

Corolario. El espacio y el cuerpo no se distinguen realmente.

Prueba. El cuerpo y la extensión no se distinguen realmente *(por la prop. precedente)* ni tampoco el espacio y la extensión *(por la def. 6).* Luego *(por el ax. 15),* el espacio y el cuerpo no se distinguen realmente.

Escolio. Aunque digamos* que Dios está en todas partes, no por eso se concede que Dios sea extenso, es decir *(por la proposición anterior),* corpóreo. En efecto, estar en todas partes sólo se refiere al poder de Dios y a su concurso, con el que conserva todas las cosas. De forma que la ubicuidad de Dios no se refiere más a la extensión o cuerpo que a los ángeles y a las almas *(animas)* humanas. Pero hay que señalar que, cuando decimos que su poder está en todas partes, no excluimos su esencia, ya que, donde está su poder, está también su esencia *(por parte I, prop. 17, cor.).* Sólo hablamos así para excluir la corporeidad, es decir, que Dios esté en todas partes con un poder corpóreo. Está con el poder o esencia divina, que es el mismo para conservar la extensión y las cosas pensantes *(por parte I, prop. 17),* que no podría sin duda conservar, si su poder o esencia fuera corpóreo[195].

PROPOSICIÓN 3. *Repugna que exista el vacío.*

Prueba. Por vacío se entiende la extensión sin sustancia corpórea *(por la def. 5),* es decir *(por la prop. 2),* un cuerpo sin cuerpo, lo cual es absurdo. Luego...

---

* Véase sobre esto el Apéndice, parte II, caps. 6 y 9, donde se dan más detalles.

Para una explicación más amplia del tema y para corregir el prejuicio sobre el vacío, léase *Principios, parte II, arts. 17-18*, fijándose principalmente en que los cuerpos, entre los cuales no hay nada, se tocan necesariamente y en que la nada no tiene ninguna propiedad[196].

PROPOSICIÓN 4. *Una parte de un cuerpo no ocupa más espacio una vez que otra y, al revés, el mismo espacio no contiene una vez más cuerpo que otra.* [189]

Prueba. El espacio y el cuerpo no se distinguen realmente *(por el cor. de la prop. 2)*. De ahí que, cuando decimos que un espacio no es mayor una vez que otra *(por el ax. 13)*, decimos, a la vez, que un cuerpo no puede ser mayor, es decir, no puede ocupar un espacio mayor una vez que otra, lo cual era lo primero. Además, dado que el espacio y el cuerpo no se distinguen realmente, cuando decimos que un cuerpo no puede ocupar una vez mayor espacio que otra, decimos, a la vez, que el mismo espacio no puede contener más cuerpo una vez que otra, que era lo segundo.

Corolario. Los cuerpos que ocupan un espacio igual, por ejemplo, el oro o el aire, tienen la misma cantidad de materia o sustancia corpórea.

Prueba. La sustancia corpórea no consiste en la dureza, por ejemplo, del oro, ni en la blandura, por ejemplo, del aire, ni en ninguna de las cualidades sensibles *(por la prop. 1)*, sino solamente en la extensión *(por la prop. 2)*. Y como (por hipótesis) hay igual cantidad de espacio o *(por la def. 6)* extensión en el uno como en el otro, hay también igual cantidad de sustancia corpórea[197].

[190] PROPOSICIÓN 5. *Los átomos no existen.*

Prueba. Los átomos son partes de materia invisibles por su naturaleza *(por la def. 3).* Ahora bien, la naturaleza de la materia consiste en la extensión *(por la prop. 2)* y ésta, por pequeña que sea, es divisible por su naturaleza *(por el ax. 9 y la def. 7).* Por consiguiente, una parte de materia, por pequeña que sea, es divisible por su naturaleza, es decir, que no existen átomos o partes de materia indivisibles por su naturaleza.

Escolio. La cuestión de los átomos siempre ha sido grave y complicada. Algunos afirman que existen los átomos, porque un infinito no puede ser mayor que otro. Ahora bien, si dos cantidades, por ejemplo, A y otra que es doble que ella, son divisibles al infinito, podrán también ser divididas efectivamente *(actu)* por el poder de Dios, que capta con una mirada sus infinitas partes, en un número infinito de partes. De ahí que, como, según se ha dicho, un infinito no es mayor que otro, la cantidad A será igual que su doble, lo cual es absurdo. Preguntan, además, si la mitad de un número infinito es también infinita, si es par o impar, y otras cosas por el estilo. Descartes responde a todo esto diciendo que no debemos rechazar lo que está al alcance de nuestro entendimiento y que, por tanto, percibimos clara y distintamente, a causa de otras cosas que superan nuestro entendimiento o capacidad y que, por tanto, no son percibidas por nosotros más que de una forma muy inadecuada. Efectivamente, el infinito y sus propiedades superan el entendimiento humano, que es finito por naturaleza. De ahí que sería necio rechazar como falso aquello que concebimos [191] clara y distintamente sobre el espacio o dudar de ello, porque no comprendemos el infinito. Por esta razón, Descartes tiene por indefinidas aquellas cosas en las que no advertimos ningún límite, como son la extensión del mundo, la divisibilidad de las partes de la materia, etc. Léase *Principios, parte I, art. 26*[198].

PROPOSICIÓN 6. *La materia es indefinidamente extensa y la materia del cielo y de la tierra es una y la misma.*

Prueba de la 1.ª parte. Nosotros no podemos imaginar ningunos límites de la extensión, es decir *(por la prop. 2),* de la materia, a menos que concibamos, más allá de los mismos, otros espacios que les siguen inmediatamente *(por el ax. 10),* es decir *(por la def. 6),* otra extensión o materia, y esto indefinidamente, que era lo primero.

Prueba de la 2.ª parte. La esencia de la materia consiste en la extensión *(por la prop. 2),* la cual es indefinida *(por la 1.ª parte),* es decir *(por la def. 4),* que no puede ser percibida por el entendimiento humano dentro de ningún límite. Por consiguiente *(por el ax. 11),* la esencia de la materia no es múltiple, sino una y la misma por doquier, que era lo segundo[199].

Escolio. Hemos tratado hasta ahora de la naturaleza o esencia de la extensión. Por otra parte, en la última proposición de la primera parte, hemos demostrado que fue creada por Dios tal como la concebimos; y de la proposición 12 de la misma parte se sigue que ahora es conservada por el mismo poder con que fuera creada. Además, en la misma proposición última de la primera parte, hemos demostrado que nosotros, en cuanto cosas pensantes, estamos unidos a una parte de esa materia, en virtud de la cual percibimos que existen actualmente todas aquellas variaciones, de que sabemos, por la simple contemplación de la materia, que ella es capaz, tales como la divisibilidad y el movimiento local o la traslación de una parte de un lugar a otro. Ese movimiento lo percibimos clara y distintamente, con tal que entendamos que otras partes de materia ocupan el lugar de las que emigran. Esa división y ese movimiento son concebidos por nosotros de infinitos modos; de ahí que también podemos concebir infinitas variaciones de la materia. Y digo que las concebimos clara y distintamente, mientras las concibamos como modos de la extensión y no como cosas realmente distintas de la extensión, como se explica largamente en *Principios, parte I*. Y, aunque los filósofos han imaginado otros muchos movimientos, como nosotros no admitimos nada más que lo que concebimos clara y distintamente, y como entendemos clara y distintamente que la extensión no es susceptible de ningún movimiento, aparte del local, y ni siquiera hay algún otro que nuestra imaginación alcance, no debemos admitir ningún movimiento, aparte del local.

Zenón, sin embargo, negó, según dicen, el movimiento local, y ello por varias razones, que Diógenes el Cínico refutó a su estilo, a saber, paseándose por la escuela en que Zenón enseñaba esta doctrina y molestando con su paseo a sus oyentes. En efecto, cuando sintió que un oyente le retenía para impedir su paseo, le increpó diciendo: «¿Cómo te has atrevido a refutar así las razones de tu maestro?». No obstante, por si alguien, engañado por los argumentos de Zenón, piensa que los sentidos nos muestran algo, a saber, el movimiento, que repugna totalmente al entendimiento, de suerte que el alma se engañaría incluso acerca de lo que percibe clara y distintamente con el entendimiento, aduciré aquí sus argumentos principales y mostraré, a la vez, que sólo se apoyan en falsos prejuicios, es decir, en que Zenón no tenía un concepto exacto de la materia.

Cuentan, en primer lugar, que él dijo que, si se diera el movimiento local, el movimiento de un cuerpo que se moviera circularmente a gran velocidad no se distinguiría del reposo. Y como esto es absurdo, también lo primero. El consecuente lo prueba así. Un cuerpo está en reposo cuando todos sus puntos permanecen fijos en el mismo

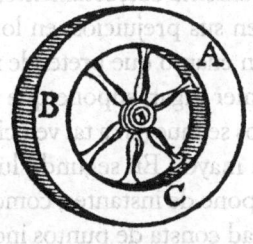

lugar. Es así que todos los puntos de un cuerpo que gira a gran velocidad permanecen fijos en el mismo lugar. Luego... Esto mismo dicen que lo explicó con el ejemplo de una rueda, por ejemplo, A B C. Si la rueda gira en torno a su centro a una cierta velocidad, el punto A describirá un círculo, pasando por B y C antes que si la rueda se moviera más despacio. Supongamos, por ejemplo, que, cuando comienza a girar lentamente, vuelve al punto de partida en una hora. Si suponemos que gira a doble velocidad, estará en el punto de partida en media hora; si gira a cuádruple velocidad, estará en un cuarto de hora; y si concebimos que esa velocidad aumenta al infinito y que el tiempo disminuye hasta el instante, entonces el punto A, a esa velocidad máxima, estará en todos los instantes, es decir, fijamente, en el lugar del que partió. Por consiguiente, A permanece siempre en el mismo lugar. Y lo que entendemos del punto A hay que entenderlo también de todos los puntos de dicha rueda; de ahí que todos sus puntos, a aquella velocidad máxima, permanecen fijos en el mismo lugar[200].

Para responder a este argumento, hay que advertir que se dirige contra la velocidad máxima, más bien que contra el movimiento mismo. Sin embargo, no examinaremos si Zenón argumenta correctamente, sino que descubriremos más bien sus prejuicios, en los que se basa su argumentación, en cuanto que pretende impugnar el movimiento. En primer lugar, supone que se puede concebir que los cuerpos se mueven a tal velocidad que no pueden alcanzar una mayor. En segundo lugar, supone que el tiempo se compone de instantes, como otros concibieron que la cantidad consta de puntos indivisibles. Ahora bien, ambos supuestos son falsos, ya que nunca podemos concebir un movimiento tan rápido que no podamos concebirlo, a la vez, más rápido. Pues repugna a nuestro entendimiento que, por pequeña que sea la línea que describe un movimiento, lo concibamos tan rápido que no podamos, al mismo tiempo, concebirlo más. Y lo mismo hay que decir de la lentitud, puesto que repugna que concibamos un movimiento tan lento que no podamos concebirlo más lento. Y decimos también lo mismo del tiempo, que es la medida del movimiento, a saber, que repugna claramente a nuestro entendimiento concebir un tiempo tal que no pueda existir otro más corto.

Para probar todo esto, sigamos los pasos de Zenón. Supongamos, pues, como él, que la rueda A B C gira en torno a su centro con tal rapidez que el punto A está, en todos los instantes, en el lugar A, de donde parte. Yo digo que concibo que esta velocidad sea indefinidamente más   10

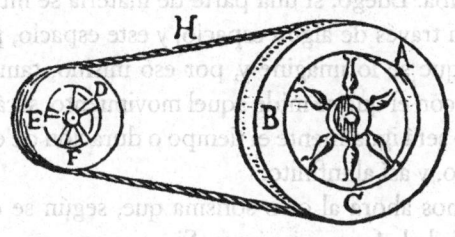

rápida y que, por lo mismo, los instantes disminuyan al infinito. Supongamos que, mientras la rueda A B C gira en torno al centro, hace girar también, mediante la cuerda H, otra rueda D E F (que suponemos dos veces menor) en torno a su centro. Como suponemos que la rueda D E F es dos veces menor que la rueda A B C, está claro que DEF se mueve a doble velocidad que ABC y que, por lo mismo, el punto D vuelve a estar, a cada medio instante, en el mismo lugar del que partió. Por otra parte, si atribuimos a la rueda A B C el movimiento de la rueda D E F, entonces ésta se moverá a cuádruple velocidad que antes. Y si ahora atribuimos esta última velocidad de la rueda D E F a la rueda A B C, entonces la rueda D E F se moverá a una velocidad ocho veces mayor [que A B C al comienzo], y así al infinito.   20

Por lo demás, esto resulta clarísimamente del simple concepto de materia. En efecto, la esencia de la materia consiste en la extensión o espacio siempre divisible, como hemos probado ya; y no hay movimiento sin espacio. También hemos demostrado que una parte de materia no puede ocupar simultáneamente dos espacios, ya que eso equivaldría a decir que una parte de materia es igual a su doble, como es evidente por lo demostrado más arriba. Luego, si una parte de materia se mueve, se mueve a través de algún espacio; y este espacio, por pequeño que se lo imagine y, por eso mismo, también el tiempo con el que se mide aquel movimiento, será divisible, y lo será igualmente el tiempo o duración de ese movimiento, y así al infinito.

Pasemos ahora al otro sofisma que, según se dice, él formuló de la forma siguiente. Si un cuerpo se mueve, o se mueve en el lugar en que está o en el que no está. Ahora bien, no se mueve en el que está, porque, si está en algún lugar, está necesariamente en reposo; ni tampoco en el que no está. Por tanto, el cuerpo no se mueve. Este argumento es, no obstante, completamente similar al primero, ya que supone que existe un tiempo menor que el cual no hay ninguno. En efecto, si le contestamos que el cuerpo no se mueve en un lugar, sino del lugar en que está al lugar en que no está, nos preguntará si no estuvo en los lugares intermedios. Si le respondemos distinguiendo: si por *estuvo* se entiende *estuvo* parado, negamos que estuviese en algún lugar, mientras se movía; pero, si por *estuvo* se entiende *existió*, decimos que, mientras se movía, necesariamente existía; él preguntará de nuevo en dónde existía mientras se movía. Y, si le contestamos: si por *en dónde existía* quiere preguntar *qué lugar conservó*, mientras se movía, decimos que no conservó ninguno; pero si pregunta *de qué lugar cambió,* decimos que se cambió de todos los lugares que él quiera señalar en ese espacio, a través del cual se movió; él seguirá preguntando si, en el mismo instante de tiempo, pudo ocupar y cambiar de lugar. Y a esto le responderemos, finalmente, con la misma distinción: si por instante de tiempo entiende un tiempo tal que no pueda existir otro menor, pregunta, como ya está bastante claro, una cosa ininteligible y, por tanto, indigna de respuesta; pero, si toma el tiempo en el sentido que antes he explicado, es decir, en su verdadero sentido, no puede asignar nunca un tiempo tan pequeño que, aunque se lo supusiera infinitamente más corto, un cuerpo no pueda, en ese tiempo, ocupar un lugar y cambiar de él, como es evidente a quien preste atención. Por consiguiente, está claro lo que antes decíamos: que Zenón supone un tiempo tan corto que no pueda existir otro menor que él, y que, por eso mismo, nada prueba.

Aparte de estos dos argumentos, todavía se atribuye otro a Zenón, que se puede leer, junto con su refutación, en Descartes: penúltima carta del primer volumen de las *Cartas*[201].

Pero yo quiero advertir aquí a mis lectores que yo he opuesto a las razones de Zenón mis razones y que, por tanto, le he refutado con la razón y no con los sentidos, como hizo Diógenes. Los sentidos, en efecto, no pueden sugerir a quien investiga la verdad más que fenómenos de la naturaleza, que le determinan a investigar sus causas; pero no muestran jamás que es falso algo que el entendimiento capta clara y distintamente como verdadero. Así pensamos nosotros y, por eso, nuestro método consiste en demostrar con razones, clara y distintamente percibidas

[196]

por el entendimiento, las cosas que proponemos. Cuanto digan los sentidos que parezca oponerse a esas razones lo despreciaremos, ya que, como hemos dicho, ellos sólo pueden determinar el entendimiento a que investigue esto más bien que aquello, pero no convencerle de falsedad, cuando él percibe algo clara y distintamente[202].

PROPOSICIÓN 7. *Ningún cuerpo entra en el lugar de otro, a menos que, a la vez, éste entre en el lugar de algún otro.*

Prueba. Si se niega, supóngase, si es posible, que el cuerpo A entra en el lugar del cuerpo B, que supongo igual a A, sin que B salga de su lugar*. El espacio, que antes sólo contenía a B, ahora (por hipótesis) contiene a A y a B. Y, por tanto, contiene doble cantidad de sustancia corpórea que antes, lo cual *(por la prop. 4)* es absurdo. Luego ningún cuerpo entra en el lugar de otro...

PROPOSICIÓN 8. *Cuando un cuerpo entra en el lugar de otro, el lugar por él dejado es ocupado, en el mismo instante, por otro que lo toca directamente.*

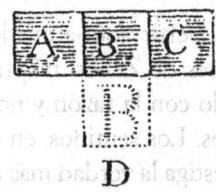

Prueba. Si el cuerpo B se mueve hacia D, en ese mismo instante los cuerpos A y C se acercarán y se tocarán mu-

---

* Véase la figura de la siguiente proposición.

tuamente o no. Si se acercan y se tocan, se concede lo que afirmamos. Si, en cambio, no se acercan, sino que queda libre todo el espacio que dejó B entre A y C, es que hay entre ellos un cuerpo igual a B *(por el cor. de la prop. 2 y por el cor. de la prop. 4).* Es así que (por hipótesis) no es el mismo B. Luego es otro que entra, en el mismo instante, en su lugar. Pero, como entra en el mismo instante, no puede ser, sino el que lo toca directamente, por el escolio de la prop. 6. Pues allí hemos demostrado que no se produce ningún movimiento de un lugar a otro, que no exija un tiempo, respecto al cual siempre hay otro más corto. Y de ahí se sigue que el espacio del cuerpo B no puede ser ocupado, en el mismo instante, por otro cuerpo que deba recorrer un espacio, antes de entrar en el lugar de B. Por consiguiente, sólo el cuerpo que toca directamente a B entra en el mismo instante en su lugar.

Escolio. Dado que las partes de la materia se distinguen realmente entre sí (por *Principios, parte I, artículo 61*), una puede existir sin otra *(por el cor. de la prop. 7 de la parte I)* y no dependen una de otra. De ahí que hay que rechazar como falsas aquellas ficciones de la simpatía y la antipatía. Como, además, la causa de un efecto siempre debe ser positiva *(por el ax. 8 de la parte I),* nunca se debe decir que un cuerpo se mueve para que no se produzca un vacío, sino que lo hace por impulso de otro.

Corolario. En todo movimiento, se mueve a la vez un círculo completo de cuerpos.

Prueba. En el momento en que el cuerpo 1 entra en el lugar del cuerpo 2, éste debe entrar en el lugar de otro, digamos de 3, y así sucesivamente *(por la prop. 7).* Por

otra parte, en el mismo momento en que el cuerpo 1
entraba en el lugar del cuerpo 2, el lugar dejado por el
cuerpo 1 debe ser ocupado por otro *(por la prop. 8)*, digamos por el 8 o por otro que toca directamente al
cuerpo 1. Y como esto se produce por el solo impulso

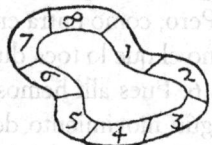

de otro cuerpo (por el escolio precedente), que suponemos que es el cuerpo 1, todos estos cuerpos movidos no pueden hallarse en la misma línea recta *(por el
ax. 21)*, sino que *(por la def. 9)* describen un círculo
completo.

PROPOSICIÓN 9. *Si el canal circular ABC está lleno de
agua y es en A cuatro veces más ancho que en B, en el momento en que el agua (u otro cuerpo fluido) que está en A
comienza a moverse hacia B, el agua que está en B se moverá a una velocidad cuatro veces mayor.*

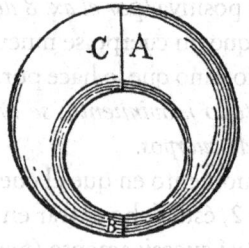

Prueba. Cuando toda el agua que hay en A se mueve [199]
hacia B, debe entrar, al mismo tiempo, otra tanta agua de
C en el lugar de A *(por la prop. 8)* y otra tanta de B en el
lugar de C *(por la misma proposición).* Por consiguiente
(por el ax. 14), el agua de B se moverá a una velocidad
cuatro veces mayor.

Lo que decimos del canal circular hay que entenderlo
también de todos los espacios desiguales por los que tienen que pasar los cuerpos que se mueven a la vez. Pues
la prueba es la misma en ambos casos.

Lema. Si se trazan dos semicírculos desde un mismo centro, como A y B, el espacio comprendido entre las perife-

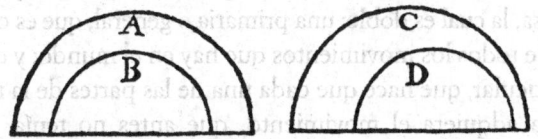

*rias será igual por todas partes. Pero, si se trazan desde
centros distintos, como C y D, el espacio entre las periferias será por todas partes desigual.* La prueba es evidente
por la sola definición del círculo.

PROPOSICIÓN 10. *Un cuerpo fluido, que se mueve por el
canal ABC (véase figura circular de prop. 9), recibe indefinidos grados de velocidad.*

Prueba. El espacio entre A y B es por todas partes desigual *(por el lema anterior y su segunda figura).* Luego
(por la prop. 9), la velocidad con que se desplaza un cuerpo fluido por el canal ABC será en todas partes desigual.
Por otra parte, como entre A y B concebimos mental-

mente indefinidos espacios cada vez menores *(por la prop. 5)*, también concebiremos que sus desigualdades, que existen por doquier, son indefinidas. Y por tanto *(por la prop. 9)* los grados de velocidad serán indefinidos.

PROPOSICIÓN 11. *En la materia que fluye por el canal ABC se da una división en indefinidas partículas**.

Prueba. La materia que fluye por el canal ABC adquiere simultáneamente indefinidos grados de velocidad *(por la prop. 10)*. Luego tiene indefinidas partes realmente divididas. Léase *Principios, parte II, arts. 34-35*.

Escolio. Hasta aquí, hemos tratado de la naturaleza del movimiento. Conviene, pues, que investiguemos ya su causa, la cual es doble: una primaria o general, que es causa de todos los movimientos que hay en el mundo; y otra particular, que hace que cada una de las partes de la materia adquiera el movimiento, que antes no tenía. En cuanto a la general, como no hay que admitir más que lo que percibimos clara y distintamente *(por parte I, props. 14 y 15, escolio)*[203] y no entendemos clara y distintamente ninguna otra causa fuera de Dios (creador de la materia), resulta evidente que no se debe admitir ninguna otra causa general, aparte de Dios. Por lo demás, lo que decimos del movimiento hay que entenderlo igualmente del reposo.

PROPOSICIÓN 12. *Dios es causa principal del movimiento.*
Prueba. Examínese el escolio que precede.

---

* *Véase la figura circular de la prop. 9.*

Proposición 13. *La misma cantidad de movimiento y de reposo que Dios imprimió un día a la materia la conserva ahora también con su concurso.*

Prueba. Dios es causa del movimiento y del reposo [201] *(por la prop. 12).* Luego también ahora los conserva con el mismo poder con que los creó *(por el ax. 10 de la parte I)* y, evidentemente, en la misma cantidad en que los creó por primera vez *(parte I, prop. 20, corolario).*

Escolio. 1.º Aunque en teología se dice que Dios hace muchas cosas por su beneplácito y para manifestar su poder a los hombres, sin embargo, como las cosas que sólo dependen de su beneplácito sólo se conocen por revelación divina, no deben ser admitidas en filosofía, donde tan sólo se investiga aquello que dicta la razón, a fin de no confundir la filosofía con la teología.

2.º Aunque el movimiento no es, en la materia movida, otra cosa que un modo suyo, tiene, no obstante, cierta cantidad determinada. Cómo haya que entenderla se aclarará a continuación[204].

Proposición 14. *Cada cosa, considerada en sí sola, en cuanto simple e indivisa, siempre persevera, en cuanto de ella depende, en el mismo estado.*

Esta proposición equivale, para muchos, a un axioma; pero nosotros la demostramos.

Prueba. Cuanto está en un estado determinado sólo lo está por el concurso de Dios *(parte I, prop. 12).* Es así que Dios es sumamente constante en sus obras *(parte I, prop. 20, corolario).* Luego, si no tenemos en cuenta las causas externas, es decir, particulares, sino únicamente la cosa en sí misma, hay que afirmar que ella, en cuanto de sí depende, persevera en el estado que ya tenía.

[202] *Corolario. Un cuerpo, una vez que está en movimiento, sigue moviéndose siempre, a menos que sea retardado por causas externas.*

Prueba. Está claro por la proposición precedente. No obstante, para corregir el prejuicio sobre el movimiento, léase *Principios, parte II, props. 37-38.*

PROPOSICIÓN 15. *Todo cuerpo en movimiento tiende, por sí mismo, a continuar moviéndose en línea recta y no en línea curva.*

Esta proposición cabría enumerarla entre los axiomas; no obstante, la demostraré a partir de lo anterior como sigue.

Prueba. Dado que el movimiento sólo tiene a Dios por causa *(por la prop. 12)*, no tiene por sí mismo ninguna fuerza para existir *(parte I, ax. 10)*, sino que es como procreado en todo momento por Dios *(por lo demostrado sobre el axioma que acabamos de citar)*. De ahí que, mientras sólo consideramos la naturaleza del movimiento, nunca le podremos atribuir, como propia de su naturaleza, una duración que pueda ser concebida como mayor que otra. Y, si se dice que a la naturaleza de cierto cuerpo en movimiento pertenece que describa con su movimiento cierta línea curva, se atribuye a la naturaleza del movimiento una duración más duradera que cuando se supone que a la naturaleza de un cuerpo en movimiento pertenece la tendencia a seguir moviéndose en una línea recta *(por el ax. 17)*. Es así que (como ya hemos demostrado) no podemos atribuir tal duración a la naturaleza del movimiento. Luego tampoco dar por supuesto que pertenezca a la naturaleza del cuerpo en movimiento seguir moviéndose según una línea curva cualquiera, sino tan sólo según una línea recta.

Escolio. Quizá parezca a muchos que esta prueba no demuestra que a la naturaleza del movimiento no le pertenece describir una línea curva más bien que una línea recta. Y la razón es que no se puede indicar una recta respecto a la cual no exista una línea, recta o curva, menor, ni tampoco una curva respecto a la cual no exista una curva menor. No obstante, aun teniendo esto en cuenta, yo estimo que la prueba procede lógicamente, ya que ella deduce lo que se proponía demostrar, no a partir de la cantidad de cada línea o de la diferencia accidental entre ellas, sino sólo a partir de su esencia universal o de su diferencia esencial.

Mas, a fin de no hacer más oscura una cosa, bastante clara por sí misma, demostrándola, remito a los lectores a la simple definición del movimiento. Ésta no afirma de él nada más que traslación de una parte de materia de la vecindad de unos cuerpos a la vecindad de otros. De ahí que, si no concebimos esta traslación lo más simple posible, es decir, que se efectúa siguiendo una línea recta, asignamos al movimiento algo que no está contenido en su definición o esencia y que, por tanto, no pertenece a su naturaleza.

Corolario. De esta proposición se sigue que todo cuerpo que se mueve siguiendo una línea curva se desvía continuamente de la línea en la que, de por sí, seguiría moviéndose, y ello en virtud de alguna causa externa (por la prop. 14)[205].

Proposición 16. *Todo cuerpo que se mueve circularmente, por ejemplo, una piedra en una honda, está continuamente determinado a seguir moviéndose según la tangente.*

[204]   *Prueba.* El cuerpo que se mueve circularmente es continuamente impedido por una fuerza externa a seguir moviéndose en línea recta *(por el corolario anterior).* Pero, al cesar ésta, proseguirá su movimiento en línea recta *(por la prop. 15).*

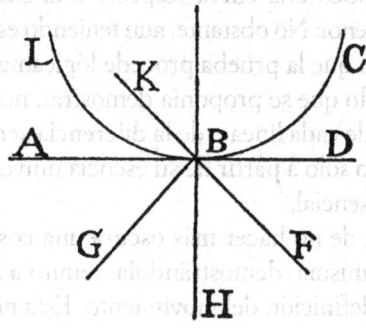

Digo, además, que el cuerpo que se mueve circularmente es determinado por una causa externa a seguir moviéndose según la tangente. Si se lo niega, supóngase que la piedra, que está en B, no es determinada (por una honda, por ejemplo) según la tangente B D, sino según otra línea, trazada por el mismo punto B hacia el interior o hacia el exterior del círculo: por ejemplo, según la línea BF, cuando se supone que la honda viene de L hacia B; o según la línea BH, cuando se supone, por el contrario, que la honda viene de C hacia B (pues se sabe que la línea BG forma un ángulo igual al ángulo FBH con la línea BH que sale del centro y corta la circunferencia en B). Pero, si se supone que la piedra, situada en el punto B, es determinada por la honda, que se mueve circularmente de L hacia B, de forma que siga moviéndose en dirección a F, es necesario *(por el ax. 18)* que, cuando la honda se mueva, por un impulso contrario, de C hacia B, la piedra sea determinada a seguir moviéndose según la línea BF con una determinación contraria: es decir, que se dirigirá hacia K y no hacia G, lo cual es contrario a la hipótesis. Ahora bien, fuera de la tangente, no se puede señalar ninguna línea* que pueda trazarse por el punto B y que forme con la línea BH ángulos iguales y situados del mismo lado, como son DBH y ABH. Luego, fuera de la tangente, no se da ninguna línea que pueda cumplir la misma hipótesis, tanto si la honda se dirige de L a B como si se mueve de C a B. Por consiguiente, no hay que señalar ninguna línea, según la cual tiende a moverse el cuerpo, excepto la tangente[206].

Otra prueba. Supongamos, en vez de un círculo, el hexágono ABH, inscrito en un círculo, y que el cuerpo C reposa en uno de sus lados, AB. Supongamos, además, que la regla DBE (supongo que un extremo está fijo en el centro D y que el otro es móvil) gira sobre el centro D cortando continuamente la línea AB. Es evidente que, si la regla DBE, mientras se mueve como suponemos, choca con el cuerpo C en el momento en que corta la línea AB en ángulos rectos, dicha regla determinará con su impulso al cuerpo C a que se mueva, siguiendo la línea FBAG, en dirección a G, es decir, siguiendo el lado AB

---

* Esto es evidente por *Elementos, libro III, props. 18-19.*

(del hexágono) prolongado al infinito. Ahora bien, como el hexágono lo hemos elegido libremente, habrá que afirmar lo mismo de cualquier otra figura, que concibamos que se puede inscribir en este círculo. Es decir, que, cuando el cuerpo C, que está parado en un lado de dicha figura, es impulsado por la regla DBE en el momento en que ella corta ese lado en ángulos rectos, será determinado por dicha regla a que siga moviéndose en la dirección de ese lado prolongado al infinito.

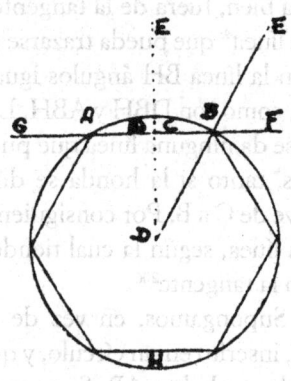

Concibamos ahora, en vez de un hexágono, una figura rectilínea de infinitos lados (es decir, por la definición de Arquímedes, un círculo). Es evidente que la regla DBE, en cualquier punto que choque con el cuerpo C, siempre chocará con él en el momento en que corta en ángulos rectos algún lado de dicha figura. Por consiguiente, nunca chocará con C, sin que, al mismo tiempo, lo determine de suerte que prosiga su movimiento en dirección de ese lado prolongado al infinito. Y como cualquier lado, prolongado en uno u otro sentido, siempre debe caer fuera de la figura, ese lado prolongado al infinito será tangente a la figura de infinitos lados, es decir, al círculo. Por consiguiente, si en vez de una regla concebimos una honda que se mueve circularmente, ésta determinará continuamente a la piedra a que siga moviéndose según la línea tangente.

Es de advertir que estas dos pruebas se pueden acomodar a cualquier figura curvilínea.

PROPOSICIÓN 17. *Todo cuerpo que se mueve circularmente tiende a alejarse del centro del círculo que describe.*

Prueba. Mientras un cuerpo se mueve circularmente, está permanentemente forzado por una causa externa; al cesar ésta, sigue inmediatamente moviéndose según la línea tangente *(por la prop. anterior)*, que tiene todos sus puntos, excepto aquel que toca el círculo, fuera de éste *(Elementos, III, prop. 16)* y que están, por tanto, más dis-

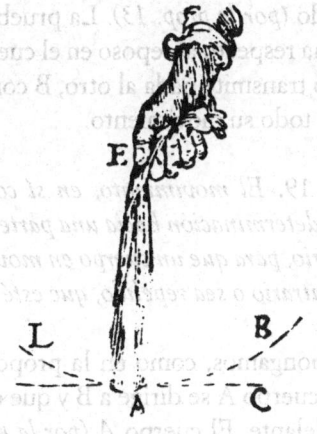

tantes del centro que el círculo. Por tanto, cuando la piedra que se mueve circularmente en la honda EA se halle en el punto A, tiende a proseguir en una línea que tiene todos sus puntos más alejados del centro E que cualquier punto de la circunferencia LAB. Ahora bien, esto es lo mismo que esforzarse por alejarse del centro del círculo que describe.

PROPOSICIÓN 18. *Si un cuerpo, por ejemplo A, se mueve en dirección a otro cuerpo en reposo, B, sin que éste pierda, en virtud del impulso del cuerpo A, nada de su reposo, tampoco el cuerpo A perderá nada de su movimiento, sino que retendrá exactamente la misma cantidad de movimiento que antes tenía.*

Prueba. Si se niega, supóngase que el cuerpo A pierde algo de su movimiento, sin que lo que él ha perdido pase a otro, por ejemplo, a B. Cuando esto suceda, se da en la naturaleza menor cantidad de movimiento que antes, lo cual es absurdo *(por la prop. 13)*. La prueba procede de la misma forma respecto al reposo en el cuerpo B. De ahí que, si uno no transmite nada al otro, B conservará todo su reposo y A todo su movimiento.

PROPOSICIÓN 19. *El movimiento, en sí considerado, es distinto de su determinación hacia una parte determinada; y no es necesario, para que un cuerpo en movimiento se dirija al lado contrario o sea repelido, que esté alguna vez en reposo.*

Prueba. Supongamos, como en la proposición precedente, que el cuerpo A se dirige a B y que éste le impide seguir más adelante. El cuerpo A *(por la prop. anterior)* conservará, pues, todo su movimiento, sin que esté en reposo el mínimo período de tiempo. Sin embargo, aunque sigue moviéndose, no se mueve en el mismo sentido que antes, puesto que se supone que es impedido por B. Por consiguiente, conservando íntegro su movimiento, pero perdiendo su anterior determinación, se dirigirá al lado contrario y no a ningún otro (por lo que se dice en *Dióptrica, cap. II*). La determinación no pertenece, pues, a la esencia del movimiento, sino que se distingue de ella, y un cuerpo en movimiento, cuando es repetido, no está ningún tiempo en reposo.

[208]

Corolario. De aquí se sigue que el movimiento no es contrario al movimiento[207].

PROPOSICIÓN 20. *Si el cuerpo A choca con el cuerpo B y arrastra a éste consigo, A perderá de su movimiento tanto cuanto B recibe de A a consecuencia del choque con él.*

Prueba. Si se lo niega, supóngase que B recibe de A más o menos movimiento que pierde A. Esa diferencia deberá ser íntegramente añadida o sustraída a la cantidad de movimiento de toda la naturaleza, lo cual es absurdo *(por la prop. 13)*. Por consiguiente, si B no puede adquirir ni más ni menos movimiento, adquirirá tanto como A pierde.

PROPOSICIÓN 21. *Si el cuerpo A es el doble que B y se mueve a la misma velocidad, A tendrá un movimiento dos veces mayor que B, es decir, una fuerza suficiente para conservar una velocidad igual a la de B.*

Prueba. Supongamos, en vez de A, dos veces B, es decir (por hipótesis), un A dividido en dos partes iguales.

Los dos B tienen fuerza para mantenerse en el estado en que estaban *(por la prop. 14)*, y esa fuerza es igual en ambos (por hipótesis). Si ahora se unen estos dos B, manteniendo su velocidad, se formará un A, cuya fuerza y cantidad de movimiento serán iguales a las de los dos B o al doble de la de un B.

Adviértase que esto también se sigue de la simple definición del movimiento. Pues, cuanto mayor es el cuerpo que se mueve, más materia hay que se separa de la otra. Existe, pues, más separación, es decir *(por la def. 8)*, más movimiento.

PROPOSICIÓN 22. *Si el cuerpo A es igual a B y se mueve a doble velocidad, la fuerza o el movimiento será el doble en A que en B.*

Prueba. Supongamos que B, en el mismo momento en que adquirió cierta fuerza para moverse, adquirió cuatro grados de velocidad. Si no ocurre nada, seguirá moviéndose *(por la prop. 14)* y se mantendrá en su estado. Supongamos, ahora, que adquiere otra tanta fuerza en virtud de otro impulso igual al anterior. Adquirirá, pues, además de los cuatro primeros grados de velocidad, otros cuatro, que también conservará *(por la misma prop.)*; es decir, que se moverá a doble velocidad que antes, o de otra forma, a la misma velocidad que A, y también tendrá doble fuerza, es decir, una fuerza igual que la de A. Por consiguiente, el movimiento de A es el doble que el de B.

Adviértase que nosotros entendemos aquí por fuerza en los cuerpos movidos la cantidad de movimiento, la cual, en cuerpos iguales, debe ser mayor en proporción a la velocidad, en cuanto que, en virtud de esta velocidad, los cuerpos iguales se separan más, en el mismo tiempo, de los cuerpos que les tocan inmediatamente que si se movieran más lentamente. De ahí que *(por la def. 8)* también tienen más movimiento. Por el contrario, en los cuerpos en reposo, por fuerza para resistir entendemos la cantidad de reposo. De donde se sigue.

Corolario 1.º Cuanto más lentamente se mueven los cuerpos, más participan del reposo. En efecto, estos cuerpos ofrecen mayor resistencia a aquellos que vienen a su encuentro a mayor velocidad y que tienen menos fuerza que ellos, y, además, se separan menos de los cuerpos que les tocan inmediatamente.

Corolario 2.º Si el cuerpo A se mueve a doble velocidad que B y B es dos veces mayor que A, hay la misma fuerza en el cuerpo mayor, B, que en el menor, A, y, por tanto, también la misma fuerza.

Prueba. Supongamos que B es dos veces mayor que A y que éste se mueve dos veces más rápido que aquél, y supongamos, además, que C es dos veces menor que B y que es dos veces más lento que A. Luego, tanto B *(por la prop. 21)* como A *(por la prop. 22)* tendrán un movimiento dos veces mayor que C. Por consiguiente *(por el ax. 15)*, B y A tienen movimientos iguales, ya que uno y otro son el doble de un tercero, C.

Corolario 3.º De ahí se sigue que el movimiento es distinto de la velocidad. Concebimos, en efecto, que, de dos cuerpos que tienen la misma velocidad, uno posee más movimiento que otro *(por la prop. 21)*; y a la inversa, que dos cuerpos que tienen distinta velocidad pueden poseer movimientos iguales *(por el cor. precedente).* Y lo mismo se desprende de la simple definición del movimiento, ya que éste no es más que la traslación de la vecindad de un cuerpo, etc.

Hay que señalar aquí que este corolario tercero no contradice al primero. En efecto, la velocidad es concebida por nosotros de dos formas: o bien en cuanto un cuerpo se separa más o menos, en un tiempo dado, de los cuerpos que le tocan inmediatamente, y en ese sentido participa más o menos del movimiento o del reposo; o bien en cuanto, en ese tiempo, describe una línea mayor o menor, y en esa misma medida se distingue del movimiento.

[211] Podía haber añadido aquí otras proposiciones a fin de explicar más ampliamente *la proposición 14* y las fuerzas de las cosas en cualquier estado, como acabamos de hacer con el movimiento. Pero bastará con releer *Principios, parte II, art. 43*, y añadir aquí una proposición, que es necesaria para entender lo que sigue.

PROPOSICIÓN 23. *Cuando los modos de un cuerpo son forzados a sufrir una variación, ésta será siempre la menor que pueda darse.*

10 *Prueba.* Esta proposición se sigue con suficiente nitidez de *la proposición 14*.

PROPOSICIÓN 24 (Regla 1). *Si dos cuerpos, por ejemplo A y B, fueran exactamente iguales y se dirigieran el uno al otro en línea recta y a igual velocidad, al chocar, ambos retrocederían en sentido contrario sin perder nada de su velocidad.*

En esta hipótesis, está claro que, para que desaparezca la contrariedad de estos dos cuerpos, o bien ambos deben ser rechazados en sentido contrario, o bien uno debe arrastrar consigo al otro, puesto que sólo son contrarios en cuanto a la determinación, pero no en cuanto al movimiento.

Prueba. Cuando A y B chocan entre sí, deben sufrir alguna variación *(por el ax. 19)*. Pero, como el movimiento no es contrario al movimiento *(por el cor. de la prop. 19)*, no tienen por qué perder nada de su movimiento *(por el ax. 19)*. El cambio se producirá, pues, únicamente en la determinación. Por otra parte, no podemos concebir que cambie la determinación de un solo cuerpo, por ejemplo B, a menos que supongamos que A, del que debería proceder su cambio, es más fuerte que él *(por el ax. 20)*. Ahora bien, esto es contrario a la hipótesis. Por tanto, como el cambio de la determinación no se puede producir en un solo cuerpo, se producirá en ambos. Es decir, que A y B se alejarán en sentidos opuestos y no en otro ninguno (por lo que se dice en *Dióptrica, cap. II*) y mantendrán íntegro su movimiento.

PROPOSICIÓN 25 (Regla 2). *Si dos cuerpos fueran desiguales en volumen, por ejemplo B mayor que A, suponiendo el resto igual que en la proposición precedente, sólo A será repelido, pero ambos seguirán moviéndose a la misma velocidad.*

Prueba. Como se supone que A es menor que B, también tendrá *(por la prop. 21)* menor fuerza que B. Y puesto que en esta hipótesis, igual que en la precedente, la contrariedad sólo existe en la determinación, también la variación se debe dar únicamente en la determinación, tal como allí se ha demostrado, es decir, que se producirá tan sólo en A y no en B *(por el ax. 20)*. Por consiguiente, sólo A será repelido en sentido contrario por B, que es más fuerte, manteniendo íntegra su velocidad.

PROPOSICIÓN 26. *Si dos cuerpos son desiguales en volumen y en velocidad (digamos que B es dos veces mayor que A, pero que el movimiento es dos veces más rápido en A que en B), permaneciendo el resto como antes, ambos cuerpos serán repelidos en sentido contrario, conservando cada uno la velocidad que tenía.*

Prueba. Cuando A y B se dirigen el uno al otro, según la hipótesis, hay en el uno tanto movimiento como en el otro *(por el cor. 2.º de la prop. 22)*. Por tanto, el movimiento del uno no se opone al del otro *(por el cor. de la prop. 19)* y las fuerzas son iguales en ambos *(por el cor. 2.º de la prop. 22)*. Por consiguiente, esta hipótesis es absolutamente similar a la de la *proposición 24*. De ahí que, por la prueba de ésta, A y B serán rechazados en sentidos contrarios, pero manteniendo íntegro su movimiento.

Corolario. De las tres proposiciones anteriores se desprende con evidencia que la determinación de un cuerpo requiere, para cambiar, igual fuerza que el movimiento. De donde se sigue que el cuerpo, que pierde más de la mitad de su determinación y más de la mitad de su movimiento, sufre más cambio que aquel que (sólo) pierde toda su determinación[208].

PROPOSICIÓN 27 (Regla 3). *Si dos cuerpos son iguales en volumen, pero B se mueve un poco más rápidamente que A, no sólo A será repelido en sentido contrario, sino que B transmitirá a A la mitad de la velocidad en que supera a éste, y ambos proseguirán su movimiento a la misma velocidad y en la misma dirección.*

Prueba. El cuerpo A (por hipótesis) no sólo se opone a B por su determinación, sino también por su lentitud, en cuanto que ésta participa del reposo *(por el corolario 1.º de la prop. 22)*. De ahí que, aunque sea repelido en sentido contrario, si tan sólo cambia su determinación, no desaparece toda la oposición entre esos dos cuerpos. Por consiguiente *(por el ax. 19)*, la variación debe efectuarse tanto en la determinación como en el movimiento. Ahora bien, como B, por hipótesis, se mueve más rápidamente que A, B será también *(por la prop. 22)* más fuerte que A. Y, por consiguiente *(por el ax. 20)*, el cambio en A procederá de B, el cual le rechaza en sentido contrario. Éste era el primer punto.

Por otra parte, mientras A se mueve más lentamente que B, A se opone a B *(por el cor. de la prop. 22)*. Luego A debe sufrir una variación *(por el ax. 19)* hasta que no se mueva más lentamente que B. En esta hipótesis no existe, sin embargo, ninguna causa bastante fuerte para que tenga que moverse más rápidamente que B[209]. Dado, pues, que A, mientras es empujado por B, no puede moverse ni más lenta ni más rápidamente que B, seguirá moviéndose a la misma velocidad que B.

Además, si B transmite a A menos de la mitad de su exceso de velocidad, A seguirá moviéndose más lentamente que B. Y si, en cambio, le transmite más de esa mitad, A seguirá moviéndose más rápidamente que B. Y, como ambas hipótesis son absurdas, según se ha demostrado ya, la variación llegará justamente hasta que B haya transferido a A la mitad del exceso de velocidad que B debe perder *(por la prop. 20)* y, por tanto, ambos seguirán moviéndose, sin ninguna oposición, a la misma velocidad y en la misma dirección.

Corolario. De ahí se sigue que, cuanto más rápidamente se mueve un cuerpo, más determinado está a seguir moviéndose en la línea en que ya se movía; y, al revés, cuanto más lentamente se mueve, menos determinación posee.

Escolio. Con el fin de que los lectores no confundan la fuerza de la determinación con la fuerza del movimiento, pareció oportuno añadir aquí unas reflexiones con las que se explique dicha distinción. Así pues, si consideramos que los cuerpos A y C son iguales y se dirigen ambos, a la misma velocidad, a su encuentro, los dos *(por la prop. 24)* serán repelidos en sentido contrario, conservando íntegro su movimiento.

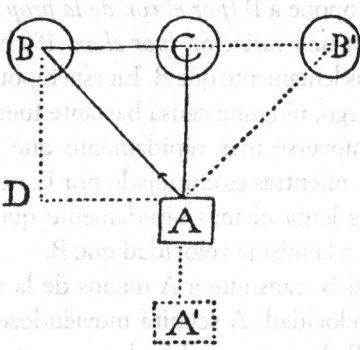

Pero, si el cuerpo C está en B y se mueve en oblicuo hacia A, está claro que C ya está menos determinado a moverse siguiendo la línea BD o CA. De ahí que, aunque C tenga un movimiento igual al de A, sin embargo, la fuerza de determinación de C (en cuanto que se mueve directamente hacia A), que es igual a la de A, es mayor que la fuerza de determinación del mismo C (en cuanto que se mueve oblicuamente de B hacia A), y tanto mayor cuanto la línea BA es mayor que la línea CA; pues cuanto mayor es la línea BA que CA, tanto más tiempo requiere B (con tal que B y A se muevan, como aquí se supone, a la misma velocidad) para poder trasladarse a través de la línea BD o CA, por la que se opone a la determinación del cuerpo A.

Por consiguiente, cuando C choca oblicuamente (desde B) con A, será determinado como si continuara moviéndose hacia B' siguiendo la línea AB' (supongo que B', cuando se halla en el punto en que la línea AB' corta la prolongación de la línea BC, dista de C lo mismo que C dista de B). En cambio, A seguirá moviéndose hacia C, conservando íntegros su movimiento y su determinación, y arrastrará consigo al cuerpo B. Efectivamente, dado que B, mientras está determinado a moverse siguiendo la diagonal AB' y se desplaza a la misma velocidad que A, requiere más tiempo que A para recorrer una parte de la línea AC, se opone, en esa misma proporción, a la determinación del cuerpo A, que es más fuerte.

Sin embargo, para que la fuerza de determinación de C, en cuanto se dirige de B a A y participa de la línea CA, sea igual a la fuerza de determinación del mismo C, en cuanto se dirige directamente hacia A (o, por hipótesis, igual a la fuerza de A), es necesario que B tenga tantos grados de movimiento más que A como partes tiene la línea BA más que la línea CA. De suerte que, cuando B choque con A en oblicuo, A rebotará hacia el lado contrario, A', y B hacia B', manteniendo cada uno de ellos íntegramente su movimiento.

No obstante, si el exceso de B sobre A es mayor que el de la línea BA sobre la línea CA, B rechazará a A hacia A' y le cederá su movimiento en esa misma medida, hasta que el movimiento de B tenga con el de A la misma proporción que la línea BA con la línea CA, y, cediendo tanto movimiento como cedió a A, seguirá moviéndose en el mismo sentido en que antes se movía.

Por ejemplo, si la línea AC es a la línea AB como 1 es a 2, y el movimiento del cuerpo A es al movimiento del cuerpo B como 1 es a 5, B transmitirá a A un grado de su movimiento y lo rechazará en sentido contrario, mientras que B seguirá moviéndose, con los cuatro grados restantes, hacia el mismo lado al que antes se dirigía[210].

PROPOSICIÓN 28 (Regla 4). *Si el cuerpo A estuviera totalmente en reposo y fuera un poco mayor que B, cualquiera que sea la velocidad con que B se mueva hacia A, nunca B moverá a A, sino que será rechazado por éste en sentido contrario, conservando íntegro su movimiento*[211].

Adviértase que la oposición entre estos cuerpos se suprime de tres maneras: cuando uno arrastra al otro consigo y siguen, después, moviéndose a la misma velocidad y en el mismo sentido; cuando uno es repelido en sentido contrario y el otro conserva íntegro todo su reposo; y cuando uno es rechazado en sentido opuesto y transmite algo de su movimiento al otro que está en reposo. Una cuarta forma no se da *(en virtud de la prop. 13)*. Por consiguiente, sólo queda por demostrar *(por la prop. 23)* que, según nuestra hipótesis, en estos cuerpos se da el cambio mínimo[212].

Prueba. Si B desplazara a A hasta que ambos siguieran moviéndose a la misma velocidad, debería *(por la prop. 20)* transferir a éste tanto movimiento suyo cuanto adquiere A, y *(por la prop. 21)* debería perder más de la mitad de su movimiento y, por lo mismo *(por el corolario de la prop. 27)*, más de la mitad también de su determinación; y por consiguiente *(por el corolario de la prop. 26)* sufriría también más cambio que si sólo perdiera su determinación. Y, a la inversa, si A pierde algo de su reposo, pero no tanto como para seguir moviéndose a la misma velocidad que B, no será eliminada la contrariedad entre estos dos cuerpos, puesto que A se opondrá a la velocidad de B con su tardanza, en cuanto que ésta participa del reposo *(por el corolario de la proposición 22)*. De ahí que B aún deberá ser repelido en sentido contrario y perderá toda su determinación y la parte del movimiento que transfirió a A, lo cual es un cambio mayor que si sólo perdiera la determinación. Por consiguiente, como, según nuestra hipótesis, el cambio sólo consiste en la determinación, es el mínimo que se puede dar en estos cuerpos, y por tanto *(por la prop. 23)* no se producirá ningún otro.

Hay que señalar en la prueba de esta proposición algo que también tiene lugar en otras, a saber, que no hemos citado la *prop. 19*, en la cual se demuestra que la *determinación puede cambiar totalmente, aunque permanezca íntegro el movimiento como tal*. Sin embargo, hay que tenerla en cuenta para entender correctamente la fuerza del argumento. En efecto, *en la prop. 23* no decíamos que *el cambio siempre será el mínimo en sentido absoluto, sino el menor que se pueda dar.* Ahora bien, que se puede dar un cambio que sólo consiste en la determinación, tal como hemos supuesto en esta prueba, es claro *por las prop. 18 y la 19, con su corolario.*

PROPOSICIÓN 29 (Regla 5). *Si el cuerpo A estuviera en reposo y fuera menor que B, entonces B, por muy lentamente que se moviera hacia A, lo arrastraría consigo, es decir, que le transmitiría tanto movimiento suyo como para que ambos siguieran después a la misma velocidad.* (Léase Principios, parte II, art. 50.)

En esta Regla, igual que en la precedente, sólo se podrían concebir tres formas de suprimir la contrariedad. Pero nosotros demostraremos que, según nuestra hipótesis, en estos cuerpos se produce el menor cambio y que, por tanto *(por la prop. 23),* su cambio debe ser así de hecho.

Prueba. Según nuestra hipótesis, B transmite a A *(por la prop. 21)* menos de la mitad de su movimiento y *(por el cor. de la prop. 27)*[213] menos de la mitad de su determinación. Ahora bien, si B no arrastrara consigo a A, sino que rebotara en sentido contrario, perdería toda su determinación y se produciría un cambio mayor *(por el cor. de la prop. 26);* y mayor aún, si perdiera toda su determinación y, además, parte de su movimiento, como se supone en la tercera forma. Por consiguiente, el cambio (que se produce en estos cuerpos)[214], según nuestra hipótesis, es el mínimo.

PROPOSICIÓN 30 (Regla 6). *Si el cuerpo A estuviera en reposo y fuera exactísimamente igual al cuerpo B, que se mueve hacia él, en parte sería empujado por B y en parte B sería repelido por él hacia el lado contrario*[215].

También aquí sólo se podrían concebir tres hipótesis, como en la proposición anterior, y por eso hay que demostrar que nosotros suponemos aquí el mínimo cambio que es posible.

Prueba. Si el cuerpo B arrastra consigo al cuerpo A, hasta que ambos sigan moviéndose a igual velocidad, habrá tanto movimiento en uno como en otro *(por la proposición 22)*, y *(por el cor. de la prop. 27)* B deberá perder la mitad de su determinación y, además *(por la prop. 20)*, la mitad de su movimiento. Pero, si es rechazado por A en sentido contrario, perderá toda su determinación y conservará todo su movimiento *(por la prop. 18)*, siendo este cambio igual al anterior *(por el cor. de la prop. 26)*. Ahora bien, ninguno de estos dos casos se puede dar. Pues, si A conservara su estado y pudiera cambiar la determinación de B, sería necesariamente *(por el ax. 20)* más fuerte que B, lo cual está contra la hipótesis. Y si B arrastrara consigo a A, hasta que ambos se desplazaran a la misma velocidad, B sería más fuerte que A, lo cual está también en contra de la hipótesis. Por consiguiente, como ninguno de estos dos casos tiene lugar, se poducirá el tercero, es decir, que B empujará un poco a A y será rechazado por éste (léase *Principios, parte II, art. 51*).

PROPOSICIÓN 31 (Regla 7). *Supongamos que A y B se mueven en el mismo sentido; pero A más despacio y B más deprisa detrás de él, de suerte que le alcance finalmente; si, además, fuera A mayor que B, pero de modo que el exceso de velocidad de B fuera mayor que el exceso*

[219]

*de tamaño de A, B trasmitirá tanto movimiento suyo a A
que ambos seguirán después a la misma velocidad y hacia
el mismo lado; pero, si el exceso de tamaño de A fuera
mayor que el exceso de velocidad de B, éste sería repelido
por aquél en sentido contrario, conservando todo su movimiento.*

Léase *Principios, parte II, art. 52*. También aquí, como en las proposiciones precedentes, sólo se pueden concebir tres casos.

Prueba de la primera parte. Como se supone que B es más fuerte que A *(por las props. 21 y 22)*, no puede ser rechazado por él *(por el ax. 20)*. Luego, por ser más fuerte, B arrastrará consigo a A y de tal modo que ambos sigan moviéndose a la misma velocidad. Ya que, en ese caso, se producirá el cambio mínimo, como está bastante claro por cuanto precede.

Prueba de la segunda parte. Como se supone que B es menos fuerte que A *(por las props. 21 y 22)*, no puede empujarle *(por el ax. 20)* ni cederle algo de su movimiento. De ahí que *(por el cor. de la prop. 14)* B retendrá todo su movimiento. Y como no lo mantiene en el mismo sentido, ya que se supone que A se lo impide, será rechazado (por lo que se dice en *Dióptrica, cap. 2*) en sentido contrario, y no en otro ninguno, manteniendo íntegro su movimiento *(por la prop. 18)*.

Adviértase que, tanto aquí como en las anteriores proposiciones, hemos dado por demostrado que todo cuerpo que choca en línea recta con otro que le impide totalmente seguir adelante en el mismo sentido debe retroceder en sentido contrario y no en ningún otro. Para entenderlo mejor, léase *Dióptrica, cap. 2*[216].

Escolio. Para explicar los cambios de los cuerpos que resultan de su encuentro mutuo, sólo hemos considerado hasta aquí a dos cuerpos, como si estuvieran aislados de los demás, es decir, sin tener en cuenta a los que les rodean por todas partes. Ahora, en cambio, consideraremos su estado y sus cambios en relación a los cuerpos de los que están rodeados por doquier[217]. [220]

PROPOSICIÓN 32. *Si el cuerpo B está rodeado por todas partes de corpúsculos en movimiento, que lo empujan en todas direcciones a la vez y con la misma fuerza, mientras no intervenga otra causa, permanecerá inmóvil en el mismo lugar.*

Prueba. Esta proposición es evidente por sí misma. Pues, si se moviera hacia un lado en virtud del impulso de los corpúsculos que vienen de otro, los corpúsculos que lo movieran lo empujarían con más fuerza que los otros, que lo empujan, en el mismo momento, en sentido contrario y que no logran producir su efecto *(por el ax. 20),* lo cual estaría en contra de la hipótesis[218].

PROPOSICIÓN 33. *El cuerpo B, en las mismas condiciones de la proposición anterior, si interviene una fuerza, por pequeña que sea, puede moverse hacia un lado cualquiera.*

Prueba. Todos los cuerpos que tocan inmediatamente a B, como ellos (por hipótesis) están en movimiento, mientras que él *(por la proposición anterior)* está inmóvil, tan pronto toquen a B serán repelidos hacia otro lado, conservando íntegro su movimiento *(por la prop. 28).* Por tanto, el cuerpo B es continua y espontáneamente abandonado por los cuerpos que le tocan directamente. Por consiguiente, por más grande que imaginemos a B, no se requiere ninguna acción para separarle de los cuerpos que le tocan inmediatamente *(por la advertencia 4 a la def. 8)*. Es decir, que no se puede aplicar a B ninguna fuerza externa que, por pequeña que se la imagine, no sea mayor que la fuerza que tiene B para permanecer en el mismo lugar (pues ya hemos demostrado que no tiene ninguna fuerza para adherirse a los cuerpos que le tocan directamente); y ninguna tampoco que, añadida al impulso de los corpúsculos que, junto con esa fuerza externa, empujan a B hacia el mismo lado, no sea mayor que la fuerza de los otros corpúsculos que empujan a B hacia el lado contrario (pues aquélla, sin la fuerza externa, se suponía igual a ésta). Por consiguiente *(por el ax. 20)*, esta fuerza externa, por pequeña que se la imagine, moverá al cuerpo B en cualquier sentido.

PROPOSICIÓN 34. *El cuerpo B, en las mismas condiciones anteriores, no se puede mover más rápidamente de lo que lo hace en virtud del impulso de la fuerza externa, aunque las partículas que le rodean se agiten con mucha mayor rapidez.*

Prueba. Aunque los corpúsculos que, junto con la fuerza externa, empujan a B hacia un mismo lado se agiten con mucha mayor rapidez que aquella con que la fuerza externa puede mover a B; como, sin embargo, no tienen (por hipótesis) mayor fuerza que los cuerpos que rechazan al mismo B en sentido contrario, gastarán todas sus fuerzas de determinación en resistir a éstas y no le transmitirán *(por la prop. 32)* a él ninguna velocidad. Por consiguiente, como no se supone que se dé ninguna otra circunstancia o causa, B no recibirá alguna velocidad de ninguna causa, excepto de la fuerza externa, y por lo mismo *(por el ax. 8 de la parte I)* no podrá moverse con mayor rapidez de la que corresponde al impulso de la fuerza externa.

PROPOSICIÓN 35. *Cuando el cuerpo B se mueve, según se ha dicho, en virtud de un impulso externo, recibe la mayor parte de su movimiento de los cuerpos de los que está continuamente rodeado, y no de la fuerza externa.*

Prueba. El cuerpo B, aunque lo imaginemos muy pequeño, debe ser movido por un impulso, por pequeño que sea *(por la prop. 33)*. Supongamos, pues, que B es cuatro veces mayor que el cuerpo externo del que recibe el impulso. Dado que *(por la prop. anterior)* ambos deben moverse a la misma velocidad, habrá en B cuádruple movimiento que en el cuerpo externo del que recibe el impulso *(por la prop. 21)*. Por tanto *(por el ax. 8 de la parte I)* no recibe de la fuerza externa la parte principal de su movimiento. Y como, aparte de ésta, no se suponen más causas que los cuerpos que continuamente le rodean (pues el mismo B se supone inmóvil por sí mismo), B recibe la parte principal de su movimiento solamente *(por el ax. 7 de la parte I)* de los cuerpos que le rodean, y no de la fuerza externa.

Adviértase que aquí no podemos decir, como antes, que se requiere el movimiento de las partículas que vienen de un lado para resistir al movimiento de las partículas que vienen del lado contrario, ya que los cuerpos, que (como se supone en este caso) se dirigen al encuentro mutuo con movimientos iguales, sólo son contrarios en

[222]

la determinación y no en el movimiento *(por el cor. de la prop. 19)*. De ahí que sólo emplean su determinación* en resistir unos a otros, mas no el movimiento. Y, por tanto, el cuerpo B no puede recibir de los cuerpos circundantes ninguna determinación y, por lo mismo *(por el cor. de la prop. 27)*, ninguna velocidad, en cuanto distinta del movimiento. Pero sí puede recibir el movimiento. Aún más, al añadírsele una fuerza exterior, necesariamente debe ser movido por ellos, como hemos demostrado en esta proposición y es fácil de ver por el modo como hemos demostrado *la proposición 33*.

PROPOSICIÓN 36. *Si un cuerpo, por ejemplo nuestra mano, se puede mover en todas las direcciones con igual movimiento, sin que ofrezca resistencia a ningún otro ni tampoco otros cuerpos a ella, es necesario que, en el espacio en que ella se desplaza, se muevan tantos cuerpos hacia un lado como hacia otro cualquiera y con una fuerza de velocidad igual entre ellos, así como entre ellos y la mano.*

Prueba. Ningún cuerpo puede desplazarse por un espacio que no esté lleno de cuerpos *(por la prop. 3)*. Por eso digo que el espacio por el que se puede desplazar nuestra mano está lleno de cuerpos que se mueven en las mismas condiciones que se ha dicho. Si se niega esto, supóngase que están en reposo o que se mueven de otra forma. Si están en reposo, resistirán al movimiento de la mano *(por la prop. 14)* hasta que se les comunique el mo-

---

* *Véase la prop. 24 de la parte II:* allí hemos probado que dos cuerpos gastan su determinación en resistir el uno al otro, pero no su movimiento.

vimiento de ésta y que, por fin, se desplacen con ésta hacia el mismo lado y a la misma velocidad *(por la prop. 20)*. Es así que, en nuestra hipótesis, se supone que no le ofrecen resistencia. Luego esos cuerpos se mueven... Éste era el primer punto.

Por otra parte, esos cuerpos deben moverse en todas las direcciones. Si se lo niega, supóngase que no se mueven hacia un lado, digamos que de A hacia B. Por tanto, si la mano se mueve de A hacia B, necesariamente chocará con los cuerpos que se mueven *(por la primera parte)* y, según la hipótesis de nuestro adversario, con una determinación distinta de la de la mano. Por consiguiente, resistirán a éste *(por la prop. 14)* hasta que se muevan, junto con la mano, hacia el mismo lado *(por la prop. 24 y el escolio de la prop. 27)*. Es así que, por hipótesis, no resisten a la mano. Luego se moverán en todas las direcciones. Éste era el segundo punto.

Aún más, estos cuerpos se moverán en todos los sentidos con la misma fuerza de velocidad. Pues, si se supone que no, imaginemos que los que van de A hacia B no se

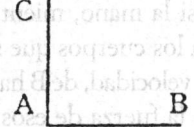

desplazan con tanta fuerza de velocidad como los que van de A hacia C. Entonces resultaría que, si la mano se mueve de A hacia B con la misma velocidad (pues suponemos que se puede mover con igual movimiento hacia todas partes y sin hallar resistencia) con que se mueven los cuerpos de A hacia C, los cuerpos que se desplazan de A hacia B resistirán a la mano *(por la prop. 14)* hasta que se muevan con la misma fuerza de velocidad que ella *(por la prop. 31)*. Es así que esto es contrario a la hipótesis. Luego se moverán hacia todas partes con la misma fuerza de velocidad. Éste era el tercer punto.

Finalmente, si los cuerpos no se movieran con la misma fuerza de velocidad que la mano: o bien la mano se movería más lentamente o con menor fuerza de velocidad, o bien se movería más rápidamente o con mayor fuerza de velocidad que los cuerpos. Si lo primero, la mano resistirá a los cuerpos que la siguen inmediatamente *(por la prop. 31)*. Si lo segundo, los cuerpos a los que sigue la mano y con los que se desplaza hacia el mismo lado le resistirán a ella *(por la misma prop.)*. Ahora bien, ambos supuestos están contra la hipótesis. Luego, como la mano no se puede mover ni más lenta ni más rápidamente que los cuerpos, se moverá con la misma fuerza de velocidad.

Si alguien pregunta por qué digo que se mueven con igual fuerza de velocidad y no con una velocidad absolutamente igual, *lea el escolio del cor. de la prop. 27*. Y si pregunta, además, si la mano, mientras se mueve de A hacia B, no resiste a los cuerpos que se mueven, a la vez y con igual fuerza de velocidad, de B hacia A, *lea la prop. 33* y comprenderá que la fuerza de esos cuerpos está compensada con la de aquellos (pues ambas son iguales *por la tercera parte de esta prueba)* que se desplazan, a la vez, junto con la mano de A hacia B.

PROPOSICIÓN 37. *Si un cuerpo, digamos A, puede ser desplazado por una fuerza, por pequeña que sea, hacia un lado cualquiera, estará necesariamente rodeado de cuerpos que se mueven a igual velocidad que él.*

Prueba. El cuerpo A debe estar rodeado por todas partes de cuerpos *(por la prop. 6)* que se mueven a la misma velocidad. Pues, si éstos estuvieran en reposo, no podría ser desplazado en cualquier dirección por una fuerza, todo lo pequeña que se quiera (como se supone), sino por una fuerza que fuera, al menos, capaz de arrastrar consigo los cuerpos que tocan inmediatamente a A *(por el ax. 20)*. Por otra parte, si los cuerpos que rodean a A

se movieran con mayor fuerza hacia un lado que hacia el otro, por ejemplo de B hacia C que de C hacia B, dado que A está por todas partes rodeado de cuerpos en movimiento (como acabamos de demostrar), se sigue necesariamente *(por lo demostrado en la prop. 33)* que los cuerpos que se desplazan de B hacia C arrastrarían consigo a A hacia el mismo lado. De ahí que no bastaría una fuerza, todo lo pequeña que se quiera, para mover a A hacia B, sino que se requiere justamente aquella que supla el exceso de movimiento de los cuerpos que vienen de B hacia C *(por el ax. 20)*. Por consiguiente, dichos cuerpos se deben mover hacia todas partes con igual fuerza.

Escolio. Como esto sucede con los cuerpos llamados fluidos, se sigue que cuerpos fluidos son aquellos que están divididos en muchas partículas pequeñas y que se mueven con igual fuerza en todas direcciones. Y, aun cuando esas partículas no puedan ser vistas por ningún ojo, ni siquiera de lince, no por eso habrá que negar lo que acabamos de probar, ya que *las proposiciones 10 y 11* demuestran tal sutileza en la naturaleza que (por no mencionar los sentidos) no puede ser determinada o captada por ningún pensamiento. Aún más, como está bastante claro por lo anteriormente dicho que unos cuerpos resisten a otros con el simple reposo y como nosotros en la dureza, tal como indican los sentidos, no percibimos sino que las partes de los cuerpos duros resisten al movimiento de nuestras manos, concluimos claramente que aquellos cuerpos cuyas partículas contiguas están todas en reposo en relación a las demás [*juxta se mutuo*], son duros. Léase *Principios, parte II, arts. 54-56*[219].

Fin de la segunda parte

PARTE III[220]

Una vez expuestos los principios universalísimos de las cosas naturales, debemos pasar ahora a explicar aquellos que se derivan de éstos. Pero, como las cosas que se siguen de esos principios son más de las que nuestra mente podrá jamás contemplar con el pensamiento, y como no nos determinan a considerar unas cosas más bien que otras, debemos exponer, en primer término, una breve historia de los principales fenómenos, cuyas causas investigaremos aquí. Dicha historia la encuentra el lector en *Principios, parte III, arts. 5-15; y del artículo 20 al 43* se propone la hipótesis que Descartes considera más cómoda, no sólo para comprender los fenómenos celestes, sino también para indagar sus causas naturales[221].

Por otra parte, la vía más eficaz para entender la naturaleza de las plantas y del hombre es considerar de qué forma nacen y se forman, poco a poco, a partir de las semillas. De ahí que habrá que excogitar unos principios muy simples y sumamente fáciles de conocer, de suerte que demostremos que de ellos, a modo de ciertas semillas, pudieron surgir los astros y la tierra y, finalmente, cuantas cosas descubrimos en este mundo visible, aunque no sepamos jamás si han surgido realmente. Pues de este modo expondremos su naturaleza mucho mejor que si sólo los describiéramos tal como ahora son[222].

Digo que buscamos principios simples y fáciles de conocer. Ya que, si no son así, no necesitaremos de ellos, puesto que la única razón de asignar a las cosas semillas es que su naturaleza nos resulte más fácil de conocer y que subamos, como hacen los matemáticos, de las cosas más claras a las más oscuras y de las más simples a las más complejas.

Digo, además, que buscamos unos principios tales que demostremos que a partir de ellos pudieron surgir los astros y la tierra, etc. En efecto, nosotros no buscamos, como suelen hacer los astrónomos, aquellas causas que sólo sirven para explicar todos los fenómenos celestes, sino aquellas que nos conduzcan a conocer también los que hay en la tierra (ya que los fenómenos que observamos por encima de la tierra juzgamos que hay que enumerarlos entre los fenómenos naturales)[223]. Para hallarlos, una buena hipótesis debe reunir las siguientes condiciones:

1. Que, en sí misma considerada, no implique contradicción.
2. Que sea la más simple que pueda darse.
3. Que (se sigue del 2) sea facilísima de conocer.
4. Que cuanto se observa en la naturaleza se puede deducir de ella.

He dicho, finalmente, que podemos aceptar aquella hipótesis, de la que podamos deducir, como de su causa, los fenómenos de la naturaleza, aunque sepamos bien que no surgieron así. Acudiré a un ejemplo para que se entienda. Si uno encuentra escrita en un papel la línea curva, que llamamos parábola, y quiere investigar su naturaleza, es lo mismo que él suponga que fue previamente cortada de un cono e impresa después sobre el papel, o que fue trazada por el movimiento de dos líneas rectas, o que surgió de algún otro modo, a condición de que pruebe, a partir de su hipótesis, todas las propiedades de la parábola. Aún más, aunque él sepa que aquella línea tuvo su origen en la impresión de un cono cortado sobre el papel, podrá, no obstante, fingir a voluntad otra causa que le parezca la más cómoda para explicar todas las propiedades de la parábola. Del mismo modo, también a nosotros nos está permitido forjar, a nuestro arbitrio, una hipótesis para explicar los caracteres de la naturaleza, con tal que de ella deduzcamos, con rigor matemático, todos los fenómenos naturales. Y, esto es lo más digno de señalar, apenas podremos aceptar nada, de lo que no puedan ser deducidos, aunque con más trabajo, los mismos efectos, aplicando las leyes naturales arriba explicadas. Porque, como la materia asume, sucesivamente, gracias a esas leyes, todas las formas de que es capaz, si examinamos por orden esas formas, podremos llegar, finalmente, a aquella que es la de este mundo. De ahí que no hay que temer que de una falsa hipótesis surja ningún error[224].

[228]

Postulado. Se postula que se nos conceda que toda aquella materia, de que está compuesto este mundo visible, fue dividida, en un principio, por Dios en partes lo más iguales posible; pero no de forma esférica, porque varios glóbulos unidos no llenan un espacio continuo, sino de otras figuras y de tamaño mediano, es decir, intermedio entre todas aquellas partículas de que ya están formados los cielos y los astros. Postulamos, además, que hayan tenido en sí mismas tanto movimiento como existe en el mundo y que se hayan movido del mismo modo: ora cada una en torno a su centro e independientemente de las demás, de forma que constituyesen un cuerpo fluido, tal como creemos que es el cielo; ora varias, a la vez, en torno a varios puntos, a igual distancia unos de otros y dispuestos del mismo modo que se hallan ahora los centros de las estrellas fijas; o también en torno a algunos puntos más, iguales en número al de los planetas. Y así constituirían tantos y tan variados torbellinos como son los astros del mundo. Véase la figura en Principios, *parte III, art. 46*[225].

Esta hipótesis, considerada en sí misma, no implica contradicción alguna. En efecto, no atribuye a la materia más que la divisibilidad y el movimiento, propiedades que ya antes hemos demostrado que existen realmente en ella; y como, además, hemos mostrado que la materia es indefinida y que es una y la misma en el cielo y en la tierra, podemos suponer, sin el menor escrúpulo, que estas modificaciones existieron en toda materia.

Esta hipótesis es, además, simplicísima, ya que no supone ninguna desigualdad ni desemejanza en las partículas, en las que habría estado dividida la materia en un comienzo, ni tampoco en su movimiento. De donde se sigue que esta hipótesis también es muy fácil de conocer;

y esto mismo se desprende del hecho de que, por esta hipótesis, no se supone que haya existido nada en la materia, fuera de aquello que cualquiera conoce por el simple concepto de materia, es decir, la divisibilidad y el movimiento local[226].

Que de esta hipótesis se pueden deducir todos los fenómenos que observamos en la materia, nos esforzaremos en demostrarlo realmente, en cuanto sea posible, siguiendo el orden siguiente. Primero, deduciremos de ella la fluidez de los cielos y explicaremos cómo ésta es la causa de la luz. Después, pasaremos a la naturaleza del sol y, al mismo tiempo, a los fenómenos que observamos en las estrellas fijas. Después, nos referiremos a los cometas y, finalmente, a los planetas y sus fenómenos.

Definiciones

1. *Por* eclíptica *entendemos aquella parte del torbellino que, mientras gira en torno a su eje, describe el círculo mayor.*
2. *Por* polos *entendemos las partes del torbellino que están más alejados de la eclíptica, o que describen los círculos menores.*
3. *Por* conato de movimiento *no entendemos algún pensamiento, sino únicamente que una parte de la materia está de tal modo dispuesta y tan inclinada al movimiento, que iría realmente a algún sitio si no fuera impedida por ninguna causa*[227].
4. *Por* ángulo *entendemos todo aquello que sobresale, en un cuerpo, sobre la figura esférica.*

Axiomas

1. *Varios glóbulos simultáneamente unidos no pueden ocupar un espacio continuo.*
2. *Una porción de materia dividida en partes angulosas requiere mayor espacio si éstas giran en torno a sus propios centros que si todas ellas estuvieran en reposo y todos sus lados se tocaran directamente entre sí.*
3. *Una parte de materia cuanto menor es, más fácilmente es dividida por la misma fuerza.*
4. *Las partes de materia que se mueven en el mismo sentido y no se separan unas de otras al moverse no están actualmente divididas.*

[230]

PROPOSICIÓN 1. *Las partes en que estuvo dividida originariamente la materia no eran redondas sino angulosas.*

Prueba. Toda la materia fue dividida, desde un principio, en partes iguales y semejantes *(por el postulado)*. Luego *(por el ax. 1 y parte II, prop. 2)* nunca fueron redondas y, por tanto *(por la def. 4)*, eran angulosas.

PROPOSICIÓN 2. *La fuerza que hizo que las partículas de materia se moviesen en torno a sus propios centros hizo a la vez que los ángulos de las partículas se suavizaran con el choque mutuo.*

Prueba. Toda la materia fue dividida, desde el principio, en partes iguales *(por el postulado)* y angulosas *(por la prop. 1)*. De ahí que, si sus ángulos no se hubieran suavizado, al comenzar ellas a girar en torno a sus propios centros, sería necesario *(por el ax. 2)* que toda la materia hubiera ocupado mayor espacio que cuando estaba en reposo. Es así que esto es absurdo *(por parte II, prop. 4)*. Luego sus ángulos se suavizaron tan pronto ella comenzó a moverse.

[El resto falta]

Apéndice

Contiene
PENSAMIENTOS METAFÍSICOS[228]

En ellos se explican brevemente las cuestiones más difíciles que se presentan, tanto en la parte general como en la especial de la metafísica, respecto al ser y sus afecciones, a Dios y sus atributos, y al alma (mens) *humana*[229]

PARTE I

En ella se explican brevemente las cuestiones que suelen presentarse en la parte general de la metafísica respecto al ser y sus afecciones*

---

* *El fin y el objetivo de esta parte es mostrar que la lógica y la filosofía comunes sólo sirven para ejercitar y fortalecer la memoria, a fin de que recordemos bien las cosas que se nos muestran a cada paso, sin orden ni conexión, a través de los sentidos y que, por eso mismo, sólo afectan a nuestros sentidos; pero no sirven para ejercitar el entendimiento*[230]. (Recordamos al lector que con el signo [*] incluimos en nota las adiciones de Spinoza en la versión holandesa de Pieter Balling, 1664.)

Capítulo I. *Del ser real, ficticio y de razón*

No digo nada de la definición de esta ciencia ni tampoco de cuál sea su objeto, ya que sólo me propongo explicar aquí las cuestiones que son más oscuras y que suelen ser tratadas por los autores en los tratados de metafísica[231].

Definición del ser. Comencemos, pues, por el ser, por el que entiendo *todo aquello que, cuando se percibe clara y distintamente, comprobamos que existe necesariamente o que, al menos, puede existir*[232].

La quimera, el ser ficticio y el ente de razón no son seres. De esta definición o, si se prefiere, descripción se sigue que la quimera, el ser ficticio y el ente de razón no pueden, en modo alguno, ser considerados como seres[233]. En efecto, la *quimera**, por su propia naturaleza, no puede existir. El *ser ficticio* excluye la percepción clara y distinta, ya que el hombre, guiado simplemente de su libertad y no sin darse cuenta, como en la falsedad, sino de propósito y a sabiendas, reúne las cosas que quiere reunir y separa las que quiere separar. Finalmente, el *ente de razón* no es más que un modo de pensar, que sirve para *retener, explicar e imaginar* más fácilmente las cosas entendidas. Hay que señalar que por *modo de pensar* entendemos aquí lo que ya hemos explicado en el *escolio de la prop. 15 de la Parte I,* es decir, todas las afecciones del pensamiento, a saber, el entendimiento, la alegría, la imaginación, etc.[234].

---

* Adviértase que por el término *quimera* se entiende aquí y en lo que sigue aquello cuya naturaleza implica una abierta contradicción, *como se explicará más ampliamente en el capítulo III* [esta nota marginal es de la edición latina de 1663].

Con qué modos de pensar retenemos las cosas. Que exis- [234]
ten ciertos modos de pensar que sirven para retener más
firme y fácilmente las cosas y para traerlas a la mente
cuando queremos o para mantenerlas presentes a ella
consta suficientemente a quienes se sirven de la conoci-
dísima regla de la memoria, según la cual, para retener
una cosa totalmente nueva y grabarla en la memoria, se
acude a otra que nos es familiar y que concuerda con
ella, o solamente en el nombre o también en la realidad.
De forma parecida, los filósofos redujeron todas las cosas
naturales a ciertas clases, a las que acuden, cuando se les
presenta algo nuevo, y que llaman *género, especie,* etc.[235]

Con qué modos de pensar explicamos las cosas. Para explicar una cosa, también tenemos modos de pensar, ya
que la determinamos comparándola con otra. Los modos de pensar, de que nos servimos para ello, se llaman
tiempo, número, medida y quizá aún haya otros. Entre
éstos, el *tiempo* sirve para explicar la duración, el *número* para la cantidad discreta y la *medida* para la cantidad
continua[236].

Con qué modos de pensar imaginamos las cosas. Finalmente, como estamos acostumbrados a formar también,
de todas las cosas que entendemos, algunas imágenes en
nuestra fantasía, resulta que imaginamos no-entes de
forma positiva, como si fueran entes. Pues, dado que el
alma humana, considerada en sí sola, es una cosa pensante, no tiene mayor poder para afirmar que para negar.
Como, por otra parte, imaginar no es más que sentir los
vestigios que deja en el cerebro el movimiento de los espíritus, suscitado en los sentidos por los objetos, esa sensación no puede ser más que una afirmación confusa. De

ahí que imaginemos como entes todos los modos de los que se sirve el alma para negar, tales como la ceguera, la extremidad o fin, el término, las tinieblas, etc.[237].

Los entes de razón: por qué no son ideas de cosas y, sin embargo, son tenidos por tales. De lo anterior resulta claro que esos modos de pensar no son ideas de cosas ni pueden ser considerados como tales, ni tienen tampoco ningún objeto *(ideatum)* que o existe necesariamente o puede existir. El motivo, sin embargo, de que esos modos de pensar sean tenidos por ideas es que proceden y surgen de las ideas de los seres reales de forma tan inmediata que, si no se presta la máxima atención, son facilísimamente confundidos con ellas. De ahí que incluso les hayan impuesto nombres, como si significaran seres que existen fuera de nuestra mente, y a esos seres o más bien no-seres los llamamos entes de razón[238].

Es incorrecto dividir el ser en real y de razón. Por eso es fácil de ver cuán inadecuada es aquella división por la que se divide el ser en real y de razón, pues dividen así al ser en ser y no-ser, en ser y modo de pensar. No me extraña, sin embargo, que los filósofos aferrados a las palabras o a la gramática caigan en semejantes errores, puesto que juzgan las cosas por los nombres y no los nombres por las cosas[239].

En qué sentido se puede llamar al ente de razón pura nada y ser real. No habla con menos acierto quien dice que el ente de razón no es pura nada, pues, si busca fuera del entendimiento lo que se expresa con esas palabras, comprobará que es pura nada; en cambio, si entiende por tales los mismos modos de pensar, son verdaderos seres reales. Y así, cuando pregunto qué es una *especie*, no busco nada más que la naturaleza de este modo de pensar, el cual es realmente un ser y se distingue de otro modo de pensar; pero esos modos de pensar no se pueden llamar ideas ni se puede decir que sean verdaderos o falsos, como tampoco el amor se puede llamar verdadero o falso, sino bueno o malo. Por eso, cuando Platón dijo que el hombre es un animal bípedo sin plumas, no se equivocó más que quienes dijeron que era un animal racional; pues él sabía, tan bien como los demás, que el hombre es un animal racional, pero colocó al hombre en cierta clase a fin de que, cuando quisiera pensar en él, hallara en seguida la idea de hombre, acudiendo a aquella clase que podía recordar con facilidad. Aún más, Aristóteles cometió un gravísimo error, si pensó que había explicado adecuadamente la esencia humana con esa definición suya. En cuanto a Platón, cabría preguntarse si hizo bien, pero no es éste el lugar de hacerlo[240].

En la investigación de las cosas no hay que confundir los seres reales con los entes de razón. De todo lo anteriormente dicho se desprende que no existe coincidencia alguna entre el ser real y los objetos *(ideata)* del ente de razón. Por eso se comprende fácilmente que en la investigación de las cosas hay que poner todo cuidado en no confundir los seres reales con los entes de razón. Pues una cosa es investigar la naturaleza de las cosas, y otra, los modos como nosotros las percibimos. Si confundimos una con otra, no podremos entender ni los modos de percibir ni la naturaleza real. Aún más, y esto es lo peor, eso nos hará caer en grandes errores, como ya ha sucedido a muchos[241].

Cómo se distingue el ente de razón del ser ficticio. Hay que señalar, además, que muchos confunden el ente de razón con el ser ficticio, ya que piensan que el ser ficticio también es un ente de razón, porque no tiene existencia alguna fuera de la mente. Sin embargo, si se presta atención a las definiciones, que acabamos de dar, del ente de razón y del ser ficticio, se hallará una gran diferencia entre ambos, tanto por razón de su causa como también por su naturaleza, sin relación a la causa. Efectivamente, hemos dicho que *ser ficticio* no es otra cosa que dos términos unidos por la sola voluntad, sin guía alguna de la razón; de donde se sigue que el ser ficticio puede ser casualmente verdadero. En cambio, el *ente de razón* ni depende sólo de la voluntad ni consta de términos unidos entre sí, como está bastante claro por su definición. De ahí que, si alguien pregunta si el ser ficticio es un ser real o un ente de razón, nos limitaremos a repetirle lo ya dicho o a remitirle a ello, a saber, que es incorrecto dividir el ser en ser real y de razón y que, por consiguiente, se parte de un falso presupuesto al preguntar si el ser ficticio es un ser real o un ente de razón, puesto que se supone que todo ser se divide en real y de razón[242].

División del ser. Pero volvamos a nuestro tema, ya que parece que nos hemos desviado algo de él. Por la anterior definición o, si se prefiere, descripción del ser, se ve fácilmente que el ser hay que dividirlo en ser que existe necesariamente por su naturaleza o cuya esencia implica la existencia, y en ser cuya esencia no implica la existencia, a no ser una existencia posible. Este último se divide en *sustancia y modo;* sus definiciones se dan en *Principios de filosofía, parte I, arts. 51-52 y 56,* y, por tanto, no es necesario repetirlas aquí[243].

Respecto a esta división, sólo quiero advertir aquí que decimos expresamente que el ser se divide en sustancia y modo, y no en sustancia y accidente, porque el accidente no es más que un modo de pensar, ya que sólo indica una relación. Por ejemplo, cuando digo que el triángulo se [237] mueve, el movimiento no es un modo del triángulo, sino del cuerpo que se mueve; de ahí que el movimiento, respecto al triángulo, se llama accidente; en cambio, respecto al cuerpo, es un ser real o un modo. En efecto, el movimiento no puede concebirse sin el cuerpo, pero sí sin el triángulo[244].

Por otra parte, a fin de que se entienda mejor lo ya dicho y lo que viene a continuación, nos esforzaremos en explicar qué se debe entender por *ser de la esencia, ser de la existencia, ser de la idea* y, finalmente, *por ser de la potencia*. A ello nos mueve, además, la ignorancia de algunos que o no reconocen distinción alguna entre la esencia y la existencia o, si la reconocen, confunden el ser de la esencia con el ser de la idea o con el ser de la potencia. A fin de dar una respuesta a éstos y a la cuestión en sí misma, explicaremos el asunto a continuación lo más claramente que podamos.

CAPÍTULO II. *Qué es el ser de la esencia, el ser de la existencia, el ser de la idea y el ser de la potencia*

Para percibir claramente qué hay que entender por esos cuatro conceptos, basta que traigamos a la memoria lo que hemos dicho sobre la sustancia increada o Dios[245], a saber:

Las criaturas están eminentemente en Dios

1.º Dios contiene eminentemente lo que se halla formalmente en las cosas creadas, es decir, Dios posee atributos tales que en ellos se contienen de forma más perfecta todos los atributos creados *(véase Parte I, ax. 8 y prop. 12, cor. 1)*. La extensión, por ejemplo, la concebimos claramente sin ninguna existencia; y por eso, como no tiene por sí misma ninguna fuerza para existir, hemos demostrado que fue creada por Dios *(Parte I, prop. última)*. Y, puesto que en la causa debe haber, al menos, tanta perfección como hay en el efecto, se sigue que todas las perfecciones de la extensión deben estar en Dios. Pero, como después hemos visto que una cosa extensa es, por su propia naturaleza, divisible, es decir, que contiene una imperfección, no pudimos atribuir extensión a Dios *(Parte I, prop. 16)*. Por consiguiente, nos vimos forzados a confesar que en Dios hay algún atributo que contiene de modo más excelente todas las perfecciones de la materia *(Parte I, prop. 9, escolio)*, el cual puede hacer las veces de la materia[246].

2.º Dios se entiende a sí mismo y todas las otras cosas, es decir, también tiene en sí objetivamente todas las cosas *(Parte I, prop. 9)*[247].

3.º Dios es causa de todas las cosas y obra por absoluta libertad de su voluntad.

Qué es el ser de la esencia, de la existencia, de la idea y de la potencia. Por lo anterior se ve, pues, claramente qué hay que entender por esos cuatro términos. En primer lugar, *el ser de la esencia* no es más que el modo como las cosas creadas están comprendidas en los atributos de Dios. Por otra parte, *el ser de la idea* se dice en cuanto que todas ellas están objetivamente contenidas en la idea de Dios. *El ser de la potencia* sólo se dice respecto al poder de Dios, con el que podía haber creado, por la absoluta libertad de la voluntad, todas las cosas que todavía no existen. Finalmente, *el ser de la existencia* es la misma esencia de las cosas, en cuanto se la considera fuera de Dios y en sí misma; se atribuye a las cosas después que fueron creadas por Dios[248].

Esas cuatro expresiones tan sólo se distinguen en las criaturas. Resulta, pues, claro que esas cuatro expresiones no se distinguen unas de otras, a no ser en las criaturas, pero de ningún modo en Dios. En efecto, no concebimos que Dios haya estado en potencia en otro ser y, además, su existencia y su entendimiento no se distinguen de su esencia[249].

Se responde a algunas cuestiones sobre la esencia. Por lo dicho ya podemos responder fácilmente a las cuestiones que suelen plantearse sobre la esencia, y que son las siguientes: *si la esencia se distingue de la existencia* y, de ser así, *si es algo diferente de la idea;* y, en este último caso, *si la esencia posee algún ser fuera del entendimiento,* cosa que sin duda hay que admitir. A la primera cuestión respondemos con una distinción, a saber: en Dios, la esencia no se distingue de la existencia, ya que aquélla no se puede concebir sin ésta; pero en las otras cosas, la esencia se distingue de la existencia, porque se puede concebir sin ésta.

A la segunda cuestión, decimos que la cosa que se concibe clara y distintamente, es decir, verdaderamente fuera del entendimiento, es algo diferente de la idea. Y, si se sigue preguntando si lo que está fuera del entendimiento existe por sí mismo o fue creado por Dios, contestamos que la esencia formal ni es por sí *(a se)* ni es creada, ya que ambas cosas supondrían que la cosa existe actualmente, sino que sólo depende de la esencia de Dios, en la que están contenidas todas las cosas. En este sentido, estamos de acuerdo con los que dicen que las esencias de las cosas son eternas.

Aún cabría preguntarse cómo nosotros, antes de haber entendido la naturaleza de Dios, entendemos las esencias de las cosas, puesto que éstas, como acabamos de decir, sólo dependen de la naturaleza de Dios. A lo cual respondo que eso proviene de que las cosas ya han sido creadas; pues, si no hubieran sido creadas, concedería totalmente que eso sería imposible, a menos que se tuviera antes un conocimiento adecuado de la naturaleza de Dios; sería tan imposible, e incluso más, que conocer la naturaleza de las ordenadas de la parábola a partir de la naturaleza, aún no conocida, de la parábola.

Por qué recurre el autor a los atributos de Dios en la definición de la esencia. Hay que señalar, además, que, aunque las esencias de los modos no existentes se comprenden en sus sustancias y el ser de su esencia está en su sustancia, hemos recurrido a Dios, porque queríamos explicar la esencia, en general, de los modos y de las sustancias, y porque, además, la esencia de los modos no estuvo en sus sustancias hasta después de la creación de éstas, y nosotros indagábamos el ser eterno de las esencias.

Por qué no ha examinado el autor las definiciones de otros. Para entender esto, no creo que sea necesario refutar aquí a los autores que piensan de otra forma ni tampoco examinar sus definiciones o descripciones de la esencia y de la existencia, ya que de ese modo haríamos más oscura una cosa clara. ¿Qué hay más claro, en efecto, que entender qué es la esencia y la existencia, dado que no podemos dar ninguna definición de una cosa sin explicar, al mismo tiempo, su esencia?

Cómo se puede aprender fácilmente la distinción entre la esencia y la existencia. Finalmente, si algún filósofo duda todavía si la esencia se distingue de la existencia en las cosas creadas, no debe trabajar demasiado con las definiciones de la esencia y de la existencia para eliminar la duda; basta con que se acerque a un escultor o a un carpintero, y ellos mismos le mostrarán cómo conciben de determinada forma la estatua que todavía no existe y se la presentarán después ya hecha y existente[250].

CAPÍTULO III. *De lo que es necesario, imposible, posible y contingente* [240]

Qué se debe entender aquí por afecciones. Una vez explicada la naturaleza del ser en cuanto tal, pasamos a explicar algunas de sus afecciones. Advirtamos que por afecciones entendemos aquí lo que Descartes designó alguna vez atributos *(Principios de fil., Parte I, art. 52)*. Efectivamente, el ser en cuanto ser, es decir, por sí solo o en cuanto sustancia, no nos afecta, y por tanto debe ser explicado por algún atributo, del cual, sin embargo, sólo se distingue por una distinción de razón. De ahí que nunca puedo admirar bastante los sutilísimos ingenios de aquellos que, no sin gran detrimento para la verdad, buscaron algo intermedio entre el ser y la nada. No me detendré, sin embargo, a refutar su error, puesto que ellos mismos, cuando se empeñan en dar las definiciones de tales afecciones, se pierden en su vana sutileza[251].

Definición de las afecciones. Ateniéndonos, pues, a nuestro tema, decimos que las afecciones del ser son *ciertos atributos por los cuales entendemos la esencia o la existencia de cada ser, aunque sólo se distinguen de ésta mediante una distinción de razón.* Intentaré explicar aquí algunas de ellas (porque no pretendo explicarlas todas) y separarlas de aquellas denominaciones que no son afecciones de ningún ser. Trataré, en primer lugar, de lo que es necesario e imposible.

De cuántas formas se dice que una cosa es necesaria o imposible. Una cosa se dice necesaria e imposible de dos formas: respecto a su esencia o respecto a su causa. Respecto a la *esencia,* ya sabemos que Dios existe necesariamente, ya que su esencia no se puede concebir sin su existencia; en cambio, la quimera, respecto a la contradicción de su esencia, no puede existir. Respecto a la *causa,* las cosas, por ejemplo, las cosas materiales, son consideradas como imposibles o necesarias. En efecto, si tan sólo atendemos a su esencia, la podemos concebir clara y distintamente sin su existencia y, por tanto, nunca pueden existir por la fuerza o la necesidad de su esencia, sino únicamente por la fuerza de la causa, es decir, de Dios, creador de todas las cosas. De ahí que, si está en el decreto divino que una cosa exista, existirá necesariamente; y si no, será imposible que exista. Pues es evidente por sí mismo que aquello que no tiene ninguna causa, ni interna ni externa, para existir es imposible que exista. Es así que, en la segunda hipótesis, se supone una cosa que no puede existir ni por la fuerza de su esencia, que es lo que yo entiendo por causa interna, ni por la fuerza del decreto divino, única causa externa de todas las cosas. Luego se sigue que las cosas, tal como las hemos supuesto en la segunda hipótesis, es imposible que existan[252].

La quimera se puede llamar cómodamente un ser nominal. En este contexto, hay que hacer las siguientes observaciones:

1.ª Dado que la quimera no está ni en el entendimiento ni en la imaginación, se puede llamar cómodamente ser verbal, puesto que sólo se puede expresar con palabras. Un círculo cuadrado, por ejemplo, lo expresamos sin duda con palabras, pero no lo podemos imaginar y mucho menos entender. Por tanto, la quimera no es nada, aparte de la palabra. Por eso mismo, la imposibilidad no puede ser enumerada entre las afecciones del ser, ya que es una simple negación[253].

Las cosas creadas dependen de Dios en cuanto a la esencia y a la existencia.

2.ª No sólo la existencia de las cosas creadas, sino también *(como demostraremos después, en la segunda parte, con toda claridad)* su esencia y naturaleza depende únicamente del decreto de Dios. De donde se sigue claramente que las cosas creadas no tienen, por sí mismas, ninguna necesidad: pues no tienen, por sí mismas, ninguna esencia ni existen por sí mismas[254].

La necesidad, que las cosas creadas reciben de su causa, es de la esencia, o de la existencia; pero éstas no se distinguen en Dios.

3.ª Finalmente, la necesidad, tal como se da en las cosas creadas en virtud de su causa, puede referirse o a su esencia o a su existencia, puesto que estas dos son distintas en las cosas creadas: aquélla depende de las leyes eternas de la naturaleza; ésta, en cambio, de la serie y del orden de las causas. Por el contrario, en Dios, como su esencia no se distingue de su existencia, tampoco la necesidad de la esencia es distinta de la necesidad de la existencia. De donde se sigue que, si concibiéramos todo el orden de la naturaleza, comprobaríamos que muchas cosas, cuya naturaleza concebimos clara y distintamente, es decir, cuya esencia es necesariamente tal como es, no podrían existir en modo alguno. Pues verificaríamos que es tan imposible que esas cosas existan en la naturaleza como ya sabemos que lo es que un gran elefante pueda caber en el ojo de una aguja. De ahí que la existencia de esas cosas no sería más que una quimera, que no podríamos ni imaginar ni entender[255].

Lo posible y lo contingente no son afecciones de las cosas.
A lo dicho sobre la necesidad y la imposibilidad me ha parecido oportuno añadir unas palabras sobre lo posible y lo contingente. Hay algunos que los tienen por afecciones de las cosas, cuando no son, en realidad, sino defectos de nuestro entendimiento, como se verá claramente una vez que explique qué hay que entender por uno y otro.

Qué es lo posible y qué lo contingente. Una cosa se dice posible, cuando entendemos su causa eficiente, pero ignoramos si esa causa está determinada. Por eso podemos considerarla como posible, pero no como necesaria ni como imposible. En cambio, si nos fijamos en la esencia de la cosa, sin más, y no en su causa, la llamaremos contingente; es decir, que la consideraremos como algo intermedio, por así decirlo, entre Dios y la quimera, puesto que no hallamos en su esencia ni la necesidad de existir, como en la esencia divina, ni tampoco la contradicción o imposibilidad, como en la quimera. Y si alguien quiere llamar contingente lo que yo llamo posible y, al revés, llamar posible lo que yo llamo contingente, no le contradiré, ya que no acostumbro a discutir sobre los nombres. Basta con que nos conceda que estas dos cosas no son más que defectos de nuestra percepción y no algo real[256].

Lo posible y lo contingente sólo son defectos de nuestro entendimiento. Si alguien quisiera negarlo, no es difícil demostrarle su error. En efecto, si examina la naturaleza y cómo depende de Dios, no hallará nada contingente en las cosas, es decir, algo que, en realidad, pueda existir y no existir, o que, como dice el vulgo, sea un *contingente real*. Esto se desprende fácilmente de lo que hemos expuesto en el *axioma 10 de la Parte I:* que se requiere tanta fuerza para crear una cosa como para conservarla. Por tanto, ninguna cosa creada hace algo con su propia fuerza, del mismo modo que ninguna comenzó a existir por su propia fuerza. Y de ahí se sigue que nada se hace, si no es por la fuerza de la causa que todo lo crea, es decir, de Dios que todo lo procrea a cada momento con su concurso. Y como nada se hace, sin que lo haga el poder divino, es fácil de ver que todo cuanto es hecho lo es por la fuerza del decreto y de la voluntad de Dios*. Y como, además, en Dios no hay inconstancia ni cambio alguno *(por Parte I, props. 18 y 20, cor.)*, lo que él produce debió decretar *ab aeterno* producirlo. Finalmente, como nada es más necesario que exista que lo que Dios decretó que existiera, se sigue que la necesidad de existir estuvo *ab aeterno* en las cosas creadas. Y no podemos decir que son contingentes, porque Dios pudo decretar otra cosa; pues, dado que en la eternidad no se da *cuándo,* ni *antes* ni *después,* ni afección alguna de tiempo, se sigue que Dios no existió nunca antes de esos decretos para poder decretar otra cosa[257].

La conciliación entre la libertad de nuestro albedrío y la predestinación de Dios supera la capacidad humana. Por lo que respecta a la libertad de la voluntad humana, que dijimos *(Parte I, prop. 15, escolio)* que es libre, también es conservada por el concurso de Dios: ningún hombre quiere o ejecuta nada, fuera de lo que Dios decretó *ab ae-*

---

* *Para comprender bien esta prueba, se debe considerar atentamente lo que se expone* en la segunda parte de este Apéndice *acerca de la voluntad de Dios, a saber, que la voluntad de Dios o su decreto inmutable sólo lo entendemos correctamente, cuando percibimos clara y distintamente la cosa, ya que la esencia de la cosa, en sí considerada, no es más que el decreto de Dios o su voluntad determinada. Pero decimos también que la necesidad de existir realmente no es distinta de la necesidad de la esencia* (Parte II, cap. 9). *Es decir, cuando afirmamos que Dios ha decretado que existirá el triángulo, no queremos decir sino que Dios ha establecido también el orden de la naturaleza y de las causas, de forma que el triángulo existirá necesariamente en tal tiempo. De suerte que, si comprendemos el orden de las causas, tal como ha sido fijado por Dios, comprobaremos que el triángulo existirá realmente en tal tiempo, con la misma necesidad con que comprobamos ahora, si examinamos su naturaleza, que sus tres ángulos son iguales a dos rectos.*

terno que quisiera y ejecutara. Cómo, sin embargo, pueda tener lugar ese concurso sin menoscabo de la libertad humana, supera nuestra capacidad. Mas no por ello vamos a rechazar lo que percibimos claramente a causa de lo que ignoramos. Pues, si prestamos atención a nuestra naturaleza, entendemos clara y distintamente que nosotros somos libres en nuestras acciones y que, precisamente porque queremos algo, deliberamos acerca de ello. Y si prestamos atención a la naturaleza de Dios, según acabamos de indicar, también percibimos clara y distintamente que todas las cosas dependen de él y que sólo existe lo que él decretó *ab aeterno* que existiera. En cambio, ignoramos cómo la voluntad humana sea procreada, a cada instante, por Dios, de suerte que siga siendo libre. Pues hay muchas cosas que superan nuestra capacidad, y sabemos, sin embargo, que fueron hechas por Dios, como, por ejemplo, aquella división real de la materia en indefinidas partículas: la hemos demostrado *(Parte II, prop. 11)* de forma suficientemente clara, aunque ignoremos cómo se realice tal división. Adviértase que suponemos aquí que esas dos nociones, de lo posible y lo contingente, sólo significan un defecto de nuestro conocimiento acerca de la existencia de la cosa (a la que se aplican)[258].

Capítulo IV. *De la duración y del tiempo*

De lo que hemos dicho anteriormente, que el ser se divide en ser cuya esencia implica la existencia y en ser cuya esencia sólo implica una existencia posible, se deriva la distinción entre la eternidad y la duración.

Qué es la eternidad. De la eternidad hablaremos después más ampliamente. Aquí sólo decimos que *es el atributo con el que concebimos la existencia infinita de Dios.*

Qué es la duración. Por su parte, la duración *es el atributo con el que concebimos la existencia de las cosas creadas, en cuanto perseveran en su existencia real.* De ahí se sigue que la duración no se distingue, más que por la razón, de la existencia total de una cosa. Ya que cuanto se detrae de la duración de una cosa se detrae necesariamente también de su existencia. Y para determinar esta última, la comparamos con la duración de otras cosas, que poseen un movimiento cierto y determinado, *y esta comparación se llama tiempo.*

Qué es el tiempo. El tiempo no es, pues, una afección de las cosas, sino un simple modo de pensar o, como ya dijimos, un ente de razón; en efecto, es el modo de pensar que sirve para explicar la duración. Acerca de la duración hay que señalar aquí algo de que haremos uso después, cuando hablemos de la eternidad, a saber, que se concibe como mayor o menor y como si constara de partes y que, además, sólo es atributo de la existencia y no de la esencia[259].

CAPÍTULO V. *De la oposición, el orden, etc.*

Del hecho de que comparamos unas cosas con otras, van surgiendo ciertas nociones, las cuales, sin embargo, no son, fuera de las cosas mismas, más que modos de pensar. Esto se ve en que, si queremos considerarlas como cosas que existen fuera del pensamiento, ipso facto hacemos confuso su concepto, que antes teníamos claro. Tales son las nociones de *oposición, orden, conveniencia, diversidad, sujeto, adjunto* y otras similares que puede haber. Digo que estas nociones las percibimos con claridad suficiente, en cuanto que las concebimos, no como algo distinto de las esencias de las cosas opuestas, ordenadas, etc., sino tan sólo como modos de pensar con los que retenemos o imaginamos más fácilmente esas mismas cosas[260]. No creo que sea necesario hablar con más amplitud de esto. Paso, pues, a los términos llamados comúnmente trascendentales.

Capítulo VI. *De la unidad, la verdad y la bondad*

Casi todos los metafísicos tienen estos términos como las afecciones más generales del ser, puesto que dicen que todo ser es uno, verdadero y bueno, aun cuando nadie piense en ello. Cómo haya que entenderlos, lo veremos una vez que hayamos examinado esos términos uno por uno[261].

Qué es la unidad. Comencemos, pues, por el primero: la unidad. Dicen que este término significa algo real fuera del entendimiento; sin embargo, no saben explicar qué añade al ser, lo cual muestra suficientemente que confunden los entes de razón con el ser real. Con ello consiguen volver confuso lo que entienden claramente. Nosotros, en cambio, decimos que la *unidad* ni se distingue en modo alguno del ser ni le añade nada, sino que sólo es un modo de pensar, con el que separamos una cosa de las demás, que son semejantes a ella o que concuerdan de alguna forma con ella[262].

[246]

Qué es la multitud y en qué sentido se puede decir que Dios es uno y único. A la unidad se opone la multitud, la cual tampoco añade nada a las cosas ni es más que un modo de pensar. Y como esto es algo que entendemos clara y distintamente, no veo qué más deba decir acerca de una cosa clara. Tan sólo señalaré que Dios, en cuanto lo separamos de los demás seres, se puede denominar *uno;* pero, en cuanto concebimos que no puede haber varios de la misma naturaleza, se puede llamar *único.* No obstante, si quisiéramos examinar la cuestión con más rigor, quizá pudiéramos mostrar que sólo impropiamente decimos que Dios es uno y único. Pero este asunto no tiene mayor importancia o, mejor dicho, no tiene ninguna para quienes se interesan por las cosas y no por los nombres. Dejando, pues, esto a un lado, pasamos al segundo punto, en el que diremos también qué es la falsedad[263].

Qué es la verdad y qué la falsedad tanto para el vulgo como para el filósofo. A fin de que se perciban rectamente ambas nociones, la de verdad y la de falsedad, comenzaremos por el significado de las palabras. Así se verá que son simples denominaciones extrínsecas de las cosas y que sólo retóricamente se atribuyen a las cosas. Y como el vulgo inventó primero las palabras, que usan después los filósofos, quien busca el primer significado de alguna palabra parece que debe investigar primero qué designó entre el vulgo; sobre todo cuando, para hallar aquel significado, faltan otros recursos que pudieran extraerse de la naturaleza de la lengua. Así pues, el primer significado de la verdad y la falsedad parece que surgió de las narraciones, y que se llamó verdadera la que refería un hecho realmente sucedido, y falsa la que narraba un hecho no sucedido. Los filósofos emplearon después esos vocablos para designar el acuerdo o desacuerdo de la idea con su objeto (*ideato*). De ahí que idea verdadera se dice aquella que nos muestra la cosa tal como es, y falsa, la que nos la muestra de forma distinta de como realmente es. Las ideas no son, en efecto, más que narraciones o historias mentales de la naturaleza. Esa expresión se aplicó después, metafóricamente, a las cosas mudas, como cuando decimos que el oro es verdadero o falso, como si el oro, representado por nosotros, nos contara sobre él mismo algo que hay o no hay en él[264].

La verdad no es un término trascendental. Se engañan, [247] pues, totalmente quienes han considerado la verdad como un término trascendental o como una afección del ser, puesto que sólo impropiamente o, si se prefiere, retóricamente se aplica a las cosas en cuanto tales[265].

Cómo se distinguen la verdad y la idea verdadera. Y si alguien pregunta qué es la verdad, además de la idea verdadera, que pregunte también qué es la blancura, además del cuerpo blanco, ya que la relación es la misma en ambos casos.

Sobre la causa de lo verdadero y de lo falso ya hemos tratado antes, y por tanto ya no resta nada que añadir. Aún más, ni hubiera sido menester señalar lo que acabamos de decir, si los escritores no se hubieran enredado en semejantes bagatelas, hasta el extremo de no lograr salir después de sus redes, por buscar con frecuencia un nudo en una caña de junco[266].

Cuáles son las propiedades de la verdad. La certeza no está en las cosas. Las propiedades de la verdad o de la idea verdadera son: 1 ª) que es clara y distinta; 2.ª) que elimina toda duda o, en una palabra, que es cierta. Quienes buscan la certeza en las cosas mismas se equivocan, lo mismo que cuando buscan en ellas la verdad. Y cuando decimos que una cosa es incierta, tomamos, de forma retórica, el objeto por su idea, lo mismo que cuando decimos que una cosa es dudosa. A menos que entendamos por incertidumbre la contingencia o la cosa que suscita en nosotros la incertidumbre o la duda. No hay por qué detenerse más en esto y pasamos, por tanto, al tercer punto; explicaremos, a la vez, qué hay que entender por su contrario[267].

El bien y el mal sólo se dicen en sentido relativo. Una cosa, considerada por sí sola, no se dice ni buena ni mala; sólo se dice tal respecto a otra, según que le resulte o no útil para lograr algo que ama. De ahí que la misma cosa se puede decir, al mismo tiempo, buena o mala en sentido distinto. Y así, por ejemplo, el consejo dado por Aquitofel a Absalón se dice bueno en la Sagrada Escritura; sin embargo, era pésimo para David, puesto que maquinaba su muerte. Además, hay otras muchas cosas que son buenas, pero no para todos; y así la salvación es buena para los hombres, y, en cambio, para los brutos o para las plantas, no es buena ni mala, porque no tiene nada que ver con ellos. Dios se dice sumamente bueno, porque ayuda a todos, conservando el ser de cada uno, que es lo más estimable. No existe, sin embargo, el mal absoluto, como es evidente por sí mismo[268].

Por qué algunos afirmaron un bien metafísico. Quienes buscan con afán un bien metafísico, que carezca de toda referencia, obedecen a un falso prejuicio, a saber, confundir una distinción de razón con una distinción real o modal. Efectivamente, distinguen entre la cosa misma y el conato de conservarse, que existe en cada cosa, aunque ignoren qué entienden por tal conato. Pues, aunque estas dos cosas se distinguen con una distinción de razón o, mejor, de palabras (ahí radica justamente su engaño), no se distinguen en modo alguno realmente[269].

Cómo se distinguen la cosa y el conato con que se esfuerza por mantenerse en su estado. Para que se entienda claramente, pongamos el ejemplo de una cosa sumamente sencilla. El movimiento tiene la fuerza de perseverar en su estado. Ahora bien, esa fuerza no es otra cosa que el mismo movimiento, es decir, que la naturaleza del movimiento es así. Si digo que en este cuerpo, A, no hay más que cierta cantidad de movimiento, se sigue de ahí que, mientras sólo considero ese cuerpo, siempre debo decir que ese cuerpo se mueve. Pues, si dijera que él pierde por sí mismo aquella fuerza de moverse, le atribuiría inevitablemente algo más de lo que supusimos en la hipótesis, por lo cual pierde su naturaleza.

Y si este argumento parece demasiado oscuro, concedamos que ese conato de moverse es algo distinto de las leyes y de la naturaleza del movimiento. Si se supone, pues, que este conato es un bien metafísico, es necesario que ese conato tenga también un conato de perseverar en su ser, y éste, a su vez, otro y así al infinito. No sé si se puede imaginar algo más absurdo. La razón por la que esos tales distinguen el conato de la cosa misma es que en ellos mismos encuentran el deseo *(desiderium)* de conservarse y se imaginan que es similar en todas las cosas[270].

Si se puede decir que Dios es bueno antes de la creación de las cosas. Se pregunta, sin embargo, si, antes de crear las cosas, se podía decir que Dios fuera bueno. De nuestra definición parece seguirse que Dios no tenía tal atributo, ya que decimos que una cosa, considerada en sí sola, no se puede llamar ni buena ni mala. Sin duda que esto parecerá a muchos absurdo; pero yo no sé por qué, puesto que atribuimos a Dios muchos atributos de este tipo, pese a que, antes de que las cosas fueran creadas, sólo le correspondían en potencia, como cuando se le llama creador, juez, misericordioso, etc. Por tanto, no debemos detenernos en tales argumentos[271].

En qué sentido lo perfecto se dice relativo o absoluto. Así como lo bueno y lo malo sólo se dice en relación a algo, lo mismo sucede con la perfección, excepto cuando la tomamos por la esencia de la cosa; en este sentido dijimos antes que Dios posee una perfección infinita, es decir, una esencia infinita o un ser infinito[272].

He decidido no extenderme más al respecto, porque los demás temas, relativos a la metafísica general, creo que son suficientemente conocidos, y no considero, por tanto, que valga la pena tratarlos más ampliamente.

PARTE II

En ella se explican brevemente las cuestiones que suelen presentarse en la parte especial de la metafísica respecto a Dios y a sus atributos y respecto al alma humana*.

---

* *En esta parte, se explicará la existencia de Dios de forma totalmente distinta de como la entienden habitualmente los hombres, pues éstos*

Capítulo I. *De la eternidad de Dios*

División de las sustancias. Ya hemos enseñado antes que en la naturaleza real no existen nada más que las sustancias y sus modos; no se esperará, pues, que ahora digamos algo sobre las formas sustanciales y los accidentes reales; estas cosas y otras por el estilo son totalmente inútiles. Después, hemos dividido las sustancias en dos géneros supremos, a saber, la extensión y el pensamiento, y ésta, a su vez, en creada o alma humana e increada o Dios. Por otra parte, hemos demostrado más que suficientemente la existencia de Dios, tanto a posteriori, a partir de la idea que de él tenemos, como a priori, a partir de su esencia como causa de su existencia[273].

Pero, dado que hemos tratado de algunos atributos divinos con más brevedad de la que exige la dignidad del asunto, hemos decidido volver ahora sobre ellos y explicarlos más largamente, al tiempo que abordamos otros temas[274].

A Dios no le corresponde la duración. El atributo principal, que debemos examinar antes que ninguno, es la eternidad de Dios, con la que explicamos su duración; mejor dicho, para no atribuir a Dios ninguna duración,

confunden la existencia de Dios con la suya, de donde resulta que imaginan a Dios como un hombre. Como no atienden a la verdadera idea de Dios que tienen en ellos mismos o como ignoran totalmente que la poseen, son incapaces de demostrar la existencia de Dios ni a priori, es decir, por la verdadera definición de su esencia, ni a posteriori, a partir de la idea de Dios, en cuanto existe en nosotros. Por eso, trataremos de probar, lo más claramente que podamos, en esta parte, que la existencia de Dios es totalmente diferente de la existencia de las cosas creadas.

decimos que es eterno. Porque, como hemos indicado *en la Parte I,* la duración es una afección de la existencia y no de la esencia de las cosas; y dado que en Dios la existencia pertenece a la esencia, no le podemos atribuir duración alguna. Quien atribuye, pues, duración a Dios, distingue su existencia de su esencia.

Hay, no obstante, quienes preguntan si Dios no tiene ahora una existencia más larga que cuando creó a Adán; y como esto les parece bastante claro, estiman que no se puede privar, en modo alguno, a Dios de duración. Pero esto es una petición de principio, puesto que suponen que la esencia de Dios se distingue de su existencia. En efecto, cuando preguntan si Dios, que existió hasta Adán, no ha existido más tiempo desde la creación de Adán hasta nosotros, atribuyen a Dios una duración mayor cada día, como si supusieran que Dios se crea continuamente a sí mismo. Si no distinguieran la existencia de Dios de su esencia, no atribuirían duración a Dios, ya que la duración no puede pertenecer en absoluto a las esencias de las cosas, puesto que nadie dirá jamás que la esencia del círculo o del triángulo, en cuanto es una verdad eterna, ha durado ahora más tiempo que en la época de Adán. Además, como la duración se concibe mayor o menor, como si constara de partes, se sigue claramente que a Dios no se le puede atribuir ninguna duración. Su ser es eterno, es decir, no se puede dar en él ni antes ni después y, por tanto, nunca le podemos atribuir duración, a menos que destruyamos, al hacerlo, el concepto que de él tenemos. Con ello, en efecto, dividiríamos en partes lo que es infinito por su misma naturaleza y que sólo se puede concebir como infinito, pues eso implica el atribuirle la duración*.

Razones por las que los autores atribuyeron duración a Dios. Las razones de que los autores se hayan equivocado son:

1.º Que han intentado explicar la eternidad sin tener en cuenta a Dios, como si la eternidad pudiera entenderse sin la contemplación de la esencia divina o fuera algo distinto de la esencia divina. Y esto proviene, a su vez, de que estamos acostumbrados, por falta de palabras, a atribuir la eternidad también a las cosas cuya esencia se distingue de su existencia, como cuando decimos que no repugna que el mundo haya sido creado *ab aeterno,* y también a las esencias de las cosas, mientras las concebimos como no existentes, ya que entonces las llamamos esencias eternas.

2.º Que sólo atribuían duración a las cosas en cuanto consideraban que están sometidas a una variación continua y no, como hacemos nosotros, en cuanto su esencia se distingue de su existencia.

3.º Finalmente, que distinguieron la esencia de Dios, igual que la de las cosas creadas, de su existencia.

Estos errores, repito, les hicieron cometer otros. El primero hizo que no entendieran qué es la eternidad, sino que la consideraran como una especie de duración. El segundo, que no pudiesen hallar fácilmente la diferencia

---

* *Dividimos su existencia en partes o la concebimos divisible, cuando intentamos explicarla por la duración* (véase Parte I, cap. 4).

entre la duración de las cosas creadas y la eternidad de Dios. El último, por fin, que, aunque la duración no es más que una afección de la existencia, como ellos han distinguido la existencia de Dios de su esencia, han atribuido, como hemos dicho, duración a Dios[275].

30 *Qué es la eternidad.* Para que se entienda mejor qué es la eternidad y cómo no se la puede concebir sin la esencia divina, hay que considerar lo que ya antes hemos dicho, a saber, que las cosas creadas, es decir, todo, excepto Dios, sólo existen por la sola fuerza o esencia de Dios y no por su propia fuerza. De donde se sigue que la existencia actual de las cosas no es causa de la futura, sino la
[252] inmutabilidad de Dios. Pues es ésta la que nos fuerza a decir, tan pronto Dios creó una cosa, que la conservará después continuamente o que mantendrá incesantemente la misma acción creadora. Y de ahí deducimos:

1.º Que se puede decir que una cosa creada goza de su existencia, porque ésta no pertenece a su esencia. Dios, en cambio, no se puede decir que goza de su existencia, ya que la existencia de Dios, así como su esencia, es Dios mismo. Por eso, las cosas creadas poseen duración, pero Dios en modo alguno.

2.º Que todas las cosas creadas, mientras disfrutan de
10 su duración y existencia actual, carecen totalmente de la futura, ya que ésta se les debe conceder a cada momento; pero no cabe decir algo similar de su esencia. En cambio, a Dios, como su existencia pertenece a su esencia, no podemos atribuirle una existencia futura, ya que la misma existencia que entonces tendría ya hay que atribuírsela ahora en acto; o, para expresarme con más propiedad, a

Dios le pertenece actualmente una existencia infinita, del mismo modo que le pertenece un entendimiento infinito. Y a esta existencia infinita la llamo eternidad. Por tanto ésta sólo se debe atribuir a Dios y no a ninguna cosa creada, aunque su duración, insisto, carezca de límite en ambos sentidos[276].

Sobre la eternidad, basta con lo dicho. Sobre la necesidad no digo nada, porque no es necesario, ya que hemos demostrado la existencia de Dios a partir de su esencia. Pasemos, pues, a la unidad.

Capítulo II. *De la unidad de Dios*

Con harta frecuencia nos han sorprendido los fútiles argumentos con los que se empeñan los autores en establecer la unidad de Dios. He aquí dos: *si un Dios pudo crear el mundo, serían inútiles los demás; si todas las cosas concurren a un mismo fin, fueron producidas por un solo hacedor.* Otros por el estilo se fundan sobre relaciones o denominaciones extrínsecas. Por eso, dejándolos todos a un lado, propondremos nuestra argumentación lo más clara y brevemente que podamos, de la forma siguiente[277].

Que Dios es único. Entre los atributos de Dios, hemos enumerado también la inteligencia suprema y hemos añadido que Dios tiene toda su perfección de sí mismo y no de otro. Por tanto, si se dice que existen varios dioses o seres sumamente perfectos, todos ellos deberán ser por necesidad máximamente inteligentes. Para ello no basta que cada uno se entienda únicamente a sí mismo; pues, como cada uno de ellos debe entender todas las cosas, deberá entenderse a sí mismo y a los demás. Ahora bien, de ahí se seguiría que la perfección de cada entendimiento dependería en parte de él mismo y en parte de otro. Y por consiguiente, no podría ser cada uno el ser sumamente perfecto, es decir, como ya hemos indicado, un ser que tiene toda su perfección de sí mismo y no de otro.

Pero, como ya hemos demostrado que Dios es el ser perfectísimo y que existe, ya podemos concluir que sólo existe un único Dios. Pues, si existieran varios, se seguiría que el ser perfectísimo tiene alguna imperfección, lo cual es absurdo*.

CAPÍTULO III. *De la inmensidad de Dios*

En qué sentido se dice que Dios es infinito e inmenso. Hemos enseñado antes que no se puede concebir ningún ser como finito e imperfecto, es decir, como partícipe de la nada, a menos que antes consideremos el ser perfecto e infinito, es decir, a Dios. Sólo Dios, pues, se debe llamar infinito, en cuanto que constatamos que consta realmente de una perfección infinita. Y también se puede denominar inmenso o interminable, en cuanto consideramos que no existe ningún ser por el que pueda ser limitada la perfección de Dios. De donde se sigue que la

---

* *Esta prueba convence sin duda, pero no explica con claridad la unicidad de Dios. Por eso aconsejo a los lectores que extraigamos la unicidad directamente de la naturaleza de su existencia, la cual no se distingue de la esencia de Dios o, en otros términos, se sigue necesariamente de su esencia*[278].

infinitud de Dios, en contra de lo que indica la palabra, es algo máximamente positivo; pues sólo le llamamos infinito, en cuanto consideramos su esencia o perfección suprema. Por otra parte, la *inmensidad* sólo se atribuye a Dios en sentido relativo, puesto que no le pertenece en sentido absoluto, en cuanto ser perfectísimo, sino en cuanto es considerado como primera causa; pues ésta, aunque no fuera perfectísima, a no ser respecto a los seres secundarios, sería, sin embargo, inmensa. Como sin ella no habría ningún ser, tampoco podría ser concebido ninguno más perfecto que ella, con el que Dios pudiera ser limitado o medido *(para una explicación más amplia, véase Parte I, ax. 9)*[279].

[254]

Qué se entiende vulgarmente por la inmensidad de Dios. Los autores, no obstante, cuando tratan de la inmensidad de Dios, parecen atribuirle, con demasiada frecuencia, cierta cantidad. De este atributo quieren concluir, en efecto, que Dios debe estar necesariamente presente por doquier, como si con ello quisieran decir que, si Dios no estuviera en algún lugar, su cantidad estaría limitada. Y esto mismo se ve todavía mejor por otra razón que aducen para demostrar que Dios es infinito o inmenso (pues confunden ambas cosas) y también que está en todas partes. Si Dios, dicen, es acto puro, como realmente lo es, está necesariamente en todas partes y es infinito. Porque, si no estuviera en todas partes, o no podría estar en todas las partes que quisiera o necesariamente (préstese atención) debería moverse. Se ve, pues, claramente que atribuyen la inmensidad a Dios, en cuanto lo consideran como dotado de cantidad, ya que es de las propiedades de la extensión de donde sacan sus argumentos para afirmar la inmensidad de Dios, lo cual es lo más absurdo[280].

Se prueba que Dios está en todas partes. Y si alguien pregunta cómo probamos que Dios está en todas partes, le contesto que eso ya está más que demostrado donde hemos probado que nada puede existir, ni siquiera un instante, sin que sea procreado a cada momento por Dios[281].

La omnipresencia de Dios no puede ser explicada. Ahora bien, para que se pudiera entender debidamente la ubicuidad o presencia de Dios en cada cosa, nos sería indispensable ver claramente la naturaleza íntima de la voluntad divina, con la que creó las cosas y con la que las procrea continuamente. Pero, como esto supera la capacidad humana, es imposible explicar cómo está Dios en todas partes*.

Algunos admiten una triple inmensidad, pero incorrectamente. Algunos sostienen que la inmensidad de Dios es triple, a saber, de esencia, potencia y presencia. Pero esos tales dicen tonterías, puesto que parecen distinguir entre la esencia y el poder de Dios[282].

Que el poder de Dios no se distingue de su esencia. Eso mismo lo dijeron más claramente otros, al afirmar que Dios está en todas partes por su poder, y no por su esencia. Como si el poder de Dios se distinguiera de todos sus atributos o de su esencia infinita, cuando no puede

---

* *Hay que señalar aquí que, cuando el vulgo dice que Dios está en todas partes, lo introduce como a un espectador en el teatro. Con lo cual se confirma lo que diremos al final de esta parte, a saber, que los hombres confunden totalmente la naturaleza divina con la humana.*

ser nada distinto de ella. Pues, si fuera algo distinto, o sería una criatura o algo accidental a la esencia divina, sin lo cual ésta podría ser concebida. Ahora bien, ambas soluciones son absurdas: porque, si fuera una criatura, necesitaría del poder de Dios que la conservara, y se daría, por tanto, un proceso al infinito. Y si fuera algo accidental, Dios no sería un ser simplicísimo, contra lo anteriormente demostrado[283].

Ni tampoco su omnipresencia. Finalmente, por la inmensidad de la presencia también parecen entender algo más que la esencia de Dios, por la que las cosas son creadas y continuamente conservadas. He ahí un gran absurdo, en el que cayeron por haber confundido el entendimiento divino con el humano y por haber comparado frecuentemente su poder con el poder de los reyes[284].

CAPÍTULO IV. *De la inmutabilidad de Dios*

Qué es el cambio y qué la transformación. Por cambio entendemos aquí toda variación, que se puede dar en un sujeto, permaneciendo intacta la esencia de éste. El vulgo toma esta palabra en sentido más amplio, para significar la corrupción de las cosas, sin duda que no absoluta, sino aquella que incluye también la generación que sigue a la corrupción, como cuando decimos que la hierba se cambia en ceniza o que los hombres se cambian en bestias. Los filósofos, sin embargo, se sirven de otro vocablo para designar ese hecho, a saber, transformación. Pero nosotros aquí sólo hablamos de aquel cambio, en el que no se da ninguna transformación del sujeto, como cuando decimos que Pedro cambió de color, de costumbres, etc.[285].

[256] *Que en Dios no existe transformación.* Preguntémonos ya si existen en Dios cambios en el sentido explicado, puesto que de la transformación no es necesario decir nada, una vez que hemos enseñado que Dios existe necesariamente, es decir, que Dios no puede dejar de existir ni transformarse en otro Dios. Pues, de ser así, dejaría de existir y podría haber a la vez varios Dioses, y hemos probado que ambas cosas son absurdas.

Cuáles son las causas del cambio. Y para que se entienda con más precisión lo que nos falta por decir, hay que tener en cuenta que todo cambio procede o bien de causas externas, lo quiera o no lo quiera el sujeto, o de la causa interna y por elección del mismo sujeto. Por ejemplo, volverse negro, enfermar, crecer y cosas análogas proceden de causas externas; las primeras, sin quererlo el sujeto, la última deseándolo éste. Por el contrario, querer, andar, mostrarse airado, etc., proceden de causas internas[286].

Que Dios no cambia por otra cosa. Los cambios del primer tipo, los que proceden de causas externas, no se producen en Dios, ya que sólo él es causa de todas las cosas y no recibe nada de nadie. Añádase a esto que ningún ser creado tiene en sí mismo fuerza para existir y mucho menos, por tanto, para producir algo fuera de él mismo o sobre su causa. Y aun cuando en la Sagrada Escritura se dice con frecuencia que Dios se irrita, se entristece, o algo parecido, por los pecados de los hombres, se toma entonces el efecto por la causa, como cuando decimos que el sol es más fuerte en el verano que en el invierno o también que está más alto, cuando en realidad ni cambió de lugar ni recuperó fuerzas. Y que también en la Sagrada Escritura se enseñan muchas veces cosas por el estilo se lo puede constatar en *Isaías,* cuando, increpando al pueblo, dice: *vuestras iniquidades os separan de vuestro Dios (cap. 59, vers. 2)*[287].

Ni cambia por sí mismo. Prosigamos, pues, e indaguemos si en Dios se da algún cambio por el mismo Dios. Nosotros no concedemos este cambio en Dios, sino que lo negamos en absoluto, puesto que todo cambio, que depende de la voluntad, se hace para que su sujeto adquiera un estado mejor, lo cual no puede tener lugar en el ser perfectísimo. Además, ese cambio no se produce sino a fin de evitar algún inconveniente o a fin de adquirir algún bien del que se carece. Y como ni una cosa ni otra cabe en Dios, concluimos que Dios es un ser inmutable*.

Adviértase que yo he omitido aquí deliberadamente las divisiones usuales del cambio, aunque en cierta medida las hemos abarcado. No era necesario excluirlas, una a una, de Dios, puesto que ya habíamos demostrado *(Parte*

---

* *Señalemos que esto puede aparecer de forma mucho más clara si se atiende a la voluntad de Dios y a su decreto, como se hará en lo que sigue. La voluntad de Dios, por la que él ha creado las cosas, no se distingue de su entendimiento, por el que las entiende. Por eso es lo mismo decir que Dios entiende que los tres ángulos del triángulo son iguales a dos rectos que decir que Dios ha querido o decidido que los tres ángulos del triángulo fueran iguales a dos rectos. Y por eso también nos será tan imposible pensar que Dios ha cambiado sus decretos como pensar que los tres ángulos del triángulo no son iguales a dos rectos. Por lo demás, que en Dios no puede haber cambio alguno también se puede probar de otras formas; pero, a fin de seguir siendo breves, permítasenos no alargarnos más con esto.*

I, prop. 16) que Dios es incorpóreo, y aquellas divisiones corrientes sólo se refieren a los cambios de la materia[288].

Capítulo V. *De la simplicidad de Dios*

Triple distinción de las cosas: real, modal y de razón. Pasemos a la simplicidad de Dios. Para entender rectamente este atributo, hay que recordar lo que dijo Descartes en los *Principios de Fil. (Parte I, arts. 48-49)*, a saber, que en la naturaleza real no existen más que las sustancias y sus modos, de donde se deduce *(arts. 60-62)* la triple distinción de las cosas: real, modal y de razón. Se llama real aquella por la que se distinguen entre sí dos sustancias, ya sean de distinto o del mismo atributo, como, por ejemplo, el pensamiento y la extensión o las partes de la materia. Esta distinción se reconoce en que ambas cosas pueden ser concebidas y por tanto pueden existir la una sin la otra. La distinción modal reviste dos formas: la que se da entre el modo de la sustancia y la sustancia misma, y la que se da entre dos modos de una y la misma sustancia. Esta última la reconocemos en que, aunque ambos modos pueden ser concebidos uno sin el otro, ninguno puede serlo sin la sustancia de la que son modos. La otra, en cambio, se reconoce en que, aunque la sustancia puede ser concebida sin su modo, el modo, sin embargo, no puede ser concebido sin su sustancia. Finalmente, la distinción de razón se dice aquella que existe entre una sustancia y su atributo, como cuando se distingue la duración de la extensión. Esta distinción se reconoce en que no se puede entender dicha sustancia sin ese atributo[289].

De dónde surge toda composición y de cuántas clases es.
Toda composición proviene de las tres distinciones precedentes. La primera composición es aquella que se forma de dos o más sustancias: del mismo atributo, como es toda aquella que consta de dos o más cuerpos, o de distinto atributo, como el hombre. La segunda se forma por la unión de modos distintos. La tercera, en fin, no se produce realmente, sino que sólo se la concibe por la razón como si sucediera, a fin de entender mejor así la cosa. Todo lo que no esté compuesto de las dos primeras formas hay que decir que es simple[290].

Que Dios es un ser simplicísimo. Hay que mostrar, pues, que Dios no es algo compuesto, ya que de ahí podremos concluir que es un ser simplicísimo; lo lograremos sin dificultad. Efectivamente, es claro por sí mismo que las partes componentes son anteriores, al menos por naturaleza, a la cosa compuesta; y por tanto aquellas sustancias de cuya conjunción y unión se forma Dios serán necesariamente anteriores, por naturaleza, al mismo Dios y cada una de ellas podrá ser concebida, aunque no se la atribuya a Dios. Por otra parte, como es necesario que esas sustancias se distingan realmente entre sí, también será necesario que cada una de ellas pueda existir por sí misma, sin ayuda de las demás; de este modo podrían existir, como antes dijimos, tantos dioses como sustancias compondrían, según esta hipótesis, a Dios. Pues, como se supone que cada una de ellas podría existir por sí misma, debería existir efectivamente por sí propia y, por tanto, tendría también la fuerza de darse todas las perfecciones que hemos mostrado que existen en Dios, etc., tal como explicamos extensamente, al demostrar la existencia de Dios *(Parte I, prop. 7)*. Y como no se puede decir nada más absurdo que eso, concluimos que Dios no está formado mediante la conjunción y unión de sustancias. Por lo demás, que tampoco existe en Dios ninguna composición de modos distintos se comprueba de forma convincente por el simple hecho de que en Dios no existen modos, puesto que éstos surgen de una alteración de la sustancia (véase *Principios de fil., parte I, art. 56*). Finalmente, si alguien quisiera imaginar en las cosas alguna composición de esencia y existencia, no nos oponemos a ella; pero recuerde que nosotros hemos demostrado suficientemente que estas dos no se distinguen en Dios[291].

Que los atributos de Dios sólo se distinguen de razón. De lo anterior ya podemos concluir claramente que todas las distinciones que hacemos entre los atributos de Dios no son sino de razón y que, por tanto, éstos no se distinguen realmente. Me refiero a las distinciones del tipo de las que he citado hace un momento, es decir, aquellas que se conocen porque tal sustancia no puede existir sin tal atributo. Concluimos, pues, que Dios es un ser simplicísimo. Por lo demás, no nos interesa nada el fárrago de distinciones de los peripatéticos. Pasamos, por tanto, a la vida de Dios[292].

CAPÍTULO VI. *De la vida de Dios*

Qué suelen entender los filósofos por vida. A fin de que se entienda correctamente este atributo, la Vida de Dios, es necesario que expliquemos, de forma general, qué designamos en cada cosa por su vida. Examinaremos, en primer lugar, la opinión de los peripatéticos. Éstos entienden por vida *la persistencia del alma* (anima) *nutritiva mediante el calor* (véase Aristóteles, *De respiratione, cap. 8*). Y como imaginaron tres almas *(anima)*, a saber, la vegetativa, la sensitiva y la intelectiva, que solamente atribuyen a las plantas, a los brutos y a los hombres, se sigue que, como ellos mismos confiesan, las demás cosas carecen de vida. Mas no por eso se atrevían a afirmar que las mentes *(mens)* y Dios careciesen de vida. Quizá temían caer en lo contrario a la vida, es decir, que si éstos carecían de vida, hubiesen muerto. De ahí que Aristóteles (*Metafísica, libro 12, cap. 7*) aún da otra definición de vida, que sólo se aplica a las mentes *(mens)*, a saber: *la vida es la operación del entendimiento*. En este sentido atribuye vida a Dios, porque entiende y es acto puro.

Nosotros, sin embargo, no nos molestaremos demasiado en refutar a éstos. Por lo que respecta a aquellas tres almas, que atribuyen a las plantas, los brutos y los hombres, ya hemos demostrado suficientemente que no son más que ficciones, cuando mostramos que en la materia no hay nada más que estructuras y operaciones mecánicas. Por lo que se refiere a la vida de Dios, no sé por qué llama vida al acto del entendimiento, más bien que al acto de la voluntad y otros similares. Pero, como no espero de él ninguna respuesta, paso a explicar lo que prometimos, es decir, qué es la vida[293].

A qué cosas se puede atribuir la vida. Aunque este término se emplea muchas veces, metafóricamente, para significar las costumbres de algún hombre, nosotros, sin embargo, sólo explicaremos brevemente qué se indica con él en filosofía. Hay que señalar que, si la vida ha de atribuirse también a las cosas corpóreas, no habrá nada carente de vida; si, en cambio, sólo ha de atribuirse a aquellas en las que el alma *(anina)* está unida al cuerpo, sólo habrá que otorgar la vida a los hombres y quizá a los brutos, pero no a las almas *(mens)* ni a Dios. No obstante, como el término «vida» tiene habitualmente un sentido más amplio, no cabe de duda que hay que atribuirla también a las cosas corpóreas, a las almas *(mens)* unidas al cuerpo y a las almas *(mens)* separadas de éste.

Qué es la vida y qué es la vida en Dios. Por consiguiente, nosotros entendemos por vida la fuerza por la que las cosas perseveran en su ser. Y como esa fuerza es distinta de las cosas mismas, decimos con propiedad que las cosas tienen vida[294]. La fuerza, en cambio, por la que Dios persevera en su ser no es nada más que su esencia, y por eso hablan muy bien quienes llaman vida a Dios, ni faltan teólogos que opinan que por eso mismo, es decir, porque Dios es vida y no se distingue de ella, los judíos decían, cuando juraban: *por Jehová vivo* y no *por la vida de Jehová,* como dijo José cuando juraba por la vida del faraón diciendo: *por la vida del faraón*[295].

CAPÍTULO VII. *Del entendimiento de Dios**

Dios es omnisciente. Entre los atributos de Dios hemos enumerado anteriormente la omnisciencia, la cual está claro que pertenece a Dios, puesto que la ciencia contie-

---

* *De lo que será probado en los tres capítulos siguientes, en los que trataremos del entendimiento, de la voluntad y del poder de Dios, resultará sumamente claro que las esencias de las cosas y su necesidad de existir,*

ne en sí una perfección y Dios, es decir, el ser perfectísimo, no debe carecer de ninguna perfección. Luego hay que atribuir a Dios la ciencia en su máximo grado, es decir, tal que no presuponga ni implique ninguna ignorancia o privación de ciencia; ya que, de lo contrario, se daría imperfección en el atributo mismo o en Dios. De todo ello se sigue que Dios nunca tuvo un entendimiento en potencia ni conoce nada mediante el razonamiento[297].

El objeto de la ciencia de Dios no son las cosas fuera de Dios. De la perfección de Dios se sigue, además, que sus ideas no están, como las nuestras, determinadas por los objetos que existen fuera de Dios. Por el contrario, las cosas creadas por Dios, fuera de Dios, son determinadas por el entendimiento divino*, ya que, de no ser así, los objetos poseerían por sí mismos su naturaleza y esencia y serían anteriores, al menos en naturaleza, al entendimiento de Dios, lo cual es absurdo[298].

a partir de una causa dada, no es nada más que la voluntad determinada o el decreto de Dios. Por eso la voluntad de Dios nunca nos resulta más clara que cuando entendemos clara y distintamente las cosas. De ahí que es ridículo que los filósofos, cuando desconocen las causas de las cosas, se refugien en la voluntad de Dios, como vemos que sucede de ordinario, cuando dicen que las cosas, cuyas causas les son desconocidas, han sucedido por el solo beneplácito de Dios y por su absoluta decisión. Y el vulgo no ha hallado mejor prueba de la providencia y del designio de Dios que la derivada de su desconocimiento de las causas. Nada nos indica con más claridad que ellos desconocen totalmente la naturaleza de la voluntad de Dios y que le han atribuido como propia una voluntad humana, que se distingue en realidad de nuestro entendimiento. Yo creo que esto es la única base firme de la superstición y quizá de muchas obras malas[296].
* *De ahí se sigue claramente que el entendimiento de Dios, con el que entiende las cosas creadas, así como su voluntad y su poder, con el que las determinó, son una y la misma cosa.* (Nota marginal de 1663.)

Y como algunos no se fijaron bien en esto, cayeron en gruesos errores. Algunos, en efecto, afirmaron que, fuera de Dios, existe una materia, coeterna a él y que existe por sí misma; la inteligencia de Dios, según unos, le dio cierto orden, y según otros, le imprimió además ciertas formas. Otros sostuvieron, además, que las cosas son por su misma naturaleza o necesarias o imposibles o contingentes, y que por eso Dios también conoce estas últimas como contingentes y que ignora totalmente si existen o no. Otros, finalmente, dijeron que Dios conoce las cosas contingentes a partir de las circunstancias, quizá porque tuvo una larga experiencia. Aparte de estos errores, aún podría aducir otros aquí, si no lo considerara superfluo, puesto que su falsedad salta a la vista por lo ya dicho[299].

El objeto de la ciencia de Dios es él mismo. Volvamos, pues, a nuestro objetivo, a saber, que fuera de Dios no se da ningún objeto de su ciencia, sino que él mismo es el objeto de su ciencia o incluso su ciencia misma. Quienes piensan, por el contrario, que el mundo también es objeto de la ciencia de Dios están mucho menos atinados que quienes quieren hacer del edificio, construido por un arquitecto, el objeto de su ciencia. Porque el arquitecto aún se ve forzado a buscar fuera de él la materia adecuada, mientras que Dios no buscó fuera de sí ninguna materia, sino que las cosas fueron fabricadas por su entendimiento o voluntad, en cuanto a su esencia y a su existencia[300].

Cómo conoce Dios los pecados, los entes de razón, etc. Se pregunta, además, si Dios conoce los males o pecados y los entes de razón y cosas similares. Respondemos que Dios debe necesariamente entender las cosas de las que es causa, dado, sobre todo, que no pueden existir, ni siquiera un momento, sin la ayuda del concurso divino. Y puesto que los males y los pecados no son nada en las cosas, sino tan sólo en la mente humana, que compara unas cosas con otras, se sigue que Dios no las conoce fuera de la mente humana. En cuanto a los entes de razón, dijimos que son modos de pensar; y es en este sentido como deben ser conocidos por Dios, es decir, en cuanto que percibimos que él conserva y procrea el alma humana tal como está conformada; pero no porque Dios tenga en sí tales modos de pensar, a fin de retener más fácilmente lo que entiende. Si se presta la debida atención a las pocas cosas que acabamos de señalar, no surgirá ninguna cuestión sobre la inteligencia divina que no sea facilísimamente resuelta de esta forma[301].

Cómo conoce Dios los singulares y los universales. No hay que olvidar, no obstante, el error de algunos que afirman que Dios no conoce nada, aparte de las cosas eternas, tales como los ángeles y los cielos, que ellos imaginan no engendrados ni corruptibles por su propia naturaleza; y que de este mundo no conoce más que las especies, por ser también ingeneradas e incorruptibles. La verdad es que éstos parecen empeñados en equivocarse y excogitar las cosas más absurdas. ¿Pues qué hay más absurdo que separar el conocimiento divino de las cosas singulares, que no pueden existir ni un solo instante sin el concurso de Dios? Defienden, además, que Dios ignora las cosas realmente existentes, mientras que le atribuyen el conocimiento de los universales, que ni existen ni tienen esencia alguna fuera de los singulares. Nosotros, a la inversa, atribuimos a Dios el conocimiento de las cosas singulares y le negamos el de las universales, a no ser en cuanto que entiende las mentes humanas[302].

En Dios sólo existe una idea y es simple. Finalmente, antes de cerrar este asunto, conviene contestar a la pregunta de si hay en Dios varias ideas o una sola y simplicísima. A lo cual respondo que la idea de Dios, en virtud de la cual se dice omnisciente, es única y sumamente simple. Porque, en realidad, Dios no se dice omnisciente por ningún otro motivo, sino porque tiene la idea de sí mismo, y esta idea o conocimiento coexistió siempre con Dios, puesto que no es nada más que su esencia y, por tanto, no pudo ser de otro modo.

Qué es la ciencia de Dios sobre las cosas creadas. El conocimiento de Dios sobre las cosas creadas no puede, sin embargo, ser computado como ciencia de Dios propiamente tal. Pues, si Dios hubiera querido, las cosas creadas tendrían una esencia distinta, lo cual no sucede con el conocimiento que Dios tiene de sí mismo. Pero se preguntará si ese conocimiento de las cosas creadas, propia o impropiamente así llamado, es múltiple o único. A lo cual respondemos diciendo que esta pregunta no difiere en nada de estas otras: si los decretos y voliciones de Dios son varios o no, y si la ubicuidad o el concurso con el que conserva las cosas singulares es el mismo en todas las cosas. Respecto a esto, ya hemos dicho que no podemos tener ningún conocimiento distinto; sabemos, sin embargo, con toda evidencia, que, del mismo modo que el concurso divino, si es referido a la omnipotencia de Dios, debe ser único, aunque se manifieste de formas diversas en las cosas hechas, así también las voliciones y decretos de Dios (así conviene denominar su conocimiento de las cosas creadas), considerados en Dios, no son varios, aunque se expresen de diversas formas a través de las cosas creadas o, mejor dicho, en las cosas creadas. Finalmente, si consideramos la analogía de toda la naturaleza, podemos catalogarla como un solo ser y, por consiguiente, la idea o decreto de Dios sobre la naturaleza naturada será uno solo[303].

[264]

Capítulo VIII. *De la voluntad de Dios*

No sabemos cómo se distinguen la esencia de Dios y su entendimiento, con el que se entiende, y su voluntad, con la que se ama. La voluntad de Dios, con la que quiere amarse, se sigue necesariamente de su entendimiento infinito, con el que se entiende. Mas cómo se distingan estas tres cosas: su esencia, su entendimiento, con el que se entiende, y su voluntad, con la que quiere amarse, es algo que quisiéramos saber. No es que desconozcamos el término *(personalidad)* que suelen usar los teólogos para explicarlo; mas, aunque no ignoremos la palabra, sí ignoramos su significado y no podemos formar del mismo un concepto claro y distinto, pese a que creemos firmemente que, en la dichosísima visión de Dios, que se promete a los fieles, Dios se lo revelará a los suyos[304].

La voluntad y el poder de Dios ad extra *no se distinguen de su entendimiento*. La voluntad y el poder de Dios *ad extra* no se distinguen de su entendimiento, como está suficientemente claro por lo que precede. Hemos probado, en efecto, que Dios no sólo decretó que las cosas existirán, sino que existirán con tal naturaleza, es decir, que su esencia y su existencia debieron de depender de la voluntad y del poder de Dios. Con lo cual percibimos de forma distinta que el entendimiento, el poder y la voluntad de Dios, con la que creó, entendió y conserva o ama las cosas creadas, no se distinguen de ningún modo entre sí, sino únicamente respecto a nuestro pensamiento[305].

Es impropio decir que Dios odia unas cosas y ama otras. Cuando decimos que Dios odia unas cosas y ama otras, esto tiene el mismo sentido que cuando en la Escritura se dice que la tierra vomitará a los hombres, y cosas por el estilo. Por el contrario, que Dios no se irrita con nadie ni ama las cosas, de la forma que cree el vulgo, es algo que se desprende de la misma Escritura con bastante claridad. Isaías, en efecto, y aún más claramente el Apóstol *(Rom., cap. 9),* dice: *pues ya antes de que nacieran* (los hijos de Isaac), *cuando aún no habían hecho ni bien ni mal alguno, para que se mantuviera, según su elección, el designio de Dios, no por las obras, sino por el que llama, se le dijo a ella que el mayor serviría al menor,* etc. Y un poco después: *se apiada de quien quiere, y a quien quiere endurece. Entonces, me dirán: ¿por qué se queja todavía? Pues, ¿quién resistirá a su voluntad? Realmente, ¡oh hombre!, ¿quién eres tú para replicar a Dios? ¿Dirá acaso la obra al que la hizo: ¿por qué me hiciste así? ¿O es que el alfarero no tiene poder de hacer de la misma masa un vaso digno de elogio y otro de ignominia?*[306]

Por qué Dios amonesta a los hombres, por qué no los salva sin amonestaciones y por qué castiga a los impíos. Y si me preguntan por qué Dios amonesta a los hombres, es fácil responder que Dios decretó *ab aeterno* amonestar en tal momento a los hombres, precisamente para que se conviertan aquellos que él quiso que se salvaran. Si se pregunta, además, si Dios no los pudo salvar sin tal amonestación, contestaré que sí pudo. Y, si se sigue preguntando: ¿por qué no los salva entonces?, contestaré cuando se me haya dicho primero por qué Dios no hizo transitable el Mar Rojo sin necesidad de un fuerte viento del Este y por qué no produce todos los movimientos singulares sin acudir a otros; y así innumerables cosas más, que Dios hace por medio de otras causas. Se preguntará, además, por qué entonces son castigados los impíos, puesto que actúan por su naturaleza y según el divino decreto. A ello contestaré que también se debe al decreto divino el que sean castigados. Pues, si sólo hubieran de ser castigados aquellos que imaginamos que sólo pecan por su libertad, ¿por qué se ven los hombres forzados a exterminar las serpientes venenosas? Pues sólo pecan por su propia naturaleza, sin que puedan obrar de otro modo[307].

La Escritura no enseña nada que repugne a la luz natural. Finalmente, si aún aparecen en las Sagradas Escrituras otros pasajes que susciten algún escrúpulo, no es éste el momento de explicarlos, ya que aquí sólo investigamos aquellas cosas que podemos alcanzar con toda seguridad por la razón natural, y basta que las demostremos claramente para que sepamos que también el texto sagrado enseña lo mismo. Porque la verdad no contradice a la verdad, ni puede la Escritura enseñar tonterías como suele imaginar el vulgo. Pues, si halláramos en ella algo que fuera contrario a la luz natural, podríamos rechazarlo con la misma libertad con que rechazamos el Corán o el Talmud. Pero no seremos nosotros quienes pensemos que en la Sagrada Escritura se puede encontrar algo que repugne a la luz natural[308].

Capítulo IX. *Del poder de Dios*

Cómo hay que entender el poder de Dios. Ya está suficientemente demostrado que Dios es omnipotente. Aquí sólo intentaremos explicar brevemente cómo hay que entender este atributo, ya que muchos no hablan de él con el respeto debido ni conforme a la verdad. Dicen, en efecto, que algunas cosas son posibles por su naturaleza y no por el decreto de Dios, y que otras son imposibles y otras, finalmente, necesarias, y que la omnipotencia de Dios sólo se refiere a las posibles. Nosotros, en cambio, después de haber mostrado que todas las cosas dependen totalmente del decreto de Dios, decimos ahora que Dios es omnipotente; pero, como hemos entendido que él decretó ciertas cosas por la simple libertad de su voluntad y que, además, es inmutable, decimos ahora que no puede hacer nada en contra de sus decretos y que eso es imposible simplemente porque repugna a la perfección de Dios[309].

Que todas las cosas son necesarias respecto al decreto de Dios, y no unas en sí mismas y otras respecto a ese decreto. Pero quizá alguien argumente que nosotros no descubrimos que ciertas cosas son necesarias a menos que atendamos al decreto de Dios, y otras, en cambio, aun sin atender a él. Por ejemplo, que Josías quemase los huesos de los idólatras sobre el altar de Jeroboam: si sólo atendemos a la voluntad de Josías, tendríamos el hecho como posible, y en modo alguno diríamos que sucedería necesariamente, a no ser porque el profeta, por decreto divino, lo había predicho. En cambio, que los tres ángulos de un triángulo deben ser iguales a dos rectos, la cosa misma lo indica. Lo cierto es que esos tales, por su ignorancia, imaginan distinciones en las cosas. Pues, si los hombres entendieran claramente todo el orden de la naturaleza, hallarían todas las cosas tan necesarias como las que se estudian en las matemáticas. Como esto, sin embargo, supera el conocimiento humano, juzgamos que unas cosas son posibles y otras necesarias. En consecuencia, hay que decir o bien que Dios no puede nada, porque todas las cosas son realmente necesarias, o bien que Dios todo lo puede y que la necesidad, que encontramos en las cosas, sólo provino del decreto de Dios[310].

Si Dios hubiera hecho distinta la naturaleza de las cosas, también debería habernos dado un entendimiento distinto. Y si ahora se pregunta qué sucedería, si Dios hubiera decretado las cosas de otro modo: si hubiera hecho que fueran falsas las que ahora son verdaderas, ¿no las tendríamos, sin embargo, por muy verdaderas? Sin duda que sí, si Dios nos hubiera dejado la naturaleza que nos ha dado. Pero, también en ese caso, podría habernos dado, si hubiera querido, como de hecho hizo, una naturaleza con la que entendiéramos la naturaleza y las leyes de las cosas, tal como habrían sido sancionadas por Dios; más aún, si tenemos en cuenta su veracidad, debería habérnosla dado. Y esto se desprende, además, de lo que antes dijimos, a saber, que toda la Naturaleza naturada no es más que un único ser; pues de ahí se sigue que el hombre es una parte de la naturaleza, que debe estar en consonancia con las demás. Por consiguiente, de la simplicidad del decreto de Dios se seguiría también que, si Dios hubiera creado las cosas de otro modo, también debería haber formado nuestra naturaleza de suerte que entendiéramos las cosas tal como hubieran sido creadas por Dios. De ahí que, aunque nosotros deseamos mantener la misma distinción del poder de Dios que suelen ofrecer los filósofos, nos vemos obligados a entenderla de forma distinta[311].

De cuántas clases es el poder de Dios: qué es el poder absoluto y el ordenado, el ordinario y el extraordinario. Dividimos, pues, el poder de Dios en absoluto y ordenado. Decimos que el poder de Dios es absoluto cuando consideramos su omnipotencia sin atender a sus decretos; ordenado, en cambio, cuando atendemos a éstos. Existe, además, el poder de Dios ordinario y el extraordinario. Es ordinario aquel con el que conserva el mundo en cierto orden; extraordinario, en cambio, cuando hace algo fuera del orden de la naturaleza, por ejemplo, todos los milagros, como son el habla del asna, la aparición de los ángeles, y cosas análogas. Aunque la verdad es que cabría poner muy en duda esta última forma de poder, puesto que parece ser mayor milagro que Dios gobernase siempre el mundo según un mismo orden, fijo e inmutable, que si, por la necedad de los hombres, abrogase las leyes que él mismo sancionó en la naturaleza, con toda perfección y por su pura libertad (lo cual no podría ser negado por nadie que no esté totalmente obcecado). Pero esto dejamos que lo decidan los teólogos[312].

Omitimos, finalmente, todas las otras cuestiones que suelen plantearse habitualmente en torno al poder de

Dios, a saber: *si el poder de Dios se extiende a las cosas pasadas; si puede hacer mejor las cosas que hace; si puede hacer más cosas de las que hace,* puesto que es muy fácil resolverlas por lo ya dicho[313].

CAPÍTULO X. *De la creación*

Ya hemos probado anteriormente que Dios es creador de todas las cosas. Aquí, pues, procuraremos explicar qué hay que entender por creador y, a continuación, aclararemos, en cuanto nos sea posible, las ideas que suelen exponerse en torno a la creación[314].

Qué es la creación. Decimos, pues, que la creación es la *operación en la cual no concurren más causas que la eficiente;* o, en otros términos, *cosa creada es aquella que no presupone, para existir, nada más que a Dios.*

Se rechaza la definición vulgar de creación. Respecto a lo anterior hay que señalar lo siguiente:

1.º Omitimos aquellas palabras que usan corrientemente los filósofos, a saber, *de la nada,* como si la nada fuera la materia de la que son producidas las cosas. Si hablan así, es porque suelen suponer, en la generación de las cosas, algo anterior a ellas de lo que sean producidas; de ahí que no lograron omitir, en la creación, la partícula *de.* Les sucedió lo mismo respecto a la materia: como ven que todos los cuerpos están en un lugar y rodeados de otros cuerpos, al preguntarse en dónde se halla la materia en su totalidad, contestaron que en un espacio imaginario. No cabe duda, pues, que ellos no consideraron *la nada* como negación de toda realidad, sino que imaginaron o fingieron que era algo real.

Se explica la definición propia.

2.º Yo digo que en la creación no concurren más causas que la eficiente. Podría haber dicho que la creación *niega* o *excluye* todas las causas, excepto la eficiente; pero preferí decir *concurrir* a fin de no verme obligado a responder a quienes preguntan si Dios, al crear, no se fijó otro fin por el que creó las cosas. Además, para explicar mejor el asunto, añadí una segunda definición, a saber, que *la cosa creada no presupone nada, aparte de Dios;* porque, si Dios se fijó otro fin, éste no estaba sin duda fuera de él, ya que no hay nada fuera de Dios por lo que él sea impulsado a obrar.

Los accidentes y los modos no son creados.

3.º De esa definición se sigue sin dificultad que no hay creación de los accidentes y de los modos, ya que éstos presuponen, aparte de Dios, la sustancia creada.

Que no existió ningún tiempo o duración antes de la creación.

4.º Finalmente, antes de la creación, no podemos imaginar ningún tiempo ni duración, sino que éstos comenzaron con las cosas. En efecto, el tiempo es la medida de la duración o, mejor dicho, no es nada más que un modo de pensar. De ahí que no sólo presupone alguna cosa creada, sino, ante todo, los hombres pensantes. Por su parte, la duración termina donde terminan las cosas creadas y comienza donde éstas comienzan a existir; y digo *las cosas creadas,* pues ya antes hemos mostrado con bastante claridad que a Dios no le pertenece la duración, sino tan sólo la eternidad. De ahí que la duración presupone o, al menos, supone las cosas creadas. Quienes imaginan, sin embargo, la duración y el tiempo antes de las cosas creadas son víctimas del mismo prejuicio que aquellos que fingen, fuera de la materia, un espacio, como es por sí mismo evidente. Hasta aquí sobre la definición de la creación[315].

Es la misma la operación con la que Dios crea y conserva el mundo. No es necesario que repitamos aquí lo que ya demostramos *en el axioma 10 de la parte I,* a saber, que se requieren las mismas fuerzas para crear una cosa y para conservarla; es decir, que es la misma la operación de crear el mundo que la de conservarlo.

Hechas estas observaciones, pasemos ya a lo que prometimos investigar en segundo término: 1.º qué es creado y qué increado; 2.º si lo que es creado pudo ser creado *ab aeterno.*

Qué cosas son creadas. A lo primero respondemos, pues, brevemente, diciendo que es creado todo aquello cuya esencia se concibe claramente sin ninguna existencia y se concibe, sin embargo, por sí mismo. De la materia, por ejemplo, tenemos un concepto claro y distinto, cuando la concebimos bajo el atributo de la extensión y, no obstante, la concebimos tan clara y distintamente, si existe como si no existe[316].

Cómo se distingue el pensamiento de Dios del nuestro. [270]
Quizá alguien diga, sin embargo, que nosotros concebimos clara y distintamente el pensamiento sin la existen-

cia y que, no obstante, se lo atribuimos a Dios. Mas a esto contestamos que nosotros no atribuimos a Dios un pensamiento como el nuestro, es decir, capaz de ser afectado por los objetos y limitado por la naturaleza de las cosas, sino un pensamiento que es acto puro y que implica, por tanto, la existencia, como ya se ha demostrado antes con suficiente amplitud. Hemos probado, en efecto, que el entendimiento de Dios y su voluntad no se distinguen de su poder y de su esencia, la cual implica su existencia[317].

Fuera de Dios, no hay nada que sea coeterno a Dios. Dado, pues, que todo aquello cuya esencia no implica la existencia es necesario que sea creado por Dios para que exista, y que sea continuamente conservado por el mismo creador, como antes expusimos, no nos detendremos en refutar la opinión de aquellos que afirmaron que el mundo, el caos o la materia desprovista de toda forma es coeterna a Dios y, por lo mismo, independiente de él. Pasemos, pues, a la segunda parte y preguntémonos si lo que ha sido creado pudo haberlo sido *ab aeterno.*

Qué se designa aquí con la expresión «ab aeterno». Para que se entienda esto correctamente, hay que prestar atención a esta expresión *ab aeterno,* ya que nosotros queremos indicar con ella, en este contexto, algo totalmente distinto de lo que hemos explicado antes, al referirnos a la eternidad de Dios. Efectivamente, aquí no entendemos por ella más que la duración sin principio o una duración tal que, aunque quisiéramos multiplicarla por muchos años o por millones de años, y este producto, a su vez, por millones, nunca lograríamos expresarla con ningún número, por grande que fuera.

Se prueba que nada pudo ser «ab aeterno». La prueba de que tal duración no puede existir es clara, ya que, si el mundo retrocediera desde este momento, nunca podría alcanzar esa duración. Luego tampoco habría podido llegar el mundo desde dicho principio hasta este momento. Se dirá, quizá, que para Dios nada es imposible, puesto que, como es omnipotente, podrá hacer una duración respecto a la cual no pueda haber ninguna que sea mayor. Respondemos que Dios, porque es omnipotente, nunca creará una duración tal que no pueda crear otra mayor; pues la naturaleza de la duración es tal, que siempre se puede concebir una mayor o menor que otra dada. Se instará, quizá, diciendo que Dios existió *ab aeterno* y que duró, por tanto, hasta este momento y que, por lo mismo, existe una duración mayor que la cual no se puede concebir ninguna. Con esto, sin embargo, se atribuye a Dios una duración compuesta de partes, lo cual fue refutado por nosotros más que de sobra cuando demostramos que a Dios no le corresponde la duración, sino la eternidad. ¡Ojalá los hombres hubieran meditado esto debidamente! Con ello se habrían librado facilísimamente de muchos argumentos y absurdos y se habrían detenido, con sumo agrado, en la dichosísima contemplación de este ser[318].

Pasemos, no obstante, a responder a los argumentos aducidos por algunos y con los que pretenden mostrar la posibilidad de dicha duración infinita en el pasado *(a parte ante)*[319].

De que Dios sea eterno no se sigue que también las cosas hechas por él puedan existir «ab aeterno». Argumentan como sigue:

1.º *La cosa producida puede existir al mismo tiempo que su causa. Y como Dios existió «ab aeterno», también sus efectos pudieron ser producidos «ab aeterno».* Y confirman esto, además, con *el ejemplo del Hijo de Dios, que fue producido «ab aeterno» por el Padre.* Por lo anteriormente dicho, se ve, sin embargo, que éstos confunden la eternidad con la duración y que sólo atribuyen a Dios una duración *ab aeterno;* lo cual se desprende claramente también del ejemplo que aducen. Afirman, en efecto, que es posible en las criaturas la misma eternidad que atribuyen a Dios. Imaginan, además, el tiempo y la duración antes de que el mundo fuera formado y quieren probar una duración sin cosas creadas, lo mismo que otros afirmaron la eternidad fuera de Dios. Pero, como ya consta que ambas cosas están totalmente alejadas de la verdad, contestamos que es absolutamente falso que Dios pueda comunicar su eternidad a las criaturas y que el Hijo de Dios sea una criatura, sino que es eterno como el Padre. Por eso, cuando decimos que el Padre engendró el Hijo *ab aeterno,* no queremos decir sino que el Padre siempre ha comunicado su eternidad al Hijo[320].

Si Dios actuara necesariamente, no sería infinito en virtud.

2.º *Dios, cuando actúa libremente, no tiene menor poder que cuando actúa necesariamente. Ahora bien, si Dios actuara necesariamente, como posee una infinita virtud, debería haber creado el mundo «ab aeterno».* También a este argumento se puede contestar con suma facilidad, si se examina su fundamento. Estos buenos hombres suponen, en efecto, que pueden tener ideas diversas del ser de infinita virtud, puesto que conciben que Dios posee infinita virtud tanto cuando actúa por necesidad de su naturaleza como cuando actúa libremente. Nosotros, en cambio, negamos que, si Dios actuara por necesidad de su naturaleza, tendría infinita virtud. Estamos autorizados a negarlo, e incluso ellos tienen que reconocerlo, una vez que ya hemos demostrado que el ser perfectísimo actúa libremente y que tiene que ser concebido como único.

Y si arguyen que se puede suponer, aunque sea imposible, que un Dios que obra por la necesidad de su naturaleza posee una virtud infinita, responderemos que no hay más razón para suponer eso que para suponer un círculo cuadrado a fin de probar que todas las líneas, trazadas desde el centro a la circunferencia, no son iguales. Y esto consta suficientemente por lo ahora dicho, sin tener que repetir cosas anteriores. Pues acabamos de demostrar que no existe ninguna duración de la que no podamos concebir el doble, o una mayor o menor. Por consiguiente, Dios, que obra libremente con una virtud infinita, siempre podrá crear una duración mayor o menor que otra dada. En cambio, si Dios actuara por la necesidad de su naturaleza, no sería correcta esa conclusión, puesto que sólo podría producir aquella que resultara de su naturaleza y no infinitas otras, mayores que ella.

Dicho brevemente, nosotros razonamos así. Si Dios crease la duración máxima, mayor que la cual no pudiera crear otra, disminuiría necesariamente su poder. Es así que esto último es falso, ya que su poder no se distingue de su esencia. Luego, etc. Por otra parte, si Dios actuara por la necesidad de su naturaleza, debería crear una duración mayor que la cual él mismo no puede crear otra. Ahora bien, un Dios que crea tal duración no posee una virtud infinita, puesto que siempre podemos concebir una mayor que la ya dada. Luego, si Dios actuara por la necesidad de su naturaleza, no poseería una virtud infinita[321].

30 *De dónde sacamos el concepto de una duración mayor que la de este mundo.* Quizá a alguien le surja el escrúpulo de cómo puede suceder que, dado que el mundo fue creado hace cinco mil años y pico (de ser verdadero el cálculo de los cronólogos), nosotros podamos concebir una duración mayor, siendo así que hemos afirmado que ésta no puede [273] ser entendida sin las cosas creadas. Se librará, sin embargo, muy fácilmente de él, si advierte que nosotros entendemos dicha duración no sólo a partir de la contemplación de las cosas creadas, sino también del infinito poder de Dios para crear. Las criaturas, en efecto, no pueden ser concebidas como si existieran o duraran por sí mismas, sino por el infinito poder de Dios, del que reciben toda su duración *(véase Parte I, prop. 12 y su corolario).*

Finalmente, y para no gastar el tiempo respondiendo aquí a argumentos baladíes, sólo llamaremos la atención
10 sobre la distinción entre la eternidad y la duración y diremos que ni es inteligible la duración sin las cosas creadas ni la eternidad sin Dios. Pues, si se entiende esto como se debe, se podrá responder con toda facilidad a todos los argumentos. Creo, pues, que no debo detenerme más tiempo en este tema.

CAPÍTULO XI. *Del concurso de Dios*

Acerca de este atributo nos queda poco o incluso nada que decir, una vez que ya hemos mostrado que Dios crea continuamente, de nuevo, por así decirlo, y a cada instante las cosas. Pues con ello hemos demostrado que las cosas nunca tienen, por sí mismas, ningún poder para hacer algo ni para determinarse a acción alguna, y que esto no sólo vale para las cosas exteriores al hombre, sino también para la misma voluntad humana. Posteriormente, hemos respondido también a ciertos argumentos relativos a este tema; y, aunque suelen aducirse otros muchos, hemos decidido pasarlos aquí por alto, porque pertenecen más bien a la teología.

Como son muchos, sin embargo, los que admiten el concurso de Dios, pero lo explican en un sentido totalmente distinto del que nosotros le hemos dado, hay que señalar aquí, a fin de dejar al descubierto su falacia con toda facilidad, algo que anteriormente hemos demostrado, a saber, que el tiempo presente no tiene conexión alguna con el futuro *(véase Parte I, ax. 10)* y que esto es claramente percibido por nosotros. Si se presta a esto la debida atención, se podrá responder sin dificultad alguna a todos los argumentos que ellos puedan sacar de la filosofía[322].

Qué relación tiene la conservación de Dios con la determinación de las cosas a obrar. Para que no sea inútil haber abordado este tema, responderemos, aunque sólo sea de paso, a la pregunta de si, *cuando Dios determina una cosa a obrar, se añade algo a su conservación.* En realidad, cuando hablamos del movimiento, ya hemos dado, en cierto sentido, la respuesta, puesto que dijimos que Dios conserva la misma cantidad de movimiento en la naturaleza. De ahí que, si nos referimos a la naturaleza total de la materia, no se le añade nada nuevo. En cambio, respecto a las cosas particulares, cabe decir que sí se le añade algo. Si esto se da también en las cosas espirituales, no está claro, ya que no parece que ellas dependan tanto unas de otras. Finalmente, como las partes de la duración no tienen ninguna conexión entre sí, podemos decir que propiamente Dios no conserva las cosas, sino que más bien las procrea[323].

Por consiguiente, si el hombre ya tiene la libertad determinada a hacer algo, hay que decir que Dios lo creó así en ese momento. A lo cual no se opone el que la voluntad humana sea muchas veces determinada por las cosas exteriores ni el que todas las cosas que hay en la naturaleza se determinen mutuamente a obrar algo, puesto que también ellas han sido determinadas por Dios de ese modo. Ninguna cosa, en efecto, puede determinar la voluntad ni, a la inversa, puede la voluntad ser determinada, a no ser por el poder de Dios. Cómo, sin embargo, no contradice esto a la libertad humana o cómo puede lograrlo Dios, dejando a salvo dicha libertad, confesamos (pues ya nos hemos referido varias veces a ello) que lo desconocemos[324].

La división vulgar de los atributos de Dios es más nominal que real. He ahí lo que yo me había propuesto exponer acerca de los atributos de Dios, de los cuales no he propuesto todavía ninguna división. Por lo que toca a aquella que suelen ofrecer los autores y por la que dividen los atributos de Dios en comunicables e incomunicables, me parece, a decir verdad, más bien una división nominal que real. Porque la ciencia de Dios no concuerda con la ciencia humana más que el Can, constelación celeste, con el can, animal que ladra, y quizá mucho menos todavía[325].

División propia del autor. Yo, por mi parte, propongo [275] esta división: de los atributos de Dios, unos explican su esencia en cuanto activa y otros no expresan nada relativo a la acción, sino su modo de existir. Son de la última clase: la unidad, la eternidad, la necesidad, etc.; son de la primera: la inteligencia, la voluntad, la vida, la omnipotencia, etc. Esta división es suficientemente clara y evidente y abarca todos los atributos de Dios[326].

CAPÍTULO XII. *Del alma* (mens) *humana*

Debemos pasar ya a la sustancia creada, que nosotros hemos dividido en extensa y pensante. Por sustancia extensa entendíamos la materia o sustancia corpórea; por sustancia pensante, únicamente las almas humanas[327].

Los ángeles no son tema de la metafísica, sino de la teología. Aunque también los ángeles han sido creados, como no se conocen por la luz natural, no pertenecen a la metafísica. Su esencia y su existencia sólo nos son conocidas por la revelación y, por tanto, sólo pertenecen a la teología. Y dado que su conocimiento es totalmente distinto o de un género absolutamente diferente del conocimiento natural, no hay que mezclarlo de manera alguna con éste. Que nadie espere, pues, que vayamos a decir algo sobre los ángeles[328].

El alma (mens) *humana no surge por transmisión, sino que es creada por Dios; pero no se sabe cuándo es creada.* Volvamos, pues, a las almas humanas, sobre las cuales nos resta poco que decir. Tan sólo debemos indicar que no hemos dicho nada acerca del momento de la creación del alma humana, porque no es bastante seguro en qué momento la crea Dios, puesto que puede existir sin el cuerpo. Pero nos consta, al menos, que no surge de un esqueje o mugrón, ya que esto sólo tiene lugar en las cosas que se engendran, es decir, en los modos de una sustancia, pues la sustancia como tal no puede ser engendrada, sino tan sólo creada por el Omnipotente, como ya hemos demostrado satisfactoriamente en lo que antecede[329].

En qué sentido es mortal el alma (anima) *humana*. Añadamos algo sobre su inmortalidad. Está claro que no podemos decir sobre ninguna cosa creada que repugne a su naturaleza ser destruida por el poder de Dios, puesto que quien tiene potestad para crear una cosa lo tiene también para destruirla. Añádase a ello que ya hemos demostrado que ninguna cosa creada puede, por su naturaleza, existir un solo momento, sino que es continuamente procreada por Dios.

En qué sentido es inmortal. Aunque lo anterior sea exacto, nosotros vemos clara y distintamente que no poseemos ninguna idea con la que concibamos que la sustancia es destruida, como poseemos las ideas de la generación y la corrupción de los modos. Pues, si examinamos atentamente la estructura del cuerpo humano, concebimos muy bien que esa máquina pueda ser destruida. Mas no concebimos tan bien, cuando examinamos la sustancia corpórea, que ésta pueda ser aniquilada[330].

Finalmente, el filósofo no pregunta qué puede hacer Dios con su poder supremo, sino que juzga sobre la naturaleza de las cosas a partir de las leyes que Dios les fijó. Da, pues, por fijo y determinado lo que es demostrado como tal a partir de dichas leyes, aunque no niegue que

Dios puede cambiar esas leyes y todo el resto. Por eso mismo también, cuando hablamos del alma *(anima)*, no indagamos qué pueda hacer Dios, sino únicamente qué se sigue de las leyes de la naturaleza[331].

Se demuestra su inmortalidad. Puesto que de dichas leyes se sigue claramente que una sustancia no puede ser destruida, ni por sí misma ni por otra sustancia creada, como, si no me engaño, hemos demostrado ampliamente antes, nos vemos obligados por las leyes de la naturaleza a afirmar que el alma *(mens)* es inmortal. Y, si decidimos examinar más a fondo el asunto, podremos probar clarísimamente que es inmortal. Efectivamente, según acabamos de demostrar, de las leyes de la naturaleza se sigue claramente que el alma *(anima)* es inmortal. Ahora bien, las leyes de esa naturaleza son los decretos de Dios, revelados por la luz natural, como consta también con toda evidencia por lo que precede, y hemos demostrado, además, que esos decretos son inmutables. De todo ello concluimos, pues, que Dios ha manifestado a los hombres su voluntad inmutable sobre la duración de las almas, no sólo por la revelación, sino también por la luz natural.

Dios no actúa contra la naturaleza, sino por encima de ella: qué significa esto según el autor. No importa que alguien nos replique que Dios destruye algunas veces dichas leyes naturales para efectuar los milagros, puesto que la mayoría de los más prudentes teólogos conceden que Dios no hace nada contra la naturaleza, sino por encima de ella. Lo cual significa, en mi opinión, que Dios tiene muchas leyes en su obrar que no ha comunicado al entendimiento humano y que, si le hubieran sido comunicadas, serían tan naturales como las demás.

Está, pues, totalmente claro que las almas *(mens)* son inmortales; y no veo yo qué se puede añadir, a este respecto, sobre el alma humana en general. Tampoco restaría nada que decir sobre sus funciones en especial, si no fuera que los argumentos con los que algunos autores se empeñan en no ver lo que ven y en no sentir lo que sienten me invitan a responderles[332].

Por qué piensan algunos que la voluntad no es libre. Creen algunos que pueden mostrar que la voluntad no es libre, sino que siempre está determinada por otra cosa. Y piensan así, porque entienden por voluntad algo distinto del alma *(anima),* es decir, una sustancia cuya naturaleza consiste, según ellos, solamente en que es indiferente. Nosotros, en cambio, para evitar toda confusión, explicaremos antes la cuestión, y así detectaremos con suma facilidad las falacias de sus argumentos.

Qué es la voluntad. Hemos dicho que el alma humana es una cosa pensante. De donde se sigue que, por su sola naturaleza y considerada en sí misma, puede hacer algo, a saber, pensar, es decir, afirmar y negar. Ahora bien, esos pensamientos o son determinados por las cosas exteriores al alma o únicamente por ésta, ya que ella es una sustancia de cuya esencia pensante pueden y deben seguirse muchos actos de pensamiento. Estos actos, que no admiten ninguna otra causa fuera del alma humana, se llaman *voliciones*. Y el alma humana, en cuanto se la concibe como causa suficiente para producir tales acciones, se llama *voluntad*[333].

La voluntad existe. Que el alma posee dicho poder, aun cuando no esté determinada por ninguna causa externa, se explica con toda comodidad mediante el ejemplo del asna de Buridano. Ya que, si, en vez del asna, ponemos a un hombre en semejante equilibrio, habrá que considerarlo, no como una cosa pensante, sino como el más estúpido de los asnos, si muere de hambre y de sed. Y lo mismo cabe concluir del hecho de que, como antes hemos dicho, hemos querido dudar de todas las cosas y, además, no sólo juzgar como dudosas las cosas que pueden ser puestas en duda, sino incluso rechazarlas como falsas *(véase* Descartes, *Princ. fil., parte I, art. 39)*[334].

La voluntad es libre. Hay que advertir, además, que, aunque el alma humana sea determinada por las cosas externas a afirmar o a negar algo, no es determinada hasta el punto de ser coaccionada por ellas, sino que siempre permanece libre. Puesto que no hay ninguna cosa que tenga el poder de destruir la esencia del alma, lo que ésta afirma o niega lo afirma o lo niega libremente, como bien se explica en la *Meditación IV*. Si alguien nos pregunta, pues, por qué el alma quiere esto o aquello y no quiere tal cosa o tal otra, le contestaremos que porque el alma es una cosa pensante, es decir, una cosa que tiene, por su naturaleza, poder de querer y no querer, de afirmar y negar, ya que eso es ser una cosa pensante.

No hay que confundir la voluntad con el apetito. Una vez explicado lo anterior, veamos los argumentos de los adversarios[335].

1.º El primer argumento es éste: *si la voluntad pudiera querer contra el último dictamen del entendimiento, si pudiera apetecer lo contrario al bien prescrito por el último*

20 *dictamen del entendimiento, podría apetecer el mal, percibido como tal. Es así que esto último es absurdo. Luego también lo primero.* Es fácil ver por este argumento que quienes lo proponen no entienden qué es la voluntad, ya que la confunden con el apetito que tiene el alma después de haber afirmado o negado; pues así lo aprendieron de su maestro, el cual definió la voluntad como el apetito en relación con el bien. Nosotros, en cambio, decimos que la voluntad es *el afirmar que esto es bueno o al revés,* tal como hemos explicado anteriormente con amplitud, al referirnos a la causa del error, ya que hemos demostrado que éste se debe a que la voluntad es más amplia que el entendimiento. Si el alma, precisamente por ser libre, no afirmara que esto es bueno, no apetecería nada[336].

Respondemos, pues, al argumento concediendo que el alma no puede querer nada contra el último dictamen del entendimiento, es decir, que no puede querer nada, en cuanto se supone que no quiere; esto es lo que se supone aquí, pues se dice que el alma juzgó que una cosa era mala, es decir, que no la quiso. Pero negamos que ella no haya podido querer, en absoluto, lo que es malo, es decir, juzgarlo bueno, ya que esto estaría contra la experiencia misma, puesto que muchas cosas que son malas juzgamos que son buenas, y, al revés, muchas cosas que son buenas juzgamos que son malas.

La voluntad no es algo distinto del alma.

2.º El segundo argumento o, si se quiere el primero, pues aún no ha habido ninguno, es: *si la voluntad no es determinada por el último juicio del entendimiento prácti-*

co, se determinó a sí misma. Es así que la voluntad no se determinó a sí misma, porque, por sí misma y por su propia naturaleza, es indeterminada.

A partir de aquí siguen argumentando así: si la voluntad es, por sí misma y por su propia naturaleza, indiferente para querer y no querer, no se puede determinar por sí misma a querer, ya que lo que determina algo debe estar tan determinado como está indeterminado lo que es determinado. Es así que la voluntad está tan indeterminada si se considera que se determina a sí misma como si se considera que ha de ser determinada, puesto que los adversarios no ponen nada en la voluntad que se determina que no exista en la voluntad que ha de ser determinada o que ya está determinada, ni hay nada que puedan realmente poner. Por consiguiente, la voluntad no puede determinarse por sí misma a querer. Y, si no lo es por sí misma, lo será por otra cosa.

Éstas son las mismísimas palabras de Heereboord, profesor de Leiden, con las que muestra bien que por voluntad no entiende el alma misma, sino algo distinto, exterior o interior a ella: una especie de tabla rasa, que carece de todo pensamiento y puede recibir cualquier impresión; o más bien algo así como un peso en equilibrio, que es empujado por cualquier otro en uno u otro sentido, según la determinación del peso que se le añada; o algo, en fin, que ni él ni ninguno de los mortales puede alcanzar con pensamiento alguno.

Por mi parte, acabo de decir e incluso de probar que la voluntad no es nada, aparte del alma misma, a la que llamamos cosa pensante, es decir, que afirma y niega. De donde se desprende claramente, con sólo fijarse en la naturaleza del alma, que ella tiene el mismo poder de afirmar y de negar, ya que eso es pensar. Así pues, si del simple hecho de que el alma piensa concluimos que tiene poder de afirmar y de negar, ¿por qué vamos a buscar causas que produzcan algo que se sigue de la sola naturaleza de la cosa? Pero se dirá: el alma, por sí misma, no está más determinada a afirmar que a negar, y por tanto de ahí se sigue que debemos buscar la causa por la que sea determinada. Por el contrario, yo arguyo que, si el alma, por sí misma y por su naturaleza, únicamente estuviera determinada a afirmar (aunque sea imposible concebir esto mientras pensamos que es una cosa pensante), sólo podría, por su naturaleza, afirmar y nunca, aunque concurrieran todas las causas que se quiera, podría negar. Al revés, si no estuviera determinada ni a afirmar ni a negar, no podría hacer ni una cosa ni otra. Finalmente, si tiene poder para ambas cosas, como acabamos de mostrar que lo tiene, podrá hacer una y otra por su propia naturaleza, sin ayuda de ninguna otra causa. Y esto resultará claro a todos aquellos que consideren la cosa pensante como tal, es decir, que no separen el atributo del pensamiento de la misma cosa pensante, al contrario de lo que hacen los adversarios, que despojan a la cosa pensante de todo pensamiento y la imaginan al estilo de la célebre materia prima de los peripatéticos[337].

Respondo, pues, a la objeción propuesta, distinguiendo la mayor. Si se entiende por voluntad una cosa despojada de todo pensamiento, concedo que la voluntad esté, por su naturaleza, indeterminada. Pero niego que la voluntad sea algo carente de todo pensamiento, sino que afirmo, por el contrario, que es pensamiento, es decir, un poder de hacer ambas cosas, a saber, afirmar y negar, el cual no es otra cosa que una causa suficiente para las dos cosas. Y niego, además, que, si la voluntad estuviera indeterminada, es decir, si estuviera privada de todo pensamiento, alguna otra causa ocasional, excepto Dios con su infinito poder creador, pudiera determinarla. Concebir una cosa pensante sin ningún pensamiento es, en efecto, lo mismo que pretender concebir una cosa extensa sin extensión.

Por qué los filósofos han confundido el alma con las cosas corpóreas. Finalmente, para que no sea menester recoger aquí demasiados argumentos, me limito a señalar que los adversarios confundieron el alma con las cosas corpóreas, por no haber comprendido la voluntad ni haber formado un concepto claro y distinto del alma. Y esto obedece a que emplearon las palabras que suelen utilizar para designar las cosas corpóreas, para nombrar las cosas espirituales. Estaban, en efecto, acostumbrados a llamar indeterminados a los cuerpos que son empujados en sentidos contrarios por causas externas iguales y opuestas, y que están, por tanto, en equilibrio. De ahí también que, cuando dicen que la voluntad es indeterminada, parecen concebirla lo mismo, como un cuerpo en equilibrio. Y como esos cuerpos no poseen nada más que lo que recibieron de las causas externas (por eso siempre deben ser determinados por una causa externa), creen que sucede otro tanto con la voluntad. Pero, cómo sea en realidad, ya lo hemos explicado bastante, y por tanto concluimos aquí[338].

Por lo que respecta a la sustancia extensa, ya hemos dicho anteriormente lo suficiente, y fuera de estas dos no conocemos ninguna otra. En cuanto a los accidentes reales y a otras cualidades, ya están bien descalificados y no es necesario gastar el tiempo en refutarlos. Ponemos, pues, fin aquí al escrito[339].

Fin

Notas

Notas a la Introducción general

1. La colocación de estos tres escritos ha variado y sigue variando entre los editores de Spinoza: las OP situaron TIE entre TP y Ep; en cambio, la edición completa de Bruder incluyó PPC/CM antes de E (v. I), y TIE antes de TP y Ep (v. II); Vloten/Land los ordenan así: TIE, E (v. I)... KV, PPC/CM (v. IV); Gebhardt: KV, PPC/CM (I), TIE, E (II). Los traductores franceses (núms. 8 y 9) ordenan: KV, TIE, PPC/CM; los holandeses actuales (núm. 17): PPC/CM, KV, TIE. La mayor novedad es la de E. Curley (núm. 30), quien, por criterios cronológicos, a que después aludiremos, ordena así: TIE, KV, Ep. 1-16, PPC/CM, E, etc., anteponiendo TIE a KV, y E a TTP.
2. Cfr. Descartes: *Reglas,* II-IV (AT, X, 362-379); *Disc. método,* II (AT, VI, 17-20). Para Spinoza: PPC, I, pref. de Meyer; cfr. Gueroult (núm. 74), I, 12-14, etc.
3. Cfr. E, III, *prefacio;* TP, I, § 4.
4. Cfr. TTP, V, 76-77; VI, 94/33 s.; VII, 98-103.
5. Ambos títulos son usados por Koyré (núm. 24), p. IX, n. 1; XII, n. 1; XVII, nn. 3-4. Y W. Klever (núm. 29, pp. 34-40) hace suyo el último.
6. El lector hallará títulos que responden a esas tres orientaciones y otras muchas en la Bibliografía. Baste indicar, pues, algunas de las monografías más relevantes sobre este tratado: Elbogen (núm. 63), Gebhardt (núm. 67), Joachim (núm. 80), Klever (núm. 29), Zweerman (núm. 118), etc.
7. Véase traducción completa de la «advertencia» en TIE, p. 4.
8. Véase traducción de ese párrafo del «prefacio» en nota 3 al texto anterior; y también en nuestra traducción de ese valioso y demasiado tiempo olvidado «Prefacio» en: *Biografías* (núm. 57), pp. 74-75, §§ 71-73.
9. En este punto y todo lo que se refiere a la cronología de las primeras obras de Spinoza, son fundamentales los estudios de

F. Mignini, cuya tesis es que el TIE es anterior al KV y que Ep. 6 se refiere más bien a este último (núm. 93), 97-100; (núm. 94), 7-8. Su opinión ha sido aceptada por Klever (núm. 29, pp. 28-34) y por Curley (núm. 30, pp. 3-4).
10. Cfr. Klever (núm. 29), p. 27.
11. Cfr. Ep. 57-60, 63-66, 70, 72, 80-83; y véase síntesis biográfica en nuestra edición de la *Correspondencia* (núm. 20, p. 332, nota 343). La noticia de la visita se conserva en una carta muy posterior (1678) del mismo Tschirnhaus a Leibniz: «cum in cognitionem pervenissem Dn. Spinosae..., domum ex Hollandia reversus, ipsum accessi» (en Leibniz, *Mathemat. Schriften*, IV, p. 475 = núm. 65, p. 208, § 34 y nota; trad. esp. en *Biografías*, núm. 57, pp. 227-228, § 68 y nota).
12. Ep. 59, 268/18-21 y 268/30-269/6.
13. He aquí su testimonio: «nec ad eas (veritates incognitas) formandas praestantiora praecepta unquam vidi, quam quae habet Dn. Spinoza de *Emendatione intellectus*, quod manuscriptum a Dn. Schullero mihi transmissum penes me habeo; utinam omnia reliqua eius opera!» (en Leibniz, *Mathem. Schriften*, IV, p. 451 = núm. 65, p. 207, § 33). «Ynunca he visto preceptos más seguros para formarlas [verdades desconocidas] que los que incluye Spinoza en el *De la reforma del entendimiento*, cuyo manuscrito, transmitido a mí por Schuller, poseo. ¡Ojalá poseyera sus demás obras!».
14. Cfr. Ep. 70 (de Schuller), 303/7-12; Ep. 72 (de Spinoza), 305/21-22; Ep. 80 (de Tschirnhaus), 331/10 s. (435).
15. Ep. 70, 303/7 s.; Ep. 72, 305/21.
16. Texto en nota 13.
17. Ep. 60 (1675), 271/8-10; Ep. 83 (1676), 334/27-28.
18. Análoga actitud ante W. van Blijenbergh: Ep. 23 (1665), 151/30 s.; y quizá ante H. Oldenburg: Ep. 33 (1665), 177/6 s., pues, tras reiteradas cartas planteándole el mismo problema, cabe suponer que quizá Spinoza quisiera tomarse un respiro.
19. Adviértase que Tschirnhaus alude reiteradamente a los textos más problemáticos, desde esa perspectiva, de la *Ética*: E, I, 10, esc.; 15, esc., y 16; II, 6-8 y 13 = Ep. 57, 262-264; Ep. 59, 268/21 s.; Ep. 63, 275-276; Ep. 65, 279; Ep. 70, 302/11 s.; Ep. 81, 331; Ep. 82, 333, en relación a TIE, §§ 99-103.
20. Ep. 37, 188-189, y notas 248-253 de nuestra edición.
21. Ep. 37, 189/7 s., en relación a TIE, §§ 102-103 y 107.
22. Ep. 5, 15/7-11.
23. Ep. 6, 36/10-25.

24. Las suspicacias que demuestra Oldenburg desde estas primeras cartas hacia algunas ideas de Spinoza se convertirán en ataques con la reacción de Blijenbergh ante el PPC/CM (Ep. 18-24 y 27), de Velthuysen ante el TTP (Ep. 42; cfr. Ep. 30-II) y del mismo Tschirnhaus ante la *Ética* aún inédita (Ep. 68).
25. Ep. 7 (de Oldenburg), 37/5, en relación a p. 37/23-26.
26. Nos referimos al texto citado (nota 23) en relación a p. 15/25 s., donde Spinoza aludía a sus ocupaciones y falta de tiempo. La fecha de diciembre de 1661, dada por Meinsma (núm. 162, 227-228, y nota 59), fue aceptada por Freudenthal (núm. 113, 107/fin) y otros. En ella ha insistido últimamente Mignini (núm. 93, 107-109) a fin de no retrasar demasiado el KV, argumentando, entre otras cosas, que en Ep. 25, 158/9 s., la expresión «per tot mensium spatium», «por espacio de tantos meses», indica un espacio de 21 meses.
27. Es la fecha preferida finalmente por Gebhardt (núm. 21, vol. 6, p. 336: nota a este pasaje de Ep. 6), donde cambia de opinión al respecto, y dada, sin comentario alguno, por los traductores holandeses: Akkerman/Hubbeling, *Spinoza. Briefwisseling* (Amsterdam, 1977, 101), y Klever (núm. 29, 54, n. 33).
28. Cfr. Meinsma (núm. 92), 227-228; Freudenthal (núm. 66), 108.
29. Gebhardt (núm. 67), 31-39; (núm. 14), I, 407; II, 319; (núm. 21), vol. 6 *(Cartas)*, nota al texto de Ep. 6; introd. a TIE (en núm. 3, pp. 12-17): la teoría del conocimiento, con su paso de la pasividad del KV a la actividad del TIE, habría sido la razón de que Spinoza abandonara el plan de un KV reformado por el de la *Ética*.
30. Cfr. G. Semerari, *Spinoza. Breve trattato*, trad. y notas, Florencia, 1953.
31. Cfr. F. Mignini, *Introduzione a Spinoza*, Laterza, Roma-Bari, 1983, pp. 41-42; ídem (núm. 94), 515-516, etc.
32. Cfr. Domínguez (núm. 20), TIE, pp. 14-18, 22-23, 30-31; Ep., pp. 44-46; KV, pp. 20-27; E, pp. 10-12.
33. Véase, al final de la Introducción, nuestro cuadro de variantes.
34. En nuestro Índice analítico, bajo el término «Filosofía», hemos indicado todos los pasajes donde aparecen esas citas o referencias, que, para más facilidad, hemos subrayado en el texto.
35. Noticia, por desgracia incompleta, en: Klever (núm. 29), 48.
36. Editores: núms. 13 y 14.
37. Véase *infra:* I, 2.º, 1, b (relación entre § 49 y OP).
38. Véase, al final de la Introducción, nuestro cuadro de opiniones sobre la estructura del TIE.

39. Rousset, que también toma como pauta el § 49 (núm. 26, p. 264), propone primero un plan sencillo, en dos partes y cada una de ellas con tres secciones (pp. 20-21); y después otro sumamente complejo que abarca unos cincuenta apartados (pp. 140-143, 474-479).
40. TIE, § 37, 15/22-24 («methodus... est»); § 39, 16/16/18/25 («pars, tota... methodus»); § 49, 18/32-33 («haec debet methodus praestare»); § 50, 19/6 («a prima parte»).
41. TIE, § 37, 15/25; § 39, 16/15; § 49, 18/33 s.
42. TIE, § 37, 15/28; § 40, 16/23; § 49, 18/35.
43. TIE, § 37, 15/29; § 40, 16/24 s.; § 49, 19/1-2.
44. Nos referimos a Appuhn (núm. 22, p. 169); Koyré (núm. 24, p. 49); Klever (núm. 29), 78. Véase nuestra nota 52 (a este pasaje). Rousset (núm. 26, p. 264), en cambio, señala el equívoco cometido en la traducción de NS y añade, por su parte, que el § 49 muestra «la unidad de toda la obra» y, además, «lo poco que le falta para su terminación».
45. En *Biografías*, p. 75, §§ 71-73.
46. TIE, § 37, 15/22-28. Appuhn (núm. 22, p. 419: nota a § 27) capta bien esta distinción; pero no le saca partido en su interpretación general de la obra.
47. Cfr. TIE, § 33, 14/15-30; § 38 (44-45); § 90; véase en el Índice analítico: «meditación», «reflexión», etc.
48. TIE, §§ 1-5 y § 8.
49. TIE, § 1 y §§ 10-11.
50. TIE, §§ 13-15.
51. E, V, 42, esc.
52. TIE, §§ 39, 42, 49, 75, 91, 99; cita en: § 91, 34/7; cfr. p. 16/4 s./26 s.; 36/10 s.
53. TIE, §§ 37, 49, 73, 86, 104-105.
54. Véase §§ 18-29 en relación a §§ 37, 39-40, y 49 y notas 59-62 (*supra*).
55. TIE, §§ 50-51, 65, 84. Compárense textos citados en notas 52, 64 y 76.
56. Cfr. TIE, § 33, 14/13; § 51, 19/18 s.; § 61, 23/25 s.; § 65, 25/5 s.; §§ 104-105 (119).
57. TIE, §§ 59-60, 69-70, 79.
58. TIE, § 18, 9/35 s.
59. TIE, § 57 (x); § 58 (z); § 63; § 73, 28/1-5; § 75, 28/27-32.
60. TIE, §§ 81-89.
61. TIE, § 84, 32/5 s.
62. TIE, § 90. Véanse textos de notas 1, 76, 88 (reformar, dominar, purificar).

63. Appuhn (núm. 22), 169; *supra,* notas 42, 52, 63, 65, 70, 74-76.
64. Appuhn (núm. 22), 170.
65. Appuhn (núm. 22), 171.
66. TIE, §§ 100, 102, 107.
67. Eso nos parece desprenderse de la comparación, ya antes establecida (notas 60-62), entre §§ 37 y 40. En ello está de acuerdo H. de Dijn (núm. 49, p. 3): «the second and the third parts of the project do in fact overlap: to understand the way in which new truths are to be discovered is the same as to indicate the right ordre of thinking».
68. TIE, § 38, 16/2 s./8 s.; § 44, 17/17 s.; § 75, 28/33 s., etc.
69. TIE, § 106, 38/17 s. («in hac secunda parte methodi») en relación a § 91, 33/32.
70. TIE, §§ 35-38 (idea verdadera); §§ 38-42 (idea de Dios); §§ 74-76 (no confundir lo real con lo abstracto); §§ 87 y 90 (distinguir imaginación y entendimiento); §§ 85 y 96 (de la causa al efecto y no al revés: § 19, III, y § 21); § 104 (119 = único fundamento); §§ 99-103 (experiencia).
71. Doble aspecto del método: notas 46-47; cfr. § 102 (no deducción de las cosas singulares); § 107 (la naturaleza del entendimiento no se deduce de hecho).
72. TIE, §§ 50-51 (propiedades); § 82 (no necesario conocer la causa primera); § 86 (cierto conocimiento); §§ 92 y 96, I (definición por la causa próxima).
73. TIE, § 38 (nuestro esquema ha dividido el § de Bruder).
74. Appuhn (núm. 22), 172: «la solution des problèmes posés exigeait la constitution préalable d'une cosmologie et d'une anthropologie».
75. Cfr. Mignini: *supra,* notas 44 y 48; Appuhn: notas 65, 70 y 74; dispuesto a hallar razones, el ilustre traductor aún añade una más: «le réglement... et le salut de l'individu n'exigent pas la constitution préalable d'une science de la Nature» (p. 173).
76. TIE, § 102.
77. TIE, § 105, p. 38/10; § 91, p. 34/6 («quoad ejus fieri potest»).
78. TIE, § 103, p. 37/23-24; cfr. «Hipótesis».
79. TIE, § 68, p. 26/14.
80. TIE, § 35.
81. TIE, §§ 107-110.
82. TIE, § 110.
83. TIE, § 110 en relación a § 73.
84. Cfr. B. Rousset, núm. 26, p. 7: «una bibliografía exhaustiva de los estudios, libros o artículos que tratan total o parcialmente de la *Reforma* comprendería más de seiscientos títulos».

85. Ep. 59, de 5 de enero de 1675: citas y textos *supra,* pp. 11-12 y notas 11-16.
86. Ep. 60, 1675 (sin fecha), p. 271.
87. Texto original: *supra,* nota 13.
88. Textos y referencias *supra:* notas 7-10. Cabe observar que Jelles (*Biografías,* núm. 57, p. 78, § 76) atribuye a la «muerte tan prematura e intempestiva» el que Spinoza haya dejado inconclusos el TP, el TIE y la *Gramática hebrea;* y, a continuación, se apoya en el TIE para lamentar que no nos haya legado «una Filosofía completa», y en Ep. 59 y 60 para añadir que uno de los temas que esa filosofía debería haber incluido era la «verdadera naturaleza del movimiento y de qué forma se podrían deducir a priori tantas variedades en la materia, etc.».
89. Gebhardt, núm. 14, II, pp. 319-320: «dos redacciones que se alejan con mucha frecuencia la una de la otra», «signos de incesante reelaboración», «una relectura siempre renovada».
90. A. Koyré, núm. 24, p. VII.
91. H. H. Joachim, núm. 80, p. 107.
92. Véase al final de esta Introducción: «Cuadro comparativo de variantes del TIE».
93. Véase al final de esta Introducción: «Cuadro de propuestas de estructura para el texto del TIE».
94. B. Rousset, núm. 26, p. 136.
95. B. Rousset, núm. 26, p. 21.
96. Cosas singulares: TIE, §§ 99-103 y notas, espec. notas 109, 116-118, 174, 185; cfr. nuestro estudio (núm. 54, p. 41).
97. Ep. 6, núm. 14, IV, p. 36/10-14; texto español completo: *supra,* pp. 13-14 y nota 23.
98. TIE, § 84 y § 87; Ep. 23.
99. TIE, § 14.
100. TIE, §§ 40-42, § 99.
101. TIE, § 87, § 108, II-III.
102. TIE, § 7 y § 73.
103. Ep. 18-24 y 27.
104. Ep. 2-4.
105. Ep. 8-10.
106. Ep. 23, 1665, p. 151/2.
107. El primer pasaje de la *Ética,* al que podría referirse, sería: II, 49, esc., pp. 135-136, 1.º y 31.
108. Véase nuestra Introducción a *Tratado breve,* núm. 20, espec. pp. 21-27. La escasa importancia que cabe otorgar al término «opusculum», como distinto de «tractatus», se colige por lo que

después diremos acerca de la «historia» de PPC/CM, donde Spinoza lo califica de «tractatus» (nota 140) antes de terminarlo; al tiempo que Meyer califica de «librito» (nota 155: *libello*) al volumen compuesto por las tres obras y listo para su edición, y, al revés, de «tractatus» a cada una de éstas (nota 166: *omnes hos tractatus*).

109. Cfr. TIE, §§ 81-90 y notas 99, 101, 105-106. Rousset (núm. 26, p. 12), aludiendo a estas y otras ideas del TIE, afirma que se hallan todas en la *Ética*, mas no en el KV: «il en est même qui n'y sont pas, comme l'explication corporelle de l'imagination, l'origine de la première essence objective, de la puissance native et des ouvrages de l'entendement...». En relación a lo religioso y «místico» del KV, C. Gebhardt expresó una idea similar, aunque refiriéndose a la *Ética* y en el tono que le es propio: «el concepto originariamente místico del *Tratado breve,* de la sumersión del alma en Dios, se transforma en el concepto racionalista, de que el alma debe absorber en sí a Dios como contenido conceptual» (en núm. 15: IV, p. 15). Y el mismo Mignini ha explicado esa tesis en una amplia recensión de los textos («Die theologische Terminologie in Spinozas *Korte Verhandeling*», *Studia Spinozana,* 14, 1998 [ed. 2004], 137-157), en la que se echan, sin embargo, de menos las referencias a los paralelos de la *Ética,* que no son pocos.

110. Los partidarios de esa tesis han acudido a motivos opuestos: la idea de experiencia (Delbos, núm. 50, p. 198) o más bien el fundamento de la idea adecuada y las nociones comunes y del conocimiento intuitivo (Gueroult, núm. 74, II, pp. 593-608, espec. 597 y 605); o a esas y otras razones (Mignini, núm. 93, p. 123: «le difficoltà di ordine concettuale che ne avevano determinato l'interruzione»; cfr. A. Matheron, núm. 90). Por el contrario, Auffret-Ferzli sugiere, en la línea de Gebhardt (v. nota 89), una redacción «escalonada» del TIE, siendo especialmente tardía la doctrina de la imaginación de §§ 74-90, en oposición a la de los modos de percepción de §§ 19-29 (núm. 37, p. 282), pues sugiere como fecha la respuesta de Spinoza a Tschirnhaus en 1675 (*ib.,* p. 288). Desde esta perspectiva, siempre problemática, cabría preguntarse también si la revisión del latín del TIE fue obra de L. Meyer (F. Akkerman, «La latinité de Spinoza et l'authenticité du texte du TIE», *Revue Sc. Philos. et Théol.,* 7, 1987, 23-29) o más bien del autor del tratado.

111. Para una visión sintética de las tres obras, puede compararse el esquema que damos aquí del TIE (al final de la Introducción)

con el de la *Ética* (núm. 20, p. 33) y con el contenido del KV (núm. 20, pp. 24-25). En cuanto a su posición relativa, no es de extrañar que, dado que los estudiosos del KV han tenido hacia su composición y doctrina una opinión sumamente negativa, ninguno, hasta Mignini, su verdadero editor y comentarista, se haya planteado posponerlo al TIE (véase síntesis cronológica en su edición bilingüe, cit. nota 152 al TIE, pp. 25-34). Su tesis, aceptada por Curley (núm. 30) y por Klever (núm. 29), avalada por Proietti (núms. 100 y 101) y considerada por todos, es desechada tácitamente por B. Rousset, al sugerir que la *Reforma* ocupa un lugar intermedio entre la «primera Filosofía» de Spinoza, la primera redacción del *Tratado breve* destinada a sus amigos, y la «segunda Filosofía», la de la *Ética,* destinada al público y redactada, también ella, en dos etapas (núm. 26, pp. 11 y 17). Y últimamente por Auffret-Ferzli (núm. 37: véase nota precedente).

112. TIE, § 57, §§ 103-104. Sobre las nociones comunes: nota 133 al texto.
113. E, II, def. 4 y props. 36-40.
114. Sobre la dificultad de deducir las cosas singulares: véase *supra,* nota 96.
115. Sobre toda esta temática puede verse: P. L. Couchoud, *Benoit de Spinoza* (París, Alcan, 1924²), 58-59, 288-305; De Angelis (núm. 85), 75-78, etc.; Cassirer (núm. 66), 34-38; Freudenthal (núm. 113), 107. Respecto a Galileo: E, III, pref/fin.
116. Para Bacon: Ep. 2; para Boyle: Ep. 6 (pueden verse nuestras notas a esas cartas: 20, 34, 38-39).
117. Cfr. «Hobbes» (Índice analítico) y véase la discusión de Tschirnhaus con Spinoza sobre el método matemático (Ep. 59-60).
118. Nuestro texto sigue, como verá el lector, los temas del TIE: vea «Descartes», «reglas», «hipótesis», etc.
119. Véase §§ 19, IV y 22 en relación con § 35 (yo y certeza); § 52 s. (ficción); § 79 (Dios engañador), etc.
120. Cfr. E, I, 8, esc.; 11; 16, 21, 28; E, II, 1-2 y 13.
121. Quizá por usar la versión holandesa, Colerus da 1664 como año de esta bella edición latina (en *Biografías,* núm. 57, p. 118, § 34), de la que existe un ejemplar en la Biblioteca Nacional (en Madrid: R. 2/16317). Lucas, en cambio, da la fecha correcta en la versión llamada H, mas no en la N (*ib.,* p. 157, § 16 y notas).
122. Los datos personales son aquí más parcos que en la edición latina, quizá porque había que disimular, por ser accesible a un público menos culto.

123. Cfr. Ep. 18-24 y 27. Los puntos centrales de discusión son: PPC, I, 15, esc., y CM, II, 12 (la libertad).
124. Es citada en: TTP, VI, p. 84n (nota marginal 6); Ep. 35 (1666), 181/15 (remite a PPC, I, 11); Ep. 40 (1667), 199/7 (remite a PPC, I, ax. 9); Ep. 50 (1674), 239/5 (remite a CM, II, 2); Ep. 59 (1675), 268/4 (remite a CM, II, 8); E, I, 19, esc. (remite a PPC, I, 19).
125. Texto en *Biografías*, núm. 57, pp. 157-158, §§ 15-16.
126. Véanse nuestras notas a la *Correspondencia* (núm. 20) y después el estudio monográfico: «A correspondência de Espinosa e Oldenburg ou os equívocos de duas ideologias», *Discurso*, São Paulo, 11, 2000, 285-322.
127. *Biografías*, núm. 57, p. 272, nota a N 71 (testimonio de 1669).
128. PPC, pref., p. 131/23-33, etc.
129. PPC, pref., p. 127/22-128/32.
130. Obras clásicas: F. Bouiller, *Histoire de la philosophie cartesienne*, París, Durand, 2 vols., 1854: sobre Holanda, caps. XII-XIII; E. J. Dijksterhuis/P. Dibon/C. L. Thijssen-Schoute, *Descartes et le cartésianisme hollandais*, París-Amsterdam, PUF, etc., 1950. Noticias interesantes en: G. Fraile, *Historia de la filosofía*, vol. III, BAC, Madrid (1978), pp. 546-560 y pp. 647-649.
131. Sobre todos estos personajes se hallan fácilmente noticias en Meinsma (núm. 92), así como en nuestra edición de la *Correspondencia* de Spinoza (núm. 20) y de las antiguas *Biografías* (núm. 57) por contar con índice onomástico.
132. PPC, pref., p. 128/7-11. Para A. Heereboord, véase *infra* notas 164-165 y notas 260 y 319 al texto de Spinoza; para sus analogías con Spinoza: nuestro estudio de núm. 58, pp. 67-68.
133. PPC, pref., p. 128/22-24, 129/18-22.
134. PPC, pref., p. 128/25-28.
135. PPC, pref., p. 129/23-25.
136. Véase lo dicho en nota 131.
137. Sobre Caseario: Ep. 8, p. 39 (51) de nuestra edición; los experimentos en Ep. 6 (comentados en nuestras notas).
138. La ambigüedad en la actitud de Spinoza está bien reflejada en Ep. 9, p. 42. Cabe suponer que su temperamento humilde le resultaba grato y amable, mientras que quizá su formación le causaba aversión o incluso odio.
139. Ep. 13, 63/11-64/16 = PPC, pref., pp. 129/32-130/3.
140. Ep. 13, 63/11-24; Ep. 15, 72, 1.° = PPC, pref., p. 130/14-18.
141. Sobre «dos semanas»: Ep. 13, 63/19; Ep. 15, 72/19-20 = PPC, pref., p. 131/2.

142. Cfr. Couchoud (cit. nota 115), pp. 43-44 y 49. Appuhn (núm. 22), p. 224, n. 2, critica, en cambio, esa opinión.
143. Cfr. PPC, pref., p. 130/2-3 («a Cartesio nondum enodatas»).
144. PPC, pref., 130/3-9 = Ep. 13, 63/12/23.
145. PPC, pref., p. 131/1-2.
146. Ep. 15, 72/17-20.
147. Ep. 13, 63/20-28 = PPC, pref., p. 130/3-13.
148. Ep. 12-A y notas a nuestra edición (núm. 20). Las alusiones responden, en el texto impreso, a: CM, I, 233/33; 234/28; II, 8, 264/10-16; 10, 271/26 s.
149. Ep. 15, 10 = PPC, pref., p. 131/1-3; 2.º = PPC, p. 131/ 14-21; 3.º = PPC, p. 133/5-8 (sólo se busca la verdad). Aunque no sabemos quién sería el «homunculus», nos inclinamos a pensar, por lo apuntado en nota 138, que quizá fuera Caseario.
150. Ep. 15, 73/15-21 = PPC, II, 27, esc., p. 75. En p. 216/13-19 y 217/20-23 se han introducido las «reglas».
151. Texto *supra:* nota 144.
152. Lucas: *Biografías,* núm. 57, p. 157, § 16.
153. Bouwmeester: *infra,* p. 143; S. de Vries: Ep. 15, 72/14, 73/15; Balling: *supra,* nota 122; Rieuwertsz: notas 121-122; Jelles (testimonio de Stolle en *Biografías,* p. 231, § 75).
154. Ep. 13, 64/1-15.
155. PPC, pref., p. 130/14-17.
156. *Supra,* notas 144-146.
157. PPC, pref., p. 130/2-3.
158. PPC, pref., p. 130/18-29.
159. Ep. 13, 63/13-14; cfr. Descartes. *Oeuvres,* ed. F. Alquié, París, Garnier, III, 83: los *Pr. de filosofía* se presentan también como una «Summa philosophiae».
160. Cfr. PPC, Introd. (de Spinoza), pp. 146-149 (146).
161. En la 1.ª parte de los *Principios* de Descartes, sólo hallamos algunos de estos atributos y en otro orden: incorpóreo, infinito (omnipotente), preordenación, creación y concurso (artículos 23, 24, 40 y 51). Puesto que el objetivo de Descartes era explicar «los principios más generales del conocimiento humano» (art. 75), reserva un lugar privilegiado a la veracidad divina (art. 29) y la mayor parte de su texto trata de los medios para evitar el error.
162. Véanse, por ejemplo, nuestras notas: 187, 204, 207, 211, 217 (esquemas); y 197, 207-208, 211, 215-216 (errores).
163. Aunque el orden no es el mismo (y, por supuesto, se excluye el tema, cartesiano, del error), los atributos estudiados vienen a ser los mismos en CM, II, y en PPC, I: eternidad (cap. 1 = prop. 19),

unidad (2 = 11), inmensidad (3 = II, 2, esc.), inmutable (4 = 18), simple o incorpóreo (5 = 16-17), vida (6 = ¿), entendimiento (7 = 9), voluntad = veracidad (8 = 13), poder (9 = 7, cor.), creación, conservación y concurso (10-11 = 12, cor. 1 y 20).

164. En un célebre estudio (núm. 65), el autor prueba cuatro cosas: 1) que, al lado del cartesianismo, existía en la época de Spinoza, en Holanda, una Escolástica pujante y renovada, que se inspiraba, por un lado, en los *Conimbricenses* y Suárez y, por otro, en Descartes; 2) que, en contra de la tesis de Kuno Fischer, los CM no son anticartesianos, una especie de correctivo a PPC, ya que en ambos escritos predominan las ideas cartesianas y apuntan veladamente algunas spinozianas; 3) que el marco conceptual y temático de los CM es el de la joven Escolástica; 4) y que incluso en la *Ética* se descubre esa herencia conceptual.
165. Véanse nuestro estudio (núm. 58) e, *infra,* notas a los dos pasajes de PPC y de CM mencionados. Para el debate de su sistema con sus corresponsales, en torno a la idea de libertad, véase nuestra Introducción a la *Correspondencia* (núm. 20, pp. 49-55).
166. PPC, pref., 133/5-7; cfr. nota 156.
167. Ep. 13, 64/4-6.
168. PPC, pref., 131/23-30.
169. PPC, pref., 130/29-131/21.
170. PPC, pref., 130/3/17, 131/25; así lo cree Blijenbergh: Ep. 20, 124/20; Ep. 24, 154/1-3.
171. PPC, pref. 132/1-5.
172. PPC, I, 9, esc.; cfr. E, I, 15, esc., II, 13, esc. (incorpóreo, extenso); CM, II, 10, 270/3 s. (pensamiento).
173. Cfr. PPC, I, 15, esc. (179), en relación a CM, II, 12 (333); Gueroult (74), II, 619-625.
174. CM, II, 7-8. No obstante, como se trata de una doctrina clásica, que se deriva de la simplicidad de Dios, por sí sola no probaría nada.
175. Véanse en el Índice analítico los términos: «antropomorfismo», «fin», «milagro», «teología», etc., y compárese con Descartes, *Pr. fil.,* I, 23-25, 63-65, 76; IV, 207; cfr. nuestro estudio (núm. 58).
176. CM, I, 1, 236-237 (243-244); 3, 242 (255-256), etc.
177. W. Klever (núm. 29), p. 57.
178. Cfr. F. Mignini (núm. 94), 76.
179. Cfr. C. Gebhardt, *Spinoza* (en núm. 15), I, p. 52.
180. Cfr. Gueroult (74), I, pp. 446, n. 80; 471-472; 557-561; II, 529-556. El ilustre intérprete de la *Ética* exceptúa tan sólo: PPC, I, 7, esc. = I, 490-493; y PPC, II, 30 (regla 6.ª) = II, 552-554.

Notas

181. Puede verse la lista sistemática de citas internas (PPC/CM) en Akkerman/Hubbeling (núm. 28), 209-214. Digamos que CM aparece citado en PPC I ocho veces, mientras que PPC, I, es citado en CM veintidós veces; en cambio, PPC, II, sólo es citado una vez en CM, I, 3 (en una adición de la versión holandesa de 1664), y ninguna en PPC, I; finalmente, PPC, II, no cita nunca PPC, I, y tan sólo cita dos veces CM (ambas en adiciones de 1664).
182. Señalemos algunos entre los más destacados: Crommelin (núm. 75), Curley (78), Gallego Salvadores (núm. 115), Gueroult (74: I, 143-189 = E, II, 13, y p. 529-561 = Descartes; sobre PPC, II: II, pp. 148-149, n. 23, etc.); Hoeven (núm. 135), Kirchmann (núm. 142), Lécrivain (núm. 149), Rivaud (núm. 183: estudio clásico); Rossi (núm. 185); Dunin-Borkowski (cit. nota 131, II, pp. 253-286: con especial atención a Velthuysen y a Heereboord); P. Siwek (*L'âme et le corps d'après Spinoza,* París, Alcan, 1930 = pp. 21-60); A. Matheron (*Individu et communauté chez Spinoza,* París, Éd. Minuit, 1969: caps. 2-3 = comentario a E, II, 13 y esc.).
183. Cfr. E, II, 13, y esc., ax., etc., en relación a E, I, 15, esc.; III, 2, esc.; TP, I, 4-6, en relación a TTP, IV, 57-58.
184. Véase cfr. Ep. 6, 11, 13, 14, 16 (debate con Boyle sobre el nitro); Ep. 30-33 (sobre las partes y el todo, etc.) y lo dicho antes sobre Tschirnhaus (notas 17-19, 101-116). Añadamos tan sólo que en E, I, 15, esc., p. 59/16, aduce la no existencia del vacío para probar la no división o separación de la extensión (sustancia).
185. Véase nota (215) = PPC, II, 30 (regla 6).
186. Cfr. Ep. 30-I (en nuestra edición) donde Spinoza responde a una pregunta de Oldenburg (Ep. 29, 165) acerca de la obra de Huygens (†1695), *De motu corporum ex percussione,* que se editaría póstuma.
187. Ep. 31, 167/27; Ep. 32, 174/12; Ep. 33, 177/6 s.
188. Refiriéndose a su encuentro con Spinoza en La Haya, en noviembre de 1676, dice: «Spinoza no veía muy bien los fallos de las reglas del movimiento de Descartes. Se quedó sorprendido cuando yo comencé a mostrarle que violaban la igualdad entre la causa y el efecto» (en Gueroult, núm. 74, II, 552). Adviértase que Huygens sólo las aplicaba entonces a los cuerpos elásticos (Gueroult, *ib.,* p. 553).
189. Ep. 81, 332/15-18.
190. Ep. 82, 333.
191. Ep. 83, 334. Adviértase que tanto en E, I, 15, esc., como en Ep, 12 (sobre el infinito), la clave de la solución parece estar, final-

mente, en la distinción entre entendimiento e imaginación: cfr. *supra,* notas 19 y 114.
192. Cfr. PPC, II, def. VIII, 2.º, 182/7-8 («cum vi vel actione», «vim vel actionem»); 182/27 («eadem vis et actio»). Véanse notas al texto: 272 y 293-295.
193. Akkerman/Hubbeling (núm. 17), pp. 219-220.
194. F. Mignini, *Données et problème de la chronologie spinozienne,* cit. *supra,* nota 44, p. 9 (23).
195. A. Domínguez: «Obras completas de Spinoza» (núm. 3), *Revista de Filosofía* (1986), 113-124; *infra:* notas 147, 152 y 180.

Notas al «Tratado de la reforma del entendimiento»

1. Recuérdese (nota inicial a Introducción general*) que nuestras notas remiten a la página y la línea (/) de la edición de Carl Gebhardt (núm. 14), que van aquí impresas al margen del texto de Spinoza. Por otra parte, como sabemos por los editores *(infra,* nota 3), el manuscrito del TIE contenía unas 35 notas, señaladas en OP con tres series de letras (a-z, a-b, a-g), que aquí se mantienen, imprimiendo su texto a pie de página (cfr. Rousset, núm. 26, pp. 435-437).

   El término *emendatio* evoca *mendacium* y *mendum* (mentira, error) y tiene un matiz negativo (de corrección o purificación = p. 9/11-12: «medendi..., expurgandi»; p. 9/35 s., 29/ 24-25), que recuerda a Bacon *(Instauratio magna,* div. de la obra, ed. Porrúa [1975], 19b/fin; *Novum organum,* pref. = Ib., pp. 35-36; I, af. 115; II, af. 32) y a Hobbes *(Examinatio et emendatio mathematicae hodiernae,* 1660). En él parece haberse inspirado el amigo de Spinoza, E. W. von Tschirnhaus, para su *Medicina mentis* (cfr. nuestra ed. de la *Correspondencia).*

2. La edición holandesa (NS) dice más bien: «y así mismo de los medios para hacerlo perfecto».

3. Esta nota de los editores de las *Opera posthuma* (OP) debe ser completada con lo que añaden en el prólogo general. «El tratado *De la reforma del entendimiento* es de las primeras obras de nuestro filósofo, como lo atestiguan el estilo y los conceptos. La dignidad del asunto que en él trata y la gran utilidad que en él se había fijado como objetivo, a saber, abrirle al entendimiento una vía sumamente fácil y llana hacia el verdadero conocimiento de las cosas, le sirvieron de continuo acicate para llevarlo a feliz término. Pero la gravedad del asunto, así como las profundas

meditaciones y los amplios conocimientos que se requerían para su conclusión, le imprimieron un ritmo lento y son la causa de que quedara inconcluso y con ciertas lagunas aquí y allá: el autor, en efecto, en las notas que él mismo añadió, señala que el tema aludido será demostrado con más rigor o explicado con más amplitud en su filosofía o en otro lugar. No obstante, como contiene asuntos de gran importancia y utilidad, que despertarán gran interés en el estudioso de la verdad y ayudarán no poco a investigarla, nos pareció oportuno publicarlo junto con las otras obras, como ya se ha dicho en la *Advertencia* antepuesta a dicho tratado» (en *Biografías,* núm. 57, pp. 74-75, § 71).

4. Recuérdese que los epígrafes entre [ ] son del traductor.
5. Sobre la contraposición entre bienes inestables y estables: KV, II, 5; véase nota 13. Sobre la idea de felicidad: E, II, 49, esc., p. 135/38 s.; V, 36, esc., p. 303/2 s.; cfr. Aristóteles, *Ética a Nicómaco,* I, 7, 8f, etc. = *téleion... autárkes.*
6. Por esta idea y todo su desarrollo se ha asociado esta «introducción» a ciertos textos estoicos, de Séneca y Marco Aurelio; pero, en realidad, es una idea clásica (KV, II, 5, § 6, p. 63/23; 26, § 8, p. 111/30-32; TTP, 16. p. 193/1-3) que se remonta, al menos, a Aristóteles: *Ética a Nicómaco,* I, 4, 3; 5, 3-4 y 7. En Spinoza, el término «libido» significa *placer sexual* (E, III, def. af. 48; KV, II, 19, § 15), mas también deseo en general (E, IV, 17, esc.).
7. Spinoza no llegó a desarrollar esta idea, excepto, quizá, en el *Tratado político,* donde las riquezas (y los honores) aparecen ligados al régimen aristocrático y no son legitimados más que por la buena gestión de la cosa pública (cfr. TP, VIII, 24, 31; X, 7, etc.; función del dinero: E, IV, caps. 28-29).
8. Con el término *arrepentimiento* o «tristeza que va asociada a una acción mala que creemos haber realizado libremente» (E, III, def. af. 27; IV, 54, esc.; KV, II, 10), Spinoza parece aludir a una actitud moral, de origen psicológico y social, asociada al propio «exceso» del acto sexual, más bien que al hecho biológico reflejado en el dicho popular «omne animal post coitum triste»: cfr. E, IV, 44, esc.; TP, XI, § 4, p. 360/17 s.
9. El gran peligro de los honores es que se los haga fin último de nuestros actos, siendo así que dependen de otros y no de nosotros mismos; cfr. nota (7); p. 9/29-33; KV, II, 12, § 3; E, IV, 58, esc.
10. Los términos *meditación* y *reflexión,* frecuentes en esta obra (p. 6/25-31, 7/27-30, 15/30-16/6, 17/26 s., 19/10, 33/25-31, 38/ 5 s.), parecen revelar la lectura reciente de Descartes: *Discurso del método,* I-II. Compárese: «je pris un jour résolution d'étudier

aussi en moi-même» *(Disc. I*, fin = AT, 10) con «constitui tandem inquirere» (TIE, 12/16), y ventajas de la práctica del método *(Disc.* III = AT, p. 27 e TIE, 8/1-3).

11. La inseguridad en la posesión de los bienes, subrayada por un paréntesis en los NS («si es que puede hablarse así»: p. 7/8), llevará a Spinoza a fundamentarla en el poder estatal: E, IV, 37, esc. 2, pp. 238-239; TTP, XVI, p. 196; TP, VII, § 25, p. 318/ 25-26.
12. Estos peligros eventuales de muerte, en la búsqueda de las riquezas, los honores y los placeres (§ 8; E, IV, 44, esc.), son esencialmente distintos del peligro radical que existe en la elección vital definitiva (§ 7), comparable al náufrago cartesiano del sumergido en la duda: «tanquam in profundum gurgitem ex improviso delapsus» *(Med.* II, inicio = AT, 24).
13. Cfr. E, V, 20, esc., p. 293/35 s.; KV, II, 5, § 6; 14, § 4. Para Spinoza el bien y el mal son relativos: KV, I, 10; CM, I, 6, p. 247/23 s.; E, III, 9, esc.; 39, esc.; IV, pref., p. 208 y def. 1-2.
14. Cfr. *supra,* nota (5), y KV, II, 14, § 4.
15. Cfr. p. 7/30 s.
16. El poder de la razón sobre los afectos es sólo relativo. KV, II, 4, § 4-6; 18; 21; 22, § 1; E, III, 2, esc.; IV, 14-18, espec. 17, esc.; TP, II, 5-8.
17. Sobre la idea de hombre perfecto: KV, II, 4, §§ 5-7; E, IV, pref. y prop. 59-73. El problema que esta concepción plantea para la vida moral, y que deriva del determinismo spinoziano (p. 8/15-17), es debatido en la correspondencia de Spinoza con Blijenbergh, Velthuysen, Boxel, Tschirnhaus y Oldenburg: véase nuestra edición de su *Correspondencia* (núm. 20): *Introducción,* II, 3.°, 3 («El sistema a debate»). Sobre el texto: *infra,* nota 20.
18. El sentido social de la felicidad (véase § 14) es esencial: E, II, 49, esc., p. 136/13 ss.; IV, 18, esc.; 35-37, esc. 2; 73; V, 10, esc.; Aristóteles, *Ét. a Nicómaco,* I, 7, § 6.
19. Nota superflua, pues ya está incluida en el texto. En cuanto a la idea, de inspiración estoica (V. Delbos, núm. 50, p. 20; Dilthey, núm. 52, pp. 296-308), de nuestra unión con toda la Naturaleza (o con Dios): KV, II, 18, § 9; 22, § 2-5; 24, § 8, etc.; E, IV, pref., pp. 206-207.
20. Esta aclaración nuestra viene exigida por p. 9/14-15, que remite a p. 8/18-19: «naturam aliquam *humanam suâ...*», en contra de la corrección de Wenzel: «naturam aliquam *humanâ suâ...*». Pese al determinismo (nota 17), que tiende a hacer del individuo algo totalmente prefijado por Dios (Ep. 20, p. 103/15 s., 111/10-16 en relación a Ep. 19, p. 91/25 s. y Ep. 21, 128/12-28), Spino-

za organiza su ética sobre la base de que el hombre concibe una naturaleza humana ideal y que el individuo puede aproximarse a ella en la medida en que conozca la naturaleza total y se una a ella (nota 13).
21. El ideal moral y político de Spinoza, expresado en el lema estoico de «mens sana in corpore sano» (E, V, 39, esc., p. 305/22; II, 13, esc.; III, 2, esc.; TP, II, 6), le lleva a valorar positivamente las ciencias y artes más diversas: la mecánica o técnica industrial, la medicina con la gimnasia y la dietética, la pedagogía infantil y juvenil, la metodología y la lógica, la filosofía moral y la política; cfr. Descartes, *Pr. fil.,* pref. (AT, IX, 15); *D. mét.,* VI (AT, VI, 61-62: interés preferente por la técnica y, al fin, por la salud y la medicina).
22. Las normas de vida *(vivendi regulas)* que da Spinoza a quien se dedica a la investigación o meditación intelectual (p. 5/12 y nota 10) responden a su actitud ante los tres bienes antes analizados y rechazados como fines: honor (aquí «lenguaje» = hay que acomodarse a los demás para hacerse entender; cfr. p. 33/8 ss.), placer y riqueza (cfr. E, IV, 45, esc. y caps. 27-32, y *supra:* notas 7-9). Las máximas de moral provisional que da Descartes ponen el acento en la libertad y firmeza interior frente a la flexibilidad y acomodación exterior y son de signo más marcadamente estoico *(Discurso* III = AT, 22-27).
23. Estudio comparativo entre los tres textos paralelos (TIE, §§ 19-29; KV, II, 1-3; E, II, 40, esc. 2) en: Gueroult, núm. 74, II, apéndice 16, pp. 593-608; A. Domínguez, *Conocimiento de salvación. La filosofía de Spinoza,* Universidad Complutense, Madrid, 1973, 512 pp. (tesis doctoral inédita), pp. 160-343.
24. Cfr. S. Pablo, *Rom. 10,* 17: «fides ex auditu, auditus autem per verbum...»; Platón, *Cratilo,* 384 d 1, 7-8; 427 c8; Spinoza, TTP, IV, p. 61; V, p. 66/30 ss.; XIV. Desde Platón *(Cratilo,* 384d y ss.) el lenguaje ha sido calificado de signo arbitrario o convencional, que los latinos solían denominar *ad placitum* (S. Tomás, comentario a *De interpret.* 1-2, 16 a 5-19; Suárez: texto en nota 264), como recuerda aquí Spinoza con una expresión, que Wolfson (núm. 117, II, p. 137) traduce de forma incorrecta: «which everyone may name as he pleases *(quod vocant ad placitum)»,* y que es más o menos sinónima de *ad libitum,* utilizada aquí en un texto paralelo (§ 89) y en otros (§ 72; E, II, 49, dem./fin; IV, 37, esc.1/fin; cfr. Mignini, núm. 94, pp. 20-21), y de otras (Hobbes, *De corpore,* I, 1, § 4; Locke, *Essay,* III, 2, § 1-2: «voluntary signs»).

Notas al «Tratado de la reforma del entendimiento»

25. La expresión «experiencia vaga» se halla en Bacon (*Novum organum*, I, af. 100), donde significa un hecho aislado o casual, o, mejor, una generalización a partir del mismo como aquí (§ 20, § 23, § 78; cfr. CM, I, 1, p. 133; TTP, I, 29/3 ss.), y se opone a experiencia ordenada y contrastada, es decir, a «experimento» (v.) en el sentido que hizo clásico R. Boyle (cfr. Ep. 11, pp. 50-51; Ep. 16, p. 75), como se ve en su diálogo con Spinoza (1662-1663) sobre el nitro en los albores de la química y del método experimental (Ep. 6-7, 11, 13-14 y 16).
26. Spinoza halla aquí dificultades para explicar el tercer modo de percepción, equivalente a la razón o deducción. Se trata de la prueba a posteriori, que intenta deducir una causa a partir de algún efecto suyo o (lo que viene a ser casi lo mismo) a partir de alguna de sus propiedades (§ 19, III con nota f; cfr. § 92 y nota f; TTP, IV, 60/8). Para explicarlo pone dos ejemplos: deducir la unión del alma con el cuerpo a partir de la sensación o experiencia (del mismo) como efecto (§ 21 y nota g); deducir la distancia del Sol a partir de nuestra imagen visual, teniendo en cuenta la propiedad óptica de que su tamaño disminuye en razón inversa a la distancia real del objeto visto (§ 21, 2.ª parte y nota h). Algunos errores de tal prueba, añade Spinoza, están ligados a las palabras, ya que no tienen más valor que el de la experiencia vulgar que les ha dado origen (nota h).
27. Los ejemplos aquí aducidos muestran que el objeto del cuarto modo de percepción (§ 19, IV) no es sólo Dios y cuanto pueda deducirse de sus atributos (E, II, 40, esc. 2), sino también la autoconciencia (§ 35), la unión del alma con el cuerpo por ser ella su idea (E, II, 13), ciertas verdades matemáticas para los expertos... (véase §§ 96-97: definición de cosas creadas = causa próxima; cosa increada = sola esencia).
28. La conclusión aquí descrita es clara y cierta (p. 11/5 y h), pero superficial; por eso puede inducirnos a error, porque parte de premisas «abstractas», es decir, no adecuadamente conocidas (p. 10/17) y susceptibles, por tanto, del influjo de la imaginación (E, II, 40, esc. 2, 3.º y 41, dem. = adecuado; 47, esc. = incidencia de la imaginación sobre las ideas adecuadas). Capta sólo lo que debe ser (KV, II, 1, § 3, 3.º; 2, § 2; 4, § 2 y nota), no la verdadera esencia (TIE, p. 11/31), la esencia particular (TIE, p. 10/34; E, V, 36, esc.).
29. Este ejemplo, quizá sugerido por Descartes (*Reglas*, 6 = proporciones de dificultad progresiva) y mantenido en los tres textos paralelos en los que Spinoza expone sintéticamente su doctrina de los modos o grados de conocimiento (KV, II, 1, y E, II, 40,

esc. 2), confirma que su opinión no ha variado notablemente en este punto, pese a las interminables discusiones sobre la relación entre esos textos y su significado para la cronología de las obras de Spinoza (cfr. Gueroult, núm. 74, apéndice 16; Mignini, núm. 93, pp. 125-131, 147-160 = crítica de Gueroult). Aunque las *Reglas* no se publicaron hasta 1684, existían copias, según parece, desde 1655, en Holanda.

En contra de lo que dijera Koyré (núm. 24) y recogen Fernández/Margot (núm. 18), esta doctrina no parece derivar de Aristóteles (*Anal. post.*, II, 19, 100b; *Ét. Nic.*, III, 3, 1139b; *De anima*, III, 3, 427b y 428a = este último es el pasaje más próximo), sino más bien de Platón (*Rep.* 6, 508a-511e; cfr. 533e-534a; *Ep. VII*, 342-344; *Soph.* 263e-264a; *Men.* 37a-98a; *Tim.* 51d-e). Sólo en Platón se distingue bien la percepción indirecta (por signos) de la experiencia directa (imaginación y sensación en Aristóteles son otra cosa) y se subraya el carácter gradual (ascendente y descendente) del conocimiento (cfr. KV, II, 26, § 6). Bien distinta es también la clasificación cartesiana (*Reglas,* VIII = AT, X, 396-399; *Pr. fil.*, pref. = AT, IX, 5-6). Sobre los antecedentes históricos de esta clasificación: Wolfson, núm. 117, II, pp. 131-163.

30. El § 25 se refiere directamente al § 16 y § 18. El fin es la felicidad o naturaleza humana perfecta; el medio principal (también ayudan otras cosas: p. 8/5-7/32 ss.) es el conocimiento de sí mismo y de las otras cosas («cuanto sea necesario»: p. 12/18 = E, II, introd.). Como existen varios modos o grados, hay que elegir el más perfecto: KV, II, 4, § 9.
31. Cfr. *infra:* § 55.
32. El lenguaje sólo es verdadero saber si se lo interpreta racionalmente: cfr. TTP, VII, p. 102/13 ss.; XV, p. 182.
33. No «aquí», sino *infra* (§§ 102-103); pero, de nuevo, remitido a más tarde.
34. Para el término «accidentes», usado en este tratado en relación al de propiedades secundarias, véanse *infra* notas: 153, 164, 243-244, etc.
35. El TIE atribuye la «adecuación» al cuarto modo (p. 12/11) y no al tercero (§ 19, 3.º), como sí hace la *Ética* (II, 40, esc. 2, p. 122/12). Pero la clave es cuál es el verdadero alcance, en una y otra obras, del conocimiento racional o deductivo. (Cfr. la opinión de A. Darbon en: Gueroult –núm. 74–, II, 602-3, n. 30.) Sobre la diferencia en sus efectos: KV, II, 2, § 2-3.
36. El sentido resulta más claro sustituyendo, como hemos hecho, el punto (.) de las OP por los dos puntos (:) de los NS.

37. En esta parte final de la *Introducción* (§§ 30-42), Spinoza expone el fundamento de todo método: la idea verdadera dada, es decir, la existencia efectiva de la verdad. Aunque se inspira directamente en Bacon y en Descartes (véanse notas siguientes), se distancia de ambos.
38. El ejemplo del herrero lo emplea Descartes para demostrar que el método no va al infinito, sino que arranca del entendimiento mismo, el cual es como el instrumento o precepto innato, origen de todo conocimiento *(Reglas,* VIII = AT, X, 397/15: «incondita quaedam praecepta et quae videntur potius mentibus nostris ingenita»; TIE, pp. 13/30, 14/10: «innata instrumenta»).
39. Ya Gebhardt (núm. 16) había señalado que eran de Bacon las expresiones «vis nativa» = *De dignitate et augmentis scientiarum,* V, 5, y «opera intellectualia» = *Novum organum,* pref. (ed. Porrúa, p. 34) e «instrumenta mentis» *(ib.* I, 2); véase en Klever (núm. 18, pp. 137-139) un hermoso comentario, inspirado en Macherey (núm. 145) y Biassutti (núm. 43). Véanse otros textos de Bacon en nota 88.
40. Esta distinción, típicamente spinoziana (E, II, 7-8; KV, II, ap. 2), ya que es la base del paralelismo epistemológico *(infra:* §§ 41, 44, etc.), procede de Descartes (cfr. PPC, I, def. 2-4; ax. 8-9; prop. 6, *Meditaciones,* III = AT, 40-42); pero su origen es escolástico (Suárez, *Disp. met.,* II, 1, § 1). La idea es para Spinoza esencia formal, en cuanto entidad real mental, y esencia objetiva, en cuanto representación de un objeto real (también esencia formal, corporal o no). Véanse: Gueroult, núm. 74, II, pp. 6-102 (comentario a E, II, 7-8), y nuestras notas a PPC y CM.
41. La «primera esencia objetiva» debe ser la idea de Dios: innata en Descartes *(Med.* III = AT, VII, 51) y primera verdad para Spinoza (pp. 20/33, 36/10, 40/10; cfr. E, I, 11; II, 11, cor.; 34 y 45-47; Gueroult [núm. 74], II, 53, n. 16). Sobre la reducción de la voluntad a la idea: Ep. 2; E, II, 49; PPC, pref. de Meyer, p. 132/4 s.
42. Cfr. KV, II, 15, § 3; E, II, 43, esc., p. 124/16 s.; Ep. 76, p. 320/8 s.
43. Las tres partes o elementos del método aquí descritas coinciden con las enumeradas, con más precisión, más adelante (§ 49, 1.º-3.º, y § 50).
44. La «idea dada» significa, como dice Spinoza (p. 16/13 s.; §§ 33 y 70), que, de hecho, se da alguna idea: por lo menos, la autoconciencia (§ 22 y nota 27; E, II, ax. 2 y 4; PPC, *Introd.* [de Spinoza], pp. 147-149; prop. 1-2) y también la idea de Dios (nota 41). La noción de reflexión o «conocimiento reflejo» es cartesiana (cfr. J. Laporte, *Le rationalisme de Descartes* [1950],

PUF, pp. 144-145, 192-193, 459-460) y se remonta, a través de los escolásticos, a Aristóteles: *Met.* 1074 b 33-4 *(noésis noéseos); De anima,* 429 b9 y 27, 430 a4 (el alma se piensa a sí misma).

45. Estas líneas (§ 38, 2) son a la vez la conclusión de la idea anterior (§§ 29-38/1: si la idea verdadera de un objeto cualquiera es buen principio del método, *a fortiori* lo será la idea del ser perfectísimo, Dios) y la introducción de la siguiente (§§ 39-44: el mejor método será aquel que deduce las cosas naturales a partir de su origen, Dios como Naturaleza naturante). Añadamos que, aunque Spinoza parece inspirarse en Descartes *(Pr. fil.* I, 24; III, 1-2, etc.), su método deductivo es más radical (§ 61, nota a) por dos razones: subraya más el poder (§§ 42, 70-75) que la finitud humana y concibe la libertad divina como libre necesidad y no como libre albedrío (KV, I, 4; CM, II, 3; II, 7-9; TTP, 4 y 6; E, I, def. 7; prop. 17, 32-33, etc.).

46. En §§ 39-40 se insiste en esta idea: cuanto más y mejor se conozcan las cosas, más y mejor nos conoceremos a nosotros mismos y a Dios como ser perfectísimo (TTP, VI, pp. 85-86), y tanto más fácil y eficaz, por tanto, será el método que estamos practicando.

47. Dos son las condiciones del método de Spinoza: la verdad como idea objetiva o coincidencia con el objeto y la conexión entre las cosas. De la primera ya ha hablado (§§ 29-38 y nota 40). La segunda la da aquí por un hecho; mas ello no significa que le será fácil justificarla. Y en particular, sus tres puntos capitales: producción de las cosas finitas por el ser infinito (§§ 99-103), unión del alma con el cuerpo (§ 19, nota f; § 21, nota g; cfr. E, III, 2, esc.; Ep. 67, de 1671, p. 297), unión entre los cuerpos (§ 84, § 91: fortuito).

48. El método perfecto, como un «todo» (§ 40/fin y nota anterior), tiene dos partes: la primera, analítica, que va a Dios como ser perfecto (§ 39), y la segunda, sintética, que procede de Dios como «modelo de la Naturaleza» por ser «el origen y la fuente de toda la Naturaleza» (§ 42). Por eso, su futura *Filosofía* (véase), la *Ética,* se califica aquí de «investigación de la Naturaleza» (§ 34, n; §§ 44, 45).

49. Estos párrafos (§§ 43-46) plantean, desde la perspectiva de este mismo «tratado», la objeción, ya antes resuelta, sobre el proceso al infinito en cualquier investigación (§§ 30-33). Y la respuesta es prácticamente la misma. El buen método consistirá en seguir la idea verdadera dada.

50. La dificultad de interpretar este párrafo (§ 46) ha llevado a introducir una negación *(cur non ipse)* (Koyré, núm. 24; Cur-

ley, núm. 30) en la frase inicial del texto original (OP, núm. 11 = NS, núm. 12 = Gebhardt, núm. 14 = Rousset, núm. 26: *cur ipse... ostenderim*) o a dudar entre ambas opciones (Klever, núm. 29). Se trata de obviar la dificultad de que el mismo Spinoza reconozca que su exposición es poco coherente. Pero lo cierto es que, con negación o sin ella, todos suelen referir el texto a su *Filosofía* (la futura *Ética*) y no al TIE, sin que quede resuelto el problema de la coherencia. En nuestra opinión, el texto se refiere al TIE y es coherente. Como ya hemos apuntado (nota 49), el sentido es que lo hasta ahora dicho («en el orden que lo hemos hecho») constituye por sí mismo una parte de la filosofía (de la Naturaleza) de Spinoza, pues se ha pasado de los varios tipos de idea a la idea verdadera y de ésta a la idea del ser perfecto; y obedece a un plan, tanto en lo anterior como en lo sucesivo (§ 49), porque la verdad sólo se manifiesta mediante «la distinción constante y rigurosa» (§ 45). Sólo así se superan los «prejuicios» inevitables (§ 45, § 47) y se puede avanzar en la clarificación de las dificultades o «paradojas» del sistema (§ 46; cfr. E, II, 11, esc.; *Biografías*, núm. 57, p. 226, § 65 = Leibniz: «metafísica llena de paradojas»).

51. Se trata de refutar al escéptico teórico, al que se califica de «autómata» (material o mecánico), acudiendo a la tesis de que la idea verdadera es su propia norma (que justifica más bien la idea de un «autómata espiritual»: § 85 y § 108, VI; véanse estudios de Cremaschi, C. Flórez, Klever) y, más en concreto, al fenómeno de la autoconciencia (cfr. notas 27 y 44; PPC, introd. de Spinoza, pp. 143-149).

52. Pese a que el texto de OP no deja lugar a dudas por el uso de los tiempos (pasado = cuatro veces, y presente = tres veces) y a que Gebhardt distinguió bien en su traducción (núm. 16 = 1ª ed. 1907) el resumen de lo dicho (en cuatro puntos) de lo que debe ofrecer el método (en tres puntos), nadie advirtió que el «cuarto» punto final (p. 19/2) se refiere a la primera enumeración (resumen) y no a la segunda (partes del método). Aún más, Koyré (núm. 24), para referir el *cuarto* al futuro, modifica el texto en su traducción: «cette Méthode [sera appliquée de la manière] la plus parfaite». Y Klever (núm. 29, pp. 153-154), que califica los tres primeros puntos como método «para principiantes» y los otros cuatro «para adultos», omite el «finalmente» con que NS califica el *tercero* de la segunda numeración y, en cambio, en el *cuarto* traduce con NS «sabemos» (*weten*) en vez de «vimos» (*vidimus*) con OP. Finalmente Rousset, a pesar de que toma § 49

como pauta para su estructura del TIE (pp. 19, 139 ss.) y de que conserva en su traducción la diferencia de tiempos (el «cuarto» en pasado), tacha de «inoportuno» el «finalmente» de NS y fuerza el sentido del *cuarto:* «cette annonce de ce qui sera au terme de la *Réforme...* est un rappel de ce qui (a) été promis» (p. 264). El sentido obvio del texto es más bien que, en virtud de lo dicho en «cuarto» lugar, «lo primero» que deberemos buscar es «llegar lo más rápidamente posible al conocimiento de ese ser» (§ 49/fin).

53. La «primera parte» que aquí se anuncia (cfr. 30/35, 38/14) consistirá en «distinguir» o analizar las ideas ficticias, falsas y dudosas (§§ 52-80), a cuyo estudio se añadirá, a modo de complemento (30/35), lo relativo a la memoria, la imaginación y el lenguaje (§§ 81-90). A ella corresponde una «segunda parte» (33/32), que debía ser la «principal» (38/15) y describir el poder del entendimiento, pero que apenas fue desarrollada, porque en realidad ya lo estaba (cfr. *Introducción,* § 2, pp. 22-29).
54. Spinoza se inspira en Descartes: *Med.* III = AT, 14-15; cfr. PPC, Introd. (de Spinoza), pp. 142-143.
55. En realidad, Spinoza no ha estudiado sistemáticamente en ningún otro lugar estos tres conceptos; cfr. CM, I, 1 (ficción), 6 (falsedad); E, II, 13-36 (ideas inadecuadas y falsedad), 40, esc. 1 (universales), KV, I, 1, §§ 6-8 y nota.
56. Aparte de estos tres tratados y de las múltiples referencias en la *Ética* (véase índices), Spinoza analiza el concepto de ficción de forma muy precisa en KV, núm. 20: I, 1, § 8*, con nuestras notas 14-15.
57. Cfr. p. 22 (y).
58. Sobre las nociones de posible, imposible y necesario, y además, de contingente: CM, I, 3; E, I, 33, esc., etc.
59. Con Gebhardt (núm. 4, pp. 328-330), que sigue a NS, en contra de OP (= *nos),* leemos «eum» (referido a Dios). Así lo exige el contexto (Dios... nosotros): un ser omnisciente no puede fingir nada (véanse notas a: PPC, I, 9; CM, II, 7); pero no basta que Dios exista *(si detur),* ni siquiera que sepamos que existe (el vulgo cree que Dios existe, pero lo concibe antropomórficamente: TTP, 2 y 13), para que no finjamos nada sobre él. Se requiere que conozcamos su naturaleza *(postquam naturam Dei novi).*
60. Parece referirse a: p. 22/15 s.; cfr. nota 51.
61. Cfr. CM, I, 1; 3, p. 242 (quimera); E, I, 8, esc. (Dios = sustancia), y 11; véanse notas a: PPC, I, 5-7 (existencia de Dios).
62. Esta frase, que OP sitúan al inicio de la nota (u), falta en NS. La consideramos, con Gebhardt, como transición a la siguiente.

63. Cfr. p. 21 (x). Sobre las nociones de esencia y existencia, véanse notas a: CM, I, 2, p. 238. Del cotejo de p. 21/1 con 25/12 se desprende que es ventajoso, mas no siempre indispensable (ideas simples, absolutas, etc.: § 108, 2.º-3.º), seguir el orden de la Naturaleza.
64. El sentido de § 56 parece ser que, para que la ficción sea algo mental y no simples palabras (p. 21/21 = 24/10: «merae assertiones»; 25/13; KV, II, 16, § 6; TP, II, § 12), debe existir alguna posibilidad de que lo fingido sea así: la *asociación* del error (pasado o ajeno) a la percepción directa y actual, obra de la memoria (p. 21/16): cfr. E, II, 16-17 (imaginación y memoria).
65. Los hechos aquí analizados (§ 57 = árbol que habla, espacio imaginario o, más bien, vela en el vacío, y vela que arde y no arde a la vez) se refieren a cosas imposibles y, por tanto, a la esencia (§ 58), y parecen obra de discusiones metafísicas más que de errores vulgares. Pero su explicación es la misma: *confusión* de imágenes, propia de la imaginación y la memoria (§ 63). Los ejemplos del ser general (p. 21/33 s. = p. 20/24) y del origen del cielo (p. 22/26 ss. = 19/28) parecen menos drásticos.
66. El empleo del término «hipótesis» (suposiciones) en relación a una ciencia (hipotético-deductiva) de la naturaleza está inspirado sin duda en Descartes *(T. del mundo,* VI; *D. del método,* VI; *Principios,* II, 1-4; III, 3-4, 43-46), quien, sobre la base de ciertos principios, intenta explicar a priori todos los fenómenos reales, desde el cielo hasta las pasiones humanas (III-IV).
67. Cfr. TTP, II, p. 29/25 s. (relación inversa entre imaginación y razón).
68. Idéntica explicación a las de § 57 (árbol que habla, etc.). Para la traducción de *anima* y de *mens*: *infra,* nota 152.
69. Caillois (núm. 23, p. 122, n. 1 = sugiere 314, 2-2) sugiere que Spinoza alude a: *Juan, 2,* 1-10 (agua-vino), y Mateo, *3, 9* (piedras-hijos de Abraham). Creemos que las alusiones son más bien: Encarnación («dioses... en hombres» = Ep. 83, pp. 308-309), creación («nada... algo» = CM, II, 10, pp. 268-269, 272) y «espectros» (Ep. 51-56, a Boxel); cfr. E, I, 8, esc. 2, inicio.
70. La objeción parece provenir de Hobbes, en cuanto que la verdad es pura coherencia entre términos y éstos son signos arbitrarios *(Leviatán,* I, 3-4; 46 = Ed. Nacional, Madrid, 1979, pp. 707, 713); *De corpore,* 1, § 2; *De homine, X,* § 1-2, etc.): una vez contraído, libremente, un hábito, ya no se lo puede cambiar (todo cuerpo es finito y el alma es amorfa). Para la respuesta de Spinoza: §§ 66-67, 74, etc. (alma); § 108, 3.º (cantidad).

71. La ironía de Spinoza esgrime sus armas contra el adversario: conocer es creación, pero de nada (cfr. § 73); la libertad es arbitrariedad exterior y coacción interior.
72. OP colocan esta nota al final de § 60; alusión: §§ 70-71; cfr. nota 56, cita final.
73. La respuesta aplica el principio de la «veritas norma sui et falsi est» (E, II, 43, esc., p. 124/16; cfr. *supra,* nota 42), reforzada por la idea de la necesidad universal (p. 23/30-34; *supra,* notas 17, 20; cfr. Platón, *Crat.,* 411b5-a5; 439b-440b).
74. Cfr. p. 22/3-4: «non attendo..., abstrahere», y nota 65.
75. Cfr. nota 54 (ficción) y p. 25/27 s. (falsedad).
76. Norma cartesiana de la idea clara y distinta: *Discurso del método,* II = AT, 18-19; *Reglas,* V-VI; XII y espec. XII = AT, X, 418-420.
77. Cfr. notas 54 (sueño) y 64 (no afirmación mental); E, II, 35, esc. (error: «imaginationis causam ignoramus»); KV, II, 15, §§ 1-4.
78. Cfr. §§ 62-65.
79. Cfr. § 58 y notas 68-69 (ejemplos similares); §§ 63-64 y nota 76 (idea clara y distinta). Sobre las «divinidades» (animismo, adivinación...): TTP, pref., pp. 5-6; II, p. 33; III, p. 53. Sobre cuerpo-entendimiento, es decir, alma material: pp. 22 (z) y 28/19 s. y notas 68, 70. Sobre el Dios engañador: § 79 y nota.
80. Cfr. §§ 33-36; E, II, def. 4 y prop. 43, esc. en relación a E, I, ax. 6, y CM, I, 6, pp. 246-247, y Ep. 60.
81. El ejemplo del artista en: CM, I, 2, p. 239/31 s.; Ep. 9, p. 43. El ejemplo de Pedro (tópico escolástico) es constante en el TIE: pp. 14/20 ss., 19/27, 26/21 ss. Para la verdad no basta la existencia del objeto (Pedro) ni siquiera es siempre necesaria (artífice): su forma o esencia es intrínseca y no extrínseca a la conciencia. Ello no significa que excluya la relación al objeto (§ 108, VIII), sino que ésta no la constituye. «Una idea verdadera conviene con su objeto (E, I, ax. 6) *porque* es verdadera; no es verdadera porque convenga con el objeto» (Appuhn, núm. 22, I, p. 420 = nota a este pasaje). En sentido contrario, remite Koyré (núm. 24) a: Aristóteles, *Met.* VI, 7, 1010b; S. Tomás, *S. Theol.* I, 16, a.2; 17, a.3). Appuhn, núm. 22.
82. Cfr. § 38 y nota 44 = método reflexivo; §§ 82-87 = propiedades del entendimiento.
83. Aunque el TIE no califica a Dios de sustancia, sí lo concibe como tal («es conocido en sí y por sí»: § 70 = E, I, def. 3 y 6) y también como «principio que no tiene causa», o sea, como «causa de sí» (§ 92 = E, I, def. 1) y «causa primera» de las demás cosas.

84. El ejemplo del «entendimiento creador» no es aquí más que una hipótesis, que no decide cómo lo entiende Spinoza (cfr. CM, II, 11, p. 274 y nota), sino que sólo aclara, desde otra perspectiva, admitida por el hipotético adversario, el ejemplo del artista (p. 26/18 s.).
85. La célebre definición de la esfera, que debe ser cotejada con la del círculo (p. 35/1-27), es prototipo de definición genética (Hobbes, *Examinatio et emendatio mathematicae hodiernae...*, Londres, 1660, diálogo 2.º; cfr. Cassirer, núm. 42, II, 25-41, etc.). Puesto que la verdad es intrínseca al entendimiento, es generada por su poder y no por algo externo a él. Señalemos, sin embargo, dos cosas: 1) La génesis de la esfera a partir del movimiento del semicírculo no es «arbitraria», ya que el concepto del semicírculo está contenido en el de la esfera (p. 28/1-4), y no así, por ejemplo, el del triángulo, que generaría un cono. 2) El movimiento del semicírculo, para ser verdadero o adecuado, *ha de ser puesto en relación* con su efecto necesario (la esfera) y no con otra cosa; o, al menos (§ 73, p. 28/7: «vel conceptui alicujus causae»), con alguna causa, ya que ni el movimiento es un ser en sí (cfr. pp. 28/5-12, 35/20-25, 39/1-14; KV, I, 9, § 2) ni su concepto está ligado al del semicírculo (pp. 27/24 s.; 28/5-8), ni al de una causa determinada (p. 27/25).
86. La raíz última de la idea inadecuada en el hombre se explica, lo mismo que la pasión (E, IV, 4, cor.), por su finitud, o sea, porque el alma humana no es más que una parte o bien «de un ser pensante» *(alicuius entis cogitantis:* p. 28/11) o bien «del entendimiento infinito de Dios» *(infiniti intellectus Dei:* E, II, 11, cor.). Sobre el problema metafísico de fondo, a saber, la diferencia entre conocimiento humano y divino en relación al estatuto del entendimiento de Dios como modo inmediato del pensamiento, véase nuestro estudio (núm. 55).
87. El «axioma anterior» es que «los cuerpos sutilísimos penetran los demás» (cfr. Ep. 53, p. 246: aludida por H. Boxel para explicar los «espíritus»; véase nota 199). El comentario hecho aquí por Spinoza sobre los estoicos es análogo al de Agustín de Hipona *(El maestro o sobre el lenguaje,* trad. A. Domínguez, Trotta, Madrid, 2004, § 41) acerca de un epicúreo que expusiera los argumentos contrarios, a favor de la inmortalidad del alma, sin entenderlos.
88. Con varias expresiones («experiencia vaga», «abstracto» y «axiomas») alude Spinoza al método de abstracción aristotélico, que también Bacon critica por precipitado y superficial: «a sensu et particularibus advolat ad axiomata maxime generalia» *(No-*

vum organum, I, af. 19); «iam a principio constituet generalia quaedam abstracta et inutilia» (af. 22), etc. Bacon le opone un método empírico ordenado «ascendendo continenter et gradatim» (af. 19); «in genio sobrio et gravi» (af. 21); Spinoza, al menos aquí, una deducción a partir de los «primeros elementos» de la Naturaleza; pero éstos quedan sin definir (§ 75; cfr. PPC, III, pp. 226-227).

89. Aludiendo, sin excesiva precisión, al lema escolástico «quo major est extensio minor est comprehensio» (y al revés), Spinoza adelanta la doctrina de la *Ética* (II, 40, esc. 1, p. 120/25: «alii dicavi Tractatui») de que la confusión de ideas suele tener su origen en los límites de la capacidad perceptiva del cuerpo, donde incluso parece aludir al TIE.

90. Es la única vez que aparece en el TIE el término «atributo»: ¿acotación tardía?; cfr. KV, I, 1, § 9*; I, 7 (propios, no atributos). En la idea de Dios no puede haber confusión alguna, si seguimos «la norma de la verdad», porque «tampoco tiene semejanza alguna con las cosas mudables».

91. «Después veremos» parece referirse a la definición del ser infinito: §§ 92 y 97. «Antes hemos expuesto» se refiere, en cambio, a § 54 y notas *u*, *z* (argumento *a priori de la existencia de Dios)*; cfr. PPC, I, 5; KV, I, 1, §§ 1-2 ; E, 11, etc.

92. Cfr. textos citados en notas 64 y 77. Para la alusión a la duda: nota 64; para la pertinacia puede verse nuestro índice al TTP: núm. 20.

93. La duda no existe propiamente ni en la mera sensación (§ 74: imagen del alma como cuerpo sutil; E, II, 49, esc., pp. 90-91: «caballo alado») ni en la idea clara y distinta (§ 64), sino sólo en la divergencia entre dos ideas (cfr. § 19, 2.º; § 66). Cfr. p. 27/28 s. en relación a p. 28/5-7: si una cosa es relativa a otra, su idea también debe serlo; § 41 (47-48).

94. La frase entre paréntesis la sitúan OP en nota y NS en el texto. Sobre el error en la percepción del Sol: pp. 11/12; 21/7-9; E, II, 35, esc.; Aristóteles, *De anima*, III, 3, 428 b3-5.

95. En el espacio [...] hemos omitido, por ser innecesaria, la adición de NS «entonces permanece la duda». La tesis de Spinoza es que la idea de un Dios engañador es tan evidentemente falsa como es verdadero que los ángulos de un triángulo miden dos rectos. Por tanto, así como esta verdad se puede demostrar sin conocer la existencia de Dios (engañador o no), también se puede demostrar la existencia de Dios y que ese Dios no es engañador. Tal duda es, pues, injustificada, ya que se fundaría en una

simple hipótesis, anterior al análisis de la idea. El mismo tema está expuesto de forma más clara en: PPC, I, Introd. (de Spinoza), p. 146/22-149; TTP, IV, 59-60; VI, 84n. La tesis de Spinoza es que la idea de Dios no introduce la duda en otras ideas; tan pronto se la examina atentamente, se comprende que Dios no es «engañador», con lo que las otras ideas quedan, según él, definitivamente garantizadas.

96. La mención «de esa cosa» aconseja introducir antes <de una cosa>. Sobre la idea de duda: nota 93.

97. En ningún otro lugar (KV: Índice analítito en núm. 20; CM, I, 1, p. 234; Ep. 17, p. 78; Ep. 37, p. 189; E, II, 18, esc.) ha expuesto Spinoza con tanto detalle los conceptos de sensación (v. percepción), imaginación, memoria y reminiscencia, así como su relación con el entendimiento (objeto singular e inteligible o narración con sentido), el cerebro y el lenguaje, la duración, etc. El transfondo, en cambio, parece más bien de Aristóteles (*De memoria,* 449b-453b; *De anima,* II, 6, 418ª9-20; III, 12, 425ª14-b11) que de Descartes (*Reglas,* XII: AT, X, pp. 414-416; *Med.* II: AT, VII, 32-34). Sobre el funcionamiento del cerebro en Descartes: Gueroult (núm. 74), II, pp. 570-571.

98. Que la inteligencia pueda ayudar a la memoria sensible (§ 81) no parece ofrecer mayor dificultad. No obstante, como eso conlleva su asociación con la imaginación y, por tanto, con la duración y el tiempo («medida del movimiento»: § 83, nota d), como muestra a diario la experiencia («observamos»), ¿no supondrá para ella el peligro de «olvido» (§ 82, fin) y de «corrupción»? (§ 83/2). Con estas vagas alusiones (§ 83, 2) Spinoza parece anunciar el problema de la inmortalidad del alma humana, o sea, que sea eterna y, a la vez, consciente de su identidad personal (E, V, 21-23, esc.). La solución no vendría aquí por la vía de la memoria, por ser temporal, sino quizá de la simple reminiscencia (§ 83, 1).

99. Aquí se adelanta la noción spinoziana de imaginación como conocimiento exterior, pasivo y fluctuante (vago), en oposición al entendimiento: interior, activo y necesario: cfr. E, II, 17, esc.; 44, cor. 1, esc.

100. *Ratio formalitatis* o, mejor, *ratio formalis* o *formalitas,* es una expresión escolástica que remite a la teoría hilemórfica aristotélica, para la que la «forma» es el elemento especificativo de los cuerpos: cfr. p. 34/5-7; nota 40.

101. Este autómata, totalmente libre (cfr. Ep. 58, pp. 265/21-266: ejemplo de la piedra lanzada = libre necesidad), es lo contrario del autómata escéptico = tronco (nota 51).

102. Existen tres alternativas: a) sólo imaginación como ficción de algo imposible (§§ 57-58); b) sólo entendimiento (§ 76), y c) posible acuerdo entre ambos = esfera (§ 76), novela (§ 82); cfr. TTP, 5, p. 77; 13, p. 177/12-15.
103. Al rechazar aquí la extensión cartesiana (PPC, II) por ser obra de la imaginación y, por tanto, opuesta a la verdad (intelectual) (E, I, 8, esc. 2 en relación a § 58), Spinoza adelanta su doctrina de la extensión atributo: simple e infinita, tal como la percibe el entendimiento (*Ética*, I, 15, esc.; II, 2; véanse notas 122 y 174).
104. Sobre el lenguaje en Spinoza, véanse «nombre», «palabra», etc., y notas 234 y 33; E, II, 18, esc.; 40, esc. 1; 47, esc.; 49, esc.; III, def. af. 20; A. Domínguez, «Lenguaje y hermenéutica en Spinoza», *Miscelánea Comillas,* Madrid (1978), 301-325.
105. Según este párrafo (§ 90), la distinción entre imaginación y entendimiento (§§ 81-90), en la que Spinoza resume lo dicho en la «primera parte» (nota 53), será también la clave de la «segunda parte» (§ 91), o sea, de que no se trastueque «el verdadero orden» (§ 90/fin). Ambas ideas son un claro anticipo de lo que dirá la *Ética* (I, 8, esc. 2; 15, esc.; II, 10, esc.: «no han mantenido el orden de filosofar»; 40-44: dos «modos» o, mejor, «géneros» distintos de conocer las cosas).
106. El paralelismo epistemológico, enunciado en las últimas líneas a nivel humano (y no a nivel divino, como en E, II, 7 y cor.), reviste dos formas: una directa, entre ideas y objetos reales (pp. 14/14 s./25 s.; 36/10 s.), y otra indirecta o, como dirá Gueroult (núm. 74, II, pp. 66-70, 245 ss., 520), intracognoscitiva o replicativa, es decir, entre ideas e ideas *de* esas ideas (14/17 s./24-30, 15/30 s.; 16/2-10; 38/5 s.).
107. Cfr. § 21 y nota 27; § 70 y nota 83; Descartes, *Rp. 1.ᵃˢ obj.* = AT, IX, 86; *Rp. 4.ᵃˢ obj.* = AT, IX, 182 ss.
108. Esta actitud negativa ante lo abstracto, de clara inspiración empirista y nominalista (§ 75 y nota 88), la mantendrá Spinoza en la *Ética* (I, 15, esc., pp. 15-16; II, 45, esc.; II, 49, esc., p. 91; IV, 62, esc.). Frente a ello, en cambio, exalta en ambos tratados las «verdades eternas» (cfr. Ep. 8, p. 47) y nociones a ellas asociadas.
109. Spinoza se enfrenta, finalmente, a la forma de llevar a la práctica su método deductivo o geométrico. Su misma formulación delata la dificultad, pues, si no podemos comenzar por «nociones abstractas», sino por «alguna esencia particular afirmativa», ¿de dónde sacaremos esa esencia? Y, una vez dada, ¿cómo derivaremos de ella todas sus propiedades? Y, dando por supuesto que

«la primera esencia objetiva» (§ 34, nota *n*) será Dios en cuanto causa primera, ¿cómo derivar de ella la infinita variedad de cosas singulares y cambiantes? Tal es el problema que se plantea él mismo en el KV (II, pref., § 5*) y en la *Ética* (I, 21-22 y 28; II, 8 y 13) y que, al final de su vida, le será replanteado en varias cartas (Ep. 59-60, 80-83) por su amigo Tschirnhaus, en relación a la tesis capital del sistema (E, I, 16).

110. La gran diferencia entre las dos definiciones propuestas es que la primera es puramente descriptiva de las propiedades del círculo (radios iguales = tercer modo de percepción), mientras que la segunda es genética, es decir, deriva esas propiedades de su causa (radio único que gira para trazar o generar el círculo = cuarto modo de percepción) (cfr. Hobbes, *De corpore*, I, 1; VI, 4; *De homine*, 10, §§ 4-5; Gueroult [núm. 74], II, 482-491; I, 419-423; Dijn [núm. 48], 19/f).

111. La cosa increada (Dios) se define, pues, como sustancia (E, I, def. 3 y 6), que implica su existencia (E, I, 7 y 11), y posee atributos sustanciales y no propiedades accidentales o «adjetivables» (*supra*, nota 90; KV, I, 1, § 9*; 3, 1*; 7, § 1*), los cuales, por tanto, se derivan de su esencia.

112. Spinoza evita el término «específica» (esencia), que era el tradicional para la definición, diciendo en su lugar «más especial» (*specialior*): véase nota 109.

113. Esta doctrina recibirá su formulación clásica en el llamado paralelismo (E, II, 7 y esc.: se mantiene el ejemplo del «círculo»), que será la base del método geométrico (E, III, pref.).

114. Spinoza utiliza el término «físico» en el sentido no de cosas materiales o sensibles, sino «reales» (§ 99).

115. El argumento de Spinoza es negativo: puesto que la existencia de las cosas singulares no deriva de su esencia ni de otra cosa singular determinada (cfr. 27/25 y nota 85/fin), sino de infinitas otras (circunstancias), que la mente humana es incapaz de abarcar (cfr. Ep. 31, p. 167, y Ep. 32, pp. 169-170, con las notas 214 y 221 de nuestra edición), hay que conocerla(s) por «la serie de las cosas fijas y eternas». Cuál sea tal serie no está claro. Se ha dicho que las formas de Bacon (Sigwart, 1866), que los atributos y los modos infinitos de Dios (Böhmer, 1870; Delbos, núm. 50, p. 103; Koyré, núm. 21, p. 112) o solamente los modos infinitos (Pollock, 1899[2]; Gebhardt, núm. 21, p. 187).

El contexto muestra que el comienzo de esa serie es Dios en cuanto «causa de todas las cosas» y de «todas nuestras ideas» (§ 99). Ahora bien, como los atributos se identifican con su esencia, la *serie*, o más bien (§ 101) «concatenación» (v.) o conexión (36/28) de las «cosas», o más bien de sus «causas» (E, II, 7, esc.), sólo puede referirse a los modos, finitos e infinitos.

116. Hemos subrayado, en todo el contexto (§§ 91, 99-103), los términos «serie», «orden» o «leyes» a fin de que el lector pueda más fácilmente comprobar que Spinoza habla de varios tipos de orden: el de las cosas fijas y eternas y el de las cosas singulares y mutables (§ 100); el de las esencias de las cosas singulares y el de sus existencias (§ 101); el que determina la naturaleza de los sentidos y el que deben seguir los experimentos que éstos realicen (§ 103). Respecto al problema de fondo, tema central de toda metafísica que admita un ser infinito, a saber, la derivación de las cosas singulares, Spinoza emplea aquí la expresión «como universales o géneros de las definiciones». Mas, como ésta halla su paralela en el KV, y justamente para explicar las cosas singulares como modos de los atributos divinos («por los cuales, como si fueran sus géneros, deben ser entendidos» [I, 7, § 10, 2]), vemos difícil que el cotejo de ambas expresiones aclare la prioridad de un tratado sobre el otro (cfr. F. Mignini, núm. 94, pp. 515-525).

117. Puesto que de leyes universales no es posible deducir hechos singulares o únicos, Spinoza cree necesario apelar, aparte de la deducción a priori, a «otros auxilios», o sea, a la experiencia sensible. Mas no por eso renuncia a su método. Pues, si la experiencia ha de valernos de algo, debemos conocer antes la «naturaleza de nuestros sentidos» (§ 102 = § 21 y nota *h),* así como de sus instrumentos (§ 103). Y, como para ello es necesario conocer los cuerpos en general, en su comentario a Descartes adelantará ciertas ideas (PPC, II, 6, esc., fin), que sintetizará con ese fin en la *Ética* (II, 13, esc., y postulados finales sobre el «cuerpo humano»).

118. Tras esa breve alusión al problema de las cosas singulares y, en concreto, las sensibles, Spinoza vuelve, como ya indicó al comienzo (§§ 13-14, 29, 38) y repetirá en la *Ética* (II, pref.; V, pról., inicio), al conocimiento del entendimiento o conocimiento intelectual, que será decisivo en su sistema ético para fundarse en la metafísica.

119. De la última línea se han dado tres lecturas distintas: 1) «ex nullo fundamento... terminari queunt» (OP, Vloten/Land); 2) «ex nullo *alio* fundamento... (de)terminari queunt» (NS, Leopold, Gebhardt = núm. 4); 3) «ex nullo fundamento... (de)terminari nequeunt» (Kirchmann, Appuhn, Gebhardt = núm. 16). Appuhn

hace una larga disquisición sobre el asunto; pero, como él mismo insinúa (núm. 8, p. 425/fin: «ce n'est pas une très grande hardiesse»), la introducción de la doble negación resulta forzada. De ahí que Gebhardt abandonó esa lectura y, tras recoger los textos de las diversas opciones, propuso la lectura de NS (cfr. núm. 4, pp. 337-339).

La lectura viene condicionada, en cada caso, por el sentido que se dé a «fundamentum» y a «terminari». En la lectura (1), nada, interior o exterior, *limita* al poder del entendimiento; en la lectura (2), nada exterior *determina* al entendimiento. La primera parece implicar la segunda (cfr. p. 26/14: «verum sive intellectus»; p. 27/1-3, 7-9: «a nullo objecto externo determinatae»). Así pues, el «fundamento» en cuestión será el mismo «método reflexivo», «la forma de la verdad» (§ 105), es decir, las fuerzas o poder del entendimiento (§ 106). Es la idea verdadera, cualquiera que ella sea en cada caso, pero que existe, la única que puede guiarnos al conocimiento de las cosas eternas y, en concreto, de la «cosa primera» o «causa de todas las cosas» (pp. 38/2-6, 36/10).

En cuanto al sentido de «terminari», compárese: CM, II, 7, p. 261/23, con TIE, p. 23/1. Ambos sentidos pueden ser válidos: «determinar» o «limitar».

120. El conocimiento de la naturaleza y el de las propiedades del entendimiento, instrumento innato por excelencia, remiten el uno al otro y se perfeccionan por su misma práctica (§§ 31-32).

121. Cfr. §§ 34-36.

122. Esta distinción parece incluir implícitamente la de modo (movimiento que engendra la esfera: § 72; «motus non percipiatur, nisi percepta quantitate»: § 108, III, p. 39/11) y la de atributo (cantidad: § 108, III; extensión: § 87; cfr. Ep. 2, pp. 7/28; Ep. 4, p. 13).

123. Hemos vuelto a la lectura de OP: «quantitatem determinat», en vez de la de NS seguida por Gebhardt: «eam per quantitatem determinat». El texto hay que interpretarlo en relación a §§ 87, 89, y 108, II. La idea de cantidad no es determinada, sino infinita y absoluta. Si se la quiere definir por su causa, será por «otra cosa» (el movimiento, no la misma cantidad = NS); pero así no se define la cantidad (sí la esfera o el círculo: §§ 72, 95-96), ni se la entiende, sino que tan sólo se la determina (p. 39/9-11). Así nos parece haber entendido L. Meyer a Spinoza en su prefacio de 1663 (PPC, p. 132/10-17). La distinción entre atributo en sentido absoluto y determinado será la clave para la deducción de

los modos, infinitos y finitos (E, I, 21-23 y 28). Y tiene relación con el sentido físico de determinar o limitar un cuerpo confiriéndole una figura, como dirá Spinoza en otro lugar: «como la figura no es sino una determinación y la determinación es una negación, no podrá ser () otra cosa que una negación» (Ep. 50, p. 240), idea hecha célebre por Hegel (*Lógica*, I, 1, cap. 2, A, nota: «*la determinación es negación*»; II, 3, cap. 1.º, nota: crítica a Spinoza). Como es obvio, en metafísica el asunto le planteó siempre serios problemas (Ep. 59, p. 268: de Tschirnhaus y Ep. 83: de Spinoza; Appuhn, núm. 22, nota a KV, I, 2, § 19: alude al origen del movimiento de los cuerpos). En física, en cambio, las figuras tendrán menor relevancia para él por no admitir ni átomos ni vacío (PPC, II, 3, 5-6, 10-11; III, 1-2; Ep. 6, p. 30 y nota 32; no obstante: PPC, III, postulado, ax. 2 y prop. 1).
124. Cfr. p. 33/20-25.
125. Cfr. E, II, 44, cor. 2 (razón); II, 31; V, 29, esc.; CM, I, 1, 234 (duración).
126. Cfr. §§ 84-87 y nota 99, etc.
127. Cfr. §§ 72 (esfera) y 95-96 (círculo).
128. Cfr. KV, II, 4, § 10; 14, § 4, etc. Ep. 9, p. 43 (templo), p. 45/28 (plano); *supra*, § 69 y nota (81).
129. Cfr. E, II, ax. 3; III, def. 3 y prop. 1 y cor.; KV, II, 2, § 1, etc.
130. Sobre el carácter negativo de las ideas falsas, etc.: E, II, 33. La expresión «algo común» pudiera referirse al entendimiento mismo en cuanto poder de guiarse por sus ideas. En todo caso, las últimas líneas indican que, en toda definición, «definiens» y «definitum» deben implicarse mutuamente: KV, II, pref., § 5; E, II, 10, esc., al final.

Notas a «Principios de filosofía de Descartes. Parte I»

131. Título completo de la *editio princeps*, de 1663.
132. Sobre L. Meyer, véase: Ep. 12, nota 85 (biografía); Ep. 12A y Ep. 15 (participación en esta obra); *supra*, Introducción, II, 1.º, §§ 3-4, etc.
133. El término cartesiano (*Resp. 2.ᵃˢ obj.*: AT, 127 = Alquié, 581; *Reglas*, XII: AT, 419-420 = II, 145-147; *Pr. fil., I*, 13, 39, 48, 49, 50), de origen estoico (*koinai ennoiai*), «nociones comunes», no aparece en estos tres tratados en boca de Spinoza; pero sí en Ep. 4 (1661), p. 13/27. En E, II, 40, esc. 2, aparecen asociadas a las ideas adecuadas como fundamento del conocimiento racional.

A pesar de ello, cabe preguntarse (Di Vona, núm. 53, pp. 145-149: opiniones contrapuestas) si, tal como son descritas en ese contexto, se limitan a los cuerpos (Wolfson, núm. 117, II, pp. 125 ss.) o abarcan a todos los seres, sin excluir a Dios, aunque su valor sea más bien relativo (A. Domínguez, cit. nota 23, pp. 264-271).

134. El aprecio de Spinoza por el método matemático o geométrico procede sin duda de su familiaridad con Descartes (*Discurso del método*, II: AT, 19 s. = Alquié, I, 587 s.) y no es solamente teórico (E, I, ap., p. 79/30 ss.), sino también práctico (PPC; KV, *apéndice* I; *Ética*).

135. La cita responde a la versión latina de Descartes (AT, VII, 155-157) y no a la versión francesa de Clerselier (AT, IX, 121-122 = Alquié, II, 582-583).

136. Se refiere a Johannes Caseario, joven estudiante de la Universidad de Leiden que compartió algún tiempo con Spinoza el mismo hospedaje en la cercana aldea de Rijnsburg: cfr. Ep. 8, nota 51; Ep. 9, p. 42/19. Sobre la génesis, que a continuación se relata, de estos dos tratados y de su contenido: Ep. 12A, 13, 15, y *supra*, Introducción, II, 1.º, 3; 2.º, 1, a.

137. Se trata de las *Rationes*, dispuestas en orden geométrico, que siguen a las *Resp. a las 2.ªˢ obj.*: AT, IX, 124-132 = Alquié, II, 586-598.

138. Efectivamente, Spinoza recoge todas las definiciones de Descartes y en su mismo orden. En cuanto a los axiomas, omite el 8 (lo que puede lo más, puede lo menos), cuyo contenido criticará en el escolio de la prop. 7; añade otros (ax. 1-3); sitúa los de Descartes después de la prop. 4 y en orden distinto: ax. 4 de Spinoza = ax. 6 de Descartes; 5 = 7; 6 = 10; 7 = 3; 8 = 4; 9 = 5; 10 = 2 + 9; 11 = 1; y explica algunos con más detalle, especialmente el ax. 9.

139. Spinoza no llevó nunca a cabo los tres cambios aquí proyectados por Meyer: demostrar con más amplitud los axiomas, terminar el comentario de la tercera parte de los *Principios* y completar la segunda con la doctrina de los fluidos, ya bosquejada en su correspondencia con Boyle (Ep. 6). La traducción holandesa de la obra (1664) sólo añadió pequeñas variantes (ed. Gebhardt, núm. 2, I, pp. 612-613) y él mismo confesará a Blijenbergh que no ha vuelto a ocuparse de ella (Ep. 21, p. 133/29-32).

140. Meyer señala tres tesis de Descartes que Spinoza rechaza: sustancialidad del alma humana, distinción entre la voluntad y el entendimiento y libertad como poder de suspender el juicio; cfr. Ep. 2, 9; TIE, 15/31, 33/2-7.

141. Las divergencias metodológicas van más allá de la simple sustitución del análisis (Descartes) por la síntesis (Spinoza), porque éste es mucho más radical en dos temas clave: moral (libertad) y religión (sobrenatural).
142. Tampoco las erratas fueron corregidas en vida del autor. No obstante, aunque Gebhardt (núm. 14, p. 612) señala diez y Akkerman/Hubbeling (núm. 28, p. 219) descubren más de veinte en éste, hay que reconocer que, excepto algunas citas, son correcciones estilísticas que o no afectan al sentido o se descubren fácilmente.
143. Esta poesía-dedicatoria es atribuida al amigo de Spinoza, Johannes Bouwmeester, director, con Meyer, del teatro de Amsterdam y traductor holandés de *El filósofo autodidacta* de Abentofail (biografía en: Ep. 28, núm. 20, nota 193). La traducción holandesa incluía otra poesía, atribuida a H. v. Bronchorst (texto en Gebhardt, núm. 14, I, p. 615).
144. En esta Introducción recoge Spinoza ideas de: *Discurso del método*, IV; *Meditaciones*, I-II; *Pr. de fil.*, I, 1-7, etc.
145. Tanto este epígrafe como todos los siguientes (de PPC y de CM) recogen «notas marginales» del encargado de su edición, L. Meyer (p. 130/11-13; Ep. 12A, 1.º); cfr. Introducción, II, 1.º, 4.
146. Es la objeción del «círculo cartesiano». Spinoza expone primero la solución de Descartes (pp. 146/29-147/9) y después la suya propia (pp. 147/10-149/13), recogida también, aunque con más concisión, en TIE (§ 79). Su opinión, sin embargo, no está del todo clara. Appuhn cree que Descartes funda toda nuestra certeza sobre la *existencia* de Dios y Spinoza sobre la *idea* de Dios, en cuanto cualidad intrínseca de mis pensamientos, con lo que Spinoza supondría aquí la doctrina de la inmanencia (núm. 22, I, pp. 225-226).

Esta interpretación atribuye a Spinoza una separación entre la idea clara de Dios y su existencia, lo cual no es correcto (p. 149/13-15). En nuestra opinión, Spinoza hace tres afirmaciones. 1) Nuestra existencia es afirmada en toda idea e incluso en toda duda (sin exceptuar la duda sobre si Dios es engañador). 2) Toda otra idea es afectada por la duda acerca de la idea o de la existencia de Dios (posibilidad del engaño) y queda exenta de dicha duda al hacerse clara esta idea (pp. 147/27-149/15). 3) Podemos formar una idea clara y distinta de Dios, aunque *antes* ignoráramos si existe un Dios engañador (pp. 148/8-14, 28-31; 149/10-15). El punto central es, pues, que tanto de Dios como del triángulo podemos formar una idea clara y que esta idea de Dios hará desaparecer la duda de si es engañador (p. 148/27-31).

Como hemos dicho en otro lugar (TIE, § 79, n. 95), el mismo Spinoza parece interpretar este pasaje en TTP, VI, p. 84n.

147. El sentido de esta frase es claro por todo el contexto, donde se afirma que la propia existencia es la única verdad que se deduce o afianza a partir de la duda sobre si Dios es engañador. La clave está en las dos expresiones paralelas, «del hecho de que» *(ex eo quod)* y «de ese mismo hecho» *(ex eo ipso)*, que indican la premisa o razón de la que se deduce. Así la entendieron Gebhardt (núm. 21: «daraus»), Appuhn (núm. 22: «de ce que»/«de cela même que»), Akkerman-Hubbeling (núm. 28: «op grond daarvan», «just op grond daarvan»). Quizá por lo extraño de la hipótesis, aplicada al triángulo, S. Shirley (núm. 31, 1998), si no quizá inducido a error por E. Curley (núm. 30: «from [the supposition]», «from [this supposition]»), transforma la premisa *(from)* en una condición *(if)*, falseando así el sentido («we cannot reach this same conclusion *if* we suppose that we...») que le da Spinoza (p. 149/11-15), por más que su recensor le alabe por tal cambio (núm. 3, 1998, p. 2).

148. La oposición no es, como creen Appuhn (cit. nota 146), y también Caillois (núm. 23, p. 161, nota 1), entre existencia e idea, sino entre desconocimiento (no idea clara) e idea clara (cfr. pp. 147/27-31, 148/10-14).

149. Como dice Meyer en su «prefacio» (p. 130/23-28), Spinoza sigue en PPC, I, las *Rationes* de Descartes (cit. en nota 137).

150. Para el concepto de «idea»: E, II, def. 3-4. Para las imágenes en el cerebro: TIE, 31/20 ss.; E, II, 43, esc., p. 124/9 ss.; 49, esc., p. 132/4 ss. Sobre la voluntad: KV, II, 16, §§ 2 y 8; 17, § 1; etc.

151. Cfr. nota 40.

152. Este pasaje es un ejemplo típico de la casi siempre apasionada polémica sobre el significado y la traducción de los términos *anima, mens* y *spiritus*. En efecto, Spinoza prefiere aquí *mens* a *anima*, porque (TIE, § 58/z), como dijera Descartes, *anima* (carta a Mersenne: 21 de abril de 1641), lo mismo que *esprit* (trad. francesa de *mens: Rationes,* def. 6), significa algo material: viento, aliento, etc. (cfr. Platón, *Cratilo,* 399e1; Aristóteles, *De anima,* I, 2, 405 b27-31: *psyché = anima;* Spinoza, TTP, I, pp. 21-23, 24-27: *ruagh, spiritus* o *mens*; Descartes, *supra)*. Por el contrario, *mens,* del sánscrito *men* (pensar), parece ser más abstracto, siendo uno de sus derivados griegos *autómaton*, que se mueve por sí mismo y es por tanto autónomo. Una explicación lúcida del uso tradicional es la dada por San Agustín: «dicitur anima dum vegetat (;) dum intelligit, mens; dum discernit, ratio» *(De spiritu et anima,* c. 3), la cual fue recogida por los Conimbricenses *(De anima,* 2, 3, 4, 1).

P. Balling, so pretexto de que en holandés no existiría un término equivalente a *mens* (no menciona siquiera *geest* = *espíritu*), advierte ahí mismo que traducirá *mens* y *anima* por *ziel*, es decir, eliminando el primero por inútil *(vergeefs)*. Por el contrario, Glazemaker traducirá casi un centenar de veces *mens* por *geest*, a pesar de que en la *Ética* lo hará por *ziel*. La incoherencia o falta de norma salta a la vista. Y así sigue siendo en nuestros días.

¿Qué criterio preferir? En nuestra opinión, mantener en cada idioma, según su propio uso, la dualidad o pluralidad de términos con sus ambigüedades. Pues, como nos recuerda Spinoza, las palabras son signos arbitrarios, cuyo significado varía según el contexto que les da quien las usa; y esos signos son de naturaleza material, es decir, imágenes sensibles, cuyo significado abstracto, ideal o espiritual es siempre metafórico o translaticio (TIE, §§ 19, 21/h, 58/z, 89).

En nuestro idioma, por haber conservado los tres términos con la misma forma y sentido *(spiritus = espíritu, anima = alma, mens = mente)*, nadie parece hallar dificultad en cuanto a los dos primeros. En cuanto al tercero, en cambio, se tiende a evitar «alma» por sus connotaciones religiosas, por ejemplo, al hablar de las relaciones entre «mente y cerebro» (cfr. *Studia Spinozana*, núm. 5 = 14, 1998). Por nuestra parte, cuando tiene el significado de facultad o de acto del alma, mantenemos «mente»; en cambio, cuando se refiere a su unión con el cuerpo, a su origen (creación o no) y a su inmortalidad (o eternidad), preferimos «alma», excepto si Spinoza quiso mantener la dualidad de «anima» y «mens» con el mismo significado (cfr. TIE, §§ 21-22, 58, 74, 87; CM, II, cap. 6; cap. 12, pp. 275-277; E, V, pref. y 20 ss.).

153. Para las nociones de sustancia, accidente y atributo en Descartes: nota 164; en la escolástica, etc.: notas 243-244, etc.
154. Los siete postulados *(demandes,* en francés) de Descartes insisten en la distinción entre lo claro y lo oscuro, la inteligencia y los sentidos (AT, IX, 125-127 = Alquié, II, 588-591).
155. Cfr. nota 138; E, II, axs. 2, 4 y 5.
156. Duda escéptica: cfr. TIE, § 47, y notas 51, 95 y 146.
157. Las cuatro primeras proposiciones han establecido que el «yo pienso», como tal, es el principio de toda ciencia. En este escolio, se equiparan a él la idea de Dios y el principio de causalidad en su forma más elemental (cfr. nota 146; axs. 4 y 7).
158. Cfr. nota 138.
159. Efectivamente, el contenido y el orden son los mismos de Descartes (AT, IX, 129-132 = Alquié, II, 594-598); pero Spinoza añadió

los escolios, que son de importancia decisiva. Una exposición sintética de las pruebas de la existencia de Dios, que integra los textos de las distintas obras (KV, I, 1; II, 24, §§ 9-13; TIE, § 54, § 76; PPC, I, 5-7; CM, II, 1; TTP, VI, pp. 83-88; E, I, 11), la habíamos ensayado en nuestra tesis (cita. nota 23, pp. 317-343), cuya idea directriz era, sin haberlo pretendido, de inspiración kantiana, a saber, que las a priori remiten a las a posteriori y viceversa.

160. Cfr. KV, I, 1, § 1-2; E, I, 11, 1.ª dem. Descartes, *Med. V* = AT, VII, 65-69.
161. Cfr. KV, I, 1, § 3; Descartes, *Med.* III = AT, VII, p. 32-36, etc.
162. Ésta es la 2.ª prueba a posteriori de Descartes (3.ª en *Rationes*; *Med.* III: AT, VII, 38-40). Sobre la síntesis crítica de Spinoza, véanse notas 165 y 171.
163. En: *Med.* III = AT, VII, 48.
164. Sobre la noción de atributo, sustancia y modos o accidentes en Descartes: *Pr. de filosofía,* I, 51-56, 63-65.
    La doctrina definitiva de Spinoza se inspira claramente en *Pr.* I, 51 = E, I, def. 3 (sustancia), y en *Pr.* I, 53 = E, I, def. 4 (atributo). La noción de atributo en Descartes es ambigua, ya que designa: a) todo aquello que depende de la sustancia (= propiedad); b) aquello que constituye la naturaleza de una sustancia (pensante o extensa), que sólo se distingue racionalmente de ella y de lo que deriva todo el resto (= atributo en oposición a modo o accidente, que es algo secundario y derivado). Pero el atributo no es sustancia, sino que depende de ella como sujeto. Un ejemplo es la extensión (atributo) y el movimiento (modo).
165. Spinoza ha criticado los dos lemas de Descartes sobre la base de que entre Dios y el yo (infinito y finito) no cabe comparación alguna, que permita hablar de «más» y «menos» (pp. 162/13, 163/10-25). Por eso niega también su conclusión: si yo me pudiera crear o conservar (ser finito), podría darme las perfecciones que me faltan (del ser infinito). Frente a ello, propone a continuación estos dos lemas: los conceptos de omniperfecto y de necesario, así como los de crear y conservar, se implican mutuamente. Ahora bien, de ahí debería seguirse que sólo Dios, como poder infinito de existir y, por tanto, de crear y de conservar, existe necesariamente. Pero eso es una prueba a priori, como muy bien señaló Gueroult: «on voit de la sorte la preuve par les effets s'effacer finalement devant une preuve *a priori*» (núm. 74, I, 493).
166. El argumento aquí aducido para la existencia necesaria es análogo al empleado por Spinoza para probar la infinitud (cfr. KV, I, 2, § 1*; E, I, 10, esc.).

167. Los «corrigenda» de la *editio princeps* (1663) citan «ax. 7» en «posible *(vide ax. 7)* o necesaria», lo cual carece de sentido; la versión holandesa (1664) incluyó la cita en el texto, pero dando «ax. 10», lo cual es correcto pero innecesario, puesto que ya se cita a continuación.
168. Cfr. E, II, def. 6; IV, pref.; Ep. 19 y 21, etc.
169. La referencia al ax. 7 (OP) sería sin sentido; y al ax. 8 es innecesaria, ya que se hace a continuación.
170. La expresión «mientras existo» puede ir detrás (OP) o delante (Gebhardt, núm. 2) de «sin ser conservado».
171. La prueba de la prop. 7 (3.ª en las *Rationes*) es otra forma que da Descartes a la prueba a posteriori (prop. 6), quien insiste también en la idea de conservación *(Med.* III = AT, 38-40 = Alquié, II, pp. 448-452). A pesar de lo dicho en nota 165, Spinoza mantiene, no sólo en PPC (I, 166/9-21), sino también en la *Ética* (I, 11, 2.ª *de otra forma,* al final: «Ahora bien, nosotros ... »), la 2.ª «prueba» a posteriori cartesiana, fundada en la incapacidad del yo finito para conservarse. Mas, a fin de librarse de sus propias críticas a Descartes (que lo finito no justifica el paso a lo infinito por ser tan inconmensurables entre sí como la nada y el ser, lo imposible y lo necesario), en la *Ética* mezcla y refuerza esa prueba a posteriori con una prueba a fortiori (en realidad, a priori) (cfr. Gueroult, núm. 74, I, 193-204; Wolfson, I, 200-213). ¿No priva así a la prueba a posteriori de todo valor específico?
172. Desde aquí hasta el final de esta primera parte de PPC Spinoza ya no sigue a Descartes (el bosquejo de las *Rationes* ha terminado), a no ser en los temas de la verdad y el error (props. 13-15) y de la existencia de la extensión (prop. 21). El resto es una síntesis de teodicea, cuyo paralelismo con CM, II, es evidente.
173. El argumento apoyado en el hecho de que existen entendimientos finitos, que, por tanto, exigen una causa formal infinita, es mantenido en la *Ética* (II, 1, en relación a axs. 1-2). No obstante, se advertirá que Spinoza no dice que Dios posea «entendimiento», sino que entiende y es sumamente inteligente. En relación con este tema: notas 84 y 86 (textos paralelos) y nuestro estudio (núm. 55).
174. Spinoza ya se pronuncia aquí a favor de la extensión atributo, al argumentar que tan imposible es derivar cosas extensas y, sobre todo, sus múltiples movimientos de un Dios no extenso como las inteligencias singulares de un Dios no inteligente (véanse notas 123 y 183). De hecho, por esta época ya admitía que la extensión, simple e infinita en su género, es un atributo de Dios (Ep. 2, 1661, pp. 7-8; Ep. 4, p. 13; KV, I, 2, §§ 18-28; PPC, pref. de

Meyer, p. 132; E, II, 2). El problema que le queda pendiente será el de su determinación y sus cambios (notas 115-118 y 123). Y, como le recordará Tschirnhaus (Ep 63, p. 275), será tan grave en el atributo pensamiento como en el de la extensión.

175. Cfr. Ep. 34, p. 180; Ep. 35, pp. 181-182 (remite a esta proposición); Ep. 50, pp. 239-240; CM, II, 2 (texto paralelo); E, I, 8, esc. 2; 14.

176. Spinoza justifica aquí la tesis del «entendimiento creador», o sea, que Dios, en cuanto entendimiento o pensamiento (TIE, §§ 71-73 y notas 84-86), es causa eficiente total de todas las ideas. Cfr. CM, II, 7, pp. 261-262; 11, p. 274/29; E, I, 17, esc. y 25; V, 14; Descartes, *Pr. fil.*, I, 23.

177. El tema del siguiente escolio (la naturaleza del error y del mal y su relación con la libertad humana y divina) fue debatido, con explícita referencia a este texto, por Blijenbergh en su correspondencia con Spinoza (Ep. 18-24 y 27; cfr. TIE, §§ 66-68; KV, II, 16-17; E, II, 33, 49 y esc.).

178. El problema es claro: si afirmar (juicio) es obra de la voluntad y ésta es más amplia que el entendimiento, el error será obra suya por afirmar más de lo que exige la idea clara. La solución «cartesiana» sólo podrá venir, pues, de la misma voluntad, en cuanto que, por ser libre, podría y debería evitar ese exceso arbitrario.

179. Spinoza hará suya esta idea de libertad definiéndola como libre necesidad, lo cual supone la reducción de la voluntad al entendimiento (E, II, 49; Ep. 58, pp. 265-266).

180. El error sólo cabe en las ideas confusas (inadecuadas en *Ética*, II, 35) y consiste para Descartes (a quien explica aquí Spinoza: cfr. p. 132) en que damos por claro lo confuso, por cierto lo incierto, o sea, en que la voluntad, precisamente por ser libre, en el sentido de indiferencia, excede a veces los límites de la idea, es decir, abusa o hace mal uso de su poder.

181. La relación de la libertad humana con la divina, aquí aludida, es el gran problema de la época, que por eso es debatido en CM por Spinoza y después a lo largo de toda su *Correspondencia* (núm. 20, pp. 49-55).

182. Cfr. Descartes, *Pr. fil.*, I, 23; Spinoza formulará un argumento similar para probar que Dios es indivisible: E, I, 13.

183. Spinoza remitirá a este argumento en: E, I, 19, esc.

184. Spinoza usa aquí el término «titillatio» (cosquilleo), que reaparece en: KV, II, 19, § 15* *(kittelen);* E, III, 11, esc.; def. af. 3, explic., p. 191/18 s., etc., en este sentido de fenómeno «eminentemente» corporal.

185. Cfr. TIE, p. 32/14 (aún no probada); KV, II, pref., § 5, 7; 19, § 3; E, II, axs. 4-5 y prop. 13.
186. La existencia de (nuestro) cuerpo y de su sensación, como fenómeno puramente corporal, tan sólo se prueba si su conciencia es puramente incorpórea *(cogito)*, ya que sólo entonces escapa a la duda que afecta a los sentidos.

Notas a «Principios de filosofía de Descartes. Parte II»

187. Descartes inicia esta parte de los *Principios de filosofía* con las dos tesis que Spinoza ha unido en la proposición final de PPC, I: existencia de cuerpos y unión de nuestra alma con un cuerpo *(Pr. fil.,* II, 1-2). Por lo demás, Spinoza le expone con bastante fidelidad, aunque dando forma de postulados, definiciones y axiomas a ideas que en Descartes tienen sólo forma de proposiciones. Hay, sin embargo, algunos axiomas que no se hallan en Descartes: 2, 4, 5, 8, 13, 15, 17, 18, 19, 20. Por lo demás, el orden de exposición es muy distinto. Por eso recogemos a continuación, en un cuadro único, la tabla de correspondencias que, sobre la base del estudio de Appuhn (núm. 22), ha elaborado Caillois (núm. 23) y recogido la edición holandesa (núm. 28).

SPINOZA	DESCARTES	SPINOZA	DESCARTES
def. 2	I, 51-52	lema 2	II, 5, 6
def. 3	II, 20	prop. 1	II, 4
def. 4	I, 26-27	prop. 2	II, 4, 9
def. 5	II, 16	prop. 2, cor.	II, 11
def. 6	II, 10	prop. 3	II, 16-18
def. 7	II, 34; I, 26	prop. 4	II, 19
def. 8	II, 25-31	prop. 5	II, 20, 26
def. 9	II, 33	prop. 6	II, 21-22
ax. 1	II, 17-18; I, 52	prop. 7 ...	II, 33
ax. 3	II, 4, 54	prop. 8	II, 33, 61
axs. 6-7	I, 53, 65, 68-70	props. 9-11	II, 34, 36
ax. 9	II, 20	props. 12-13	II, 36
axs. 10-11	II, 22	prop. 14	II, 37
ax. 12	II, 54	props. 15-17	II, 39
ax. 14	II, 33-34	props. 18-23	II, 40-45
ax. 16	II, 34	props. 24-25	II, 46-47
ax. 21	II, II, 35	props. 27-31	II, 48-52
		props. 32-36	II, 56-60

El esquema de Spinoza es el siguiente: naturaleza de la materia (props. 1-6), naturaleza del movimiento (props. 7-13), leyes del movimiento (props. 14-23) y reglas del choque (props. 24-31).
188. La atención (voluntaria) es condición indispensable, según Descartes, para la idea clara y distinta: *Pr. fil.*, I, 45; cfr. 47 y 75; *Reglas*, 5 y 9; *Med.* IV/fin = AT, VII, 49-50.
189. El problema de la relatividad del movimiento, ilustrado ya por Aristóteles mediante el ejemplo del barco *(Física, IV,* 4-5, 211-212), cobra, a través de Descartes *(Pr. fil.,* II, 13), toda su actualidad, como se verá en Chr. Huygens *(De motu corporum ex percussione,* 1703 = *Oeuvres,* XVI, pp. 1-168) y, sobre todo, en Kant, *Nueva doctrina del movimiento y del reposo,* en Kant, *Opúsculos de filosofía natural,* trad. A. Domínguez, Alianza Editorial, Madrid, 1992, pp. 97-113 (texto), 17-20 (Introd.), 186-187 (notas).
190. Estos ejemplos conducen al mismo resultado que el de los dos círculos no concéntricos de: Ep. 12, p. 59/13 ss.; cfr. Ep. 60, p. 270/11 ss. (tangentes y ordenadas).
191. Cfr. Euclides, *Elementos,* axs. 1 y 5.
192. La *editio princeps* incluye entre sus erratas el cambio de «motus» por «modos». Y, efectivamente, ese cambio está acorde con la idea de que, en el choque, no hay contrariedad entre movimientos, sino entre modos (cfr. prop. 6, esc., pp. 191/25-192/7; prop. 23, p. 211/6 s.).
193. Cfr. nota 164.
194. Compárense estas dos nociones con las de fluido y sólido, tal como las expone Spinoza en su debate con Boyle: Ep. 6, pp. 28-34, y nuestras notas a ese pasaje; espec. p. 33/14-17.
195. Cfr. CM, II, 3 (inmensidad de Dios). La construcción latina resulta oscura e incluso poco correcta a causa de las elipsis en el segundo miembro de la frase. En lo esencial, reza así: «Sed notandum quod, cum dicimus ipsius potentiam esse ubique, non secludamus ipsius essentiam [...]: Sed solum ut corporeitatem secludamus, hoc est, Deum non aliqua potentia corporis esse ubique ... [...]». Proponemos leer más bien: «Sed notandum ... [...]; sed solum [quod] corporeitatem secludamus [.] Hoc est, [dicimus] Deum non ... esse ubique». En suma, sustituimos «ut» por «quod» (coordinados) y los dos puntos (:) por el punto y coma (;) antes de «sed» (adversativa). Y, sobre todo, introducimos «dicimus» (mejor que «notandum») después de «hoc est»; y, por tanto, ponemos un punto (.) antes de esta expresión, ya que es obvio que no se refiere a «secludamus», sino a un «notandum» elíptico, que parece ser el que (en virtud de una nueva

elipsis) se construye a continuación con infinitivo («esse»), en vez de con «quod» o con «ut» como antes. Según creemos, ningún traductor ha señalado la dificultad del texto, aunque todos intentan superarla buscando el sentido de la frase al margen de la letra del original.

196. Mismo argumento en: Ep. 13, p. 65/27 ss.; cfr. Ep. 6, p. 32; E, I, 15, esc., p. 59/16.

197. Esta tesis, consecuencia lógica en Descartes, será negada por Kant *(Monadología física,* 1756 = cit. en nota 189, props. 12-13, pp. 93-96).

198. La misma objeción, aludiendo a la extensión (atributo), en: E, I, 15, esc.; y en relación con el concepto de infinito, en: Ep. 12, pp. 55-56. Pero Spinoza no acude, claro está, a que el concepto de infinito supera el entendimiento humano, sino que acusa a los adversarios de petición de principio y de no distinguir el entendimiento de la imaginación.

199. Esta doctrina, inspirada en el atomismo de Demócrito (cfr. Ep. 53-56: no existen espíritus en las regiones superiores del espacio aun cuando sean más puras o sutiles), contraria al quinto elemento de Aristóteles (Ep. 56, 1674, pp. 261-262), la mantendrá Spinoza como propia (Ep. 75, p. 313: casi idéntica expresión; E, III, pref.), lo mismo que R. Boyle (Ep. 16, p. 74: Oldenburg habla de «homogeneidad»).

200. Tanto este argumento (pp. 192-193) como el siguiente (pp. 194/35-195/4) parecen remontarse a Zenón (cfr. Aristóteles, *Física,* VI, 9, 239ª 19-b32, 240ª 29-b7: flecha y Aquiles, movimientos circulares, etc.).

201. Spinoza se refiere probablemente a la versión holandesa: Descartes, *Brieven,* trad. de J. H. Glazemaker, Amsterdam, 1661, edición que no hemos podido consultar. Pero debe aludir a: *Carta a Clerselier,* junio-julio 1646 (AT, IV, 445 s. = Alquié, III, pp. 658-661); tema ampliado en: *Carta a Mersenne,* 7 septiembre, 1646 (AT, IV, p. 499 = Alquié, III, pp. 673-675), ambas relativas al argumento de Aquiles y la tortuga (Aristóteles, *Física,* VI, 9, 239b14-29).

202. Para refutar a Zenón, Spinoza insiste en que ni el espacio ni el tiempo reales (cuerpos y movimiento) se componen de elementos fijos y separados, sino que son más bien continuos e indefinidos, por lo cual sus cálculos son sólo aproximados (cfr. Ep 12: sobre el infinito; Ep 32: sobre la estructura del universo). Por otra parte, el método empírico por él defendido al final del texto no tiene su base principal en la observación sensible, sino más

bien en su análisis racional, o sea, la «suposición» (v.) o «hipótesis» (v) que guía la observación (cfr. Ep. 13, p. 67: importancia de los principios y de la razón; Ep. 10, a L. Meyer, p. 47: la experiencia se refiere más a la existencia de un fenómeno que a su esencia). Si esto es así (Appuhn, núm. 22, I, pp. 430-431: no parece distinguir entre la objeción del adversario y su refutación), anunciaría ideas muy de nuestros días, en la línea de Popper, Prigogine, etc.

203. Aceptamos la corrección propuesta por Akkerman/Hubbeling (núm. 17) = prop. 15, esc. (p. 173, 1.º), ya que la prop. 17 ni tiene escolio ni alude a este tema. Como aquí se dice (II, 13, esc.), este grupo de proposiciones (7-13) estudia la naturaleza y la causa general del movimiento de los cuerpos, sin vacío.

204. Spinoza estudia a continuación (props. 14-23) y con más amplitud lo que Descartes llama «leyes de la naturaleza», a saber: ley de la inercia (prop. 14 = Desc. 37), ley del movimiento rectilíneo (props. 15-17 = Desc. 39) y ley de la conservación de la cantidad de movimiento (props. 18-23 = Desc. 40-45). Esta última da la clave para las «reglas» del choque, que siguen a continuación.

205. Esta teoría, la inercia como base de las leyes del movimiento (props. 14-23), invalidó la doctrina de Aristóteles sobre los elementos (cuatro terrestres y uno celeste, el éter), con sus lugares y movimientos naturales (*Física*, IV, 8, 215.ª 1-18; *De coelo*, I, 2, 268; II, 3, 270b, 286.ª; III, 2, 300b; IV, 3, 310.ª, etc.).

206. La clave del argumento anterior, *ab absurdo*, es el *axioma 18*, el cual exige que el movimiento de rebote siga la misma línea o dirección, pero en sentido contrario (línea BF o BG: cfr. p. 219/25-29). Según Spinoza, si no se admite que esa línea sea la tangente (AD), la teoría conduce al absurdo indicado en su ejemplo: si en un sentido la piedra va hacia F, en el otro debería ir hacia K, lo cual es absurdo (204/25). El ejemplo de la figura siguiente, hexágono, y su universalización, círculo, es una prueba intuitiva o de simple vista.

207. Spinoza formula en esta proposición (II, 19; cfr. 27, esc.) una idea capital de la mecánica cartesiana: que el movimiento y la determinación (dirección u orientación) son cosas distintas, cuyas nefastas consecuencias se verán en las leyes del choque (véanse notas 208 y 211). Añadamos que los cuerpos A y B, etc., de que se habla en toda esta sección (desde prop. 21), son dos cualesquiera (véase ejemplo en figura de p. 182: II, def. 8, 4.º).

208. En este último grupo de proposiciones (24-31), Spinoza expone las siete «reglas» cartesianas, destinadas a calcular el efecto del

choque (cambio de velocidad y de dirección). Aunque esas reglas son falsas, como muy pronto señalaron Leibniz *(Animadversiones)* y Huygens, Spinoza las aceptó, a excepción quizá de la sexta (Ep. 32, 1665, p. 174/22; Ep. 60, p. 271/8-9; Ep. 81 y Ep. 83). Y, según testimonio de Leibniz, aún no parecía tenerlas muy claras cuando éste le visitó en La Haya en otoño de 1676 (texto en nota 188 de nuestra Introducción; cfr. *Biografías,* núm. 57, p. 199, § 39, y nota, y pp. 226-227, §§ 65-67; Gueroult, núm. 74, II, pp. 552-554, 563-569).

209. Hemos omitido una adición de la traducción holandesa (1664) que Gebhardt recoge entre corchetes (p. 214/5-12).
210. Tanto la demostración como, sobre todo, el escolio de esta proposición son de tan difícil comprensión que quizá no se haya logrado todavía traducirlos con exactitud. La dificultad reside, ante todo, en el tema, como lo confirma el hecho de que su autor intentara darle la última mano cuando el tratado estaba impreso (véase nota 212), sin haberlo conseguido del todo. Y la prueba más patente es el equívoco con que, en el escolio, se alude al cuerpo C, cuando se supone que está en la posición B en relación con A. Para facilitar su lectura hemos dividido el texto, que en el original es un solo párrafo, en seis. Se trata del choque en oblicuo de dos cuerpos (A y C, y no más: cfr. prop. 31, esc.), iguales en tamaño y velocidad, y se intenta explicar la dirección y velocidad de ambos después del mismo, tomando como referencia el choque directo o frontal.
211. Esta proposición (= *Principios fil.,* II, 49) no es más que la aplicación a un hecho concreto de la ley fundamental del choque (prop. 18 = *Pr. fil.,* II, 41) y pone de manifiesto lo absurdo de la doctrina cartesiana, cuya base es la separación entre determinación y movimiento (prop. 19 = *Pr. fil.,* II, 41; cfr. Alquié, III, 190-192, 198-199, notas).
212. Esta nota o «advertencia» está impresa en letra menuda en la *editio princeps* (abreviada en prop. 29), porque fue enviada por Spinoza (junto con una nueva redacción de parte del escolio anterior) cuando el texto ya estaba impreso (cfr. Ep. 15, posdata). La misma advertencia, integrada en el texto, en props. 30 y 31.
213. Sin duda por errata, Gebhardt remite a prop. 17, que no tiene corolario; corregimos, pues, de acuerdo con Vloten/Land: cfr. prop. 30, dem.
214. La frase entre paréntesis sólo existe en la versión holandesa.
215. El texto original de la última frase, tanto en latín como en holandés, es incorrecto, pues da a entender que A es empujado y re-

pelido por B. Tanto Descartes (*Principios,* II, 51) como Spinoza, al final de la demostración, dejan claro el sentido. Y por eso, a pesar de la sugerencia de Gueroult (núm. 74, II, pp. 552-553), lo hemos corregido como es habitual.

216. El fallo de las reglas cartesianas es que, aparte de no tener en cuenta el signo del movimiento (nota 207), confunden cuerpos blandos y cuerpos elásticos bajo el único término de «cuerpos duros». En consecuencia, su valor es el siguiente: 1.ª es válida para los elásticos; 2.ª y 3.ª son válidas para los blandos; 4.ª es falsa para los elásticos; 5.ª y 7.ª son válidas para los blandos (Gueroult, núm. 74, II, p. 553); para la 6.ª, véase nota 208.

217. Spinoza recoge a continuación la doctrina cartesiana sobre los fluidos (cuerpos cuyas partículas están todas en movimiento) y los sólidos (llamados «duros» = partículas en reposo) *(Pr. fil.,* II, 53-63). Sin embargo, el orden de exposición es distinto:

SPINOZA	DESCARTES	SPINOZA	DESCARTES
32-33	56-57	36 ...	56, 58
34	60	37 ...	56-57
35	59	37 ...	54

218. Gebhardt remite, por error, al axioma de prop. 29, el cual no existe; corregimos con Vloten/Land.

219. Sobre las dificultades que ofrece la teoría cartesiana, aquí expuesta, véase: Alquié (cit. nota 133), III, pp. 204-219, notas.

Notas a «Principios de filosofía de Descartes. Parte III»

220. Sobre el origen de esta 3.ª parte, véase: prefacio, pp. 130/1 y 131/23 ss.

221. Sobre el concepto de «historia» de la naturaleza: TTP, VII, p. 98/19; para el de «hipótesis»: notas 66 y 202.

222. Con el término «semillas» (Anaxágoras, fr. 11) alude Spinoza al método genético, que parte de principios (v) generales y evidentes. Como se ve en estos tratados, Descartes lo aplica a la física y él también a la metafísica e incluso a la ética (E, III, pref.).

223. Cfr. notas 199 y 205 (no materia celeste).

224. Cfr. TIE, §§ 94-96; PPC, pref. de Meyer, pp. 127-129.

225. El original dice, por error, *art. 47.* Como se ve, Spinoza, con Descartes, postula, nada más y nada menos, un mundo similar al observado: materia dividida, movimiento circular, distancias...

Aunque tal *hipótesis* no sea en sí contradictoria, sólo se justifica por el poder divino (II, 12-13), no por leyes naturales (II, 14-17 = movimiento rectilíneo).
226. La igualdad y «homogeneidad» de las partículas primitivas es sólo relativa, ya que su forma es sumamente variada (p. 228/13-15; axs. 1-2, prop. 1). En realidad, Descartes supone que deben estar divididas al infinito, a fin de que no dejen huecos vacíos *(Pr. fil.,* II, 34-35), hipótesis que ridiculizará Kant *(Monadologia physica,* prop. 12 = ed. Weischedel, II, pp. 556-559).
227. Acerca de la idea de conato en Spinoza: PPC, II, 14; KV, I, § 1; E, III, 5-7.

Notas a «Pensamientos metafísicos»

228. El título de este tratado trae a la mente tanto las *Méditations métaphysiques* (trad. fr., 1647) de Descartes como las *Disputationes metaphysicae* de Fco. Suárez (1598: ed. bilingüe por Rábade, Caballero, Puigcerver, Madrid, Gredos, 7 vols., 1960-1963). Ahora bien, aunque la temática y el método le aproximan menos a las primeras, cuyas ideas fundamentales fueron expuestas en PPC, I, que a las segundas, como mostraremos en nuestras notas, sus diferencias con éstas son radicales. En efecto, Suárez construye una magna obra de 325 secciones, 94 de las cuales están dedicadas a las causas y 153 a los accidentes. Spinoza limita su tratado a 18 breves capítulos, de los que excluye el estudio de las causas y, sobre todo, de los accidentes. Por otra parte, Suárez analiza exhaustivamente cada cuestión y casi cada argumento, aduciendo a cada paso las opiniones más variadas: Platón y Aristóteles, Sto. Tomás y Escoto, Boecio y P. Lombardo, Avicena y Averroes, hasta Aureolo y Durando, Capréolo y Cayetano, Soncinas y Fonseca, etc. Spinoza expone sus ideas de forma sencilla y casi escolar, sin entrar apenas en debates personales (sólo de paso citará a Platón, Aristóteles y Heereboord).
229. Incluye en la primera parte, de metafísica general, ciertos temas básicos que relacionan la metafísica con la teoría del conocimiento: ser real y de razón, esencia y existencia, ser necesario y contingente, duración y tiempo, oposición y orden, unidad, verdad y bondad; y en la segunda (nota 274), dos temas clásicos de metafísica especial, a saber, los atributos de Dios: eternidad, unidad, inmensidad, inmutabilidad, vida, entendimiento, voluntad, poder, creación y concurso, así como creación, inmortalidad y

libertad del alma humana, ya que el tema del mundo o cosmología fue tratado en el PPC, II. Las diferencias de Suárez (aparte de las apuntadas en la nota anterior) son, pues, radicales puesto que trata muy brevemente de Dios (D, XXVIII-XXX) y excluye expresamente el alma humana (D, I, 1 §§ 19-20). Por otra parte Spinoza invierte el orden de dos temas capitales: esencia y existencia (1.ª parte), creación, conservación y concurso (2.ª parte). Pero véase la nota 250.

230. La lógica *(Redenkonst)* aquí menospreciada es la escolástica; otra cosa es la lógica entendida como vía que ayuda a «perfeccionar el entendimiento» (E, V, pref., p. 277/13; cfr. TIE, § 16 y nota 1).

231. Suárez dedica a este punto toda la D, I, 1-6. Su opinión es: «dicendum est ergo ens in quantum ens reale esse obiectum adaequatum hujus scientiae» (I, 1, § 26).

232. Spinoza apunta aquí su división del ser en necesario y posible o, si se prefiere, contingente (CM, I, 3, p. 242/20-23). Suárez prefiere hablar de infinito y finito (o también de necesario y contingente) y subordinar a esa división la aristotélica de sustancia y modo (XXVIII, 1, §§ 4-16; XXXII, 1, §§ 1-9).

233. Aunque, en principio, excluye de la metafísica el ente de razón (I, 1, § 6), Suárez, como aquí Spinoza, le dedica la última disputación (LIV).

234. Suárez incluye entre los entes de razón, aparte de las negaciones y las relaciones de razón (nota 235), los seres de ficción y las quimeras; pero no los atribuye a la imaginación, sino al entendimiento: «intellectus... potest ex veris entibus ficta conficere, coniungendo partes quae in re componi non possunt, quomodo fingit chymaeram, et ita format illa entia rationis quae vocantur impossibilia» (LIV, 1, § 8). Por otra parte, aunque no toda ficción es una quimera, el entendimiento humano es, según él, capaz de fingir incluso una quimera, o sea, algo incoherente o contradictorio: «sicut potest (intellectus) componere ea quae non involvunt repugnantiam, etiamsi de facto non ita inveniantur composita, ita etiam potest fingere compositionem inter ea quae cohaerere repugnat» (LIV, 2, § 18).

235. El género, la especie, la diferencia específica, el propio y el accidente (lógico) son, como se sabe, para los lógicos aristotélicos (cfr. Porfirio, *Isagoge:* en Aristóteles, *Tratados de lógica,* ed. Porrúa, 1975, pp. 5-18) universales de segunda intención, porque sirven para relacionar diversos conceptos según su mayor o menor extensión. Por eso dice Suárez: «consurgunt relationes ge-

neris, speciei... Hae relationes non conveniunt rebus secundum se... Non tamen... gratis confictae, sed sumpto aliquo fundamento ex re» (LIV, 6, § 9).

236. Según Suárez, el tiempo es, por sí mismo y de forma directa, medida homogénea o propia de la duración del movimiento; en cambio, de la duración permanente sólo lo es de forma un tanto accidental y en relación a otra cosa» [«solum quasi per accidens et ratione alterius»] *(Disputationes,* XL, 11, § 11); cfr. XL, 3, § 4, 6, 11, etc. (medida); XLI, 1, § 8-9 (número).
Si Spinoza despacha aquí con suma brevedad los conceptos de medida, número y tiempo, es porque en la metafísica general de inspiración aristotélica el lugar *(ubi)* y el tiempo *(quando)* eran accidentes muy secundarios del ser. No lo eran, en cambio, en la filosofía de la naturaleza, donde el movimiento espacial y el cambio en general eran su objeto esencial. Ni tampoco, por tanto, en la filosofía de la naturaleza humana, llámese psicología o ética, donde el cuerpo con sus cambios internos y externos, sus circunstancias de lugar y tiempo, la imaginación y la memoria, y finalmente las pasiones o afectos (verbo principal), incluso en la toma de decisiones, llamada «juicio práctico», ya que éste debe aplicar la norma general al caso particular o individual. De ahí que también en el comentario de Spinoza a la física cartesiana, que trata de calcular o medir los cambios de los movimientos en el espacio, esos conceptos están presentes, de forma explícita o implícita, en casi cada página. Y, en el sistema de la *Ética,* los términos «número» y «tiempo» suelen referirse a la «duración» de la vida humana, o sea, al tiempo real y vivido, identificado con la esencia misma de la imaginación, en cuanto asociación de imágenes simultáneas o sucesivas, y, por tanto, de toda la vida afectiva. De ahí que estos tres términos estén presentes a lo largo de todo su texto, que en muchos momentos reviste, como muy bien percibiera Unamuno, un cierto carácter existencial.

237. La noción cartesiana, de origen estoico, de espíritus animales (cfr. E, V, pref., pp. 178-180), sólo aparece aquí y en KV (II, 19, §§ 9, 12, 10; 22, §§ 6-7); para «imaginar»: véase «cerebro» y nota (150).

238. Sobre los nombres negativos: TIE, § 89. Mientras que Spinoza atribuye todas estas ideas a la imaginación (cfr. E, I, apéndice, p. 83/15), Suárez hace de ellas una obra de la razón, porque la imaginación no actuaría con plena autonomía. «Quia imaginatio humana in hoc participat aliquo modo vim rationis et fortasse nunquam id facit nisi cooperante ratione, ideo haec omnia di-

cuntur entia rationis et, simpliciter loquendo, etiam hoc munus rationi tribuitur» (LIV, 2, § 18; cfr. §§ 4, 15-16, etc.).
239. Cfr. notas 233-235.
240. Cfr. E, II, 40, esc. 1 (fin); Aristóteles, *Met.* VII, 12; Índice analítico: «abstracto», «universal», etc.
241. Cfr. E, I, apéndice; TTP, I, pp. 27-29; VI, pp. 81-82 (peligros de confundir la razón con la imaginación, etc.).
242. El ser ficticio aquí descrito por Spinoza como asociación voluntaria y no imposible de ideas (cfr. TIE, §§ 52-65) puede derivarse tanto de Descartes *(Med.* III = AT, VII, 29 ss.) como de la escolástica (nota 234).
243. La división primera (ser necesario y posible) se aproxima a la escolástica (nota 232); la subdivisión (sustancia y modo) es, como dice Spinoza, cartesiana, aunque de origen aristotélico *(Categorías,* cap. 4, § 5; *Met. V,* 7). Pero él ya se distancia aquí de ésta, a la que convertirá en piedra angular de su sistema, y transformando el sentido de la primera (E, I, defs. 3 y 5).
244. El lector advertirá que Spinoza sólo atribuye aquí al término *accidente* uno de sus dos significados clásicos: el puramente lógico o concepto secundario respecto a otro (movimiento del triángulo: cfr. TIE, § 72 y nota 85), reservando el de *modo* para su significado metafísico o propiedad real de una sustancia (movimiento de un cuerpo: cfr. Aristóteles, *Tópicos,* I, 5, 102 b4; *Met.* V, 30, 1025 a14; Porfirio, *Isagoge,* cap. 5). Acerca de la sustitución que, a través de su comentario a Descartes, hizo Spinoza de «accidente» metafísico por «modo o modificación», pueden verse nuestras notas (núm. 20) a los siguientes textos: Ep 4, pp. 13-14 (otoño 1661); PPC, I, ax. 4; KV, ap. 1, ax. 1. Su tesis final, cuya clave reside en la radicalización del concepto de sustancia, consiste en que el accidente no es una propiedad real por no ser distinto de la sustancia única (Ep. 12, pp. 54-55; Ep. 13, p. 65), y parece haber recibido su formulación final al tiempo que se daban los últimos retoques a este tratado, cuyas pruebas estuvieron en la imprenta de abril a agosto de 1663 (Ep. 12.ª-Ep. 15; Introducción, II, 1.º, 4).
245. Spinoza supone PPC, I (cfr. nota 229/fin).
246. Esta doctrina cartesiana (PPC, I, def. 4 y ax. 8 = formal y eminentemente; pro. 16 = incorpóreo) es de origen escolástico (nota 40). He aquí un texto de Suárez: «continere eminenter esse habere talem perfectionem superioris rationis quae virtute contineat quidquid est in inferiori perfectione» (XXX, 1, § 10).
247. Cfr. PPC, I, 9-12, y notas 172-174; 17, cor.

248. También estas distinciones son típicamente escolásticas. Baste un ejemplo: «communiter distinguitur in creaturis triplex esse: essentiae, existentiae et veritatis» (XXXI, 2, § 6); cfr. II, 4, §§ 6-7; XXXI (esencia y existencia); II, 4, §§ 8-12; XXVIII, 1, §§ 15-16; XXXI, 3 (acto y potencia).
249. La doctrina aquí expuesta no es sino consecuencia de la infinitud y simplicidad de Dios, admitidas, como se sabe, tanto por Descartes (PPC, I, 10 y 17) como por los escolásticos (Suárez, XXX, 3, §§ 2-3; 4, § 2; 6, §§ 2-3), ya que en virtud de ellas los atributos divinos no se distinguen realmente de su esencia ni entre sí. Su formulación spinoziana en: E, I, 15-16, 24-25; II, 5-8, etc.; TTP, III, 62/30; V, 85-86, etc.
250. Spinoza es plenamente consciente de que este capítulo supone la doctrina de PPC, de que la esencia de las cosas creadas sólo se concibe por Dios (I, 238/8; cfr. TIE, § 96). Y lo es también del sutilísimo problema escolástico que de ahí deriva, «si la esencia se distingue de la existencia en las cosas creadas» (239/27). Pero lo despacha con un simple ejemplo, el de la obra de «arte» (TIE, § 69, § 71). Desde un punto de vista teológico o trascendental, la cuestión estriba en saber si el ser de la esencia (esencia formal) de una cosa es distinto del ser objetivo de la idea, en cuanto relativo al entendimiento divino, y del ser posible o potencial, relativo al poder divino. Suárez lo plantea así: «quid sit essentia creaturae priusquam a Deo producatur». Y responde: «essentia creaturae... secundum se et ex se, ut improducta, nullum esse in actu habet, neque essentiae neque existentiae» (XXXI, 2, § 11), con lo cual parece reducir el primero a los otros dos.
251. El término *afecciones* tiene aquí el sentido cartesiano de propiedades o atributos del ser (cfr. nota 164), sin excluir la extensión o del pensamiento (pp. 184/11, 233/32 s.; cfr. Ep. 10, p. 47/18 ss.; Ep. 12, p. 54/8), las cuales, según Spinoza, pueden no ser reales, como se ve en este y los siguientes capítulos (III-VI: sólo los conceptos de *necesario e imposible* serían plenamente reales). En la escolástica, en cambio, *afecciones del ser* equivalía a *atributos transcendentales del ser* y designaban exclusivamente la unidad, la verdad y la bondad como propiedades reales de todo ser (VI). En Spinoza designaron finalmente *modo,* en oposición a *sustancia* y a *atributo* (Ep. 12, p. 57/3 s.; E, I, def. 5, y 3-4).
252. La distinción entre necesario en el ser y en la causa se halla en Suárez: «... habitudinem effectus ad causam...; ... absolute in ratione existendi» (XVIII, 1, § 8; cfr. XIX, 2, §§ 8-21). Aunque toda esta primera parte no hace sino intentar explicar en qué consiste

el ser de las cosas creadas, cabe decir que el cap. II se centra en la esencia y éste en la existencia (p. 238/23 ss. en relación a p. 240/30 ss.). La clave está, en ambos, en su dependencia de Dios y, por tanto, en la naturaleza de la libertad divina: indiferente (p. 240/31 s.) o necesaria (p. 243n).

253. Cfr. TIE, §§ 56-58 y notas 64-69 (ficción respecto a la esencia: cosas imposibles).

254. Cfr. E, I, 25; PPC, I, 12, cor. 2.

255. Curiosamente, Spinoza no habla de camello, como la Biblia *(Mateo,* 19, 24), sino de elefante (cfr. TIE, p. 20/10). Aquí hace suya la doctrina de Averroes sobre la necesidad-imposibilidad, tal como la resume Suárez: «omne quod nunquam futurum est, esse impossibile..., quia id quod semper non est, impossibile est esse» (Introd. a las *Disp. met.* = síntesis de la *Metafísica* de Aristóteles, vol. I, p. 134).

256. Spinoza distingue posible (respecto a su causa) y contingente (en sí), aunque sin insistir en los términos (cfr. PPC, I, ax. 6; E, IV, def. 3: contingente; def. 4: posible). He aquí textos paralelos de Suárez: *a)* «quia possibile a potentia denominatur» (XXX, 17, § 10); en realidad, es «quidquid... non involvit contradictionem» *(ib.,* § 12); *b)* «ens quod ita est ut possit non esse, vel ita non est ut possit esse» (XXVIII, 1, § 8); «quodam medium inter necessarium et impossibile» (XIX, 10, § 1).

257. Como hemos dicho ya (nota 250), la metafísica general de los CM supone la metafísica especial o teodicea. Por eso, Spinoza remite constantemente o a PPC, I, o a CM, II (p. 241/18 = CM, II, 8; p. 243/18 = CM, II, 9; p. 243/6 = PPC, I, 18 y 20). Su argumentación es: el decreto de Dios es eterno; lo que él decreta es necesario; luego, concluye con precisión escolástica, mas acento spinoziano, «la necesidad de existir estuvo *ab aeterno* en las cosas creadas» (p. 243/9 s.). Y la nota de la edición holandesa remacha: «la necesidad de existir realmente (las cosas) no es distinta de la necesidad de la esencia» (p. 243/17-18). ¿No se reducirá así la serie de causas a Dios? (cfr. p. 241, 3.º).

258. Como bien advirtió Meyer (PPC, p. 132/25 ss.), Spinoza simula adoptar aquí una actitud cartesiana *(Pr. fil.,* I, 41); e incluso diríamos que cristiana (predestinación: cfr. p. 274/24 s.; KV, I, 6; TTP, III, p. 46; 11, p. 157; XVI, pp. 198n, 199). Pero sin duda que no es la suya (cfr. Ep. 21, p. 129/13 s.: alusión explícita a estos tratados), ya que la atribuye, también aquí, a la ignorancia, indigna de un filósofo (E, I, ap., p. 81/11; cfr. III, 2, esc., TTP, VI, p. 91/27 s.; *supra,* notas 17, 20, 73 y 179).

259. Sobre el tiempo: *supra,* nota 236. Spinoza (E, I, def. 8; II, def. 5; IV, def. 6), a diferencia de Suárez (L, 3, § 1), excluye de la eternidad y, por tanto, de Dios toda duración (250/12). Pues, al no ser ésta permanencia en el ser por propia virtud (251/34: «vi propria»), sino por la conservación de Dios (CM, II, 11), su continuación en la existencia, aun cuando no conste de instantes aislados (PPC, I, 6, esc., y nota 202: Zenón), exige una «sucesión» (opinión de Auréolo, rechazada por Suárez: L, 1, §§ 1-2) y, por tanto, su creación continuada o «procreación», mientras que en la eternidad no hay «ni antes ni después» (cfr, pp. 250-252; p. 274/14-16; E, V, 23, esc.; 29, esc.; 34, esc.; TP, II, § 2).

260. Estos temas son tratados por Burgersdijck y por A. Heereboord en *Meletemata philosophica,* F. Moyardi, Leiden, 1659: *Collegium logicum,* 11-13; *Disput. philos.,* 2.°, 25-26; cfr. nuestro estudio (núm. 58), p. 80.

261. Suárez habla, indistintamente, de pasiones, atributos, propiedades o transcendentales del ser (cfr. nota 251). Tras excluir de ellos «res» y «aliquid» por imprecisos (III, 2, § 4), analiza minuciosamente la unidad (IV-VII), la verdad (VIII-IX) y la bondad (X-XI). Su tesis es que esos atributos son reales, aunque no añadan al ser nada más que una negación (unidad) o una connotación (verdad y bondad) (III, 1, §§ 10-11).

262. En efecto, Spinoza está bien informado. Avicena y Escoto admitían una distinción real; Buenaventura y A. de Hales, una distinción de razón; Suárez la limita a una negación (IV, 1, §§ 1-12; espec. §§ 6 y 12).

263. Cfr. nota 175 (citas). Spinoza define la unidad por la separación de otros, de la que Suárez hace algo secundario. «Omnes conveniunt unum dicere negationem divisionis in ipsomet ente» (IV, 1, § 13); «certum est divisionem ab alio non esse de ratione unius, tum quia est quid posterius illo –ideo enim hoc est divisum ab illo, quia in se tale est et unum quid–, turn etiam quia unum de se est prius multitudine et independens ab ilia» (§ 16).

264. La génesis o deformación del término *verdad* habría sido: términos vulgares o narraciones, ideas y cosas: cfr. TIE, §§ 88-90 y notas 24 y 104 (lenguaje); nota 221 (historias); nota 80 (denominación intrínseca y extrínseca). Aunque Suárez también admite que el lenguaje sea un signo arbitrario o «ad placitum» (DM, XXX, 13, § 8), no admite que sea obra del vulgo, sino de los sabios («a sapientibus»), añadiendo que ésta sería la opinión de Platón en su célebre diálogo, si bien con escaso fundamento *(Cratilo,* 388-390, en relación a 338e, 347, 391-397; véa-

se nuestra trad. y edic. en Trotta, Madrid, 2002, Introducción, pp. 26-30).

Por lo demás, el paralelismo de Spinoza con Suárez es sorprendente: 1.º *Tres niveles de verdad:* «prima veritas proprie reperitur in vocibus vel scripturis... Secunda est in intellectu cognoscente res... Tertia est in rebus ipsis, quae ab illa (cognitione) denominantur verae» (VIII, introd.). 2.º *Definición de verdad:* «in adaequatione quadam seu conformitate inter rem et intellectum» *(ib.).* 3.º *Subordinación* de la verdad de la cosa a la del conocimiento (1, § 3) y sentido impropio, por tanto, de la verdad del ser, reducida a una simple «connotación» (7, § 25) o «relación de inteligibilidad» (7, §§ 29 y 37). 4.º *Ejemplo* del «verum aurum» (VIII, introd., 7, §§ 2 y 4).

265. Sobre los «transcendentales» cfr.: p. 245/15; E, II, 40, esc. 1, notas 251 y 261.

266. Alusión a las sutilezas escolásticas felizmente expresadas por Descartes: «nodum passim in scirpo quaerentes» *(Resp. 5.ʰˢ obj.: Med.* IV = Alquié, II, p. 820).

267. Sobre la certeza y la duda: TIE, §§ 35-36, 77-80.

268. El ejemplo de Absalón, que no siguió el consejo de Aquitofel de perseguir sin demora a David, por lo cual fue derrotado por éste, en: *2 Samuel,* 15-18; TTP, V, p. 78/32; X, p. 132n. Sobre la idea del bien: notas 5, 11 y 13. La opinión de Suárez es bien distinta: 1.º *Bien en sí:* «ratio boni alterius supponit seu includit rationem boni in se» (X, 2, § 2). 2.º No *sólo* bien útil, sino honesto o humano y deleitable (2, §§ 3-4). 3.º *Bien objetivo:* «quia res est bona, ideo est appetibilis» (1, § 19). Doctrina diametralmente opuesta a esta última en: E, III, 9, esc.; cfr. Hobbes, *De homine,* cap. 11, §§ 1-4.

269. Sobre la teoría de las distinciones: pp. 257-258 (289).

270. Spinoza contrapone aquí la noción cartesiana de conato (inercia: PPC, II, 13-15 y nota 204; III, def. 3; Ep. 58, p. 266) a la aristotélica (apetito natural: cfr. KV, II, 17; nota 188), recogida por Suárez («pondus naturae»: XXX, 16, § 3; «naturalis propensio... est ipsa naturalis facultas agendi»: I, 6, § 3). Para Spinoza: KV, I, 5, § 1; TTP, III, p. 46; XVI, p. 189; E, III, 6-7.

271. Cfr. p. 243 (decreto eterno); nota 84 (entendimiento creador).

272. Sobre la idea de perfección: notas 13, 17, 20; PPC, pp. 163-166. Suárez dice: «bonum et perfectum idem sunt» (XXX, 16, § 3).

273. Spinoza justifica así volver sobre el tema de Dios (cfr. notas 244, 250, 257). El texto se refiere, sucesivamente, a: PPC, I, def. 5 y ax. 4, defs. 6-8, y props. 5-7. No obstante, la contrapo-

sición entre accidente y modo no aparece ahí, sino en: CM, I, 1, p. 236/28 ss.
274. Spinoza estudió en PPC, I, los siguientes atributos: inteligencia, omniperfección, unicidad, conservación, creación, veracidad, incorporeidad, simplicidad, inmutabilidad, eternidad y preordenación (props. 9-13 y 16-20), desde una óptica cartesiana. En CM los vuelve a analizar más a fondo (nota 229), según ha mostrado Freudenthal (núm. 112, p. 110), siguiendo el esquema de Suárez, Martini, Burgersdijck y Heereboord, que él resume en un cuadro a cinco columnas. Respecto a Suárez, que es el más antiguo de ellos y a quien el mismo Heereboord consideraba como gran maestro *(ib.,* p. 105), advertimos más diferencias de las que señala Freudenthal: Spinoza omite la infinitud (Suárez: XXX, 1-2) y, por supuesto, la incomprehensibilidad y la inefabilidad (Suárez: XXX, 12-13); por otra parte, Suárez no estudia directamente la eternidad, por asociarla a la inmutabilidad (nota 275), ni incluye aquí la creación-conservación y el concurso, por haberlos estudiado antes (XX-XXIII), en relación con las causas libres (cfr. nota 229).
275. En cuanto a la eternidad como atributo de Dios, Suárez se limita a decir: «cum supra ostenderimus Deum esse infinitum..., si nunc probaberimus esse etiam immutabilem, concludetur definitio aeternitatis et quod tota perfectissime in Deum conveniat» (XXX, 8, § 1). Por lo demás, las críticas de Spinoza no parecen alcanzarle, al menos por una vez. Suárez, en efecto, no sólo no admite una distinción real entre la esencia y la existencia en Dios (XXX, 4, § 2), ni siquiera en las criaturas (XXXI, 1, §§ 12-3), sino que rechaza incluso que las esencias finitas sean una verdad eterna antes de su creación (nota 250) y que la duración incluya, por sí misma, pluralidad de partes (nota 259).
276. Cfr. PPC, I, 12; II, 11, esc. y 12.
277. Freudenthal (núm. 112, p. 111) muestra que esos dos argumentos se hallan en Burgerscijck *(Inst. metaph.,* I, 6, p. 262 s.) y que el segundo proviene de Aristóteles *(Met* XI, 10). Suárez, en cambio, niega incluso que se pueda probar a posteriori la unicidad de Dios; debe ser más bien deducida de otro atributo, como la omniperfección o el ser necesario (XXIX, 2, § 5; 3, § 2; XXX, 10, §§ 2 y 6).
278. El argumento, en sus dos o tres formas (entendimiento, perfección y existencia necesaria), responde exactamente a: PPC, I, 11. Según Freudenthal (núm. 112, p. 111), se inspiraría en Escoto *(Dist. in quatuor libros sententiarum,* I, dist. 2, q. 3).

279. No está claro a qué pasaje se refiere Spinoza al afirmar que «antes» ha enseñado que lo finito sólo se puede entender después y a partir de lo infinito (p. 253/23 s.). Parece aludir a CM, I, 2-3 (cfr. notas 250, 257, etc.). En relación con ese tema, véase: E, I, def. 6; prop. 8, esc. 1; Ep. 50, p. 240/11 s. (determinación y negación); TIE, § 89 (nombres negativos), etc.
280. Spinoza distingue infinito (en sí mismo) e inmenso (relativo a las cosas, como causa) (p. 254/3 s./15 s.) y rechaza que se pueda entender éste a partir de la extensión o cantidad, aludiendo, según Freudenthal (núm. 112, p. 111), a Burgersdijck *(Inst. metaph.*, p. 267). Suárez parece apuntar la misma crítica cuando dice: «finitis terminis clauderetur» (XXX, 7, § 29; § 40).
281. Spinoza argumenta a partir del efecto; Suárez, a partir de la causa: «nam omne agens debet esse coniunctum passo in quod operatur» (XXX, 7, § 1).
282. «Deus, qui est supremus spiritus, est intime praesens huic universo corporeo, non tantum per praesentiam, id est, por cognitionem, et per potentiam seu actionem, sed etiam per essentiam vel per substantiam suam..., ob divinam inmensitatem» (Suárez, LI, 3, § 8). Es un «tópico» o lugar común desde P. Lombardo *(Sententiarum,* 1. I, dist. 37).
283. No sabemos a qué autor se refiere Spinoza: tal opinión es, en todo caso, muy rara. La alusión final: PPC, I, 17, cor.
284. Pudiera aludir a la distinción entre inmensidad o ubicuidad (ésta supone la existencia de las cosas), establecida por algunos y rechazada por Spinoza: cfr. nota 280 (infinito e inmenso) y p. 263/26 ss. (ubicuidad y concurso). La doctrina de la ubicuidad, con la imagen del rey, en: *S. theol.* I, 8, 3c; Spinoza, TTP, 6, pp. 81-82; E, II, 3, esc.
285. Spinoza llama aquí *variación* al cambio accidental y *transformación* al cambio sustancial (cfr. Suárez, XXX, 8, § 2; Aristóteles, *Met.,* VII, 8-9; *Física,* I, 7; V, 1).
286. Se puede leer: «querer, andar» o «querer andar», a condición de suponer que, en el primer caso, el andar es una acción voluntaria.
287. Se trata de otro tema clásico o, si se prefiere, un lugar común. De hecho, Spinoza reproduce el esquema argumental de Suárez: 1.º No transformación (p. 256/1-5 = XXX, 8, § 2). 2.º No cambio exterior (p. 256/5-9 = § 2). 3.º No cambio interior (p. 256/27-33 = § 2 y 4). 4.º La objeción de la ira, etc. (p. 256/18-26 = § 4/fin, donde se remite el tema a más tarde). No obstante, Suárez no admitirá, como explicación general, la metáfora:

«Deum vere, proprie et sine metaphora, velle et amare ea quae libere vult vel amat» (XXX, 9, § 35).

288. Spinoza se refiere, sin duda, a los cambios materiales accidentales (cuantitativo, cualitativo y local), que también Suárez dejó de lado, por ser Dios espíritu (XXX, 8, § 3).

289. Es interesante observar que Spinoza toma, como él mismo dice, estas definiciones de Descartes. Y no sin razón, pues, aunque sus nombres se hallan literalmente en Suárez, el significado es radicalmente distinto: «distinctio rei a re» (VII, 1, § 1); «distinctio modalis» (§ 16); «solum prout substant (res) conceptibus nostris» (§ 4); la modal, añade, es «medium inter illa» (§ 9).

290. Spinoza simplifica al máximo las sutilezas o simples distinciones de razón (nota 266; p. 259/9) de los peripatéticos y, con ellas («compositio nihil aliud est quam distinctorum unio»: VI, 9, § 21), las variadísimas formas de composición que se encuentran en Suárez.

291. El esquema de Spinoza es, una vez más, el mismo de Suárez. No composición sustancial (p. 258/15-29 = XXX, 4); ni modal o accidental (p. 258/29-32 = XXX, 5); ni composición de esencia y existencia (pp. 258/33-259/2 = XXX, 4, § 2). Pero el significado es muy distinto, como se desprende de la nota precedente.

292. La doctrina de la simplicidad de Dios, tal como está expuesta en los CM y en los PPC, no sólo es común a la escolástica, sino insignificante para el sistema de Spinoza. Lo característico de éste no será la simplicidad, sino la indivisibilidad (E, I, 13), pese a la complejidad: dos atributos realmente distintos, en el sentido cartesiano *(Pr. fil.,* I, 60: ideas claramente distintas), a saber, pensamiento y extensión (E, I, 14, cor. 2; II, 1-2, etc.).

293. Las citas exactas de Aristóteles son: *De respiratione,* cap. 8, 474 a25 («la vida y la posesión de alma va acompañada de algún calor»); *Metafísica,* XII, cap. 7, 1072 b24-8 («la vida reside en él, porque la acción de la inteligencia es una vida, y Dios es la actualidad misma de la inteligencia»); cfr. *De anima,* I, 5, 411 a24-fin; II, 2, 413 b (tres almas o partes del alma). Sobre el origen y la exactitud de la referencia a Aristóteles: Fr. Manzini (núm. 3), vol. 23, 2000, pp. 1-5.

294. Aunque Spinoza rechaza aquí el alma como principio de vida (nota 293), por ir asociada a la idea de forma sustancial, que él desprecia (Suárez, XV, 1, § 5; CM, p. 249/29-34), explicando la vida como simple mecanismo cartesiano *(Pr. fil.,* IV, 203; *Disc. método, V* = PPC, II, def. 3 y nota 270; Suárez sostenía lo contrario: «appetitus naturalis... ut talis est, non includit vitam» =

XXX, 16, § 3), admitirá siempre que todos los cuerpos son animados, sólo que interpretará el alma como idea (en Dios y) del cuerpo (KV, II, pref., § 2 y n. 6; apéndice II, §§ 8-9; E, II, 13, esc.). Sobre las «almas separadas», véase: CM, II, 12, y nota 152.

295. La sustitución del abstracto por el concreto es obvia en Spinoza (notas 28 y 88 y «abstracto»). Forma similar, «Dios es la verdad», en: KV, I, 5, § 2; II, 15, § 3/fin.; cfr. S. Tomás, *S. theol.*, I, 16, 5. Sobre la vida y sus formas en Spinoza, véase nuestro estudio (citado en nota 152), pp. 93-101.

296. Cfr. TTP, prefacio (superstición); E, I, apéndice (antropomorfismo).

297. Cfr. PPC, I, 9 y 11, dem.; CM, II, 2, p. 253. Tesis clásica: «(Deus) omnia obiecta scibilia intuetur» (Suárez, XXX, 15, § 19); «non... actum... elicitum a potentia neque cognitionem per discursum comparatam» (§ 9).

298. Es el tema del «intellectus creator» (Gueroult, núm. 74, I, pp. 353-374, 562-563). Dado que Spinoza identifica el entendimiento divino con su esencia, quizá habría que hablar más bien de «Deus creator».

299. Spinoza apunta a tres errores: 1) materia eterna e inteligencia ordenadora (Platón, *Timeo*, 28-30, 48e-52: idea del espacio como receptáculo y nodriza); 2) hay cosas contingentes y Dios no las conoce (quizá de arminianos o socinianos, para los cuales lo contingente como tal o en sí mismo no es nada real); 3) las conoce por sus circunstancias (posible alusión a la ciencia media con la que, según Suárez, conocería los futuros condicionados o sometidos a condiciones libres).

300. Cfr. nota 298; Maimónides, *Guía de perplejos*, III, cap. 21, TTP, VII, pp. 113-116.

301. Cfr. CM, I, 1; Suárez expone las mismas ideas: LIV, 2, § 23 (universales); XI, 1, § 8; 2, §§ 3-7 (el mal); «omnis scientia rei singularis est» (XXX, 15, § 36). El mal y, en general, los entes de razón sólo se podrían conocer donde son y por lo que son, es decir, en y por la mente humana que los crea. Es lo que dice con gran agudeza Agustín de Hipona acerca de la «nada» *(El maestro*, § 3 y nota 2 de nuestra edición en Trotta, Madrid, 2003).

302. Alusión a ciertas opiniones, calificadas de averroístas, pero de inspiración aristotélica, según las cuales la providencia divina, y, por tanto, el conocimiento, sólo alcanza a las especies y no a los individuos.

303. El razonamiento de Spinoza es triple: 1) el conocimiento divino depende de Dios y no de las cosas, ya que éstas dependen de él

(p. 263/10-21); 2) así como no sabemos cómo una sola idea representa muchos objetos y lo admitimos, también debemos admitir que el decreto divino es único (p. 263/21-34); 3) dado que la Naturaleza naturada es única, lo serán también (por analogía) la idea y el decreto (p. 263/35 ss.). Sobre la Naturaleza naturada: KV, I, 9; E, I, 29, esc. y 31.

304. Sobre el término «personalidad», que Meyer había sugerido a Spinoza matizar (Ep, 12A, y nota 95): cfr. Suárez: XXXIV, 1, §§ 1-2, 7, 13 (el término habría pasado de la teología a la filosofía); Tomás de Aquino, *S. Theol.*, I, 29, 3. Para su etimología: Agustín de Hipona: *El maestro,* cit. nota 87, §§ 38 («personat foris»); y §§ 15-16; para su doble uso: Hobbes, *De corpore,* cap. 15, § 1.

305. Compárense las expresiones de: p. 263/19 («si Deus voluisset...») y p. 264/6 («voluntas Dei... necessario sequitur ex infinito eius intellectu») y p. 264/24 («nullo modo inter se distingui»), pues parecen sugerir el paso de la concepción cartesiana a la spinoziana.

306. Citas exactas: *Isaías,* 45, 9-13; *Romanos,* 9, 11-2 y 18-23 (texto clave en el debate sobre la predestinación, al que volverá Spinoza en: TTP, XVI, p. 198 n.; Ep., 75, p. 312).

307. Cfr. Ep., 19, pp. 92-93 (amonestación de Dios); Ep, 78, p. 327 (ejemplo del perro rabioso, etc.). Ejemplo del Mar Rojo: TTP, VI, pp. 90 y 96.

308. Tema largamente debatido con Blijenbergh: Ep. 20, p. 96/15 ss.; Ep., 21, p. 126/22 ss. (Spinoza acude al texto de CM), p. 132 ss.; Ep. 22-24, etc.

309. Tema ya tratado: PPC, I, 7, cor.; 12 y cor. 1-2 y 4; CM, I, 2, p. 239; 3, pp. 240-243; etc.

310. Cfr. *2 Reyes,* 23, 19-20 (Josías). Spinoza intenta reducir los futuros libres (Josías) a verdades absolutamente necesarias (triángulo) acudiendo a la idea de orden natural necesario, idea capital de su sistema, ya presente en el TIE (cfr. «ley», «libertad», «necesidad», «orden»...; *supra,* pp. 241/24 s., 243/5 s. y nota 257).

311. Pese a la fluctuación terminológica (similar a la de nota 305), Spinoza pasa de nuevo (argumento análogo al de nota 303) de una concepción occamista o cartesiana (libertad absoluta) a la spinoziana (necesidad: p. 267/10 s.).

312. Suárez hace distinciones análogas en el poder divino: absoluto y ordinario, no «ordenado» (XXX, 17, § 32 = distinción filosófica); poder sobrenatural y natural (§ 51 = distinción teológica; cfr. §§ 29-35: preternatural). Alusión bíblica: *Números,* 22, 28-29 = TTP,

1, p. 19 (asna de Balaam). Que el orden fijo manifiesta mejor el poder de Dios que los milagros: TTP, VI, p. 84/20 ss.
313. Las tres cuestiones en Suárez (XXX, 17, §§ 6-8 = objeciones; §§ 15-20 = respuesta); y más claramente aún en Santo Tomás: *S. Theol.* I, 25, 4-6.
314. Tema tratado en: PPC, I, 12; II, 12-14.
315. Ni la definición de creación ni las cuatro acotaciones que le siguen parecen alejarse sensiblemente de Suárez. 1.º) De la nada (XX, 1, § 1, 10-11); 2.º) No causa (final) exterior a Dios (XXIII, 9, § 9); 3.º) No creación de accidentes (XX, 1, § 1); 4.º) No *ab aeterno* (XXIX, 1, § 9: «ideo repugnat motum esse ab aeterno»).
316. Se refiere a la sustancia material, que se supone finita: PPC, I, defs. 5-7.
317. Sobre este tema véanse notas 86 y 123.
318. Spinoza argumenta que, como la duración es sucesiva y tiene un número indefinido de partes o instantes, no puede ser nunca la máxima, ni siquiera por el poder de Dios. Cabe preguntarse, en cambio, si con ello ha rechazado eficazmente la opinión de Platón acerca de la existencia de una materia eterna (nota 299) y, sobre todo, la de Tomás de Aquino en favor de la posibilidad racional de una creación eterna y libre (*S. Theol.*, I, 46, 3c) y finalmente la de Suárez, que sólo la admitía respecto a las cosas permanentes, mas no respecto a las cambiantes (DM, XXIX, 1, §§ 9 y 18; L, 3, § 5).
319. Freudenthal (núm. 65, p. 116) localizó los dos argumentos siguientes (p. 271/16-17, 271/31-33) en A. Heereboord, *Meletemata philosophica*, edición de. 1680, pp. 105-107; cfr. nuestro análisis en núm. 58, pp. 84-86; *supra*, Introducción, II, 2.º, 1, b.
320. El tema del Hijo de Dios es otro de los apuntados por Meyer como delicados (Ep. 12A, 2.º). La opinión de Spinoza, disimulada aquí y expresada ambiguamente en el TTP (I, p. 21; IV, pp. 64-65), fue crudamente desvelada por él mismo ante las persistentes preguntas de Oldenburg (Ep. Ep. 73, p. 308/8 ss.; cfr. Ep. 71, 73-75, 77-78).
321. Cfr. PPC, I, 12 y 20; CM, I, 3, pp. 243-244.
322. Efectivamente, Suárez distingue conservación (XXI) y concurso (XXII).
323. Respecto a que la conservación es una creación continuada (PPC, I, 12), he aquí las palabras de Suárez: «ideo saepe dicit divus Thomas conservationem esse continuatam creationem» (XXII, 2, § 4).
324. Suárez parece sacar la lección de los debates de su tiempo: «declaratum est quanta sit huius quaestionis difficultas, faciliusque

esse quamlibet eius partem impugnare quam aliquam probe defendere aut explicare» (XXI, 2, § 4). Sobre la determinación de la voluntad humana: KV, II, 16, § 4, p. 77/39 s.
325. Esta expresión, recogida en la *Ética* (I, 17, esc.), ha dado lugar a interpretaciones divergentes; cfr. Gueroult, núm. 74, I, 269-295.
326. Freudenthal (núm. 65, p. 116) ha mostrado que las dos divisiones aludidas de los atributos divinos están tomadas de Heereboord *(Meletemata,* 964); cfr.: Introducción, notas 129-131 y 165.
327. Cfr. PPC, I, defs. 5-7.
328. Aunque Suárez hace el mismo razonamiento (I, 2, § 2), dedica al tema una disputación (XXXV): «de substantia inmateriali creata».
329. Spinoza distingue, con precisión escolástica, las tres teorías sobre el origen del alma humana: creacionismo, generacionismo (cfr. Ep., 4, p. 14/16) y traducianismo (tradux: esqueje). Esta teoría es atribuida a Tertuliano *(De anima,* 19 = PL, 2, 681; 27 = PL, 2, 695-696) y a San Agustín *(Epist. 190, ad Optatum,* cap. IV, § 15 = PL, 33, 862; *De anima et eius origine,* IV, 2 = PL, 44, 524; cfr. S. Tomás, *S. Th.* I, 118, 2; *C. Gentes,* II, 84-85).
330. Spinoza distingue de nuevo: destrucción de los modos y aniquilación de la sustancia (cfr. KV, I, 5, § 1, etc.).
331. Cfr. TTP, IV, p. 60, y *supra,* nota 312.
332. Más que demostrar la inmortalidad del alma *(mens* o *anima)* humana, Spinoza la afirma, como se verá, si se compara su prueba con la de Descartes *(Med.,* «synopsis»: AT, VII, p. 12-14). Descartes insiste en que el alma *(mens)* es una sustancia pura o simple y totalmente distinta del cuerpo, por lo cual, aunque él se descomponga y destruya, no por eso el alma muere. Spinoza se limita a afirmar que, así como la sustancia corpórea, como tal, no es aniquilada, tampoco la sustancia pensante (276/5-11); pero no apela ni insiste para nada en que el «alma humana» *(anima* o *mens),* que para él no es sustancia, es de naturaleza distinta del cuerpo, o sea, espiritual y simple. Su posición final en E, V, 21-23; cfr. III, 11, esc. Y véase lo que sigue.
333. Según creemos, Spinoza ridiculiza la teoría escolástica de la voluntad (potencia libre, distinta del entendimiento y del alma: p. 277/12 s.) y se apoya sobre la doctrina cartesiana (p. 277/19 s. = *Pr. fil.,* I, 34-35; cfr. p. 278/1-5) para reducirla al entendimiento y éste a las ideas necesarias (cfr. Ep., 2; KV, II, 16, § 4; *E,* I, 22; II, 48-49).
334. Según la célebre paradoja del asno (cfr. Leibniz, *Teodicea,* I, 46 y 49), o mejor, del perro de Juan Buridan (†*ca.* 1366), pensador

occamista y rector de París, en su comentario al *De coelo* de Aristóteles (II, 13, 295, b31-34), el asno moriría de hambre ante dos haces de heno equidistantes, por sentirse indiferente y, por lo tanto, inactivo ante ambos. Spinoza habla, como Aristóteles, de un hombre y considera absurdo el resultado, porque el alma es siempre activa.

335. Según ha probado Freudenthal (núm. 112, p. 117), los dos argumentos están tomados de Heereboord *(Meletemata,* 713), a quien cita el mismo Spinoza (p. 279/19).
336. Nueva sustitución de Aristóteles *(De anima,* III, 9, 432b-3b432b-433b; cfr. KV, II, 17, § 2) por Descartes: notas 258 y 270.
337. Sobre la confusión del alma con el cuerpo: TIE, § 58, *z*; § 83, § 89, etcétera.
338. Teoría de los cuerpos en PPC, II-III; cfr. E, 13, esc.
339. Sobre los accidentes, notas 34 y 228, 244.

Índice analítico*

Ab aeterno: 178-179, 243-244, 251/15, 265/10, 270-272.
Ab alio: 253/11.
Absalón: 247.
Absoluta/o, y relativo: 249; voluntad de Dios: 238/14.
Absolutamente/en absoluto: 111/7, 18/15, 27/22, 38/23/34, 39/1/4/22.
Abstracto: 11/30-32n, 22/4, 28/30-34, 29/1-13, 34/16/33 (88), 35/34, 36/17, 132/22.
Absurdo: 23/22, 24/4, 31/27, 248/32.
Accidente: 13/4, 150/30, 154/1, 165/7-9, 236-237, 249; no creado: 269/3; o modo: 154/28; reales: 281/17; suponen la sustancia creada: 269/4; accidental: 255/10-14.
Acción: 21/20, 2-26; natural y libre: 265/19-24.
Acto: 181/12, 254/16; en *(actû)*: 252/14; puro: 259/26, 270/5.
Actualidad *(actualitas),* existencia: 20/19, 22/12.
Adecuado: 10/16, 12/12, 13/3, 13/11, 15/13, 16/28-17/3, 24/9-12, 28/9, 235/31.
Ad extra, poder y voluntad de Dios: 264/17.

Aislado *(solutus),* sensaciones: 32/7; sueltas, palabras: 31/7.
Adjetivos: 35/34.
Afección: 5/12, 7/18-25, 233, 240, 245.
Afirmación: 15[u], 22/9, 24/29, 27/30, 173/24, 234/19.
Agustín, San: (26, 87, 236, 301, 304, 329).
Albedrío, libre: 243/25.
Alegría: 5-7, 40/1, 233/33-35.
Alfarero, y masa: 265/6.
Alma *(anima/mens):* y cuerpo: 22/30-32, 144-145, 150, 153, 167, 234, 280-281, y deducción: 23/30n, y estoicos: 28/20, y duda en: 29/26-27, humana: 249/15, 275/13; inmortal: 28/20-26, 275-276; investigar: 15/34n; libre: 277-281; naturaleza: 22/19, 23/8-17, 25/3; y sensación: 31/23; separada: 259-260; sustancia pensante: 132, 150/21, 234/21, 275/12, 277/24, 280/17; unión con el cuerpo: 11/4-15, 180, 250/2, 260/2, 275; vegetativa, sensitiva e intelectiva: 259/18.
Alteración: 258/32.
Amor: 7, 40, 235/18.
Amsterdam: 124.

* El número remite a la página de Gebhardt; seguido de «n» (132n) se refiere a las notas de Spinoza.

Análisis: 129-133.
Analogía: 162/27, 264/1.
Anaxágoras: (222).
Ángeles: 161n, 179/21, 188/6, 262/31, 267/24, 275.
Ángulo: 229/25.
Animal: 11/2.
Ánimo: 5/14.
Aniquilar: 276.
Anterior, el infinito al finito: 257/23; por naturaleza *(prius natura)*: 258/16.
Antiguos *(veteres)*, los: 32/22.
Antipatía: 197/26.
Apéndice: v. *Cogitata metaphysica*.
Apetito: 278/24.
Apodíctico: 130/18.
Apóstol: 264/3.
Aquiles: (200).
Aquitofel: 247.
Araña: 161n.
Aristóteles: 235, 259, 278, (5, 16, 18, 26, 29, 44, 81, 88, 94, 96, 97, 100, 152, 189, 199, 200-202, 205, 240, 243, 244, 255, 270, 285, 292, 293, 334, 335-337).
Arrepentimiento: 6.
A se: 253/11.
Atención/atender a: sin asentir: 24/29; la cantidad: 39/2-3; confusa: 21/31-32n, 24/19, 234/34; cosa fingida: 23/27, 24/1; lo dicho: 21/8, 22/34n, 35/22, 36/2; Dios: 16/20, 30/14-16; la distinción: 19/11, 24/25-29; número: 39/18; orden: 8/35n, 21/1, 25/12-13, partes: 25/17; un pensamiento: 37/32; propiedades del entendimiento: 38/27; razonamiento: 146/34; al ser en general: 20/23.
Átomo: 181/16, 190-191.

Atributo: 145/12, 150/15; de Dios: 29[(z)], 158/26, 161-163, 237-240, 250, 274; distinto de la sustancia: 163, 258/1, y modo: 257/30-258/4.
Auréolo: (228, 259).
Autómata, que carece de alma: 18/24; espiritual: 32 (101).
Autores (escolásticos): 239/20, 248/1, 251/8, 252/26, 254/9; v. filósofos, metafísicos.
Averroes: (228, 255, 302).
Avicena: (228, 262).
Axioma: 12/1, 28/24, 34/20, 127/18, 130, 151/8, 154-158, 171n.
Azar: 18/12.

Bacon: (1, 25, 37, 39, 88, 115),
Balling: (152, 209),
Belleza: 165/3,
Beneplácito *(welbehagen)*, de Dios: 261/5,
Bestia: 22/24, 24/8; v. animal, bruto.
Bien no absoluto: 247-248; relativo: 8/12, 247-8; sumo: 5/28, 6/9, 8/11/2; verdadero: 5/13, 8/2/10/23.
Blijenbergh: (17, 24, 139, 177, 179, 181, 308).
Bouwmeester: 134.
Boxel: (17, 69, 87).
Boyle: (25, 139, 194, 199).
Bronckhorst: (143).
Bruto: 26/7, 160/8, 247/30.
Burgersdijck: (260, 274, 276, 280).
Buridano: 277 (334).

Cadáver: 26/8.
Calidad, de un objeto: 7/18; v. cualidad.
Cambio: 7/19, 17/32, 36-37, 39, 255/23, 256.

Índice analítico

Camino, del conocimiento: 5/5; conocimiento cosas eternas 38/10; de investigar: 34/23; y método: 13/16; primero: 18/30; recto: 9/20; de la verdad: 15/19.

Can, animal y constelación: 274/33.

Cantidad: 39, 181/10, 189, 200/24, 254; continua y discreta: 234/14-16; y extensión: 254/21; de movimiento: 200/21 ss., 248/13, 274/8.

Caos: 270/12.

Capacidad humana: 132-133, 226/9, 243/30, 244-245, 263-264.

Carencia: 155/7; v. privación.

Cartas, de Descartes: 195.

Cartesianos: 129.

Caseario: 129, 1331/28.

Casualidad/azar: 10/13, 18/12.

Causa, y efecto: 10-11, 150/10, 158/3, 237/27; eficiente y creación: 268/26; externa/interna: 20/5, 24/2, 26/1, 241/1, 256/9; general y particular: 36/8, 200/8; y método: 15/22, 16, 26, 32/22; ocasional: 280/29; primera: 34/10, 154-155, 254/4; próxima: 10, 347/12; de sí: 26/34, 34/11.

Cautela: 141/17, 153/26.

Celestes, cuerpos: 19/34n, 22/27-28n.

Cerebro: 21[x], 31/2, 149/31, 160/14, 234.

Certeza: 5-6, 9-10, 12/32, 15/7-15, 38/32, 129, 142, 147/11, 151/20, 247/13.

Choque: 185/13, 207-208, 214-216.

Ciencia: 6[a], 8[d], 9[e], 12/32, 18/18, 127/7, 128/1, 141, 144/5, 153/17-26; es perfección: 261/15.

Cierto: 5/17.

Círculo, cartesiano: 146; de cuerpos: 183/22; definición: 35, 205/28; y otras figuras: 15/5, 25/2, 162/21, 176, 241/12.

Circunferencia: 35/2, 35/20, 176, 206/28.

Circunstancias: 36/26/34.

Claridad: 171/25, 233/20, 248/12; idea clara, y certeza: 30/29; compuesta: 25/1, definición del entendimiento: 38/22-23, y falsa: 26/9, y duda: 29/30-30/1, 30/25, no engaño por Dios: 30/13, especial (específica): 36/5, fingida 24/15; e imaginación: 33/28; fin del método: 34/2; y modos de pensar: 145/17; potencia del entendimiento: 39/21; y simple: 24/21, 24/30; y verdad: 144/5, 146/15.

Clase: 234/8, 235/23.

CM = *Cogitata metaphysica*: 130/16, 131/24, 132/3, 159/9, 160/24, 163/16, 174/24, 176/14, 178/19, 188, 233, 243, (13, 25, 55, 58, 59, 61, 63, 69, 80-81, 84, 110, 115, 116, 119, 125, 150, 167, 172, 175-176, 178, 195, 228, 257).

Coeterno: 270/13.

Composición: 24/17-25/17, 26/4-11, 32/20, 33/9, 258.

Comunicar: 5/13.

Conato: 229, 248.

Concatenación (*concatenatio*): 23/33n, 30/27, 34/5, 35/8-9.

Concepto: 24/9, 35/17; claro y distinto: 145/21; de esfera: 27-28; y palabras: 33/10.

Conciencia: 18/10, 21/10.
Concreto: 20/26, 28/30.
Concurso, de Dios: 243/2/27, 263/25, 273-274.
Condensación: 186/1, 189/1
Conexión *(connexio)*: 36/28; v. concatenación.
Confusión, de ideas: 11/31-32n, 19/8, 20/25, 21/31-32n, 24-26, 28-29, 30/7, 31/16, 32/28, 33/25, 34, 39/23, 144/20s, 145/20, 234.
Conocimiento, reflexivo: 15/30, 16/6.
Consciente: 149/19; v. conciencia.
Conservar: 157-158, 161, 163/16, 165-166, 169-170, 200-201, 248/4, 269/20, 274.
Constituir/formar: 26/15, 27/9, 33/13, 38/7.
Contemplación, de Dios: 271/10.
Contingente, y posible: 155/15, 242-243, 247/18, 261-262, 266/6.
Contradicción, implicar: 19/31-32, 20/2/14/28n; v. absurdo.
Contrarios: 33/20.
Corán: 265/33.
Corrupción: 255/26.
Cosas, creadas: 170-171, 176/10, 237/21; necesidad eterna de existir: 243/7.
Cosas, singulares: 12/18, 34/16, 35/6, 36, 262-263, 274/15.
Cosquilleo *(titillatio):* 179.
Costumbre: 9/32.
Creación: 22, 23, 27-28, 170/25, 268-269, 270-272; v. conservación.
Criaturas: 242/32, 273/20; y Dios: 237-238, 241-243, 252/5, 260-261, 266/16-31, 269/6-15.

Cualidad/des, de los cuerpos: 184/10, 186/25n, 187, 281/17.
Cuerpo, y alma: 11/5-15; celestes: 19/34n; constitución: 32/16; definición: 150/29; disposición 33/9; y no es origen del entendimiento: 26/7; humano: 15/17, 34/3, 132/12, 142-143, 144/30, 151-152, 180/3; e idea: 14/16; e imágenes fortuitas: 32/8, 34/4; e imaginación: 31/16; y memoria de palabras: 33/9; y movimiento de un plano: 39/7; naturaleza: 22/18, 23/5; es la extensión: 187/10; propio: 142, 151-152; sutilísimos: 28/22-26, y vacío: 21/26, 22/4-7.
Culpa: 176/1.
Culto, a Dios: 160/3.

David: 246 (268).
Debilidad *(imbecillitas)*, humana: 8/18, 36/24.
Decidir *(constituo):* 5/12/16.
Decreto, de Dios: 240/32, 243/7, 257/5, 260/30, 264-265.
Deducción: 10-11, 13, 27/6-11, 153/18.
Defecto, de argumentación: 18/22, 23/30n; conocimiento: 40/6; entendimiento: 242/8; percepción: 28/3, 242/24.
Definición: 34 (108), 127/17 s. (138), 239/25; de una cosa creada: (27, 83), 34-5 (109, 110); cosa increada: 35/28 s.; descriptiva: 233/24, 233/27, 236/25; genética: (85, 110): del círculo: 34; de la esfera: 27; de la elipse: 39/25 s.; del ser: 233/20 s.
Deliberar: 243/34.

Índice analítico

Delirio: 23/25, 24/35.
Denominación, extrínseca e intrínseca: 26/16, 36/33, 240/20, 246/18, 252/29.
Densidad: 186/12.
Descartes: 124, 128-133, 141-147, 151, 154/18, 156/8, 158, 160/15, 171, 176, 178-179, 181-182, 187-189, 197, 202, 204, 207-208, 211, 215-217, 221, 226, (26, 45, 66, 97, 99, 107, 117, 140, 152, 162, 165, 171, 176, 180, 215, 222, 225, 237, 242, 246, 249, 251, 258, 266, 274, 289, 292, 294, 311, 332-333, 336).
Desear *(desidero)*: 7/26, 9/2, *(cupio)*: 256/12; deseo *(cupiditas)*: 8/31, 10/6, 12/17; *(desiderium)*: 248/26.
Determinación: 25, 39/4; del movimiento: 206-208, 213-214, 222/15, 278-281.
Dicha/desdicha *(felicitas)*: 7/17.
Diferencia, radical entre Dios y cosas: 159/15, 163/15-17.
Difícil/fácil, y poder: 161.
Dilthey: (19).
Dinero *(nummus)*: 8/4, 9/30.
Diógenes, el Cínico: 192/16-20, 196/2.
Dios, acto puro: 254/16, 259/26; amor: 264; atributos: 29/z, 233/3, 250, 259/3; bondad: 247/33, 248/27; cantidad: 254/10; causa de sí: 34/11; de todo: 28/32, 36/8; del movimiento del mundo: 200/9-201/17, 238/6, 241/6; conocimiento de sí mismo: 238/4; creador: 240/31, 268-269; decreto: 241/17, 243/4; definición: 150/34; demostración a priori y a posteriori: 249/22; no engañador: 26/9, 30/11, 143/6, 145/23, 147-148; entendimiento: 27/4, 28, 167-168, 238, 252-253, 257, 261, 270, 274; eterno: 178/9, 244, 250-251, 271; existencia: 20/11, 20/30-35, 35/31, 146-149, 18-166, 238/28, 249n, 250n; idea en el hombre: 249/20; imaginado como hombre: 249/19n, 254/33n, 255/18, 256/20; incorpóreo: 168, 176/24, 179, 188; infinito: 29/32, 35/33, 249/5, 253/23; inmensidad: 188/1, 253-255, 263/25; inmutable: 178, 256-257; inteligencia: 253/1; ira: 256/19, 264/29; libertad: 238/6, 266, 277; necesidad: 29/35, 241/27, 252/20; odio: 264/27; omnipotente: 266; omnisciencia: 20/6, 261-263; pensamiento: 27/7, 28/8, 270/1; perfectísimo: 145/24, 150/34, 168-169, 237/21; personalidad: 264/10; poder: 166/23, 238/12, 255, 266-267; predestinación: 178-179, 243/25, 264-265; simple: 177/13, 238-239, 263-264; sustancia increada: 237/19; ubicuidad: 254/28; único: 29/32, 169/5, 243, 246, 253, 264; unidad: 246/3 (263); veracidad: 171, 148/12, 267, 267/7; vida: 259-260; voluntad: 177-178, 238/6, 243, 254/28, 257, 260, 263-265.
Discípulo: 129/32.
Discurso del método: 132/6.
Distinción, de alma y cuerpo: 145/18, 146/17; en los cuerpos:

419

182/3, 185/6, 197/21, 230/6; en Dios: 177/20; esencia y existencia: 250-251; e idea: 12/18, 16/16, 19/7, 21/33n, 24/7, 24/20, 26/26, 32/4; e ignorancia: 266/24; de poder en Dios: 267/15; real, modal y de razón: 151/3, 181/20, 240/9, 244/20, 257/19-258/4; entre sustancias: 151/3.
Divinidad *(numen):* 26/7.
Divisible: 181, 184/15, 225/28.
División, del cambio: 257/11; indefinida de la materia: 244/5; como método: 127/25; del ser: 235/4.
Dolor: 142/26, 179/17.
Dominar *(cohibere),* la mente: 15/28, 16/25, 18/34, 19/7.
Duda: 10/22, 15/17, 17/17, 18-19, 20(t), 29-30, 129, 141-143, 145, 147/17, 278/1.
Duración, de las ideas en la mente: 31/32; la determinamos midiendo el movimiento: 31/33; siempre puede ser mayor: 270/34.
Dureza: 184/1, 186/25, 225/21.

Eclíptica: 229/17.
Educación: 9/5.
Efecto: 10-12, 32/21, 34/13; v. causa.
Elección: 256/10, 264/33.
Elefante: 20/10.
Elemento: 28/33.
Elementos, de Euclides: 129/1.
Elipse: 39/26.
Eminentemente: 150/7, 155/25, 159/22, 163/28, 237-238; v. formal.
Empirista *(empiricus):* 13/33n.

Enfermedad *(morbus):* 7/2, 10/27.
Engaño *(deceptio),* Dios no se engaña: 26/9; Dios no es engañador: 30/12, 30/15, 30/21, 30/23; en los conceptos abstractos: 28/29, 29/3; al mezclar la imaginación con el entendimiento: 28/15; confuso en los sentidos: 30/7; v. Dios, error.
Entendimiento, claro y distinto: 146/33; de Dios: 238/20; no surge de cuerpos: 26/7-8; divino y humano: 255/18, 270/1; y pensamiento: 27/1-10, 143, 149/20; poder de: 27/2-8.
Entidad *(entitas):* 150/1, 154/27; v. realidad.
Ep = *Epistolae:* (17, 20, 34, 41-42, 69, 81, 86, 101, 103, 110, 115, 117, 128, 132, 133, 136, 139, 143, 145, 152, 168, 175, 177-178, 181, 190, 194, 196, 198-199, 298, 211-212, 236, 251, 258, 270, 279, 306-308, 319, 333).
Equívoco: 150/23.
Equilibrio, de un cuerpo: 281/7; y voluntad libre: 277/33, 279/24.
Error, causa: 141; entendimiento: 9/12; en la imaginación: 33/1, 33/12; en el tercer modo: 11/30n, 13/8; no en el cuarto modo: 13/12; los de otros: 34/32; podemos descubrirlo: 21/10-18; es soñar despierto: 24/34n; no en las ideas simples: 27/32; y voluntad: 146/4, 172-176, v. engaño, falsedad.
Escéptico: 18-19, 23/10, 141/26, 151, 192-196.

Escolásticos: 128/23, (40, 44, 100, 232, 242-243, 246, 248-249, 251, 258, 266, 290, 292, 333).
Escoto: (228, 262, 278).
Escritura: 247/28, 256/19, 264-265.
Esencia, y cosa real: 238/30; de las cosas: 239/4; y decreto de Dios: 260/28; definición: 10/20, 11, 14/11, 34/18-30, 35/3, 36/10, 40/8; 183/30; y error: 26/3; eterna: 183/30, 238/21, 239/3, 250/27, 251/16, 261-262, 263/20; y existencia: 12/29, 20/7, 22/12, 36/28, 164/8, 237-239, 249/25n, 258/34, 269/30; y ficción: 22, 25; formal y objetiva: 14-15, 16/28, 17/13, 36/10, 238/34; formal de Dios: 170/10-26, 238/9, 243, 260n, del hombre: 144/22, 235/27; e idea: 238/23; necesaria: 241/32; ser de: 238/9.
Esfera *(globus)*: 21/6, 27/15-22, 28/7, 30/5.
Espacio, imaginario: 21, 268/17, 269/15; real: 181/20, 184/4, 187/20.
Especie: 39/16, 234-235, 262/34; especial *(specialis)*: 36/4; de eternidad: 39/17.
Espectros: 22/24 (69).
Esperanza: 6/15, 7/4.
Espíritu: 274/13, 281/5; animales: 234.
Espiritual, autómata: 32/26; cosas: 281/4.
Estoicos: (6, 87, 133).
Éter: 144/27.
Eternidad/eterno, cosa: 7/24, 36/23-35, 37/5/14-28, 251/13; definición: 178/18, 252/17; de Dios: 178/9, 244/15; no duración: 39/16-20, 159/8, 243/9, 250/28, 270/17; esencia: 36/22, 37/15, 239/4-20, 251/11; felicidad: 5/15, 7/16; orden: 8/17; es simultáneo por naturaleza: 37/14-16; verdad: 20/15-16, 20/33-35n, 25/9-10, 25/34, 38/11, 39/16; 158/26.
Ética: (5-8, 11, 13, 16-18, 21, 27-30, 35, 40-42, 44, 55, 58, 61, 73, 77, 80-81, 83, 86, 89, 91, 93, 99, 103-106, 108-109, 111, 113-115, 117, 118, 123, 125, 129-130, 133, 150, 152, 160, 164, 166, 168, 171, 173, 176, 177, 179, 182-185, 196, 222, 230, 232, 238, 240-241, 243, 247, 249, 254, 256, 259, 265, 268, 270, 279, 292, 296, 303, 325, 332, 333).
Euclides: 12/7, 129/2, 204/26, 206/20.
Evidencia: 12/2, 17/12; matemática: 145/33; existencia del yo: 147/12.
Existencia, es actualidad: 20/17, 21/32, 22/12, 158/5, 238, 252/9, 269/31; y esencia: ver; necesaria o posible: 36/30, 146-149, 155/12, 158/17, 164, 233/20; positiva: 158/6; propia/del yo: 20/9-27, 143/29, 144/4, 145/10, 147/11, 149/15; ser de la: 238/14.
Experiencia: 5/7, 10/11-12, 10/24-27, 12/1, 13/33n, 23/30n, 28/29, 30/2, 182/13, vaga: 24/30.
Experimento: 10/14, 37/23.
Explicación: 127/25, 234/11.
Expresión, negativa: 10/31n, 33/18, 35/27; de la infinitud:

39/4, 263/30-34; idea y perfección del objeto: 39/32.

Extensión *(extensio)*, de un concepto: 29/8-14; no atributo de Dios: 132, 168, 185/30, 237/31, 238; creada por Dios: 237/24; y cuerpo como sujeto: 150/29; definición: 181/20; divisible: 184/15, 237/30; no distinción de partes: 33/4; y duración: 258/2; no finita: 33/3; género supremo: 39/6-14, 142/34, 250/1.

Facultad: 132/20, 145/30-32.

Falsedad, definición: 24/30, 25/20, 27-28, 171-172, 233/28; división: 25-26; origen: 23/27, 28/1, 33/25, 37/33.

Fantasía: 234/16.

Fárrago, de grandes libros: 128/7.

Felicidad, y amor de Dios: 158-159; y calidad del objeto: 7/17; suprema: 5/20-23; y unión con los demás: 8/29.

Fenómenos: 22n, 196/1, 226/9, 228/2.

Ficción *(fictio)*, definición: 24/25-32, 132/18, 233/26; no Dios engañador: 143/28, 147/17; y errores vulgares: 21/3-20; esencia: 19/23-35, 22/11-35, ser ficticio: 236/5, y superación: 23-25 y suposiciones: 21/22; *(figmenta)*: 259/30.

Fieles: 264/15.

Figura: 35/1/5/14, 150/30, 184/8, finito, límite, determinado.

Filosofía, común: 128-129, 133/5, 168/19, 233n; mi filosofía: 14/32, 15/34, 17/29, 15/34, 17/29, 19/19, 28/32, 31/26 = «aquí»: 13/33, 14/34, 19/28; «en otro lugar»: 6/35, 8/25-33, 14/29, 15/32, 20/15/32, 29/13, 33/7, 37/26; moral: 9/4; y teología: 201/2.

Filósofo: 156/30, 234/7, 235/7, 246/20, 255/29, 247/9, 252/25, 259/9, 261/30, 267-268, 270/13, 280/18.

Fin: 6/20, 8-9, 18/26, 34/1-8, 35/10, 141, 234/25; de la creación: 268/32.

Finito, *passim;* partícipe de la nada: 253/23.

Físicas, cosas reales: 35/6, 36/14.

Fluido, cuerpo: 131/12, 184/30, 186, 198-200, 225/11.

Forma, la idea: 149/24-32; narración: 31/8; pensamiento: 149/24; sustancial: 249/30; verdad: 26/15, 26/35, 27/9, 38/7; de vida: 5/25, 18/18.

Formal, y objetivo: 14, 16/4, 26, 32, 34/5, 36/10, 150/6, 155/26; v. eminente.

Formalidad, de la Naturaleza: 34/7; del objeto: 32/22; v. formal, objetivo.

Fortuito: 32/7-34/4; v. casualidad.

Frustración: 6/15.

Fuerza, de afectar la imaginación: 37/12; del alma *(anima)*: 23/15; amor a una cosa eterna: 7/26; buscar remedio: 7/1-4; conocer mis: 10/5; el cuerpo: 182, 209/20, 214-216; de la demostración: 12/7, 12/13; del entendimiento: 10/5, 14/4, 15/27, 16/22, 31/2, 31/9, 38-39; es esencia: 163n; de la mente: 16/22; natural *(nativa):*

14/4-5, 14/31n; poder de pensar: 27/12.
Fundamento, de las ciencias: 132/33; y extensión: 33/4; idea clara y distinta: 144/4; de la filosofía: 152-153; del método: 38/2-8 (119), 141-2; v. principio.
Futuro: 19/3, 252/9.

Generación: 255/27, 268/16, 275/21.
General: 10/30n, 20/21-24, 21/34n, 24/8.
Género: 20/22, 22/25, 31/14-15, 37/7, 234; de animales: 160/7.
Geómetra: 129/29, 130/2.
Glazemaker: (152, 202).
Geométrico: 235/8, (109, 113); v. matemáticas.
Gloria: 7/29, 8/5.
Grado: 154/26, 156/17, 165/6-10; de realidad: 154/27, 156/18.
Gradualmente *(gradatim)*: 14/1-7 (39).
Gramática: 235/8.

Heereboord: 279/19, (228, 260, 274, 319, 326, 335).
Hegel: (123).
Hesíodo: (264).
Hipérbola: 184/19.
Hijo, de Dios: 271.
Hipótesis: 19/33, 22/26, 226/16, 227/15.
Historia; del universo: 226-227; y verdad: 246/30 ss.
Hobbes: (1, 24, 70, 85, 110, 268).
Hombre, animal bípedo/racional: 235/19; conocimiento de Dios: 249n; definición: 11/2, 22/23, 24/7, 235/19-29, 258/8; finito: 7/19, 17/33, 160/15, 267/8; perfección: 5/26, 6/19, 8/17, 12/17-24, 17/30, 36/23, 175/2-18, 226-227; no sustancia infinita: 160/18.
Homero: (264).
Honor: 5/18, 6, 7, 9/23-27.
Huygens: (189, 208).

Idea, adecuada: 28/9; clara y distinta: 12/11, 24/7, 28/17, 141-2, 149/2, 172; definición: 15/16, 149/24-32, 155/3, 156/20, 234/27, 246/30; no imagen cerebral: 149/29; imagen de la realidad: 156/23; inadecuada: 16, 28/4-10; y modos de pensar: 235/15 s.; y objeto: 14/24, 39/32; realidad objetiva: 155/34; simple: 142/10, infinita: 33/1-6146/11; verdadera: 13/8, 14/14-33, 16/3-14, 17/10, 34/23, 36/9.
Ideatum: v. objeto.
Idólatra: 266/19.
Ignorancia: 18/15, 33/24, 35/7, 261/19, 263/7.
Imagen, en el cerebro: 160/13.
Imaginación, y confusión: 11/30-35n; definición: 32/6-14, 149/29, 156-157, 192, 234/21-24; y entendimiento: 28/16-24; opuesta al entendimiento: 32/29-34, 33/2, 33/34-35n, 39/17-20, 192/9, 233/30; y ficción: 21/31n, 22/32n; involuntaria: 145/8, y memoria: 31/10-17, 31/34n; y palabras: 11/33-35n, 21/32-33n, 22/30-35n, 33/8-28; acto del pensamien-

Índice analítico

to: 149/20; y sensaciones fortuitas: 32/6-16; ser de la: 238/11.
Impíos: 265/18.
Implicar (contradicción): 20/13, 174/11 (178).
Imposible: 10/30, 25/35, 266/13; y difícil: 162/2, 164/23; esencia/existencia: 240/25.
Imprudente *(inconsultum)*: 5/17
Inadecuada, idea: 28/10.
Incierto: 5/17, 6/25-28.
Indefinido: 14/20-27, 181/18, 190-191.
Indiferente, voluntad: 174/30, 175, 179, 277, 279-281.
Inercia: 201/18, 202/7.
Infinito, al *(in infinitum)*: 13-17, 23/1, 28/2, 39/12, 255/11.
Infinito, cosa y nombre: 7/24, 33/17-19, 253/25-254/1; no poder de entender: 28/1, 36/25, término negativo: 33/19, 39/4.
Infinitud *(infinitas)*: 39/4.
Ingenio: 128/15.
Inmensidad: 253-255.
Inmortal, alma: 278-288.
Innata, esencia objetiva: 15/31n; instrumento: 13/30, 14/10, 16/14, 38/29.
Instante: 193-196.
Instrumento: 13-14, 16/11-15, 17/1, 30/9, 37/16, 38/29.
Intuición: 5/16, 11/11, 12/13.
Inútil, para el conocimiento y la perfección humana: 9/17, 15/29, 16/25, 19/1, 249/34.
Isaac: 260/21.
Isaías (libro): 256/25, 264/31.
Isidoro, San: (236).

Jehová: 260/21.
Jeroboam: 266/19.

José: 260/22.
Josías: 266/19.
Judíos: 260/12.

Kant: (123, 189, 197, 226).
KV = *Korte verhandeling*: (1, 5-8m 13, 16-17, 19, 28-29, 3, 42, 55, 58, 64, 77, 85, 91, 103, 111. 116, 128, 129, 134, 152, 160, 161, 166, 177, 237, 260, 270, 294).

Leibniz: (50, 208, 334) [revisar].
Leiden: 279/20, (136).
Lema: 164-165.
Lenguaje: 246/23; v. nombre, palabra, signo.
Leyes, de la naturaleza: 8/15, 276; son fijas y eternas: 23/32n, 37/1-26, 241/26; de la imaginación distintas de las del entendimiento: 32/25, 32/33-34; del método: 18/32,
Liberarse, del error: 28/26, de la imaginación: 32/14; del falso orden; 35/10; de percepciones no verdaderas: 19/21.
Libertad: 23/2-5, 23/18-19; y ficción 233/27; y error: 146/1, 172-174; humana y divina: 132/19, 274/16, 277-278.
Libro: 156/29.
Límite, del espacio: 184/20.
Locke: (24).
Lógica: 130/23, 233n.
Lugar: 182/18-24, 254/12.
Luz, natural y Escritura: 265/32; y revelación: 275/14.

Maimónides: (302).
Mal: 5/10, 6/31, 7/17, 7/34, 8/12-13, 247/24, 262.
Malicia: 171/15.

Máquina: 156/8; del cuerpo humano: 276/8.
Mar Rojo: 265/15.
Marco Aurelio: (6).
Matemáticas/matemáticos: 12/7; y método: 127-128, 143, 226-227; verdades necesarias: 145/32, 148/14, 266/26.
Mateo (evangelio): (69, 255).
Materia, y átomo: 181-182; y Dios: 238/1; y extensión: 269/31; no informe y coeterna: 270/13; no límites: 268/15.
Mecánica, arte: 9/10, estructura *(textura)*: 259/3°.
Medicina: 9/7.
Medida, de la cantidad continua: 23/13, 234/16; y hombre pensante: 269/10; del movimiento: 31/33n, 193/33.
Medios: 8/6-7, 8/21-23, 9/5, 12/16, 13/9, 24/10, 34/2.
Meditación: 6/30, 17/26, 19/10.
Meditaciones (de Descartes): 130/22, 132/6, 147/9, 159/7, 162/6, 174/20, 278/6.
Memoria: 11/22, 21/16-35n, 22/1, 22/30, 31/2-34n, 33/9, 37/31, 233-234; no de la pura mente; 31/34, 233n.
Mente *(mens)*: 6/2-9, 8/26, 31/33, 34/3, 127/18, 128/711, 150, 259-260, dirigir la: 147/14, y duración: 23/32; pura mente: 23/34.
Metafísica: 124/9, 130/2, 233, 248/1, 249/7, 275/13; metafísicos: 245/19.
Metafísica (Aristóteles): 259/24.
Metáfora: 259/5.
Método, análisis y síntesis: 127/9, 132-133, 141/12; buscar la verdad: 15/17-19; cartesiano: 151/27, 153-154, 226-227; comienzo: 13/18, 34; conocerlo: 14/9; y experiencia: 196; fundamento: 35; no método de método: 13/19-21, necesario: 13/16; la norma de la idea verdadera dada: partes: 15-16, 17/9, 18-19, 33/32, 34/26, 8/16; más perfecto: 16, 9/2-3, y raciocinio: 15/21-22; y palabra: 29/24, 38/18; y reflexión: 15/17, 15/30, 16/8-20, 26/29, 38/5.
Meyer: 127/4, (132, 132, 139-140, 142-143, 145, 149, 174, 192, 202, 224, 258, 320).
Miedo: 5/10, 6/32, 171/14.
Milagro: 267/23, 276-277.
Modo, o accidente: 165/7; y alteración de la sustancia: 258/32; del cuerpo: 211/6, 228/30, no existente: 239/13, de la extensión: 192/7; e idea: 235/16; del movimiento: 185/13; de pensar: 145/14, 155/1, 156/21, 233/32, 235/13, 244-245; de percepción: 10-13, 173/12, 175/19; y sustancias: 236/32n. 239/14, 258/33, 275/27, 276/7.
Molina: (299).
Momento: v. tiempo.
Movimiento, accidente de la extensión: 150/30, 184/8, 237/1; cantidad: 39/6-12, 228/18; causa necesaria: 28/5, 248/11, 265/17, 274/8; celeste: 22/26-29n; circular: 183/22, 192/1, 196-198, 202-206; del cuerpo humano: 32/9, 34/4, 39/2; definición: 181-183, 192/7, 210/22; no eterno: v. *ab aeterno*;

medida del: 31/33n; modo de la extensión: 27, 39/3, 191-192, 237; relativo: 183; del semicírculo: 27/22-29, 28/5-8; singular y causa: 265/17; distinto de la velocidad: 210/20.
Muerte: 7/2/16, 10/24-26; v. inmortal.
Multitud: 36/25, 246/3; v. vulgo.
Mundo, visible: 131/7, 270/12, 272/31.

Nada, no causa: 154/10, 155/18, 158/6, 162/14, 164/17; no crear de la: 268/14; *(tò nihil)* imaginada como real; 268/22; no medio entre el ser y la nada: 240/11; los modos de pensar: 235; no tiene propiedades: 183/29.
Narración *(narratio)*: 31/8, 246/24; v. historia.
Naturaleza, conocerla: 8/25, 15/31-34, 16-17, 18/3, 28/32, 29/4, 34/34; humana perfecta: 8; leyes y orden: 8/17, 12/16, 17/28, 23/30, 25/13, 34/7, 36/12.
Naturaleza, naturada: 264, 267/7, 274/10.
Necesario, 17/16, 18/19, 24/30, 155/14, 164-165, 175/17, 233, 236, 240-241, 266; v. imposible.
Necesidad, conocer las cosas: 12/18, 14/30; de entender la Naturaleza: 8/32; existencia: 20/3-5, 25/34; fundamento: 38/3; o imposible: 21/14-19; instrumento: 13/26; de nuestra naturaleza: 39/21; buscar lo útil: 18/19: vivir: 9/20.
Negación, no en la duda: 30/31; no distinta de la idea: 15/33n,

39/15; la imposibilidad: 241/15; negativa, expresión: 10/31n, 33/18, 35/27; nombre: 33/17; concebida como positiva: 234/16 y privación: 175; verdad: 20/33n.
Newton: (208).
Nociones: 146/11; comunes: 127/19.
Nombre: 11/33, 20/z, 127/18, 234-235, 242/24, 246.
Norma, del método: 15-16, 17/9, 18/34, 26/28, 28-32; de vida: 9/20.
NS: *Nagelate Schriften*: (2, 11. 26, 36, 59, 62, 94-95, 119, 123).
Nuevo, algo: 156/4.
Número: 11/20, 36/25, 39/17, 234/15, 270/24.
Números (libro): (312).

Objetivo, conocimiento/idea: 34 (106), esencia: 14 (40), realidad/perfección: 150/1-5.
Objetivo/meta *(scopus)*: 8/34n, 9/14/24/32, 34/1-2, 35/10.
Objeto: 7/18, 14/18-27, 27/1-13, 28/31, 32/22, 35/29, 39/32, 233/17, 234/30.
Obras, humanas: 5/27, 14/2-6/33n, 265/1.
Obstáculo: 6/21, 8/20.
Odio: 7/21.
Oldenburg: (199, 319).
Omnisciente: v. Dios.
OP: *Opera posthuma*: (5, 26, 36, 59, 62, 72, 94-95, 119-120, 123, 170).
Orden, de causas: 241/27, 243/19n; eterno: 8/17; geométrico 132/1; idea de: 245/3-16; matemático: 141/13; del método:

15/19, 17/17-34, 18/4, 25/10, 28/33, 29/1, 30/26, 33/26, 34/6, 35/8, 36/15-22; de la naturaleza: 8/16, 10/2, 16/22, 33, 36-37, 241/30, 243/20, 266/25.
Orfeo: (264).
Origen: 17/5, 28/32, 29/1-17, 30/14.

Pablo, San: 264/32.
Palabra, e idea confusa: 11/33, 20/30, 22/10-30, 23/25, 24/9, 29/22, 31/8, 35/25, 235/8, 246/19, 251/12, 264/11, 281/3; imaginación: 21/x, 22/23, 33/8-25; sentido: 156/31; significado consciente: 149/27; sin significado: 160, 241/11; signo arbitrario: 10/10, 149/26; vulgar: 235-236.
Parábola, línea: 227/23-33, 239/10.
Paradoja: 18/4.
Parte, anterior al todo: 177/13, 258/16; cosa: 25/16; y cuerpo/materia: 176-177, 182/3, 185/7, 197/22; en Dios: 23/16; extensión: 33/3; idea: 24/18, 24/22-24; imaginación: 33/8; método: 16/16-18, 19/6, 30/35, 33/32-33n, 34/26, 38/14-18; Naturaleza: 34/7; ser pensante: 28/11-12; y todo: 258/16.
Particular, cosa: 36/5; esencia: 10/34n, 29/9, 36/4; y universal: 34/19; v. singular.
Pasivo: 32/4-17, 39/24.
Pecado: 256/20, 262/20, 265/21.
Peligro: 6/32, 7/12, 13/8-12.
Pensamiento *(cogitatio),* y afectos: 7/31, 40/1; en el alma: 150/21; de la cantidad: 39/2; y cuerpos: 22/4; y deducción: 38/2; definición de: 34/24, 149/20; y duda: 143, y entendimiento: 27/1-10; y extensión: 250/1; y fin humano: 8/18, 18/27, 157/22, y método: 26/28, y objeto: 26/16-22; y obras: 9/18, parciales: 28/5; particular: 37/32, 144/25, 146/12; pensamiento: 270/1-8; y sensación: 31/21; y ser primero: 38/4-9; simple: 27/29; verdadero: 26/31-27/10, 28/9; yo pienso: 143.
Pensar, poder de: 27/12; ser pensante: 28/8-11; v. entendimiento.
Percepción: clara: 181/8, 144/6, 145/3, 233/20; en Dios: 171/2; modos de: 8-13; 15/25, 16/16, 17/30, 18/33, 19/7-21, 26/5, 27/3.
Perfección, causa y efecto: 150/10; y esencia/existencia: 144/8, 163/16, 164/26; 249/3; humana: 8/14-26, 9/15, 12/23, 13/7-10, 155-157; objetiva de la idea: 150/3; relativa: 8/11-15, 39/33, 153/30, 164/7, 165/5, 249/4.
Peripatéticos: 129/22, 259/9-27, 280/17; v. escolásticos, filósofos.
Perseverar: 201/19 s.; v. conservar.
Personalidad: 264/10.
Pertinacia: 29/25.
Placer *(libido):* 6/1-12/34n, 7/29, 8/5.
Platón: 235/19-28, (24, 29, 73, 152, 228, 264, 299, 318).

Poder, del hombre: 8/17, 12/22, 15/26, 27/2, 27/33, 32/7, 38/15-21, 39/21; v. Dios.
Polos: 229/9.
Popper: (202).
Posible: 5/23, 19/29, 20/1, 155/13, 162, 164-165, 233, 236/28, 242, 265-266.
Positivo, idea: 39/15, 40/5/9; nombre: 33/21; negación/privación.
Postulado: 127/18, 151.
Potencia, en potencia: 238/19, 248/34, 261/21; ser de la: 238/12.
Prigogine: (202).
PPC = *Principia philosophiae Cartesianae*: (41, 44, 54, 59, 61, 66, 91, 95, 103, 117, 138-145, 149, 172, 212, 221, 244, 247, 249, 256-258, 270, 273, 276, 278, 283, 297, 309, 314, 321, 323, 327).
Precaución: 11/30.
Precipitación: 24/14.
Predestinación: 243-244.
Predicado: 24/10-12.
Prejuicio: 17/27, 18/12, 141/27, 146/9, 159/3, 186/22, 248.
Premisa: 144/13, 146/27, 147/7.
Preordenación: 178-179.
Primero, camino: 18/30, causa: 26/31, 34/35n; cosa: 38/3; elementos de la Naturaleza: 28/32, 29/2; esencia objetiva: 15/31n; fundamento de todas las cosas: 33/4; hombres: 33/21; idea: 24/13; parte del método: 19/6, 30/35, 33/33n, 38/14; verdad: 18/8, 20/34n, 18/9.
Principio: 141-142, 143/9, 144/3-19, 153-154; petición de: 250/21; v. fundamento.

Principios de filosofía (Descartes): 130/2, 132/3, 147(8, 153/8, 156/8, 159/5, 167/19, 174/20, 182/20, 183/22, 188/23, 191/4, 197/23, 202/7, 211/3, 217/19, 218/26, 219/7, 228/25, 236/29, 240/5, 257/21, 258/33, 278/4).
Privación: 171/15, 173/3, 175/1, 175/30.
Procrear: 244/2, 254/27, 274/16.
Propiedad, y accidente: 10, 13/4; y atributo: 150/14; de Dios: 36; del entendimiento: 26/27-30, 33/34, 38/5, 38/23-30, 39/10; y esencia: 10/19-34, 11/10, 12/9, 34/30, 35/4-7, 227/29; de la sustancia: 161/1.
Proporción: 162.
Providencia: 261/1-13.
Próxima, causa: de todas las cosas: 37/8; la definición por: 10/21, 34/10-13, 35/13-16, de cada percepción: 19/18.
Puro, entendimiento: 33/34n; mente: 31/34n, 34/3.

Quimera: 20/12/34 (61), 233 (234), 241/9-16, 242/2 s.

Rationes (Descartes): (137, 149, 171-172).
Razón: 15/22-24, 17/10-25, 36/9; natural: 265/27.
Realidad, objetiva y causa: 150/1-7, 155/34, 159/21ss.
Recta, línea: 185/9, 202/7, 203/5-20.
Reflexión, reflexivo: 6/31, 7/27, 14-16, 17/26, 19/10, 33/25-31, 38/5.

Reforma, del entendimiento: 9/11, 9/34, 15/27, 16/22.
Regla, del método: 142/9, 144/5; del movimiento: 211-219.
Relación: 237/1, 252/29.
Remedio: 7/1-6, 7/34.
Reminiscencia: 31/23.
Reposo: 182/9-18, 207/1-16, 209-210, 213/20.
Respuestas a las segundas Objeciones (Descartes): 129/6, 130, 147/8, 154/19, 159/7, 167/18, 171/18.
Revelación: 201/11, 275/16, 276/31.
Reyes, poder de: 255/19.
Reyes (libro): (310).
Rijnsburg: (136).
Riquezas: 5/18, 6-7, 9/30.
Romanos (epístola): (306).

Sabiduría: 14/7.
Salud *(valetudo)*: 6/34, 9/5/28-31.
Salvación: 247/30, 265/12.
Samuel (libro): (266).
Schuller: (110).
Semillas, de las cosas: 226/20-23.
Séneca: (6).
Sensación: 15/8, 18/13, 23/15, 29/27; y causas externas: 171/1-5, 179-180; y entendimiento: 32/6, 34/3, 37, 192/22, 195-196; y memoria: 31/21; y unión alma/cuerpo: 11.
Sentido, común: 31/11; errores: 11/9-12, 21/3-16, 30/1-10, 142/18-31; e imaginación: 31, 234/21-25, 146/28, 149/20, 196/1; y palabra: 156-157.
Ser: 10/29-34, 20/23-25, 21/32-34; definición: 233/20; de la esencia, existencia, idea, potencia: 237-238, 240/11, 244/14, 245/20, 249/30; real y de razón: 235-236; verbal: 10.
Ser perfectísimo: 16/6-10, 17/5, 18/7, 19, 145/27; v. Dios.
Serie, causas y cosas: 36-37.
Serpiente, venenosa y castigo: 265/22.
Signo, arbitrario: 10/9, 15/10, 33/14, 246; v. nombre, palabra.
Silogismo: 144/12.
Simple, definición: 258/11; idea: 24-25, 26/10-14, 27/29; v. Dios.
Simpatía: 197/26.
Singular, cosa: 31/11-12, 31/28, 34/21-22; existencia: 12/29; movimiento: 265/15; y mudables: 36/22-23, 36/31, 37/2-11, 37/21; sumamente singular y puramente inteligible: 32/1; v. particular
Síntesis: 129/8-12.
Sobrenatural: 132/25-32, 276-277.
Sociedad: 8, 9/2.
Sol, percepción: 11/12, 21/7-9, 30/3, 256/21.
Suárez: (24, 236, 228-231, 233-236, 238, 246, 248-250, 252, 255-256, 259-264, 270, 274, 299, 304, 312-313, 315, 318-319, 322-324, 328).
Sueño: 19/14-16, 24/35n, 25/28, 32/9, 142/23, 143/25, 146/19.
Sujeto: 24/9-12, 150/13, 176/26, 255/24, 256/10.
Superar, nuestra mente: 132/25, 243/25, 254/31, 266/27, 277/2.
Superstición, o ignorancia: 165/4, 261/1-13.
Suspensión, del juicio: 6/3-5, 30/31.

Sustancia, y accidente: 153/32, 269/5; y atributo: 161/2, 161/28-32, 179/9, 185/25, definición: 150/13, 181/14; división: 154/26-155/6, 250/1-4, 257/25, 258/6-8, 275/10; extensa: 281/15; increada: 237/19; y modo: 236/32, 239/18, 269/5, 275-276; y voluntad: 277/15.
Sustantivos: 35/31-33.
Sutileza: 240/10, 247/15.

Talmud: 265/33.
Temor *(timeo):* 5/10.
Templo: 33/32-35.
Teología: 201/6-13.
Teólogos: 260/19-23, 264/10-17, 267/31, 273/25, 275/14, 277/1.
Teorema: 130/31.
Términos: 10/30.
Tertuliano: (329).
Testimonio: 10/9, 10/22, 11/22-25, 12/26-33.
TIE: *Tractatus de intellectus emendatione:* 4/1-14; (3, 146, 150, 152, 167, 177, 178, 185, 221, 224, 232, 238, 242, 244, 249, 253, 255, 264, 279, 310, 338).
Tiempo/momentos, no anterior a la creación: 269/6; y esfuerzo: 9/8; y eternidad: 252; y extensión: 33/5; intervalos: 8/2; medida de la duración: 234/14, 269/8, 273/30; del movimiento: 193/33, 194-195; y sueño: 24/34n; y vida humana: 10/26, 37/21; v. duración.
Tierra: 21/5-14.
Titillatio, cosquilleo: 179.
Todo: 24/16, 29/17.

Tomás, Santo: (24, 26, 81, 228, 284, 295, 302, 304, 313, 318).
Tonterías *(nugae):* 255/2, 265/30.
Torbellino: 229-230; v. círculo de cuerpos.
TP: *Tractatus politicus:* (7, 8, 11, 16, 21, 64, 132, 152).
Transformación: 182/7, 182/34.
Transcendentales: 245/16, 247.
Traslación: 182/7, 182/34.
Triángulo: 15/5, 30/17, 147/21, 148/18, 158/24, 257n, 266/23.
Tristeza: 6/5/16, 7/20/25.
Tschirnhaus: (109, 123, 174).
TTP: *Tractatus theologico-politicus:* (11, 24-25, 33, 67, 79, 86, 95, 102, 132, 146, 152, 221, 236, 241, 258, 268, 270, 296, 306-308, 312, 319, 321).

Ubicuidad: 188/1-15, 254-255, 263/26.
Último, fin: 6/11, 34/8.
Único: 11/20, fin: 9/36n; fundamento: 33/4; idea: 29/27; ser: 29/17.
Unidad: 245-246.
Unión, alma y cuerpo: 11/6-15/26n; con la Naturaleza: 8/26, 36/13; de percepciones: 36/8.
Universales: 10/18, 12/1-18, 29/7-13, 34/20, 36/18, 37/5, 142-143, 144/17, 262-263.
Utilidad: 247/25.

Vacío: 181/19, 188/16, 197/29.
Vago/a, experiencia: 10/11, 10/24, 10/28, 28/29; imaginación: 32/13, 32/18; orden de las palabras: 33/9.

Vano/fútil: 5/8.
Variación: 185/16, 191-192, 211/6-11, 255/23.
Vela: 21/23.
Velocidad: 193-194, 198/16, 210/17-31.
Verdad, acuerdo con la realidad: 246/27; amor a: 159/5; y certeza: 15/7; no contradice a la verdad: 265/30; y deducción: 153/16-25; y denominación extrínseca: 26/15; eterna: 20/14-33, 25/7-34, 36/28-30, 158/26, 250/30, 265/25-35; idea clara y distinta: 24/7-30, 171-172, 238/30, 247/12-15; matemática: 143/1, 145/32, 148/14; norma propia: 15/9-20, 17/18-24, 24; objetiva: 14/12-20, 16/26, 150/36, 246/27-30, 247/3-11; y palabras: 246/17-31; primera: 15, 18, 20/34.
Verdadero, bien: 5/13.
Verosimilitud: 128/5.
Verulamio: v. Bacon.

Vida, humana: 5/7, 5/25-26, 6/18, 7/12, 9/8/31, 11/3, 18/19, 259-260 .
Visión, de Dios prometida a los fieles: 264/15.
Volumen: 186-187, 189/15, 208/20, 212/7.
Voluntad, contrario a *(invitus)*: 39/24 (16); y entendimiento: 15/33, 132, 149/22, 173-174, 261/10, 264/17; y error: 146/2-8, 173-174; facultad de querer: 174/6, 264/9; y ficción: 236; libre: 146/2 ss, 238/6, 256/30, 264/7-8, 277-280; y pensamiento: 149/21.
Vulgo: 7/4, 9/22, 21/2, 33/13, 127/6, 152, 246/19, 254n, 255/25, 265/31.

Yo, existo como primera verdad: 10, 11/13, 15/2-11, 18/12, 143-144, 146, 151-154.

Zenón: 192-196, (199, 202, 259).

Vano-final, 3/8.
Variación, 188/46, 191-192, 211/v,
6-11, 255/23.
Vela, 21/23.
Velocidad, 193-194, 198/16, 210/
17-31.
Verdad, acuerdo con la realidad,
246-27; amor en 159/3; y corre-
zas 15/7; no contradice a la verdad, 263/30; y definición,
157/16-25; y demonstración extrínseca, 26/15; eterna, 20/34-
35, 29/33-34, 36/28-30, 158/26,
250/30, 285/25-35; idea clara y
distinta, 24/1-30 - 171-172,
238/30, 247/12-15; inmutable,
163/3, 183/32, 183/14; norma
propia, 159/9-20, 177/8-24, 24;
objetiva, 14/12-30, 16/26, 150/
36, 246/27-40, 247/3-11; y palabras, 246/17-31; primera, 15-
18, 20/44.

Verdadero, bien, 9/15.
Verosimilitud, 128/3.
Verulamius. v. Bacon.

Vida, humana, 3/7, 5/25-26,
9/18, 7/12, 9/8/31, 14/13-18,
19, 259-260.
Visión de Dios, prometida a los
Feles, 26/15.
Voluntas, 180-182, 183/15, 208,
20, 212-17.
Voluntad, contraria a (inutilis),
59/24 (16), y entendimiento,
19/33, 132, 149/32, 173-174,
261/10, 264/17; y error 160/
2.5, 173-174, facultad de querer, 173-4/6, 264/9; y flexión,
256; libre, 180/2 ss., 238/30,
256/30, 264/7-8, 277-280; y
pensamiento, 149/24.
Vulgo, 7/4, 9/22, 21/2, 33/3-7,
127/6, 182, 246/19, 248,
255/25, 263/31.

Yo, estoy como primera verdad
20, 11/13-15/2-11, 18/12,
141-144, 146, 151-154.

Zenón, 192-196, 199, 202, 239/6